吴钩说宋

宋

现代的拂晓时辰

吴钩 著

GUANGXI NORMAL UNIVERSITY PRESS

广西师范大学出版社

·桂林·

图书在版编目（CIP）数据

宋：现代的拂晓时辰 / 吴钩著 . —桂林：广西师范
大学出版社，2015.9（2022.3 重印）
ISBN 978-7-5495-7049-2

Ⅰ . ①宋… Ⅱ . ①吴… Ⅲ . ①中国历史－宋代－
通俗读物 Ⅳ . ①K244.09

中国版本图书馆 CIP 数据核字（2015）第 170594 号

广西师范大学出版社出版发行

（广西桂林市五里店路 9 号　邮政编码：541004）

　　网址：http://www.bbtpress.com

出版人：黄轩庄

全国新华书店经销

广西广大印务有限责任公司印刷

（桂林市临桂区秧塘工业园西城大道北侧广西师范大学出版社集团
有限公司创意产业园内　邮政编码：541199）

开本：880 mm × 1 240 mm　　1/32

印张：18.125　　　字数：400 千字

2015 年 9 月第 1 版　　2022 年 3 月第 16 次印刷

印数：92 001~102 000 册　　定价：108.00 元

如发现印装质量问题，影响阅读，请与出版社发行部门联系调换。

目录

契约时代

全民皆商

自　序
一个站在近代门槛上的王朝

一

　　研究宋史的张邦炜教授曾经感慨："从前人们往往一提到汉朝、唐朝，就褒就捧：盛世治世；一讲到宋代，就贬就抑：积贫积弱。"其实何止是"从前"，直至今日，在许多人的印象中，宋朝仍然被当成一个窝囊的王朝。然而，日本与欧美的汉学家对宋代却不吝于赞美，评价非常之高。美国多所高校采用的历史教材《中国新史》（*China, A New History*），其中有一章的内容宣称"中国最伟大的朝代是北宋和南宋"（*China's Greatest Age: Northern Sung and Southern Sung*）。宋代武功远不及汉唐之盛，却何以大获海外汉学家的青睐呢？中国人看待中国历史，往往摆脱不了对国运的关注，因而影响到情感的取舍。而海外学者则能够保以超然的心态去评估一个王朝的文明表现。正是从文明的角度，他们发现了宋朝的诸多了不起的成就。

许多海外汉学家在论及中国宋代的时候，似乎还特别喜欢使用"革命"之说。比如英国汉学家伊懋可（Mark Elvin）认为，唐宋之际发生了一场"经济革命"，包括农业革命、水运革命、货币和信贷革命、市场结构与都市化的革命和科学技术革命；日本学者斯波义信也提出"宋代经济革命"说，并列举了宋朝的农业革命、交通革命、商业革命以及都市化方面的重大变迁；《全球通史》的作者斯塔夫里阿诺斯（Stavrianos）也说，"宋朝时期值得注意的是，发生了一场名副其实的商业革命，对整个欧亚大陆有重大的意义。"美国学者郝若贝（Robert Hartwell）则认为宋代中国出现了"煤铁革命"。仿佛不用"革命"一词，不足以强调宋代文明与之前时代的深刻差异。

大概正因为看到了唐宋之际发生的种种"革命性"变迁，又有许多汉学家相信，唐代是中世纪的黄昏，而宋朝则是"现代的拂晓时辰"。

自从日本的历史学家内藤湖南在19世纪末率先提出"唐宋变革论"（唐代是中国中世纪的结束，宋代则是中国近代的开始）以来，宋代的近代化色彩便一直是海外汉学家讲述宋朝历史的最重要母题——

内藤湖南的弟子、日本京都大学教授宫崎市定称："中国宋代实现了社会经济的跃进、都市的发达、知识的普及，与欧洲文艺复兴现象比较，应该理解为并行和等值的发展，因而宋代是十足的'东方的文艺复兴时代'"，"宋代社会可以看到显著的资本主义倾向，呈现了与中世社会的明显差异"。

另一名日本学者薮内清也说："北宋时代是中国历史上具有划时代意义的时代。……在这个文化发达的历史潮流中，有许多惊人的成就。甚至有人认为，北宋时代可以和欧洲的文艺复兴时期以至近代相比。"

法国汉学家谢和耐（Jacques Gernet）说道："十三世纪的中国，其现代化的程度是令人吃惊的：它独特的货币经济、纸钞、流通票据，高度发展的茶、盐企业，对外贸易的重要（丝绸、瓷器），各地出产的专业化，等等。国家掌握了许多货物的买卖，经由专卖制度和间接税，获得了国库的主要收入。在人民日常生活方面，艺术、娱乐、制度、工艺技术各方面，中国是当时世界首屈一指的国家，其自豪足以认为世界其他各地皆为'化外之邦'。"

另一位法国汉学家白乐日（Etienne Balazs）也提出："中国封建社会的特征，到宋代已发育成熟；而近代中国的新因素，到宋代已显著呈现。因此，研究宋史，将有助于解决中国近代开端的一系列重大问题。"

在中国知识圈很著名的美国汉学家、哈佛大学教授费正清（John King Fairbank）认为，宋代"包括了许多近代城市文明的特征，所以在这一意义上可以视其为'近代早期'"。

哈佛大学东亚研究所研究员黄仁宇更是干脆地宣称："公元960年，宋代兴起，中国好像进入了现代，一种物质文化由此展开。货币之流通，较前普及。火药之发明，火焰器之使用，航海用之指南针、天文时钟、鼓风炉、水力纺织机、船只使用水密隔舱等，都于宋代出现。在11、12世纪内，中国大城市里的生活程度可以与世界上任何其他城市比较而无逊色。"

另一位美籍华人学者、历史学家唐德刚先生也称："吾人如大胆地说一句，北宋的朝政，是近古中国政治现代化的起步，亦不为过。可惜的是，传统中国这种有高度现代化和民主意味的开明文官制，在宋亡之后，就再次复古回潮了。"

美国孟菲斯大学教授孙隆基则说道："在我们探讨宋朝是否世界'近代化'的早春，仍得用西方'近代化'的标准，例如：市场经济和货币经济的发达、都市化、政治的文官化、科技的新突破、思想与文化的世俗化、民族国家的成形以及国际化等等。这一组因素，宋代的中国似乎全部齐备，并且比西方提早五百年。"

总而言之，在海外汉学界，"宋代近世说"显然要比"晚明资本主义萌芽论"更有说服力，更可能达成共识。

二

当然，我们不能因为海外汉学家说宋代是近代开端，便不假思索地附和。宋朝到底是不是迈入了近代的门槛呢？我们不妨列出近代化的衡量标准，来跟宋代社会对照一下。

当一个社会从中世纪进入近代，总是会出现某些共同的趋势与特征，我们试列举如下：

商业化。商业渐次繁华，商品经济逐渐取代自然经济。

市场化。随着商品经济的展开，市场取代行政命令，成为配置资源的重要机制。

货币化。市场经济的发展，不但使得货币成为市场交易的结算工具，而且国民的赋税与劳役、国家的行政动员，也可以用货币结算，达成黄仁宇先生所说的"数目字管理"。

城市化。越来越多的人口脱离农村和土地，进入城市谋生，成为城市的居民。城市人口在总人口中所占的比重越来越大。

工业化。手工业发达，出现了以市场交换为生产目的、以手工业坊场为生产形态的手工业。

契约化。英国历史学家梅因（Maine）说："所有进步社会的运动，到此为止，都是一个'从身份到契约'的运动。"从中世迈向近代化的核心标志之一，便是出现了从"人身依附"向"契约关系"的转型。

流动化。由于人身依附弱化乃至消失，一个近代化的社会必然出现越来越明显的流动性，包括地域之间的流动、阶层之间的流动。

平民化。世袭的贵族作为一个特权阶层，日渐式微，平民阶层的影响力日益上升，世俗化的市民文化蓬勃生长，最终形成一个平民社会。

平等化。贵族式微，平民崛起的结果，是人与人之间基于不同出身的地位悬殊被抹平，阶层之间的森严壁垒被打破。

功利化。由于商品经济的渗透、社会风气的世俗化演变，一个近代化的社会总是会产生出明显的功利主义思潮。

福利化。近代欧洲的经验表明，当一个社会开始了商业化、城市化、流动化的转型，必然将诞生一个庞大的贫民阶层，原来由宗教团体提供的救济体系已经无法满足社会的需求，必须由强有力的国家财政负担起救济的责任。

扩张化。这里的扩张化是指国家经济职能的扩张。一些自由主义者认为，放任自流的市场经济机制可以自发地推动并构建出一个近代化的经济体系。但这从来只是假想，而非事实。事实是，近代化的启动，总是以国家的重商主义为先导，政府设立的经济部门出现明显的扩张，如此，才能为市场的扩张奠定基础。

集权化。国家的权力结构从贵族封建制转化为王权制。有学者指出："无论是迟是早，几乎所有国家都必须在经历了专制王权这个阶段之后，才能跨入近代世界的大门。未完成由封建制度向专制制度的转变，意味着未能进入近代政治的起点，从而意味着国家在近代化第一阶段的完全失败。"这里的"专制"一词如果换成"王权制"，会更准确。

文官化（理性化）。随着王权制的确立，贵族的政治权力逐渐被一个科层化的文官体系所接替。在韦伯看来，文官制与理性化几乎是一个同义词，文官制的建立，预示着国家治理的理性化，即政治权力的分配与行使由明确的程序与制度来规范，从而摆脱了私人意志与情感的干扰。

法治化。近代化的渐次展开，塑造出一个复杂化的陌生人社会，以及一个庞杂的治理体系，熟人关系、习俗与道德已不足以应对这种复杂性，因此，国家需要创制出更加繁复的法律，以适应时代的嬗变。

那么问题就在于：这些涉及经济变迁、社会转型与政治构建的近代化指标，在宋朝一齐出现了吗？是的，它们一齐出现了。

宋代是继汉初之后的又一个商业繁华期，商业化的浪潮席卷了整个宋朝国境，"货殖之事益急，商贾之事益重"。一位宋朝人看到，"人家有钱本，多是停塌、解质，舟舡往来兴贩，岂肯闲着钱买金在家顿放？"宋朝人家有了闲钱，即拿出来投资。如前所述，一些汉学家甚至提出，宋代"发生了一场名副其实的商业革命"。

既然称之为"商业革命"，当然需要有革命性的经济表现。宋代在经济上确实出现了革命性的变迁：

——"田制不立"，即国家承认完整的私有产权（中唐之前实行均田制，产权的自由交易是受到限制的）。

——农业生产力获得革命性的提高，特别是水稻早熟品种的引进与复耕技术的推广，让同样面积的土地可以养活更多的人，如是，才可能从土地中析出更多的赋余人口与农产品，流入城市与工商业。

——原来束缚了商业自由的坊市制在宋代彻底瓦解，街市制开始形成，"自大街至诸小巷，大小铺席连门俱是，即无空虚之屋，每日凌晨，两街巷门上行百市，买卖热闹"。在宋代之前，这是不可想象的。

——海外贸易高度繁华，当时整个大宋国的海岸线，北至胶州湾，中经杭州湾和福州、漳州、泉州金三角，南至广州湾，再到琼州海峡，都对外开放，与西洋南洋诸国发展商贸。市舶司（海关）每年从海上贸易中抽税近200万贯（明代在"隆庆开关"后，海关抽解每年不过区区几万两银），进出口贸易总额超过2000万贯。

——商业信用非常发达，从北宋到南宋，陆续出现了便钱（类似于银行汇票）、现钱公据（类似于现金支票）、茶引、盐引、香药引、矾引（类似于有价证券）、交子与会子（法币）等商业信用。如果没有发达的商业信用，大宗的或者跨区域的市场交易是不可能达成的。

——商业化的深入，表现在国家财税结构上，即农业税的比重下降，商业税的比重上升，南宋淳熙至绍熙年间，来自非农业税的财政收入接近85%，农业税变得微不足道。这是此前中国历史上绝无仅有的事情，要到了19世纪的晚清，洋务运动之后，清政府的田赋比重才下降至48%。

宋代商业化的展开，也是市场化不断深化的过程。市场化不但表现为民间的衣食住行均可以通过市场解决，宋代江南一带的许多农户，基本上已经不再种田，"糊口之物，尽仰商贩"；而且，国家也放弃了行政命令这种方式，而采用市场机制获取政府的消费品、调拨公用物资，甚至使用经济制裁的威慑来维持与邻国的和平。

货币化的趋势在宋朝也非常明显。宋政府每一年都要铸造巨量的货币来满足民间交易，北宋的最高年铸币量则达到570万贯，平常年份都维持在100万贯至300万贯之间；明代近300年的铸币总量，宋人用两年时间便铸造出来了。

为什么宋人必须大量铸造货币？因为需要满足货币化的时代需求。不独市场交易以货币结算（在自然经济时代，还可以物易物）；官吏与雇工的酬劳，也要用货币支付，而在宋代之前，工资以实物为主，货币只占其中一小部分；宋朝国家的税收，也从以实物为主向以货币为主过渡，北宋治平二年（1065），宋政府货币性岁入的比重超过了50%；王安石变法更将力役也折成货币结算，显示出货币化已成大势所趋。

宋代的城市化也有革命性的表现：城市人口的比重达至历代最高峰。北宋的城市人口占20.1%，南宋时达到22.4%。据斯波义信的看法，南宋鼎盛时期的城市化率可能达到30%。而清代中叶（嘉庆年间）的城市化率约为7%，民国时才升至10%左右，到1957年，城市化率也不过是15.4%。一些研究者因此提出，宋代发生了一场"城市革命"。

还有一些历史学者认为宋代出现了"原始工业化"。一个最能体现宋代"原始工业化"的例子是铁的产量：由于煤矿的规模化开采且应用于炼铁，北宋的铁产量表现出飞跃性的发展势头，而英国要到16世纪的工业化早期才产生类似的"煤铁革命"。大量的科学技术也应用于手工业生产，英国剑桥大学的李约瑟博士称："中国的科技发展到宋朝，已呈巅峰状态，在许多方面实际上已经超过了18世纪中叶工业革命前英国或欧洲的水平。"

四

上面我们从经济变迁的角度描述了宋朝的近代化表现，接下来我们再从社会转型的视角来观察宋代——

唐宋之际，中国社会发生了一次非常深刻的大变迁：唐代有部曲，是世世代代为门阀世族耕种的农奴，没有独立户籍；唐代的奴婢也不具备独立的法律人格，不独立编户，是附依于主家的贱户；入宋之后，随着门阀世族的瓦解，部曲与贱口都成为自由民。宋代的佃户与地主不再存在人身依附关系，只是结成经济上的租佃关系，租佃关系基于双方的自愿结合，以契约为证。宋代奴婢与主家之间也不是人身依附关系，而是经济意义上的雇佣关系，雇佣关系同样基于双方自愿的契约。这样一种结构性的社会变革，核心意义就是"契约化"——从"人身依附"向"契约关系"转型。

这个契约化的过程，也是一个平等化的进程。不管是部曲，还是奴婢，在宋代之前都属于贱民，而这些贱民到了宋代，都基本上消失了，或者说，从前的贱民现在已经获得了自由民的身份，都成了国家的"编户齐民"，拥有平等的法律主体资格："齐，等也。无有贵贱，谓之齐民"。

贵族的消亡，推演着一个平民化社会的来临。宋代之前，政治几乎为贵族垄断，唐代虽有科举制，但借科举晋身的平民官僚，寥寥可数。宋代情势一变，取士不问世家，"升入政治上层者，皆由白衣秀才平地拔起，更无古代封建贵族及门第传统的遗存"（钱穆语）。据学者对南宋宝祐四年（1256）《登科录》的统计，在601名宋朝进士中，平民出身的有417名，官宦子弟有184名，寒门进士占了绝大多数。

作为平民社会的表征，宋代的教育、文化艺术等领域，也一齐出现了明显的平民化色彩。宋代之前，贵族掌握着得天独厚的教育资源，而宋朝的学校则向全民开放，包括"工商杂类"的子弟均可进入州县学校读书。文学、音乐、美术在宋代之前也是上层人玩的高雅品，进入宋代后，才产生了完全属于平民（市民）的文学、音乐形式，如话本、滑稽戏等。我们从宋代之前的美术作品上也几乎找不到任何平民的影子，只有展开宋人的画作，如《踏歌图》《清明上河图》，那种平民气息、市井气息才会扑面而来。

同时，随着人身依附状态的解除，宋朝社会出现了广泛、持续的流动性。这种流动化既包括地理意义上的横向流动，即可以从一地自由迁徙到另一地；也包括阶层意义上的纵向流动，即固化的等级结构被打破，任何人都可以通过自身的努力获得上升的机会。

宋人发现，"古者乡田同井，人皆安土重迁，流之远方，无所资给，徒隶困辱，以至终身。近世之民，轻去乡土，转徙四方，固不为患"。这里的"近世"，当然是指宋代。用现代概念来说，宋人有了"自由迁徙"的权利。

宋人又发现，"先王之制，贵者始富，贱者不富也。贫富贵贱，离而为四，起于后世"。这里的"后世"，也是指宋代。"贫富贵贱，离而为四"的意思，是说从宋代开始，此四者可以自由组合：贫者可以富，可以贵；贱者可以贵，可以富；富者可能贵，也可能贱；贵者可能富，也可能贫；贫富贵贱处于变动之中。用现代社会学的概念来说，社会阶层没有"板结化"。社会也因此才焕发出活力。

整个社会的结构性转换，以及商品经济的深入展开，也让宋朝的社会风气出现巨大嬗变——人们不惮于言利，"凡人情莫不欲富，至于农人、商贾、百工之家，莫不昼夜营度，以求其利"。追逐财富成为理所当然之事。拜金主义、消费主义、享乐主义大行其道，这种功利化世态乃是资本主义时代来临的一般社会景象，不管是两宋、晚明，还是近代的西欧城市，莫不如此。

五

现在，我们从国家治理功能构建的角度再来观察宋朝的近代化表现——

研究者发现，在16世纪的欧洲，当经济结构从封建制度过渡至资本主义制度之际，出现了一个特征，即由于经济失调而产生大量都市贫民，近代欧洲国家逐渐发展出来的福利政策，就是为了应对这种结构性的经济转化。英国也是在近代化刚展开的16世纪下半叶发布了一系列"济贫法"，由政府负担起救济贫民的责任。中国的国家福利体系，也恰好在宋代发展至顶峰，这种"福利化"国家功能的出现并不是巧合，而是近代化产生的压力催生出来的结果。

宋朝的贫民救济主要由两个系统组成，一是宋神宗熙宁十年（1077）施行的"惠养乞丐法"：每年十月入冬后，各州政府"差官检视内外老病贫乏不能自存者"，每人一日"给米豆一升，小儿半之"。宋人对"乞丐"的定义与今日不同，凡贫困人口，均纳入乞丐范围；一是宋哲宗元符元年（1098）颁行的"居养法"：各州设立居养院，"鳏寡孤独贫乏不能自存者，以官屋居之，月给米豆，疾病者仍给医药"。简单地说，"惠养乞丐法"指由政府给贫民发放米钱；"居养法"则指由国家福利机构收留无处栖身的贫民。

为了应对近代化的挑战，国家不仅要发展出福利功能，更需要深切介入经济活动，包括征税、借款、投资、开拓市场、调控市场、制订商业规则、维护市场秩序等，这便是重商主义下国家经济职能的扩张化。宋朝无疑是历代最具重商主义性格的一个王朝，政府设立非常多的经济部门参与市场经济，包括市舶司、盐井监、楼店务（房地产公司）、酒务（酿酒厂）、曲院（制造酒曲的作坊）、造船务、纺织院、染院、磨坊（粮食加工厂）、茶磨（茶叶加工厂）等等，具有金融功能的经济部门就有榷货务、便钱务、交子务、市易务、检校库、抵当所等。

可以说，宋代的国家扮演了一个"超级商人"的角色，自由主义者可能会对此嗤之以鼻，但历史地看，近代化的商业引擎，离不开以国家之力来启动。一个对商业发展无动于衷、碌碌无为的政府，比如朱元璋建立的明政府，真的更有利于近代化的扩展吗？

也许有一个例子可以说明国家重商政策对于资本主义之兴起的重要性：宋朝在河北路与京东路实行食盐自由通商制度，在其他地方则推行盐引制（国家间接专卖）。按道理说，食盐的禁榷应该会妨碍民间商品经济的发育，迟滞资本主义的产生，但学者的研究却发现，在宋朝的食盐自由贸易区，"生产技术并无任何进步与创新，生产规模也未见扩大，盐商的资本增殖速度似乎并不快，见不到特富的大盐商"。倒是在推行盐引制的禁榷区，"能够发现生产技术和工艺的明显改进与革新，并盐生产似乎还出现新的生产关系的萌芽，也能在实行钞引制的东南盐区见到发家致富的大盐商"。

正因为近代化的启动与展开离不开国家力量的支持，一国总是在完成了国家的集权化之后才有可能顺利实现近代化，不管是先发近代化的欧洲大陆与英伦，还是后发近代化的日本，均表明了这一点。相比之下，中国的集权化完成得非常之早，秦朝建立郡县制，即宣告王权制的来临。早熟的集权化未必合乎历史趋势，因而中国在魏晋时期出现了贵族制的回潮，并在南北朝至隋唐时期形成门阀世族。经过唐宋变革，"君主独裁"政治才完全确立下来。

需要提醒的是，我们这里所说的"君主独裁"，只是表示一种与贵族政治相对的政体，指政府机构被置于天子的直接指挥之下，而不是说君主不受约束，可以乾纲独断。恰恰相反，宋朝已经形成了一种"虚君共治"体制，君主"以制命为职"，但"一切以宰执熟议其可否"，即由宰相执掌具体的国家治理权；如果政令"有未当者"，则由"台谏劾举之"，即台谏掌握着监察、审查之权，以制衡宰执的执政大权；执政、台谏，加上端拱在上的君主，三权相对独立，"各有职业，不可相侵"。

中国的文官制也建立得早，与郡县制的成立同步，但要到宋代，文官制才发展出足够的理性化。理性化是文官制的核心意义，即公务员的分类、职能、考试录用、考核、奖惩、培训、晋升、调动、解职，权力命令的发起、传递、审查、执行、反馈、问责，都有完备的制度与程序可遵循，从而最大限度隔离私人因素的影响。那些不欲受到约束的帝王，都会产生突破文官制的冲动，如西汉武帝启用了一个由宦官、侍从、外戚、尚书（皇帝的私人秘书）等亲信、近臣组成的"内朝"，将三公领导的"外朝"撇在一边；明朝干脆废掉宰相，另立"内阁"，内阁实际上就是皇帝的秘书班子。唯独宋朝三百余年，没有形成破坏文官制的"内朝"，文官制的运作非常稳定。

近代化的治理秩序还有一个特点：法治化。今人多以为"法治"是西方特产，中国的治理传统是"人治"，但宋人并不这么认为，宋人自称"尚法令"。南宋的思想家陈亮与叶适总结说："汉，任人者也；唐，人法并行者也；本朝，任法者也"；"吾祖宗之治天下也，事无大小，一听于法"。所谓"任法""一听于法"，套用现代的术语，就是"以法治国"的意思。

宋朝法制体系之繁密，可能要超出许多人的想象。宋人叶适这么描述道："今内外上下，一事之小，一罪之微，皆先有法以待之。极一世之人志虑之所周浃，忽得一智，自以为甚奇，而法固已备之矣，是法之密也。"一个聪明人，穷尽一生的智慧，想出一项立法，自以为新奇，但查一下法律汇编，却发现类似的法条早已制订出来了。

这些繁密的法律包括民商事立法，宋朝的民商事立法非常完备，民间租赁、抵押、出典、买卖、借贷、财产继承，均有周全的法令给予规范。宋人自己说，"官中条令，惟交易一事最为详备，盖欲以杜争端也"。发达的民商事立法让一些研究者相信，宋代已经产生了"法学近代化"的迹象。

六

如果我们同意前文对近代化特征的概括以及对宋朝近代化表现的描述，那么我们应该承认，宋代中国确实已经迈入了近代的门槛。

请注意，这场发生在11—13世纪的近代化变革，毫无疑问，并非由西方输入——此刻的西方还在漫长的中世纪沉睡——而是基于中国文明自身的积累与演进，基于中国历史内在的发展动力而形成的，用陈寅恪先生的话来说，"华夏民族之文化，历数千载之演进，造极于赵宋之世"。文明的积累与演进如同一个冲积平原，历史是长河，时光的河水流过，不舍昼夜，不断留下前人的经验与成果，慢慢地便堆积出一个豁然开朗的世界。

今天大多数的历史学家都相信，大约在11世纪发生了一场"唐宋变革"：中国历史从中世纪的黄昏转入近代的拂晓时刻。不过，不管宋代与唐代之间看起来有多么大的差异，宋朝的近代性同样是前代文明冲积的结果，比如从唐代的"飞钱"孕育出宋代发达的商业信用，瓦解于宋代的坊市制在中晚唐已经出现松动，宋朝管理海外贸易的市舶司也是继承自唐朝设施。"唐宋变革"并不是断裂式的突变，而是内在于文明积累的突破。

文明积累的假说与唐宋变革的历史事实，首先宣告了所谓的"中国历史停滞论"的荒谬。从18世纪起，处于近代化进程中的西欧开始出现一种傲慢的论调：一些对中国了解非常有限的哲学家根据他们的想象，对中国文明作出"停滞"的定性，如德国哲学家赫尔德称："拿欧洲人的标准来衡量，这个民族（中国人）在科学上建树甚微，几千年来，他们始终停滞不前。我们能不对此感到惊讶吗？……这个帝国是一具木乃伊。它周身涂有防腐香料，描画有象形文字，并且以丝绸包裹起来。它体内血液循环已经停止，犹如冬眠的动物一般。"

讽刺的是，这类对中华文明的诬蔑式论断，居然获得中国公知式人物的共鸣与赞赏。在中国网络上，还流传一句据称是另一位德国哲学家黑格尔所说的名言："中国的历史从本质上看是没有历史的，它只是君主覆灭的一再重复而已。任何进步都不可能从中产生。"被无数网友奉为圭臬，一遍遍引用。

然而，如果赫尔德与黑格尔（假如黑格尔确实说过那句"名言"的话）对中国历史的描述是准确的，那历史上的"唐宋变革"该如何发生？从盛唐的中世纪色彩，到大宋的近代化性格，这中间的变革，比任何一次的王朝更迭都要深刻。如果这都能说是"始终停滞不前"，德国人才应该"对此感到惊讶"。相比之下，倒是中世纪的欧洲更像陷入了"停滞"。

当然，中西的历史都不可能停滞，西欧历史以他们的轨迹演进，中国历史也以自己的轨迹演进，经过漫长的文明冲积，"造极于赵宋之世"，产生了近代化的大突破。——我们这样的描述，也挑战了费正清先生提出的"冲击—回应"理论。

所谓"冲击—回应"理论，简单点说，即认为中国传统社会只有在经历19世纪来自西方的"冲击"之后，产生了"回应"，才会出现近代化转型。显然，"冲击—回应"理论的前提便是"中国历史停滞论"：必须坚持认为中国社会一直处于停滞状态，缺乏内在的近代化动力，"冲击—回应"的模型才有解释力。然而，当宋王朝在11—13世纪打开近代化的大门时，费正清所说的"西方冲击"在哪里呢？

七

我们还需要解释一个问题：既然早在11—13世纪的宋王朝，中国就已经产生了近代化，那为什么到了19世纪下半叶，中国的近代化转型还会显得那么艰辛、一波三折？这么重大的问题当然不适宜用单一的原因来解释，不过如果要找出最深刻的历史原因，我认为，那便是"唐宋变革"所代表的近代化进程在南宋灭亡之后被中断了，历史发生了某种程度的倒退。

敏锐的明末思想家黄宗羲与王夫之都察觉到，宋朝的覆灭不可跟其他王朝的更迭相提并论。黄宗羲说："夫古今之变，至秦而一尽，至元而又一尽，经此二尽之后，古圣王之所恻隐爱人而经营者荡然无具。"王夫之说："二汉、唐之亡，皆自亡也。宋亡，则举黄帝、尧、舜以来道法相传之天下而亡之也。"宋朝之亡，不仅仅是一个王朝的覆灭，更是一次超越了一般性改朝换代的历史性巨大变故。用那个时代的话语来说，叫作"亡天下"；用今天的话语来说，不妨称为"文明的中断"。

为什么说宋朝的灭亡是"文明的中断"呢？请允许我先引用周良霄《元代史》序文中的一段话：宋亡之后，元王朝统一中国，并在政治社会领域带来了某些落后的影响，"它们对宋代而言，实质上是一种逆转。这种逆转不单在元朝一代起作用，并且还作为一种历史的因袭，为后来的明朝所继承。……明代的政治制度，基本上承袭元朝，而元朝的这一套制度则是蒙古与金制的拼凑。从严格的角度讲，以北宋为代表的中原汉族王朝的政治制度，到南宋灭亡，即陷于中断"。

元王朝从草原带入的制度及其影响，深刻地重塑了宋后中国的历史。我们择其大者，介绍如下——

"家产制"的回潮。本来宋人已有"天下为公"的政治自觉，就如一位宋臣告诉宋高宗："天下者，中国之天下，祖宗之天下，群臣、万姓、三军之天下，非陛下之天下。"天下非君主私有，而为天下人共有。而来自草原的统治者则将他们所征服的土地、人口与财富都当成"黄金家族"的私产，推行中世纪式的"投下分封制"，"投下户"即草原贵族的属民，有如魏晋至隋唐时代门阀世族的部曲农奴。

"家臣制"的兴起。宋人相信君臣之间乃是一种公共关系："君虽得以令臣，而不可违于理而妄作；臣虽所以共君，而不可贰于道而曲从。"君臣之间，"各有职业，不可相侵"。入元之后，这种公共性的君臣关系被私人性的主奴关系代替，臣成了君之奴仆，许多大臣甚至需要入宫服役。在主奴关系下，君对于臣，当然也是生杀予夺，想廷杖就廷杖，就如惩罚自己的奴隶，一位明朝的观察者说："三代以下待臣之礼，至胜国（元朝）极轻。"

"诸色户计"的诞生。我们知道，宋代实行募兵制，人民已基本上不用服兵役，劳役亦不多见，差役也开始折钱结算。入元之后，征服者却按草原旧制，推行全民当差服役的"诸色户计"制度：将全体居民按职业划为民户、军户、站户、匠户、盐户、儒户、医户、乐户等等，职业一经划定，即不许更易，世代相承，并承担相应的赋役。

"驱口制"的出现。宋朝基本上已废除了奴隶制，但元朝征服者又从草原带入"驱口"制度，使奴隶制死灰复燃。所谓"驱口"，意为"供驱使的人口"，即在战争中被俘虏之后被强迫为奴供人驱使的人口。元朝的宫廷、贵族、官府都占有大批

"驱口"，他们都是人身依附于官方或贵族私人的奴隶。

"匠籍制"的推行。宋朝的官营手工业多实行"和雇制"与"差雇制"，"和雇"是指从劳动力市场上招聘工匠，作为雇主的政府与工匠是平等且自由结合的雇佣关系；"差雇"则带有强调征调性质，但政府还是需要按市场价向工匠支付工资。元朝却将全国工匠编入匠籍，强制他们以无偿服役的方式到官营手工场劳动。

"路引制"的恢复。汉唐时，人民如果要出远门，必须先向官方申请通行证，叫作"过所"。宋人则拥有迁徙之自由，不再需要什么"过所"。但元朝又实行"路引制"来限制人口的流动性，元会典中有一项立法，叫作"路人验引放行"："凡行路之人，先于见住处司县官司具状召保，给公凭，方许他处勾当。……经过关津渡口，验此放行，经司县呈押（原注：如无司县，于尉司或巡检呈押）；无公引者，并不得安下。遇宿止，店户亦验引，明附店历。……违者，止理见发之家，笞二十七下。"商民出门远行、投宿，必须持有官方开具的"文引"，类似于介绍信，才准许放行、住店。

"籍没制"的泛滥。籍没，即官府将罪犯的家属、奴婢、财产没收入官。秦汉时，籍没制颇盛，但至宋代时，籍没的刑罚已经很少适用，并严格控制适用，如宋孝宗的一项立法规定："自今如有依法合行籍没财产人，并须具情犯申提刑司审覆，得报，方许籍没。仍令本司常切觉察，如有违戾，按劾以闻，许人户越诉。"入元后，籍没制度又泛滥起来，如忽必烈的一道诏书说："凡有官守不勤于职者，勿问汉人、回回，皆论诛之，且没其家。"这当然是财产权观念发生退化的体现。

肉刑与酷刑的制度化。自汉文帝废除肉刑之后，黥（刺面）、劓（割鼻）、刖（斩足）、宫（割势）等肉刑已基本上不用，宋代承五代之旧，保留刺面之刑，但劓、刖、宫一直不敢恢复。元朝则将肉刑入律，如"盗牛马者劓"。凌迟等惨烈的酷刑，在宋代只是法外刑，极少应用，在元朝则正式编入法典，代替绞刑成为元代死刑的两种执行方式之一，凌迟开始泛滥化，致使中国法制出现野蛮化的趋势。

"人殉制"的死灰复燃。人殉作为一种远古的野蛮蒙昧风俗，在汉代以来的中原王朝已经基本消失，只有零星的自愿殉葬。北方的契丹、女真等草原部族还存在着人殉之俗，这应该是社会未完全开化的体现。元朝贵族是否保留人殉，史无记载，但元廷鼓励民间殉葬行为则是毫无疑义的，《元史》载："大同李文实妻齐氏、河南阎遂妻杨氏、大都潘居敬妻陈氏、王成妻高氏以志节，顺德马奔妻胡闰奴、真定民妻周氏、冀宁民妻魏益红以夫死自缢殉葬，并旌其门。"在这一恶俗中成长的朱元璋建立明王朝后，即恢复人殉之制。

"海禁"的设立。中国的"海禁"之设，也是始于元朝。元廷统治中国不足百年，却先后实行过四次"海禁"，"海禁"期间，商民不准出海贸易："禁私贩海者，拘其先所蓄宝货，官买之。匿者，许告，没其财，半给告者"；海外商贸只能由官府出资的"官本船"垄断。这一点，跟宋朝鼓励和保护民间商船出海贸易大不一样。

"宵禁"的重现。宋代之前的城市有"宵禁"之制，宋朝时"宵禁"制瓦解，出现了繁华的夜市。但元代又恢复了"宵禁"，入夜之后，禁钟响起，即不准居民出行、饮宴、点灯，"看守之人，巡行街市，视察禁时以后，是否尚有灯火，如有某家灯火未熄，则留符记于门，翌晨传屋主于法官所讯之，若无词可借，则处罚。若在夜间禁时以后，有人行街中，则加以拘捕，翌晨送至法庭"。

治理体系的粗鄙化。元廷君臣的文化层次跟宋人不可同日而语，这也导致元人无法继承宋朝发达而繁密的治理体系，比如在法制领域，诚如民国法学学者徐道邻先生所指出的："元人入主中原之后，宋朝优良的司法制度，大被破坏，他们取消了大理寺，取消了律学，取消了刑法考试，取消了鞫谳分司和翻异移推的制度。"粗鄙治理体系的特点是税率超低，政府只能维持最简陋的形态，用孟子的话说，这叫作"貉道"；以现代的眼光审视，那种简陋的政府根本无法在历史转型期组织社会与经济的革新。

可以看出来，元朝征服者从草原带入的制度具有明显的中世纪色彩，它们的推行，意味着"唐宋变革"开启的近代化方向发生了逆转。

八

元制的殖入，不仅仅影响于元朝一代，而且改变了后面历史的走势。朱元璋建立明王朝，由于严重缺乏立国者的创制智慧，几乎全盘继承了元朝的家产制（分封制）、家臣制、廷杖制、诸色户计、匠籍制、路引制、籍没制、肉刑与酷刑制度、人殉制、海禁制、宵禁制、粗糙的治理技术等制度遗产。

更要命的是，元制中保留下来的具有近代性的表现，却被朱元璋坚决扔掉，比如重商主义的政策、对外开放的格局与宽纵的统治。

朱元璋似乎下定决心要将中国改造成为一个封闭而宁静的

巨型农村，人民待在土地上，日出而作，日落而息，不得擅自离乡离土，这个宁静的秩序不欢迎流动的商人、喧哗的商业，不需要太大的市场与太多的货币，人们基本上自给自足，即便有零星交易，也采取以物易物的方式。国家的赋税也以实物税与劳役为主，连衙门办公的"文具纸张，甚至桌椅板凳、公廨之修理，也是同样零星杂碎地向村民征取"（黄仁宇语）。

至于开放的海岸线与嘈杂的海上商贸，更是不可容忍的，朱皇帝大手一挥，"寸板不许下海！"宋元时期负责管理海外贸易的市舶司，也被朱元璋改造成"通夷情，抑奸商，俾法禁有所施"的机构，即接待海外朝贡使团，同时查禁海贾的国家机关。

元廷因为统治技术粗糙，表现出宽纵的特点。朱元璋说："胡元以宽而失，朕收平中国，非猛不可。"他当上皇帝后，果然刚猛苛严，说禁海就禁海，说不许开矿就不得开矿，说廷杖就廷杖，说死罪就死罪。因而，朱元璋时代对于政治、社会、经济诸方面的控制，比宋元都要严厉得多。

明王朝的悲剧便是，它必须不断突破朱元璋设定的"洪武型体制"，才可能艰难地回归到"唐宋变革"的近代化轨道上来。到了晚明，随着匠籍制与诸色户计的松懈、月港的开放、海外巨量白银的流入以及"一条鞭法"的推行，"洪武型体制"才宣告解体，繁华的工商业终于脱困而出。一些历史学者相信这一段时期出现了所谓的"晚明资本主义萌芽"。

可惜，此时距明室倾覆已经为时不远了。清人入关，中世纪制度又出现回潮：

社会经济层面：清初恢复了严厉的海禁，强行将沿海居民内迁五十里；后海禁虽开，但乾隆又改"四口通商"为"单口通商"，又拒绝英国马戛尔尼使团的通商要求；从草原带入奴隶制，"听民人投充旗下为奴"；禁止或限制民间采矿，"一切铜银坑俱封不开"。

文化生活层面：强行剃发易冠，以此强化民间对朝廷的服从；大兴"文字狱"；立碑严禁士子言事论政；大面积禁毁图书，"士民兢慎，凡天文地理言兵言数之书，有一于家惟恐召祸，无问禁与不禁，往往拉杂摧烧之"，导致知识积累发生断裂，士民思想陷于禁锢；经"扬州十日""嘉定三屠"之后，江南士风出现了严重的奴化。

政治制度层面：清王朝拷贝了朱元璋开创的体制，同时又将它改造得更加不堪：大清皇帝既是八旗子弟的主子，又是国家的元首，还是日理万机的政府首脑。明朝式的皇权专制混合了草原式的主奴关系，致使整套体制显得非常怪诞，也为清末新政的失败埋下了伏笔。

我们都知道，清末近代化转型的目的，乃是建立君主立宪制下的"责任内阁"。但清朝体制跟君主立宪制的距离实在是太遥远了，改造起来势必要伤筋动骨，于是主政者拼命拖延，在野者则等得不耐烦，最后一拍两散。

追究起来，这首先应归咎于朱元璋废除了宰相制度，皇帝直接当上政府首长，等于抽空了"责任内阁"的制度基础。清制因之，设军机处，作为皇帝机要秘书处。军机处与近代"责任内阁"的距离，甚至要远于明代内阁与"责任内阁"的距离。若是放在宋朝的"共治"政体下，将宰相领导的政府转换为"责任内阁"，我相信将是水到渠成的事情。

从19世纪下半叶开始，一部分知识分子受了欧陆启蒙主义思潮的感染，又极不满清王朝应对近代转型的低能，开始思考一个沉重的问题：为什么中国的近代化如此艰难？

但他们的思考不是从制度嬗变的角度抽丝剥茧，而是直接将炮口对准了中国的传统文明，认为是中国人的传统构成了近代转型的路障，是传统文化阻止了近代化。

这样的"文化反思"至五四时期全面爆发，在"破四旧"运动中达到顶峰，余绪绵延至20世纪80年代的"河殇"症候群。这些西化的知识分子跪拜在"中国历史停滞论"的脚下。顺乎逻辑地，他们主张以全盘摧毁传统的极端激进方式建立"美丽新世界"。他们控诉传统婚姻家庭，拆毁祠堂，抨击宗族，砸烂孔家店，消灭士绅阶层，挖掘孔子墓，焚烧儒家经书，破除旧思想、旧文化、旧风俗、旧习惯，改造国民性。

然而，他们设想中的"美丽新世界"直到最后，都未能建成。

震荡的一百年过去，中国白了少年头。"待从头，收拾旧山河"，是时候重新评估我们的传统了，是时候重新发现我们的历史了。

瓦舍勾栏

瓦舍勾栏

　　十二世纪的北宋有一位叫作张择端的画师，留下了一幅令人惊艳的《清明上河图》长卷（《清明上河图》有非常多摹本，本书提及的《清明上河图》，除非有特别注明，均指张择端版本）。与他同时代的还有一位叫作孟元老的文人，留下了一册《东京梦华录》（南宋的《梦粱录》、《武林旧事》、《都城纪胜》与《西湖老人繁胜录》，均模仿《梦华录》体例）。我们现在对张择端和孟元老的身世、生平了解有限，但只要展开他们的作品，我们便可以真切感受到宋朝社会的现代气息、市民气味及繁华气象：街道交错纵横，民居鳞次栉比，商铺百肆杂陈，酒楼歌馆遍设，招牌幡幌满街，商旅云集，车水马龙。

　　要领略宋朝市井的繁胜，不妨先到城市中的瓦舍勾栏去看一看。《水浒传》第一百十回，燕青带着李逵潜入东京城观赏元宵

宋代佚名《大傩图》。大傩是流行于宋朝的一种祭神仪式，
同时也是市井间一项热闹的娱乐表演。

花灯，就是先到瓦舍看热闹的："两个手厮挽着，正投桑家瓦来。来到瓦子前，听的勾栏内锣响，李逵定要入去，燕青只得和他挨在人丛里，听的上面说平话。"

宋代的瓦舍，又称瓦子、瓦市、瓦肆，是宋代城市的娱乐中心。瓦舍之内，设立勾栏、乐棚，勾栏中日夜表演杂剧及讲史、傀儡戏、影戏、杂技等节目，当时名动一时的娱乐明星如丁仙现、王团子、张七圣等，也会到瓦舍演出。"瓦中又多有货药、卖卦、喝故衣（叫卖旧衣服）、探博（赌博）、饮食、剃剪、纸画令曲之类"，煞是热闹。不管冬夏，无论风雨，瓦舍勾栏天天有演出，"不以风雨寒暑，诸棚看人，日日如是"；在这里消遣时光，不知不觉一天就过去了，"终日居此，不觉抵暮"[1]。

东京城内有多少座瓦舍？《东京梦华录》记录了近十座，实际上肯定不止此数。当时规模最大的瓦舍，内设有"大小勾栏五十余座"，而最大的勾栏"象棚"居然"可容数千人"，今日城市的剧场、体育馆，容量也不过于此吧。

其他城市当然也设瓦舍勾栏，如周密的《武林旧事》记录了南宋临安有瓦舍二十三座。甚至小县城、小市镇也有勾栏，《水浒传》中，郓城县那个勾搭阎婆惜的张文远，"平昔只爱去三瓦两舍"；花荣当知寨的清风镇，"也有几座小勾栏并茶坊酒肆，自不必说得"。如果说《水浒传》是虚构的作品，那么来看宋人笔记，沈平《乌青记》说，乌青有南北两个瓦舍，北瓦舍系"妓馆、戏剧上紧之处"，南瓦舍"有八仙店，技艺优于他处"，"楼八间，周遭栏楯，夜点红纱栀子灯，鼓乐歌笑至三更乃罢"。

---

[1] （宋）孟元老：《东京梦华录》。

勾栏是面向市民的商业演出场所，因此勾栏的表演通常都是收费的。收费分两种方式，一是收门票，先购票再进入勾栏观看节目，元曲《耍孩儿·庄家不识勾栏》就提到勾栏的门票制："要了二百钱放过咱，入得门上个木坡。"另一种收费方式是，免费入场，但在表演之前会有专人向现场观众"讨赏钱"，徐渭《南词叙录》记载说，"宋人凡勾栏未出，一老者先出，夸说大意，以求赏"。为了招徕观众，勾栏还会张挂"招子"，写明演员名字与献演节目，跟今日剧院贴海报做广告没有什么区别。

当然在瓦舍勾栏之外，也可以看到娱乐表演。宋朝有一类民间艺人，叫作"路岐人"，主要就在闹市、路边表演节目。《武林旧事》称："或有路岐不入勾栏，只在要用宽阔处做场者，谓之'打野呵'。"南宋人耐得翁的《都城纪胜》载：临安市井中，"执政府墙下空地，诸色路岐人，在此作场，尤内骈阗（热闹）。又皇城司马道亦然。候潮门外殿司教场，夏月亦有绝伎作场。其他街市，如此空隙地段，多有作场之人。"《清明上河图》就画了这么一个场景：街边一个说书棚内，一群人正在津津有味地听说书。

宋朝的城市也因此形成了一个庞大的靠商业性演出为生的艺人群体，被宋人称为"赶趁人"，他们在城市各个热闹的地方表演节目："吹弹、舞拍、杂剧、杂扮、撮弄（变戏法）、胜花（魔术）、泥丸、鼓板、投壶、花弹、蹴鞠、分茶、弄水、踏混木（杂技）、拨盆（杂技）、杂艺、散耍、讴唱、息器（乐器表演）、教水族飞禽、水傀儡、鬻水道术、烟火、起轮、走线、流星、水爆、风筝，不可指数，总谓之'赶趁人'，盖耳目不暇给焉。"[1] 中国传统社会的市民文化，是到了宋代才蓬蓬勃勃发展起来的，是从宋朝的瓦舍勾栏与市井间生长出来的。

酒楼

在《清明上河图》中，酒楼、酒旗随时可见，画面最气派的要算城内的"孙羊正店"，仅"彩楼欢门"——宋代的酒楼为招徕客人，通常用竹竿在店门口搭建门楼，围以彩帛，这叫作"彩楼欢门"——就有三层楼高。《东京梦华录》说："在京正店七十二户，此外不能遍数，其余皆谓之脚店。"在宋代，所谓"正店"是指有酿酒权的豪华大酒楼；"脚店"则是一般酒楼，无酿酒权，用酒须从正店批发。

据《宋会要辑稿》，宋仁宗天圣五年（1027），朝廷下诏："白矾楼酒店如有情愿买扑出办课利，令于在京脚店酒户内拨定三千户，每日于本店取酒沽卖。"意思是说，如有人承包白矾楼酒店的酒税，朝廷可以将三千户脚店划为白矾楼的沽酒客户。可见东京城内脚店数目之多，确实"不能遍数"。换言之，宋人对酒的消费量也是惊人的。宋人爱酒，称酒为"天之美禄"，连女子也喜欢小饮几杯。每一年，京城酒店用于酿酒的糯米就要消耗掉30万石。

上面提到的白矾楼，又称"樊楼"，是东京最有名气的正店。据南宋人周密《齐东野语》的记载，白矾楼"乃京师酒肆之甲，饮徒常千余人"。这等规模，放在今日，也称得上豪华了。

---

[1] （宋）周密：《武林旧事》。

北宋张择端《清明上河图》上的"孙羊正店"，东京城内最繁华的大酒楼之一。

《东京梦华录》也介绍了白矾楼:"白矾楼,后改为丰乐楼。宣和间,更修三层相高,五楼相向,各有飞桥栏槛,明暗相通,珠帘绣额,灯烛晃耀。"因为白矾楼太高,以致登上顶楼,便可以"下视禁中",看到皇宫之内。这大概是亘古未有的事情。数百年后,清初诗人陈维崧游历开封,目睹开封的衰败,不由想起北宋时汴京的繁华,心中感慨,便写了一组《汴京怀古》词,其中有对樊楼的描绘:"北宋樊楼,缥缈见彤窗绣柱。有多少州桥夜市,汴河游女。一统京华饶节物,两班文武排箫鼓。又堕钗斗起落花风,飘红雨。"

宋室南渡后,宋人在西湖旁重造了一座丰乐楼,是杭州城风光最秀美的酒楼,"据西湖之会,千峰连环,一碧万顷,柳汀花坞,历历栏槛间,而游艖画舫,棹讴堤唱,往往会于楼下,为游览最"。"缙绅士人,乡饮团拜,多集于此"[1]。杭州还有一座非常豪华的大酒楼——太和楼,一首宋代的题壁诗描绘说:"太和酒楼三百间,大槽昼夜声潺潺。千夫承糟万夫瓮,有酒如海糟如山。……皇都春色满钱塘,苏小当垆酒倍香。席分珠履三千客,后列金钗十二行。"[2] 这太和楼竟有三百个包厢,每日可接待VIP客人三千名,酒楼雇佣了很多漂亮的歌妓待客,当垆卖酒的大堂经理就是一位"酒不醉人人自醉"的美艳歌妓(苏小)。

这些大都市的酒楼,"不以风雨寒暑,白昼通夜,驵圜如此",24小时营业,不仅可以喝酒,还有歌妓陪酒:"向晚灯烛荧煌,上下相照,浓妆妓女数百,聚于主廊檐面上,以待酒客呼唤,望之宛若神仙",有点像现在的"三陪小姐";寻常酒肆

---

[1] (宋)吴自牧:《梦粱录》。

[2] (宋)佚名:《题太和楼壁》。

中，"又有下等妓女，不呼自来筵前歌唱，临时以些小钱物赠之而去，谓之'札客'，亦谓之'打酒坐'"[1]。需要说明的是，这里的歌妓，通常只是卖唱陪酒，并不卖身，南宋笔记《都城纪胜》说："其他大酒店，娟妓只伴坐而已。"

高级的酒楼，都使用珍贵的银器，"每楼各分小阁十余，酒器悉用银，以竞华侈"。宋朝的京城人十分讲究排场，请客喝酒习惯用银器——"大抵都人风俗奢侈，度量稍宽，凡酒店中不问何人，止两人对坐饮酒，亦须用注碗一副、盘盏两副、果菜碟各五片、水菜碗三五只，即银近百两矣。虽一人独饮，碗遂亦用银盂之类，其果子菜蔬，无非精洁"[2]。确实奢侈。

茶坊

今天的小资们以喝咖啡为生活时尚，仿佛不到星巴克喝过咖啡，就不算了解现代都市生活的品质。一千年前的宋朝人，就跟现代人爱喝咖啡一样爱饮茶。

大约从宋代开始，茶开始成为人们日常生活中不可缺少的一部分、"每日开门七件事"之一，"盖人家每日不可缺者，柴米油盐酱醋茶"[3]。需要提醒的是，宋人的饮茶法，跟今人以开水冲泡茶叶的喝法不同，是将茶叶研成末，再以开水冲之，"碾茶为末，注之以汤，以筅击拂"——这叫作"点茶"。日本的抹茶，即从宋朝点茶"山寨"过去的，日人《类聚名物考》承认，

[1] （宋）孟元老：《东京梦华录》。

[2] （宋）孟元老：《东京梦华录》。

[3] （宋）吴自牧：《梦粱录》。

"茶道之起"，"由宋传入"。宋人点茶，对茶末质量、水质、火候、茶具都非常讲究。

因为对饮茶的热爱，宋人形成了一套很有讲究的茶艺，叫作"分茶"，是一种将"点茶"点出了新花样的高超技艺。高明的分茶技术，能够利用茶末与开水的反应，在茶碗中冲出各种栩栩如生的图案。北宋《清异录》记述，"近世有下汤运匕，别施妙诀，使茶纹水脉成物象者，禽兽、虫鱼、花草之属纤巧如画，但须臾就散灭。此茶之变也，时人谓之'茶百戏'"。这有点像今日咖啡店玩的花样：利用咖啡与牛奶的颜色搭配，调配出有趣的图案。据说著名的女词人李清照便是一名茶艺高人，擅长"活火分茶"。

宋朝也流行"斗茶"，即几个热爱茶道的朋友，聚于一起，分别煮水分茶，看谁的茶叶、茶水出众，茶艺更高超。不仅士大夫中盛行斗茶之风，平民也喜爱斗茶。南宋画家刘松年的《茗园赌市图》，便非常传神地描绘了市井间几个茶贩正在斗茶的生动画面。

因为市民爱饮茶，宋代城市中茶坊到处可见，就如今日的咖啡馆。《东京梦华录》说，汴京朱雀门外，"以南东西两教坊，余皆居民或茶坊，街心市井，至夜尤盛"。南宋也一样，吴自牧的《梦粱录》记载，临安"处处各有茶坊"，如俞七郎茶坊、朱骷髅茶坊、郭四郎茶坊、张七相干茶坊、黄尖嘴蹴球茶坊、一窟鬼茶坊、大街车儿茶肆、蒋检阅茶肆。茶坊的名字都起得很酷，很抓眼球，很有广告效应。

茶坊构成宋代城市社会的公共空间，而不仅仅是单纯饮茶的私人场所。清雅的茶坊是士大夫"期朋约友会聚之处"；高端的茶坊可供"富室子弟、诸司下直等人会聚，习学乐器，上教曲赚";大众茶坊则是"诸行借工卖伎人会聚行"的场所；还有"楼上专安着妓女，名曰'花茶坊'的"，"非君子驻足之地也"。[1]

高档的茶坊布置得非常雅致，"汴京熟食店，张挂名画，所以勾引观者，留连食客。今杭城茶肆亦如之，插四时花，挂名人画，装点店面……今之茶肆列花架，安顿奇松异桧等物于其上，装饰店面"。今日一些咖啡馆、酒吧、茶楼为显示清雅、高贵，也喜爱挂名家的书画作品。

还有一些茶坊搞特色经营，用歌妓招徕客人："诸处茶肆、清乐茶坊、八仙茶坊、珠子茶坊、潘家茶坊、连三茶坊、连二茶坊，及金波桥等两河以至瓦市，各有等差，（歌妓）莫不靓妆迎门，争妍卖笑，朝歌暮弦，摇荡心目。凡初登门，则有提瓶献茗者，虽杯茶亦犒数千，谓之'点花茶'。登楼甫饮一杯，则先与数贯，谓之'支酒'，然后呼唤提卖，随意置宴。赶趁（买卖人）、祗应（服务员）、扑卖者亦皆纷至，浮费颇多。或欲更招他妓，则虽对街，亦呼肩舆而至，谓之'过街轿'。"[2]

这类高端茶坊，不论是品位，还是价位，都要比星巴克高出几个段位。宋人并不会因此而质问"为什么一杯茶汤卖得这么贵"。显然，高端茶坊卖的并不是茶汤，而是格调，是生活方式，是身份识别标准。

---

[1]　（宋）吴自牧：《梦粱录》。

[2]　（宋）周密：《武林旧事》。

饭店

有人统计过,《东京梦华录》共提到一百多家店铺,其中酒楼和各种饮食店占了半数以上。《清明上河图》描绘了一百余栋楼宇房屋,其中可以明确认出是经营餐饮业的店铺有四五十栋,也差不多接近半数。南宋笔记《武林旧事》《都城纪胜》《梦粱录》也收录了一大堆临安的饮食店与美食名单。

"每日交五更",东京的"酒店多点灯烛沽卖(宵夜?早点?),每分不过二十文,并粥饭点心。亦间或有卖洗面水,煎点汤药者,直至天明"。朱雀门外的州桥夜市,那些卖盘兔、旋炙猪皮肉、野鸭肉、滴酥水晶脍、猪脏之类的饮食店,每天都营业到很晚,"直至三更"才打烊。[1]

宋代饭店层次多样,既有满足城市下层群体口腹之需的大排档,"专卖家常饭食,如撺肉羹、骨头羹、蹄子清羹、鱼辣羹、鸡羹、耍鱼辣羹、猪大骨清羹、杂合羹、南北羹,兼卖蝴蝶面、煎肉、大熬虾蝚等蝴蝶面,及有煎肉、煎肝、冻鱼、冻鲞、冻肉、煎鸭子、煎鲚鱼、醋鲞等下饭。更有专卖血脏面、蔥肉菜面、笋淘面、素骨头面、麸笋素羹饭。又有卖菜羹饭店,兼卖煎豆腐、煎鱼、煎鲞、烧菜、煎茄子,此等店肆乃下等人求食粗饱,往而市之矣"[2]。底层人也能够从这里找到物美价廉的饮食。

---

[1] (宋)孟元老:《东京梦华录》。

[2] (宋)吴自牧:《梦粱录》。

张择端《清明上河图》中的一家脚店，一名伙计正往谁家送外卖。

　　更有高端大气上档次的豪华饭店，"其门首，以枋木及花样杂结缚如山棚，上挂半边猪羊，一带近里门面窗牖，皆朱绿五彩装饰，谓之'欢门'。每店各有厅院，东西廊庑，称呼坐次"。这些饭店以丰盛的菜肴吸引食客，"不许一味有缺"，任顾客挑选："客坐，则一人执箸纸，遍问坐客。都人侈纵，百端呼索，或热或冷，或温或整，或绝冷、精浇、膘浇之类，人人索唤不同……须臾，行菜者左手杈三碗、右臂自手至肩驮叠约二十碗，散下尽合各人呼索，不容差错。"[1] 意思是说，你一进饭店，马上就有人招呼座位、写菜，你想吃什么，随便点，很快菜便上齐了。

饭店的服务也很周到，将顾客当上帝看待："凡下酒羹汤，任意索唤，虽十客各欲一味，亦自不妨。过卖铛头（饭店厨师）记忆数十百品，不劳再四，传喝如流，便即制造供应，不许少有违误。酒未至，则先设看菜数碟，及举杯则又换细菜，如此屡易，愈出愈奇。"[2]

饭店伙计若是服务不周，被客人投诉，则会受到店老板叱责，或者被扣工资、炒鱿鱼，"一有差错，坐客白之主人，必加叱骂，或罚工价，甚者逐之"[3]。

因为汴梁餐饮业发达，"处处拥门，各有茶坊酒店，勾肆饮食。市井经纪之家，往往只于市店旋买饮食，不置家蔬"[4]；临安也一样，"处处各有茶坊、酒肆、面店、果子……油酱、食米、下饭鱼肉、鲞腊等铺。盖经纪市井之家往往多于店舍，旋买见成饮食，此为快便耳"[5]。换言之，宋代都市的小白领、小商人，跟今日的城市白领一样，都不习惯在家做饭，而是下馆子或叫外卖。——没错，宋代饮食店已经开始提供"逐时施行索唤""咄嗟可办"的快餐、叫餐服务了。《清明上河图》就画了一个不知正往谁家送外卖的饭店伙计。

[1]　（宋）孟元老：《东京梦华录》。

[2]　（宋）周密：《武林旧事》。

[3]　（宋）孟元老：《东京梦华录》。

[4]　（宋）孟元老：《东京梦华录》。

[5]　（宋）吴自牧：《梦粱录》。

【铺席】

【大相国寺】
【小商贩】
【运河】

铺席

  展开《清明上河图》，我们会看到，汴河沿岸，是一排店铺，越靠近城市，越是繁华、人烟稠密，进入城门之后，更是商铺林立，除了前面我们介绍过的酒楼茶舍、饭店客邸，还有小吃店、小摊、修车铺、解库（银行）、书棚、香药铺、布帛铺、医馆等等。另按《东京梦华录》记述，汴梁宫城朱雀门外，"当街（卖）水饭、熬肉、干脯"，是饮食一条街；马行街北则是药铺医馆一条街，如"山水李家，口齿咽喉药；石鱼儿、班防御、银孩儿、柏郎中家，医小儿；大鞋任家，产科"。最豪华的店铺是"金银彩帛交易之所，屋宇雄壮，门面广阔，望之森然，每一交易，动即千万，骇人闻见"。

  宋人将商店叫作"铺席"。南宋时，杭州的繁华不减北宋汴京，人烟浩森，铺席如云。《梦粱录》说："盖杭城乃四方辐辏

宋：现代的拂晓时辰

延舍勾摄

之地，即与外郡不同。所以客贩往来，旁午于道，曾无虚日。至于故楮羽毛，皆有铺席发客，其他铺可知矣。"即使像"故楮羽毛"的小物件，也有铺席批发、售卖。

《梦粱录》又说："杭州城内外，户口浩繁，州府广阔，遇坊巷桥门及隐僻去处，俱有铺席买卖。盖人家每日不可阙者，柴米油盐酱醋茶。或稍丰厚者，下饭羹汤，尤不可无。虽贫下之人，亦不可免。"所以米铺与肉铺，须臾不可或缺，"杭州人烟稠密，城内外不下数十万户，百十万口，每日街市食米，除府第、官舍、宅舍、富室及诸司有该俸人外，细民所食，每日城内外不下一二千余石，皆需之铺家"，"杭城内外，肉铺不知其几，皆装饰肉案，动器新丽。每日各铺悬挂成边猪，不下十余边"。

宋朝的铺席每天很早就开张营业。北宋汴梁，"每日交五更，诸寺院行者打铁牌子或木鱼循门报晓"，"诸门桥市井已开"，"酒店多点灯烛沽卖，每分不过二十文，并粥饭点心。亦间或有卖洗面水，煎点汤茶药者，直至天明"[1]。南宋临安，"每日交四更，诸山寺观已鸣钟"，"御街铺店，闻钟而起，卖早市点心"，"又有浴堂门卖面汤者，有浮铺早卖汤药二陈汤，及调气降气并丸剂安养元气者，有卖烧饼、蒸饼、糍糕、雪糕等点心者，以赶早市，直至饭前方罢。及诸行铺席，皆往都处，侵晨行贩"。[2] 繁华而热闹的一天开始了。

[1]　（宋）孟元老：《东京梦华录》。

[2]　（宋）吴自牧：《梦粱录》。

大相国寺

说起汴梁的繁华，有一个地方是不可绕过的，那就是大相国寺。大相国寺是寺院，但"每月五次开放万姓交易"，因此又是东京城最大的商业交易中心。宋人笔记《燕翼诒谋录》说："东京相国寺乃瓦市也，僧房散处，而中庭两庑可容万人，凡商旅交易，皆萃其中，四方趋京师以货物求售、转售他物者，必由于此。"

《东京梦华录》则比较详细地记述了大相国寺"万姓交易"的热闹场面："大三门上皆是飞禽猫犬之类，珍禽奇兽，无所不有"，是一个宠物市场；"第二、三门皆动用什物，庭中设彩幕露屋义铺，卖蒲合、簟席、屏帏、洗漱、鞍辔、弓剑、时果、腊脯之类"，是日用百货市场；近佛殿则销售"孟家道冠、王道人蜜煎、赵文秀笔及潘谷墨"等，是个文化用品市场；"两廊，皆诸寺师姑卖绣作、领抹、花朵、珠翠、头面、生色销金花样、幞头、帽子、特髻冠子、绦线之类"，卖的诸寺尼姑手工制作的工艺品；"殿后资圣门前，皆书籍、玩好、图画及诸路罢任官员土物香药之类"，大致也是个文化用品市场；"后廊皆日者（占卜者）货术、传神之类"，买卖的则是占卜算卦之人的用品。

宋朝的文人学士最喜欢逛大相国寺了。李清照与赵明诚结婚后，小两口就经常跑到大相国寺"淘宝"，乐而忘返。这段美好的时光成了李清照一生中最难忘的记忆，她后来写文章回忆说："予以建中辛巳归赵氏，时丞相作吏部侍郎，家素贫俭，德甫（赵明诚）在太学，每朔望谒告出，质衣取半千钱，步入相国寺，市碑文果实归，相对展玩咀嚼。后二年，从宦，便有穷尽天下古文奇字之志，传写未见书，买名人书画，古奇器。"[1]

大相国寺僧人的厨艺也非常高超，"每遇斋会，凡饮食茶果，动使器皿，虽三五百分，莫不咄嗟而办"。[2]大相国寺内还开有饭店，宋人张舜民《画墁录》"相国寺烧朱院"条记载，"旧日有僧惠明，善庖，炙猪肉尤佳。一顿五觔。杨大年与之往还，多率同舍具殽。一日大年曰：'尔为僧，远近皆呼烧猪院，安乎？'惠明曰：'奈何？'大年曰：'不若呼烧朱院也。'都人亦自此改呼。"——这个小故事说的是，大相国寺的和尚惠明，厨艺高明，尤其擅长烧猪肉，以至得了一个"烧猪院"的花名。

于是我们看到，这座寺院不是傲世独立，而是完全融入滚滚红尘，成为宋朝汴梁市民生活的一部分；它不是拒绝世俗，而是从容地接纳了世俗。也因此，当我想起宋朝的大相国寺时，不会觉得它是世外桃源，而是感受到它的人间烟火气。也许，这正是大相国寺的魅力所在。

可惜在北宋灭后，汴梁为金人所占，大相国寺的繁华不再。范成大曾在南宋乾道六年（1170）出使金国，经过大相国寺，发现寺院已"倾檐缺吻，无复旧观"，虽然开市交易的习俗还保留着，但"寺中杂货，皆胡俗所需"，如"羊裘狼帽"之类，再无半点南朝的文化气息。事实上，整个东京城都已经失去了昔日的繁荣："旧京自城破后，创痍不复。炀王亮徙居燕山，始以为南都，独崇饰宫阙，比旧加壮丽。民间荒残自若，新城内大抵皆墟，至有犁为田处。旧城内麓布肆，皆苟活而已。四望时见楼阁

---

[1] （宋）李清照：《金石录后序》。

[2] （宋）孟元老：《东京梦华录》。

峥嵘，皆旧宫观寺宇，无不颓毁。"[1]

小商贩

城市商品经济的魅力，并不在于它制造了少数富商，而是因为城市商业可以吸纳数量更加庞大的农业剩余劳动力，创造无数的就业机会。人们涌入城市，借助城市经济之力，能够轻而易举地成为一名小商贩，得以养家糊口。如"饶州市贩细民鲁四公，煮猪羊血为羹售人，以养妻子，日所得不能过二百钱"[2]。如果命运不错，还有机会发家致富，改变命运。《夷坚志》记述了一个叫作王良佐的小商贩，"居临安观桥下，初为细民，负担贩油。后家道小康，启肆于门，称王五郎"。

宋人称小商贩为"小经纪"。《东京梦华录》的"诸色杂卖"条描述说，东京城的宅舍宫院之前，每日都有小经纪"就门卖羊肉、头肚、腰子、白肠、鹑兔、鱼虾、退毛鸡鸭、蛤蜊、螃蟹、辣燠、香药果子"，或者"博卖冠梳、领抹、头面、衣着、动使（日用器具）、铜铁、器皿、衣箱、磁器之类"。还有一些小商贩走街串巷，用"鼓乐"吸引"小儿妇女观看"，叫卖一些糖果。东京城内的"后街或闲空处"，则"团转盖局屋，向背聚居，谓之'院子'，皆小民居止，每日卖蒸梨枣、黄糕糜、宿蒸饼、发牙豆之类"。

《武林旧事》"小经纪"条记录的名目更加丰富了，有

[1] （宋）范成大：《揽辔录》。

[2] （宋）洪迈：《夷坚志・支癸志》卷八。

张择端《清明上河图》局部。汴京郊外的虹桥上，是一个热闹的河市。

021

一百七十八种。我挑几项比较有意思的转述一下：有卖猫粮的，卖新闻报纸的，卖火柴的，也有卖假发的，卖肥皂团的；还有洗衣店、宠物美容店、修皮鞋店、化妆品店、冰镇饮料摊子。无数小商贩在京城里开设各类小商店，经营各种小商品或者提供生活小服务。许多我们20世纪80年代才见识到的日用小商品，早已在宋代的城市出现了。

可以说，发达的城市经济给了小商贩维持生计的机会，但反过来说更加恰当：是无数的小商贩创造了宋代城市的繁华与市井生活的烟火气息。每一天，宋朝城市在叫卖声中迎来日出——五更时分，小商贩"趁朝卖药及饮食者，吟叫百端"[1]；又是在叫卖声中降下夜幕的——小商贩"顶盘担架卖市食，至三更不绝，冬月虽大雨雪，亦有夜市盘卖"[2]。如果没有小商贩，城市该多么单调，多么死气沉沉！

一个宜人、宜居的城市，是不可能将小商贩排斥在外的。展开《清明上河图》，我们会看到开封城内外的街道、河市，到处都是架大遮阳伞、摆小货摊或者推着"串车"叫卖的小商贩。不用担心城管会来驱逐他们，因为宋朝的街道司已经在东京街道的两旁竖立了许多根"表木"，只要在表木连线之内，便可以自由摆摊。我们看《清明上河图》的"河市"，在虹桥两头，就立有四根表木，桥上两边，小商贩开设的摊位，都在表木的连线之内，中间留出通行的过道。这样，既照顾了商贩的生计，也不致妨碍公共交通。

运河

看过《清明上河图》长卷的朋友应该会发现，宋人喜欢临河开店，沿着河岸，商铺、酒楼、茶坊、邸店、瓦舍勾栏栉比鳞次，连桥道两边也摆满小摊，形成繁荣的街市，行人、商客、小贩、脚夫、马车拥挤于街道；入夜之后，市井间热闹仍不减白昼。

---

[1] （宋）孟元老：《东京梦华录》。

[2] （宋）吴自牧：《梦粱录》。

《东京梦华录》这么介绍汴梁的夜市："自州桥南去，当街水饭、爊肉、干脯……鸡皮、腰肾、鸡碎，每个不过十五文；……香糖果子、间道糖荔枝、越梅、紫苏膏、金丝党梅、香枨元，皆用梅红匣儿盛贮；冬月，盘兔、旋炙猪皮肉、野鸭肉、滴酥水晶鲙、煎夹子、猪脏之类，直至龙津桥须脑子肉止，谓之杂嚼，直至三更。"州桥夜市之所以这么喧闹，是因为仓场建于这一带，汴河上的货船驶至州桥码头后，需要靠岸卸货、仓储，物资在这里集散，人流也在这里汇合。

汴河，流贯开封城的一条运河，与惠民河、金水河、广济河合称"漕运四渠"。其中与大运河相接的汴河是最重要的漕运线，东南六路的物资通过大运河北上，再转入汴水，可以直达京师。商船的通行、货物的流通、客商的往返、人烟的汇聚，使得汴河沿岸成了东京最繁荣的地段。《清明上河图》所绘的正是东京汴河一带的繁华景象。

022

不独东京的市井由于汴河而喧哗起来，整条大运河沿线，也因为运河的通航运输而形成餐饮、住宿、仓储、搬运、商品交易、娱乐、脚力服务等市场，从而催生出无数市镇。宋神宗熙宁五年（1072），访问宋朝的日本僧人成寻，沿着大运河从泗州乘船前往汴梁，他的日记详细记录了沿河见到的繁华市镇，如船至宋州，在大桥下停宿，成寻看到"大桥上并店家灯炉火千万也，伎乐之声遥闻之"；"辰时拽船从桥下过店家，买卖不可记尽"[1]。宋代这些商业性市镇的格局，完全不同于传统的行政性城市，行政性城市是国家构建出来的政治中心，市镇则是民间自发生成的工商业中心、制造业中心和运输中心。

[1]　（日）成寻：《参天台五台山记》。

运河两岸的城市，如亳州、宋州、郑州、青州、宿州、徐州、泗州、扬州、真州、常州、苏州、秀州、越州、明州、杭州，也因运河经济的辐射力而形成繁盛的区域市场，八方辐辏，商旅云集，人烟稠密。《宋史·地理志》收录有近50个人口10万以上的城市，其中位于运河沿线的有15个，差不多占了三分之一。通过对宋朝商税分布的分析，也可以发现，以运河为代表的水运网络对于宋代商业发展的重要性，如熙宁十年（1077）的商税约有800万贯，其中近400万贯就集中在包括汴河、蔡河等运河在内的十二条河流沿线。

日本汉学家宫崎市定提出，中国的古代至中世，是"内陆中心"的时代；从宋代开始，变为"运河中心"的时代，"大运河的机能是交通运输，所谓运河时代就是商业时代。事实上由中世进入近世后，中国的商业发展得面目一新"[1]。宋朝的立国者赵匡胤迁就于漕运便利的现实情势，不得不定都于运河线上的汴梁，却也在无意中顺应了"运河中心"时代来临的历史大势。

[1]　（日）宫崎市定：《东洋的近世》。

青楼歌妓

　　《东京梦华录》说，东京城中"别有幽坊小巷，燕馆歌楼，举之万数"。这里的"燕馆歌楼"，便是旧时的所谓"青楼"。又有人统计了一下，《东京梦华录》共有19处提及汴梁城内外的娼楼妓馆。宋朝的色情业是不必讳言的。不过有一点须注意，古时青楼并不等于"红灯区"，妓也不等于性工作者，训诂学著作对"妓"的注解都是指"女乐"，换言之，妓提供的服务是音乐、歌舞、曲艺，而不是皮肉。当然提供性服务的妓也有，但一般品质低下，大多数的妓是"卖艺不卖身"的。

　　据宋人笔记《醉翁谈录》的记述，东京的妓女分为三等，上等歌妓"居处皆堂宇宽静，各有三四厅事，前后多植花卉，或有怪石盆池，左经右史，小室垂帘，茵塌帷幄之类"；诸妓"多能文词，善谈吐，亦平衡人物，应对有度"；来访的新进士及膏粱子弟"仆马繁盛，宴游崇侈"。次等歌妓也是色艺双全，"丝竹管弦，艳歌妙舞，咸精其能"，常应邀到富贵人家的宴席上，或京城的高级勾栏中表演节目，"求欢之者，皆五陵年少及豪贵子弟，就中有妖艳入眼者，俟散，访其家而宴集焉"。下等歌妓则多散居在城北"循墙一曲"，色艺略差。

宋代有官妓，入乐籍，其任务是在政府的公务接待宴席上歌舞助酒，法律并不允许这些官妓提供色情服务："宋时阃帅、郡守等官虽得以官妓歌舞佐酒，然不得私侍枕席。"[1] 如果官员在公务接待之外"预妓乐宴会"，要处以"杖八十"的刑责。也就是说，官妓的义务是应公务接待之需，在宴席上唱唱歌、跳跳舞、弹弹琴，以助酒兴，并不包括性服务；官员的权力，也只是在公宴上叫来妓乐助兴，非公务性聚宴是不准召妓的，否则要打八十大板，甚至可能被罢官。

官妓的另一项工作是在官营酒店中"坐台"招徕生意。《东京梦华录》记载："凡京师酒店，门首皆缚彩楼欢门。唯任店入其门，一直主廊约百余步，南北天井两廊皆小阁子。向晚灯烛荧煌，上下相照，浓妆妓女数百，聚于主廊槏面上，以待酒客呼唤。望之宛若神仙。"

南宋继续保持这一习俗，周密的《武林旧事》说，临安的酒库（即官营大酒店）"每库设官妓数十人，各有金银酒器千两，以供饮客之用。每库有祇直者数人，名曰'下番'。饮客登楼，则以名牌点唤侑樽，谓之'点花牌'。元夕诸妓皆并番互移他库。夜卖各戴杏花冠儿，危坐花架。然名娼皆深藏邃阁，未易招呼"。吴自牧《梦粱录》也写道：临安"诸酒库设法卖酒，官妓及私名妓女数内，拣择

[1]　（明）田汝成：《西湖游览志余》卷二一。

上中甲者，委有娉婷秀媚，桃脸樱唇，玉指纤纤，秋波滴溜，歌喉婉转，道得字真韵正，令人侧耳听之不厌"。

甚至南宋市民的婚嫁仪式，也会雇请歌妓庆贺。男方迎婚时，"顾借官私妓女乘马，及和情乐官鼓吹，引迎花檐子或粽檐子藤轿，前往女家，迎取新人……迎至男家门首，时辰将正，乐官妓女及茶酒等人互念诗词，拦门求利市钱红。……方请新人下车，一妓女倒朝车行捧镜，又以数妓女执莲炬花烛，导前迎引"。可见在宋人生活中，"妓女"并不是一个受歧视的群体。妓女还是宋朝女性时尚的引领者，有一款在北宋女子中很流行的"旋裙"，就是由妓女带动的：番俗，"妇人不服宽裤与裆制旋裙，必前后开胯，以便乘驴。其风闻于都下妓女，而士人家反慕效之，曾不知耻"[1]。这款"旋裙"前后开衩，方便骑驴骑马，很受仕女欢迎。

当然也有一部分等而下之的妓女会从事色情营生，《都城纪胜》记载，有一些酒店，"谓有娼妓在内，可以就欢，而于酒阁内暗藏卧床也。门首红栀子灯上，不以晴雨，必用箬笠盖之，以为记认"，这个用箬笠盖着的"红栀子灯"，就是色情酒店的标志，有点像今日西方城市的"红灯区"。至于不挂"红栀子灯"的酒店，妓女只是陪坐陪喝而已。

夜生活

如果比较古代与近代生活的区别，有一个细节值得注意，那

---

[1] （宋）江休复：《江邻几杂志》。

就是对黑夜的开发。寻常市民在夜晚不再待在家里睡觉，而是开始丰富的夜生活，这是近代社会的一个特征。唐代及之前，城市实行宵禁制度，只在元宵节弛禁三日，"谓之放夜"。直至宋代，宵禁之制才被突破，城市中彻夜灯火通明，笙歌不停。我们不妨说，中国社会的繁华夜生活是从北宋开始的。

在北宋汴梁，"夜市直至三更尽，才五更又复开张，耍闹去处，通宵不绝"；"冬月虽大风雪、阴雨，亦有夜市"。[1] 宋人笔记《铁围山丛谈》记录的一个细节，可印证汴梁夜市的繁荣："天下苦蚊蚋，都城独马行街无蚊蚋。马行街者，京师夜市酒楼极繁盛处也。蚊蚋恶油，而马行人物嘈杂，灯光照天，每至四更鼓罢，故永绝蚊蚋。"彻夜燃烧的烛油，熏得整条街巷连蚊子都不见一只。

南宋的临安同样夜生活丰富，"杭城大街买卖，昼夜不绝，夜交三四鼓，游人始稀；五鼓钟鸣，卖早市者又开店矣"[2]；早市从凌晨五更（三四点钟）开始，持续到深夜，"夜市除大内前外，诸处亦然，惟中瓦前最胜，扑卖奇巧器皿百色物件，与日间无异。其余坊巷市井，买卖关扑（赌博），酒楼歌馆，直至四鼓后方静，而五鼓朝马将动，其有趁买早市者，复起开门。无论四时皆然"[3]。

逛街购物的人们走累了，口渴了，可以找个地方坐下来，吃点美食，喝碗饮料，除了昼夜迎客的酒楼茶坊，夜市上还有各种饮食小摊，叫卖各色美食。"大街有车担设浮铺，点茶汤以便游观之人"；"又有沿街头盘叫卖姜豉、膘皮子、炙椒、酸儿、羊

[1] （宋）孟元老：《东京梦华录》。

[2] （宋）吴自牧：《梦粱录》。

[3] （宋）耐得翁：《都城纪胜》。

脂韭饼、糟羊蹄、糟蟹，又有担架子卖香辣罐肺、香辣素粉羹、腊肉、细粉科头、姜虾……"；"最是大街一两处面食店及市西坊西食面店，通宵买卖，交晓不绝。缘金吾（古时负责宵禁的官员）不禁，公私营干，夜食于此故也"；"冬月虽大雨雪，亦有夜市盘卖"。[1]

宋朝女性并非"躲在深闺无人识"，大门不出，二门不迈，像我们想象的那样。她们也是可以享受都市夜生活的，《东京梦华录》说，汴梁的潘楼东街巷，"北山子茶坊，内有仙洞仙桥，仕女往往夜游，吃茶于彼"。

宋人的夜生活当然不仅仅是逛街、购物与吃喝，还形成了一种独特而生动的夜市文化，瓦舍勾栏里昼以继夜的文娱表演自不必说，算卦摊子亦是夜市上的热闹所在，是宋朝夜市文化的一部分。《梦粱录》说："大街更有夜市卖卦：蒋星堂、玉莲相、花字青、霄三命、玉壶五星、草窗五星、沈南天五星、简堂石鼓、野庵五星、泰来心、鉴三命。中瓦子浮铺有西山神女卖卦、灌肺岭曹德明易课。又有盘街卖卦人，如心鉴及甘罗次、北算子者。更有叫'时运来时，买庄田，取老婆'卖卦者。有在新街融和坊卖卦，名'桃花三月放'者。"这些卖卦的高人为了招徕顾客，都给自己的卦摊起了噱头十足的名号，什么"五星""三命""时运来时，买庄田，取老婆"之类，跟今日的广告词差不多。

宋代民间市井的夜生活是如此的丰富、喧哗、热闹，甚至让皇宫中人都生出羡慕来。话说一日深夜，宋仁宗"在宫中闻丝竹歌笑之声，问曰：'此何处作乐？'宫人曰：'此民间酒楼作乐处。'宫人因曰：'官家且听，外间如此快活，都不似我宫中如

---

[1]　（宋）吴自牧：《梦粱录》。

此冷冷落落也。'仁宗曰：'汝知否？因我如此冷落，故得渠如此快活。我若为渠，渠便冷落矣'"[1]。市井间的喧哗将豪华的皇宫也衬托得冷冷清清，这应该是前所未有的事情吧，在未来的朝代也极少听说了。

如果一千年前就有卫星地图，人们将会发现，入夜之后，全世界许多地方都陷入一片漆黑中，只有宋朝境内的城市，还是灯火明亮。诗人刘子翚在北宋灭亡后写过一首《汴京纪事》诗，回忆了汴京夜生活的如梦繁华："梁园歌舞足风流，美酒如刀解断愁。忆得少年多乐事，夜深灯火上樊楼。"国破山河在，城春草木深。昔日的繁华，今日的苍凉，让诗人感慨万端。

[1] （宋）施德操：《北窗炙輠录》。

旅游

宋人热爱旅游。寄情于山水的士大夫自不待言,寻常百姓也有出游的兴致。洛阳的牡丹天下闻名,花开之时,"士庶竞为游邀","都人士女必倾城往观,乡人扶老携幼,不远千里,其为时所贵重如此"。[1] 我们注意到,出游的人中并不乏女性。北宋邵伯温说:"洛中风俗尚名教,虽公卿家不敢事形势,人随贫富自乐,于货利不急也。岁正月梅已花,二月桃李杂花盛开,三月牡丹开。于花盛处作园圃,四方伎艺举集,都人士女载酒争出,择园亭胜地,上下池台间引满歌呼,不复问其主人。抵暮游花市,以筼笼卖花,虽贫者亦戴花饮酒相乐。"[2] 欧阳修有首诗写

---

[1] (宋)周师厚:《洛阳花木记》。

[2] (宋)邵伯温:《邵氏闻见录》卷一七。

宋代佚名《春游晚归图》，描绘一名老者春
游踏青后，骑马回府。

道："看花游女不知丑，古妆野态争花红"，描绘的正是花开时
节，少女们游乐的情趣。

甚至穷人也热衷于游玩。《梦粱录》记载，南宋时，临安
"湖山游人，至暮不绝。大抵杭州胜景，全在西湖，他郡无此，
更兼仲春景色明媚，花事方殷，正是公子王孙，五陵年少，赏心
乐事之时，讵宜虚度？至如贫者，亦解质借兑，带妻挟子，竟日
嬉游，不醉不归。此邦风俗，从古而然，至今亦不改也"。据说
现在"贷款旅游"是时尚新潮，殊不知南宋的临安人早就这么玩
了。

北宋京城最大、最繁华的园林"金明池"与"琼林苑"虽然
是皇家林苑，但每年的三月一日至四月八日，都会对外开放，

"许士庶游行"，"其在京官司（即政府部门），不妨公事，任便宴游"；一部分宫殿也"不禁游人"。换言之，每年有一个多月的时间，这两处皇家园林便成了对外开放的公园，任何大宋国的民人都可以进来参观、游玩。因此，"虽风雨亦有游人，略无虚日矣"[1]。南宋皇室在杭州西湖上修建了多所御园，"湖上御园，南有聚景、真珠、南屏，北有集芳、延祥、玉壶"，这些御园也纵民游览，"时承平日久，乐与民同，凡游观买卖，皆无所禁。画楫轻舫，旁舞如织"。[2] 因而，这部分皇家林苑显然又具有公园的性质与功能。

宋代许多富贵人家拥有自己的私家园林，这些私家园林通常也是对外开放、任人游览的。北宋范仲淹在杭州时，有退隐之意，子孙便鼓动他回洛阳老家修建园林，好生养老。范仲淹说："西都士大夫园林相望，为主人者莫得常游，而谁独障吾游者？"[3] 意思是说洛阳的私家园林多的是，我想游就游，何必另造？可见宋代的私家园林是不禁止外人游玩的。这些私家园林也不收取门票，不过游客通常会给看管园林的园丁一点小费，叫作"茶汤钱"，大概园丁还提供茶水。

因为旅游业的兴起，宋代还出现了职业导游。临安府有一群靠导游为业的市民，当时叫作"闲人"，"能文、知书、写字、善音乐，今则百艺不通，专精陪侍涉富豪子弟郎君，游宴执役"，他们"专为探听妓家宾客，赶趁唱喏，买物供过，及游湖酒楼饮宴所在，以献香送欢为由，乞觅赡家财"，陪富家子弟"游宴执役"，替他们打探"游湖酒楼饮宴所在"，以此"乞觅

[1]（宋）孟元老：《东京梦华录》。

[2]（宋）周密：《武林旧事》。

[3]（清）毕沅：《续资治通鉴》卷五二。

赡家财"，工作性质有些接近今日的导游。还有一种叫"四司六局"的服务机构，也提供导游服务，"欲就名园异馆、寺观亭台，或湖舫会宾，但指挥局分，立可办集，皆能如仪"[1]。

踏春

清明时节，杂花生树，草长莺飞。历书说："清明，时万物皆洁齐而清明，盖时当气清景明，万物皆显，因此得名。"明清正是万物滋长的好时节。

开封汴河两岸的柳树抽出了新枝，从南方开来的漕船与商船，衔尾入汴，挤满了河面，将苏、湖生产的粮食运入京师，米行的牙人正在指挥脚夫从漕船往岸上搬货物，河市、街市一片繁忙。这样的繁华景象，被一位北宋画师张择端画进入他的《清明上河图》长卷。

清明时节于宋朝人来说，是热闹而欢快的时光。虽然人们心头还有一抹思念先人的淡淡忧伤，但春光明媚，万物复苏，不如抛却愁绪去寻春。于是，到青山绿水间游赏踏青，便成了宋人度过清明时节的习俗。

遇上一个好天气，汴京城内的士庶商民，就会约上三五好友，带着新酒、炊饼、果子、小吃、玩物，出城游玩。汴京郊外，是一大片的田野、园苑、山林，这个时候，野外热闹如同市肆，"四野如市"，踏春的人们"往往就芳树之下，或园囿之间，罗列杯盘，互相劝酬。都城之歌儿舞女，遍满园亭，抵暮而

---

[1] （宋）吴自牧：《梦粱录》。

归"。[1] 宋初的诗人晏殊看着这春天里络绎不绝的游人，写下了一首小诗："王城五百车马繁，重帷黯幕纷郊原。游人得意惜光景，恣寻复树登高轩。"

在这春天里，宋朝的人们还可以到皇家园林中玩耍，通往皇家林苑"金明池"的路上，总是人头攒动，"游人士庶，车马万数"。一首唐诗说："三月三日天气新，长安水边多丽人"；汴京的青楼女子也不想辜负这春色，骑着毛驴，"披凉衫，将盖头背系冠子上"，来"金明池"访春。一群年少的风流子弟，"跨马轻衫小帽"，跟在丽人后面，追逐春光。还有几个文身的恶少年，"用短缰促马头刺地而行"，"呵喝驰骤，竞逞骏逸"，大概是想以此吸引佳人的注意吧，就如今日开着宝马飙车的"古惑仔"，寻求速度的刺激、观者的惊呼。[2]

良家女子也不想躲在深闺之中被春天遗忘。于是"媪引浓妆女，儿扶烂醉翁"，大家闺秀、小家碧玉，都打扮得漂漂亮亮，出游踏青来了。士大夫家庭的女子讲究一些，"仍有贵家士女，小轿插花，不垂帘幕"[3]，乘坐着小轿，但轿帘拉开，以便让春光入怀，轿子上还插满了刚刚采摘的鲜花。其实春色不在那野外，就在这小轿之内。

"柳外雕鞍公子醉，水边纨扇丽人行。"——这是宋人描述清明时节"金明池"男女游人的诗句。不知道在那如织的游人中，有多少人是为了看山水风光，又有多少人是为了看小轿插花的丽人；反正有一首童谣传下来了："正月灯，二月鹞，三月上坟，船里看姣姣。"姣姣，就是姑娘。正月元宵观花灯，二月里

---

[1] （宋）孟元老：《东京梦华录》。

[2] （宋）孟元老：《东京梦华录》。

[3] （宋）孟元老：《东京梦华录》。

来放风筝，三月呢，可以到郊外看春游的姑娘。

那水边执扇的丽人，其实又何尝不是在偷看宝马雕鞍的公子？王安石有一首小诗写道："临津艳艳花千树，夹径斜斜柳数行。却忆金明池上路，红裙争看绿衣郎。"正是："我见青山多妩媚，料青山见我应如是。"

地图

今天的驴友们到一个陌生的地方旅游，通常会买一份当地的旅游地图。宋人也有这种习惯。在宋朝的市场上，地图已经成为一种商品，宋人称之为"地经""里程图"。杭州的白塔桥，就有向游人兜售地图的商店。"驿路有白塔桥，印卖朝京里程图。士大夫往临安，必买以披阅。"[1] 一位不知名的南宋诗人在杭州的墙壁上题了一首诗："白塔桥边卖地经，长亭短驿甚分明。如何只说临安路，不较中原有几程。"诗有讽刺南宋人歌舞升平、不思进取的意思，不过诗中透露了一个信息：宋代的"地经"，确实已经比较接近旅游地图了，图上标注有临安的道路、里程、可供歇脚的旅店等等，游客"按图索景"，很是方便。

宋代是中国古代地图学的鼎盛期，制图的技术领先于其他时代，大量全国图经、州县图经在这个时期问世。北宋的科学奇才沈括还制造出立体地图，令人叹为观止。现收藏于日本的南宋《舆地图》，是一幅东亚地图，绘出了大宋、女真、室韦、蒙兀、契丹、高昌、龟兹、乌孙、于阗、碎叶、天竺、阇婆、三佛

[1] 〔元〕李东有：《古杭杂记》。

齐等多个国家的地理以及南海上的一些岛屿，并相当准确地描绘出了黄河、长江和东亚的整条海岸线，还绘有陆地道路与海上交通线。在尚未发明现代测绘工具的十三世纪，我们实在很难想象古人是如何绘出这幅亚洲地图的。

古人绘制地图，主要是出于政治与军事目的，因此地图也多藏于官府，跟平民的生活关系不大。只有到了宋代，随着市民生活的丰富性获得空前发展，旅游成了平民生活的一项内容，地图的旅游功能便日益显示出来。南宋人刘挚在当荆州推官任内，"暇日绘府为图"，不但绘出了荆州的府境、辖县、城池、仓库、场务、坊巷、桥梁、驿路，也将江湖、祠庙、宫观、寺院与胜览画入图经。他的这幅《荆南府图》是可以当成旅游地图使用的。事实上，许多宋人出游，都要带着地图，陆游的游记《入蜀记》就多次提到"图经"，如他发现了一个废城，"图经谓之吕蒙城"，看了地图才知道是吕蒙城；他到达夷陵县，图经说这里曾是"郭景纯注《尔雅》"的所在。

图经能够成为服务于旅游的大众商品，也应归功于宋代发达的雕版印刷业，只有印刷术才可以使一幅地图大量复制，变成流水线生产的制品。今天我们还可以看到一幅绘于南宋咸淳四年

（1268）的《西湖图》，为雕版墨印，地图以鸟瞰的视角，描绘了杭州西湖及周边的各个风景点，包括六和塔、断桥、岳庙、雷峰塔、苏堤、白堤、北高峰、南高峰等。也许昔日宋朝商贩在白塔桥边叫卖的地经，就有这《西湖图》呢。

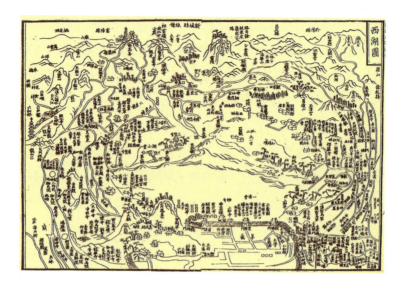

南宋咸淳四年雕版墨印的地图《西湖图》。

客邸

　　如果你生活在宋朝，要外出经商、旅游、赶考，不用太担心
露宿街头或野外，因为宋代的旅店业也很发达，"州府县镇，驿
舍亭铺相望于道，以待宾客"[1]。旅店，宋人又称邸店、客邸，
有一句宋诗说，"邸店如云屯"，便是形容旅店之盛况的。即使
在郊外乡村，也出现了邸店，宋画《山店风帘图》描绘的就是一
处乡下旅店，位于山道旁边，有三间大房屋，一根长竿将风帘
（旅店的招牌）高高挑起，迎风招展；店门口还有住店旅客带来
的牲口与货物，山道上过往的商客、货车络绎不绝。宋人的乡村
旅店并非个别，而是很常见。宋人周必大有一次回乡，路过衢州

---

[1]　（清）徐松辑：《宋会要辑稿·方域》一〇之三三。

礼贤镇，就见"途中邸店颇多"[1]。由此也可以想见宋代旅游业的兴旺与人口流动的频繁。

繁华的京城更是客店如云了。《东京梦华录》记载，汴梁的"临汴河大街"，"街西保康门瓦子，东去沿城皆客店，南方官员商贾兵级，皆于此安泊"；"以东向南曰第三条甜水巷，以东熙熙楼客店，都下着数"。周密《武林旧事》说，临安的"三桥等处，客邸最盛"。这些客邸，有些是官营的，有的是民营的。《清明上河图》也画了几家邸店，如"孙羊正店"的斜对面，竖着一个招牌，上书"久住王员外家"。"久住"是宋时旅店业的常用语，这家旅店大概是一个叫作"王员外"的富户开设的。

宋代的"题壁诗"特别兴盛，旅店的墙壁上也多"题壁诗"，有些驿站还设有"诗板"，专供旅人题诗。大概旅途寂寞，需要借诗遣怀。宋人周辉在一次旅行的途中，即以观看旅店"题壁诗"为乐："邮亭客舍，当午炊暮宿，驰担小留次，观壁间题字，或得亲朋姓字，写途路艰辛之状，篇什有可采者。其笔画柔弱，语言哀怨，皆好事者戏为妇人女子之作。"[2]那时候的诗壁，大概就类似于网络时代的BBS吧，那些"题壁诗"就是网络上的帖子，有人题诗，还有人和诗，就如"跟帖"。周辉曾在一家旅店墙壁上读到一首署名为"女郎张惠卿"的诗："迢递投前店，飕飕守破窗。一灯明复暗，顾影不成双。"回程时，发现"和已满壁"，"跟帖"非常多。

人在旅途，往往孤单无援。为保护旅客安全，宋政府出台了对邸店的管理条例。其中有一条读来特别有温情："客旅不安，

---

[1] （宋）周必大：《文忠集》卷一六五。

[2] （宋）周辉：《清波杂志》卷一〇。

张择端《清明上河图》上的旅店：久住王员外家。

不得起遣。仰立便告报耆壮，唤就近医人看理，限当日内具病状申县照会。如或耆壮于道路间抬舁病人于店中安泊，亦须如法照顾，不管失所，候较损日，同耆壮将领赴县出头，以凭支给钱物与店户、医人等。"意思是说，宋政府规定，旅店如发现住店的客人得病，不得借故赶他离店，而是要告诉当地"耆壮"（民间基层组织的首领），并就近请大夫给他看病，且在当日报告县衙。如果当地人发现路有病人，抬至旅店，旅店也不得拒绝，还是按照程序请医生、报告官府。等病人病情稍轻时，店家便可以同"耆壮"一同到县衙结算，按照所花费的开支报销医药费、饮食费等。

这一条例收录在宋人李元弼的《作邑自箴》中。我们不能不承认，这是富有人道主义精神的规定。

动物园与公园

中国很早就出现了动物园，如《周礼》记载："囿人，掌囿游之兽禁，牧百兽。"但先秦时代的"囿"，只用于王室贵族的观赏、射猎，与人民的生活毫无关系。最早的公共性动物园，应该产生于宋代。

北宋的皇家林苑"玉津园"兼有动物园的功能，番邦诸国进贡的珍禽异兽即豢养于玉津园，大中祥符五年（1012），宋真宗下诏，"诏诸国狮子、驯象、奇兽列于外苑，谕群臣就苑中游宴"，外苑即玉津园。养于玉津园的动物有交趾驯象、占城金毛狮、神羊（麖）、灵犀、天竺狻猊（狮子）、孔雀、白鹇、大象、犎牛、独峰橐驼、白驼等等。其中大象就有四十六头，为了给大象提供足够的草料，朝廷"令玉津园布种象食荬草十五顷"，即在玉津园开辟了十五顷地种植荬草。

玉津园是皇家林苑，但对群臣开放的，"谕群臣就苑中游宴"。士大夫可以在园中游赏宴乐。不过我们说它具有公共动物园的性质，则是因为，玉津园在每年三四月，也对市民开放。宋神宗元丰年间，周邦彦作《汴都赋》，提到"上方欲与百姓同乐，大开苑圃，凡黄屋之所息，銮辂之所驻，皆得穷观而极赏，命有司无得弹劾也"。宋徽宗时的李长民《广汴都赋》也说："命啬夫而启禁籥，纵都人而游览。"这些对市民开放的皇家林苑，自然包括玉津园。宋人洪迈的《夷坚志》记录了一件事：徽宗大观年间，宿州有钱君兄弟，赴京赶考，"因休暇出游玉津园"，说明宋朝的一般平民都可以在开放期进入玉津园，且不收门票。

而定期向市民开放的"金明池"与"琼林苑"，则已经有了"公园"的性质。每年的清明时节，到皇家林苑探春，是汴梁市民的习俗。开放期间，政府每年会在"金明池"组织、举行盛大的博彩节目、水戏表演、龙舟争标，吸引了无数市民前往观看。精明的商家早已抢先在金明池的岸边搭起彩棚，租给游客，"两边皆彩棚幕次，临水假赁，观看争标"。金明池边的宝津楼，是皇帝观赏百戏表演与赐宴君臣的所在，"寻常亦禁人出入，有官监之"，但在开放期间，天子与民同乐，宝津楼的门口"皆高设彩棚，许士庶观赏，呈引百戏。御马上池，则张黄盖，击鞭如仪。每遇大龙船出，及御马上池，则游人增倍矣"。[1] 每有御驾亲临，游人亦不须回避，争相观睹，以致"游人增倍"。

---

[1]　（宋）孟元老：《东京梦华录》。

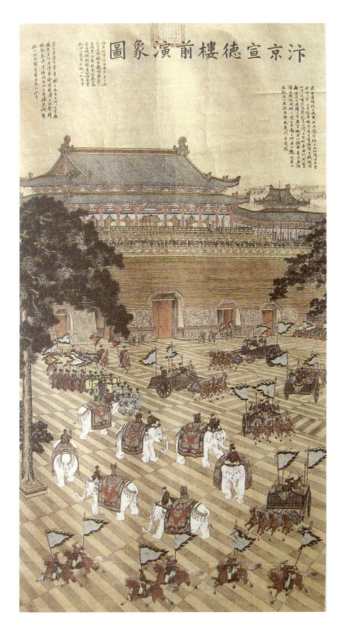

佚名《汴京宣德楼前演象图》（疑为明清仿本）。北宋皇室每年都要在
皇宫宣德楼前举行盛大的车骑演象活动。

林苑内还有商家开设的"酒食店舍、博易场户、艺人勾肆、质库"，只做旅游旺季的生意，"只至闭池，便典没出卖"。金明池的西岸，相对比较冷清，"亦无屋宇，但垂杨蘸水、烟草铺堤，游人稀少"。但聪明的商家自有做生意的妙招，推出"有偿钓鱼"的经营项目："垂钓之士，必于池苑所买牌子，方许捕鱼，游人得鱼，倍其价买之，临水砟脍，以荐芳樽，乃一时佳味也。"游客钓到鱼后，可以花比外面市场高两倍的价格将鱼买下来，让商家"临水砟脍"，做成很美味的美食。[1] 今日的公园，不是也有经营钓鱼、钓虾的项目吗? 一千年前的宋人，玩着跟今人差不多的游园节目，让我们不能不感叹宋代市民生活的"现代性"。

[1] （宋）孟元老：《东京梦华录》。

关扑

赌博，英文为Gamble，宋人叫作"关扑"，发音相近。到元朝时，还是这么叫。我有点疑心英语Gamble就是"关扑"的音译，由马可·波罗从中国带入欧洲。当然，这只是我的猜测而已。不过宋代确实非常流行关扑，可以说，关扑已经成了宋人生活的一部分。

宋人随时随地都可以关扑。比较常见的一种玩法是掷铜钱：将一枚或几枚铜钱掷进瓦盆中，以掷出背面者为赢家。若同时掷几枚铜钱，要掷出全是背面那可不容易，因而赔率也很高。宋朝的商店或小贩，很喜欢用关扑的游戏来吸引顾客；假如你是宋朝人，在市场上看中某样商品，你可以按市价买下来，也可以只掏一点钱参与关扑，赢则得物，输则失钱。

宋代的关扑，实际上就是诞生于市场、服务于市场的市民娱乐节目、博彩游戏。我们今天在公园中看到的"投中有奖"之类的游戏，其实并不新鲜，因为宋人已经在玩了。据南宋曾三异的《因话录》，在京城卖糖的小商贩，制作了一个圆盘，大约三尺见方，上面画有"禽鱼器物之状数百枚，长不过半寸，阔如小指，甚小者只如两豆许"，圆盘可旋转。想来关扑的市民只要掏一文钱，便可往转盘射一箭，若能射中圆盘上画着的禽鱼，便能得到糖水一碗。射不中者，则可以再掏钱重新旋盘射箭。看起来，是不是有点儿像时下商场为了促销而举行的"转盘中奖"活动呢？

这样的关扑游戏很受宋朝市民的欢迎。不过北宋时，法律上是禁赌的，《宋刑统》规定："诸博戏财物者各杖一百，赃重者各依己分，准盗论。"但民间社会既然热衷于关扑，宋政府也就顺应民情，每年的春节、寒食、冬至等节日，都会开放赌禁三天。"十一月冬至，京师最重此节。……官放关扑，庆贺往来，一如年节"[1]；寒食节由于不禁赌，一些官员放假在家，便相约"打麻将"。有一年寒食节，翰林学士章得象"与丁晋公（丁谓）博。丁负，翼日（次日）封置所负银数百两归公。明年寒食复博，而郇公（章得象）负，丁督索甚急，公即出旧物以偿之"[2]。清明节亦不禁赌："正月一日年节（春节），开封府放关扑三日。士庶自早互相庆贺，坊巷以食物、动使、果实、柴炭之类，歌叫关扑。"这个时候，街市上"皆结彩棚，铺陈冠梳、珠翠、头面、衣着、花朵、领抹、靴鞋、玩好之类"，这些物品均可关扑，甚至吸引了一些大家闺秀，"向晚，贵家妇女纵赏关

---

[1] （宋）孟元老：《东京梦华录》。

[2] （宋）吴曾：《能改斋漫录》。

赌，入场观看，入市店饮宴，惯习成风，不相笑讶"。[1]

另外，东京的皇家林苑——金明池与琼林苑在对外开放的时间内，也允许关扑："池苑内除酒家艺人占外，多以彩幕缴络，铺设珍玉、奇玩、匹帛、动使、茶酒、器物关扑"。一部分宫殿也"不禁游人，殿上下回廊，皆关扑钱物、饮食。伎艺人作场，勾肆罗列左右。桥上两边，用瓦盆内掷头钱，关扑钱物、衣服、动使。游人还往，荷盖相望"。那些关扑的人，"有以一笏扑三十笏者（即赔率是1比30），以至车马、地宅、歌姬、舞女，皆约以价而扑之"，连"车马、地宅、歌姬、舞女"都拿出来当赌注。在我们想象中以为严肃得连大气都不敢出的皇家宫殿，原来居然是充满市井气息的与民同乐之所在。对于到皇家林苑游玩的市民来说，最高兴的事莫过于带着关扑赢来的物品回家了——"游人往往以竹竿挑挂终日关扑所得之物而归"[2]。

南宋时，关扑之风更盛，禁赌的法令似乎已经被突破，因为关扑成了市场上天天都有的促销手段：临安夜市上，"扑买奇巧器皿百色物件，与日间无异。其余坊巷市井，买卖关扑，酒楼歌馆，直至四鼓后方静"[3]。在西湖上还出现了专供人赌博玩乐的"关扑船"。连女性也很喜欢参与博彩游戏，"关扑香囊、画扇、涎花、珠佩"，以及鲜花[4]。

宋人爱关扑，我觉得这是商业发达、社会开放、生活多姿多彩的反映。

---

[1] （宋）孟元老：《东京梦华录》。

[2] （宋）孟元老：《东京梦华录》。

[3] （宋）耐得翁：《都城纪胜》。

[4] （宋）周密：《武林旧事》。

贵族运动

公元1860年，英格兰举行了世界上最早的高尔夫球公开赛，但在十二世纪的北宋，上层社会早已流行一种类似高尔夫球的贵族运动。这种类似高尔夫球的运动叫作"捶丸"。

根据一份元朝留下来的《丸经》（介绍捶丸运动的指南书）以及绘于明代的《秋宴图》（描绘捶丸运动场面的画作），我们相信，捶丸运动所使用的球、球棒、场地，以及游戏规则，都很接近现代高尔夫球。

捶丸的球，通常为木制，以结成胶状的赘木为佳，大小与高尔夫球相若；球棒形状也颇似高尔夫球棒，由弯曲的棒头与笔直的棒柄组成，棒头是硬木制成的，裹以牛皮。宋朝捶丸的球棒有多样款式，有适合打直球的搢棒，有适合打飞球的朴棒。每次比赛，各式球棒要携带齐全。

比赛时，先在球场上画好球基，作为初始的击球点；并依地势挖好若干球窝，球窝旁边会竖一面小旗，以击球入窝为目标。作为上流社会玩的贵族运动，捶丸也是特别讲究对场地的选择，以地势起伏、草木相间的开阔山野为宜；也特别讲究玩球的绅士风度："捶丸之式，先习家风，后学体面。折旋中矩，周旋中规。失利不嗔，得隽不逞。若喜怒见面，利口伤人，君子不与也。"

捶丸运动在宋代社会相当流行，平民、儿童、女性都喜欢捶丸，只不过一般人家的捶丸，自然不必像上流社会那般讲究。

宋朝的另一项贵族运动是马球。马球是唐朝时非常流行的运动，今人多以马球之盛行来说明唐朝社会风气的强劲有力，然后

山西洪洞广胜寺宋元壁画中的捶丸图。

又先入为主地以为宋朝风气文弱，所以马球运动没有继续了。其实马球运动在宋朝也很流行。《东京梦华录》记：琼林苑宴殿南面有横街，"牙道柳径，乃都人击球之所"。所谓"击球"，就是马球运动。

宋朝的贵族更是热衷于马球，宋太祖、宋太宗、宋仁宗、宋徽宗、宋孝宗，都是马球运动的爱好者。我们以为宋人纤弱，其实未必，如仁宗朝的大臣张方平，出使契丹时，"骑而击球于前，酌玉卮饮之"。宋室南渡后，宋孝宗"日御球场"，还叫太子与士兵一起打马球，"武士击球，太子亦与"。马球运动的危险系数甚高，所以"群臣以宗庙之重，不宜乘危"，劝告孝宗少打点马球，孝宗不听，说，"正以仇耻未雪，不欲自逸尔"。[1]

[1] 参见（宋）岳珂《桯史》卷二，（元）脱脱等《宋史·周必大传》。

原来，孝宗皇帝之所以热心于马球，是为了锻炼体魄、胆量，以期日后有机会亲上战场，以雪靖康之耻。

宋朝还有女子马球队，《东京梦华录》绘声绘色描述的场景："妙龄翘楚，结束如男子，短顶头巾……艳色耀日，香风袭人，驰骤至楼前，团转数遭……人人乘骑精熟，驰骤如神，雅态轻盈，妍姿绰约"，便是东京女子马球队的精彩表演。

蹴鞠

如果说捶丸、马球只是贵族的健身时尚（从吕原明《岁时杂记》的记载看，"京师少年多以花球棒为击鞠之戏"，汴梁的民间也有马球运动，但宋朝马贵，马球运动肯定难以普及），那么"蹴鞠"毫无疑问便是宋朝的全民运动了。

蹴鞠，即踢足球。宋代蹴鞠的玩法主要有两大类，一叫"白打"，强调的是技巧性与观赏性，不设球门，双方以头、肩、背、膝、脚顶球，表演各种高难度动作而球不落地，技高一筹者胜出。一叫"筑球"，更强调对抗性，与今日的足球比赛差不多："左右军筑球，殿前旋立球门，约高三丈许，杂彩结络，留门一尺许。左军球头苏述，长脚幞头，红锦袄，余皆卷脚幞头，亦红锦袄，十余人。右军球头孟宣，并十余人，皆青锦衣。"[1] 对垒的双方身着不同颜色的球衣，各十余人，以将球踢入球门为进攻目标，进球多者得胜。

我们当然可以不同意宋代蹴鞠是现代足球运动的起源之说，

[1]　（宋）孟元老：《东京梦华录》。

宋：现代的拂晓时辰

昆仑勾栏

《宋太祖蹴鞠图》。北宋苏汉臣所画，现存图为元代临摹品。

但无法否认，宋朝人对于蹴鞠的热爱，半点不亚于现代英国人对于足球的热情。不但城市中有蹴鞠比赛的热闹场面，"宝马嘶风车击毂，东市斗鸡西市鞠"；而且农村人也很喜爱蹴鞠，"乡村年少那知此，处处喧呼蹴鞠场"；甚至有了女子球队，"舞馀燕玉锦缠头，又著红靴踢绣球"。

宋代商业发达，城市中常常可以见到商业性的蹴鞠表演。元宵节前后，东京城的御街有大型的足球比赛供市民观赏，"游人已集御街两廊下，奇术异能，歌舞百戏，鳞鳞相切，乐声嘈杂十余里，击丸蹴鞠，踏索上竿……奇巧百端，日新耳目"[1]。如果你在南宋的临安逛街，则很可能会遇见一家叫"黄尖嘴蹴球

[1] （宋）孟元老：《东京梦华录》。

茶坊"的茶楼，可以一边喝茶，一边欣赏足球比赛；如果走到临安著名的公园蒋苑，也会看到那里有"立标竿射垛，及秋千、梭门、斗鸡、蹴鞠诸戏事，以娱游客"[1]，就像现在的公园有各种游乐节目吸引游客。

宋朝有自由结社之风，热爱蹴鞠的人都可以组织或参加"打球社""蹴鞠社"之类的社团。若要说宋代最著名的足球俱乐部，便非"齐云社"莫属了，民间又称之为"圆社"。"齐云社"的工作包括发展会员，传授、切磋踢球技术，订立协会章程，制定蹴鞠规则与礼仪，考核球员技术等级，组织足球比赛与表演等，是民间蹴鞠的自治组织。

每一年，"齐云社"都要组织一届全国性的蹴鞠邀请赛，叫作"山岳正赛"，类似于今日的"中国足球超级联赛"。大赛之前，"齐云社"要给各地球队发出通知："请知诸郡弟子，尽是湖海高朋，今年神首赛齐云，别是一般风韵。来时向前参圣，然后疏上挥名。香金留下仿花人，必定气球取胜。"参赛的球队需要缴纳一定费用，叫作"香金"，最后胜出者可获得奖品，叫作"球彩"。"山岳正赛"也是"齐云社"评定全国各球队技术等级的过程，对通过考核的球队，"齐云社"会发给一面"名旗"，类似于认证证书，"赢者得名旗下山，输者无名旗下山"。

最后我想提醒列位看官，宋人蹴鞠所用的皮球，从形态看已经跟现代足球非常接近，为空心充气的皮球，比较有弹性。宋人所著《皇朝事实类苑》记载："（以前的）蹴鞠以皮为之，中实以物，蹴蹋为戏乐也，亦谓为毬焉。今所作牛尨胞，纳气而张之，则喜跳跃。"意思是说，以前蹴鞠用实心球，今人所用的皮

---

[1] （宋）周密：《武林旧事》。

鞠，是充气的空心球，以牛或猪的膀胱为球芯，充气后，外面再包以牛皮，弹跳性很好。

能弹跳的球对圆形的要求很高，唐人做的皮鞠，由八片外皮缝合而成，还不够浑圆。宋人则用十二瓣硝制过的软牛皮来缝合，"香皮十二，方形地而圆象天。香胞一套，子母合气归其中"；"熟硝黄革，实料轻裁，密砌缝成，不露线角"，"碎凑十分圆"。[1] 几何学告诉我们，十二个五边形正好可以构成一个球形体。这样缝制出来的皮鞠便非常圆了。

那么宋人是如何给足球充气的呢？用小型鼓风机，宋人称之"打揎"。"打揎者，添气也。事虽易，而实难，不可太坚，坚则健色（即皮鞠）浮急，蹴之损力；不可太宽，宽则健色虚泛，蹴之不起；须用九分着气，乃为适中。"[2] 宋朝皮鞠还有标准重量，为"十四两"，跟今日足球的重量差不多。如果谁以为那时候的足球是实心的、缺乏弹跳力的，那就低估宋人的智慧了。

相扑

另一项风靡大宋朝的全民运动是"相扑"。相扑如今是日本的国技，其实那是从中土传过去的，一千年前，相扑是大宋的国技。

同蹴鞠一样，宋人建有相扑社团，叫作"角抵社""相扑社"；有地方性乃至全国性的相扑"锦标赛"，胜者可得到奖金、奖杯、奖状："若论护国寺南高峰露台争交，须择诸道州郡

---

[1] 《蹴鞠谱》。

[2] 《蹴鞠图谱》。

臂力高强、天下无对者，方可夺其赏。如头赏者，旗帐、银杯、彩缎、锦袄、官会、马匹而已。"[1] 这类全国性的"锦标赛"，通常是在盛大的节日中举行的，《水浒传》第七十四回《燕青智扑擎天柱》，讲的正是三月二十八日"天齐圣帝"降诞之日，在山东泰安州岱岳庙举行的相扑大赛。

宋朝城市还有商业性的相扑表演。在瓦舍勾栏中，就可以欣赏到精彩的商业性相扑了。这里活跃着一批相扑高手，"有周急快、董急快、王急快、赛关索、赤毛朱超、周忙憧、郑伯大、铁稍工、韩通住、杨长脚等"[2]，我们听这名字，就可以想象到一群力大无穷、动作迅猛的相扑手形象。

瓦舍的商业性相扑表演节目在开锣之前，通常会先安排一段活色生香的女相扑表演，以吸引观众。"瓦市相扑者，乃路岐人（即民间艺人）聚集一等伴侣，以图摽手之资。先以女颩数对打套子，令人观睹，然后以臂力者争交。"[3] 宋代的女相扑是很有名的，女相扑手叫"女颩"，《梦粱录》和《武林旧事》都记录了好几位女颩的名号，如"赛关索""嚣三娘""黑四姐""韩春春""绣勒帛""锦勒帛""赛貌多""侥六娘""后辈侥""女急快"，这些女相扑手跟男相扑手一样，在"瓦市诸郡争胜"，并且打响了名头。

北宋的仁宗皇帝也曾经为女相扑所吸引，过元宵节时，在宣德门上看"妇人相扑者"，结果惹来司马光一顿批评："窃以宣德门者，国家之象魏，所以垂宪度，布号令也。今上有天子之尊，下有万民之众，后妃侍旁，命妇纵观，而使妇人裸戏于前，

[1]　（宋）吴自牧：《梦粱录》。

[2]　（宋）吴自牧：《梦粱录》。

[3]　（宋）吴自牧：《梦粱录》。

宋
：
现
代
的
拂
晓
时
辰

民
窑
勾
栏

殆非所以隆礼法，示四方也。"司马光还提出建议："仍诏有司，严加禁约，令妇人不得于街市以此聚众为戏。"[1]

贵为一国之君，在宣德门这么庄重、严肃的场合观看身材火辣、着装清凉的女飐表演，当然不成体统，司马光对仁宗的批评很有道理。但他想禁止市井间的女相扑，则是多管闲事了。不过我们从《梦粱录》和《武林旧事》的记述来看，民间的女相扑表演显然并未受到什么影响。

宋诗人周文璞有一首诗写道："有时挟弹暮云表，有时蹴踘春风前。有时却自着绛帕，走入药市寻神仙。"只有一个富足、安定，又有闲暇的社会，人们才可以这么欢愉地玩闹。

玩具

记忆中，我童年的玩具基本上都是自己和小伙伴们动手做的，店铺中几乎没有什么玩具售卖。那时还是刚刚改革开放的80年代初。想不到在一千年前的宋朝，城市中已经出现了专门的玩具市场，有非常丰富的商品玩具，养活了一群专卖儿童玩具的小商贩。据《武林旧事》记述："若夫儿戏之物，名件甚多，尤不可悉数，如相银杏、猜糖、吹叫儿、打娇惜、千千车、轮盘儿。每一事率数十人，各专藉以为衣食之地，皆他处之所无也。"另据《都城纪胜》，杭州"又有专卖小儿戏剧糖果，如打娇惜、虾须糖、宜娘打秋千、稠饧之类"。

所谓"儿戏之物"、"小儿戏剧糖果"，都指玩具。这些玩

---

[1]　（宋）司马光：《论上元令妇人相扑状》。

南宋李嵩《市担婴戏图》，货郎所叫卖的
货物包括各种玩具。

具名目已多不可考，"吹叫儿"大概是一种可以吹响的哨子，
"打娇惜""千千车"是不同的陀螺，"虾须糖、宜娘打秋千、
稠饧"则是既可玩赏又能食用的食品玩具。一些今人还在玩的玩
意儿，如小刀枪、骰子、纸牌、钓竿、绢孩儿、弹弓、毽子、风
筝、象棋等等，宋代的市场上均已有售。

　　每年的七月初七，乞巧节，简直便是宋人的玩具购物狂欢
节。这一天，东京的大街小巷"皆卖'磨喝乐'，乃小塑土偶
耳。悉以雕木彩装栏座，或用红纱碧笼，或饰以金珠牙翠"。这
个"磨喝乐"，乃是宋代最流行的泥娃娃（"磨喝乐"原为梵文
"摩喉罗"的讹音，不知何故被宋人借用来命名泥娃娃），其地
位相当于今日的芭比娃娃。

同芭比娃娃一样，"磨喝乐"制作精良，身材、手足、面目、毛发栩栩如生，而且也配有漂亮的迷你服装。《醉翁谈录》说："京师是日（即乞巧节）多博泥孩儿，端正细腻，京语谓之摩喉罗。小大甚不一，价亦不廉。或加饰以男女衣服，有及于华奢者，南人目为巧儿。"《西湖老人繁胜录》也说："御街扑卖摩侯罗，多着乾红背心，系青纱裙儿；亦有著背儿戴帽儿者。"尤以吴中名匠袁遇昌制造的"磨喝乐"最为神奇，"其衣襞脑囟，按之蠕动"[1]想必泥人内部配有机械装置。

宋朝的寻常市民家、富室乃至皇家之中，都有"磨喝乐"的忠实粉丝，"禁中及贵家与士庶为时物追陪"[2]。流风所至，宋朝孩子很喜欢模仿"磨喝乐"的造型："市井儿童，手执新荷叶，效摩喉罗之状。此东都（汴梁）流传，至今不改，不知出何文记也。"[3]大人们夸一个孩子可爱迷人，也会说"生得'磨喝乐'模样"。"磨喝乐"既然风靡天下，价钱也就不可能太便宜，"价亦不廉"；贵者，"一对直数千（文）"。名匠袁遇昌制作的"磨喝乐"更是昂贵，每对叫价"三数十缗"。

除了"磨喝乐"，商家在乞巧节当然还会隆重推出其他玩具，如以黄蜡铸成的"凫雁、鸳鸯、鸂鶒、龟鱼之类，彩画金缕"，叫作"水上浮"；又有"以小板上傅土，旋种粟令生苗，置小茅屋花木，作田舍家小人物，皆村落之态"，叫作"谷板"；有"以瓜雕刻成花样"，叫作"花瓜"；又有"以绿豆、小豆、小麦，于磁器内，以水浸之，生芽数寸，以红篮彩缕束之"，叫作"种生"。这些新奇玩意儿，"皆于街心彩幕帐设出

---

[1]（明）王鏊等修纂：《姑苏志》卷五六。

[2]（宋）孟元老：《东京梦华录》。

[3]（宋）吴自牧：《梦粱录》。

络货卖"[1]。

清明时节也有很多新鲜玩具上市。"民间又卖小秋千，以悦儿童，团沙为女儿立于上，亦可举之往来上下，又以木为之而加彩画者甚精"[2]，这是一种可活动的小秋千。"又造辎軿（带帷幔的车子）以卖，其长尺许，其大称之，以木为之者最精。亦有编竹为之者，其粗者桃花车儿，辕轮帘盖皆具，以木为牛，皆可运行，或为载土车水车，其制不一"[3]，是一种制造水准很高的玩具车。

元宵节期间，则是灯笼热销的旺季："天街茶肆，渐已罗列灯球等求售，谓之'灯市'，自此以后，每夕皆然"。时人形容"灯品至多"，"精妙绝伦"。有一种"无骨灯"，是"混然玻璃球也"；走马灯"马骑人物，旋转如飞"；还有一种名为"大屏"的巨型灯，"灌水转机，百物活动"，是用水力驱动旋转的。在夜市中扑卖的"琉璃炮灯"也很精巧，宋人范成大有一首咏元宵节应节物的诗，写道："映光鱼隐见"，并自注："琉璃壶瓶贮水养鱼，以灯映之。"这里说的便是"琉璃炮灯"。另一位南宋诗人叶茵的《琉璃炮灯中鱼》描写得更细致："头角未峥嵘，潜宫号水晶。游时虽逼窄，乐处在圆明。有火疑烧尾，无波可动情。一朝开混沌，变化趁雷轰。"想来这种"琉璃炮灯"既可盛水养鱼，也可点上蜡烛，烛光鱼影相映，应该很漂亮。

只有一个富足、闲适的社会，才会如此专注于制作儿童乃至成人的玩具。

---

[1]　（宋）孟元老：《东京梦华录》。

[2]　（宋）陈元靓：《岁时广记》卷一六。

[3]　（宋）陈元靓：《岁时广记》卷一六。

游戏

从某个角度来说，人类社会的进步，表现为越来越多的人获得了越来越多的闲暇。闲暇即自由时间。宋朝市民热衷于旅游与游园，喜欢到瓦舍勾栏中看娱乐演出，爱玩足球与游戏，节日与庆典众多，夜生活丰富，这些都显示出宋人的闲暇时间比较充足。

宋人在休闲时光常玩的桌面游戏有象棋、"双陆"、"打马"等。中国象棋发展到宋代时，基本定型，出现了"炮子"，这当然是火药在宋代开始应用于军事的反映。"双陆"类似今日的飞行棋，盛行于宋朝市井间，许多酒楼茶坊都设有"双陆"棋盘，供食客边饮茶（喝酒）边下棋。"打马"的玩法跟"双陆"差不多，但可能更复杂、刺激，知名女词人李清照便是"打马"的高手。

流行于宋朝的桌面游戏还有"叶子戏"，据说由唐人所创，是一种纸牌游戏。可惜宋代的"叶子戏"材料有限，今人已难以重建宋人玩"叶子戏"的情景。根据明朝人的记述，"叶子戏"有四十张牌，分别为"十万贯""万贯""索子""文钱"四种花色，玩法非常接近于桥牌。《武林旧事》与《西湖老人繁胜录》都记录了临安市肆上售卖的一种小商品——"扇牌儿"，这个"扇牌儿"便是玩"叶子戏"的纸牌。纸牌已然成为一种商品投放于市场，可以想见"叶子戏"在宋人生活中的影响了。

一些学者相信，十三世纪时，来华的马可·波罗将"叶子戏"带回了欧洲，从此风靡于贵族间，后经长期的改进、演变，源于中国的"扇牌儿"最后被欧洲人改造成为今天的扑克牌。法国的东方学者莱麦撒（Abel Rémusat）便认为：欧洲人最初玩的纸牌，其形状、图式大小及数目，皆与中国人所用者相同，或亦为蒙古输入欧洲者。

而"叶子戏"在中国本土则沿着另一个方向演进：跟"宣和牌"（骨牌）相融合，经过明清两季的进化，最后形成"马吊"，即今日的麻将。如此看来，中国麻将与西洋扑克形态与玩法各异，但追究下来，两者却是同源，都源于唐宋时期的"叶子戏"。

节假日

中国目前有115天的节假日（含双休日）。古人有没有节假日呢？当然有。那么宋代每年有多少天是节假日呢？宋人笔记《文昌杂录》里有对北宋中前期公务员休假制度的详细介绍："祠部休假，岁凡七十有六日（这个合计休假日数似乎有误）：元日、寒食、冬至各七日，天庆节、上元节同；天圣节、夏至、先天节、中元节、下元节、降圣节、腊各三日；立春、人日、中和节、春分、社（春社）、清明、上巳、天祺节、立夏、端午、天贶节、初伏、中伏、立秋、七夕、末伏、社（秋社）、秋分、授衣、重阳、立冬，各一日；上中下旬各一日。……百司休务焉。"

可以看出，宋代的法定节日挺多的，国家在这些节日都要放假，其中元日（春节）、元宵节、寒食节、天庆节、冬至5个大节各休假7天，合计35天；天圣节、夏至、先天节、中元节、下元节、降圣节、腊日7个节日各休3天，合计21天；立春、人日、中和节、春分、春社、清明、上巳节、天祺节、立夏、端午节、天贶节、初伏、中伏、立秋、七夕节、末伏、秋社、秋分、授衣节、重阳节、立冬21个节日各休假1天，合计21天；宋代每个月还有3天旬休，一年合计36天；加起来，共有113天。与今日的节假日天数差不多。

此外，还有探亲假（父母住在三千里外，每三年即有30日的探亲假）、亲人结婚的婚假等未计在内，总之一名宋朝的公务员，每年享受到的休假日数，一定不会比今人的少。相比之下，明代的法定休假日就少多了，明人笔记《古今事务考》称："国朝正旦节放假五日，冬至三日，元宵十日。"明朝只在元旦、元宵、冬至三个节日休假，共放假18天。每月三天的旬休也取消了。大概朱元璋认为，闲适并不是一种值得追求的生活方式。

也许你要说了，这只是官员才能享受到的假日，寻常市民也有休假的权利吗？在宋朝的官营手工业坊场中，雇佣工人是有假日的，一年大概有60天的节假日，虽然比不上当时的公务员，但也比明朝的公务员还要多得多。这些工匠每日的工作时间约为10小时，每年炎夏时节，即从五月初一到八月初一，这三个月里，每日的工作量会减半，如果换成时间，即工作半日。当然，他们是领薪的，比起"匠籍制"下被政府无偿征用服役的元代与明代匠人，宋朝工匠的小日子还是要幸福得多。

至于私营行业的佣工在节假日是否休假，宋政府似乎并没有作出规定，大概这属于民间社会自行调节的事务吧。

元宵花灯

宋朝一年四季均有节日，最热闹的大概为元宵。"东风夜放花千树，更吹落，星如雨。宝马雕车香满路。凤箫声动，玉壶光转，一夜鱼龙舞。"——辛弃疾的这首《青玉案·元夕》渲染的正是宋代元宵节观灯的盛况。

北宋汴京的元宵花灯之繁盛，可以看看孟元老的描述：大街上早早就缚好了灯山、棚楼，"山楼上下，灯烛数十万盏"；这些灯山还设置了人工瀑布："灯山上彩，金碧相射，锦绣交辉。……用辘轳绞水上灯山尖高处，用木柜贮之，逐时放下，如瀑布状"；棚楼中每天都在表演各种精彩的娱乐节目："奇术异能，歌舞百戏，鳞鳞相切，乐声嘈杂十余里，击丸蹴鞠，踏索上竿"；"万姓皆在露台下观看，乐人时引万姓山呼"；"诸门皆有官中乐棚。万街千巷，尽皆繁盛浩闹。每一坊巷口，无乐棚去处，多设小影戏棚子，以防本坊游人小儿相失，以引聚之"。[1]

宋徽宗时，汴京的元宵节更是隆重，从腊月便开始放花灯，皇城内的部分宫殿也开放给市民游览。"（皇城）景龙门，古酸枣门也。自左掖门之东为城南北道，北抵景龙门，自腊月十五日放灯，纵都人夜游。妇女游者，珠帘下邀住，饮以金瓯酒。有妇人饮酒毕，辄怀金瓯。左右呼之，妇人曰：妾之夫性严，今带酒容，何以自明？怀此金瓯为证耳。隔帘闻笑声曰：与之。"[2] 帘

---

[1] （宋）孟元老：《东京梦华录》。

[2] （宋）万俟咏：《凤凰枝令》序。

南宋李嵩《观灯图》，描绘了宋朝女子在元宵之夜出来观花灯、吹奏音乐的风俗。

后那个说将金杯送给妇女的人，便是宋徽宗。这个故事被改编进话本《大宋宣和遗事》时，又更有戏剧性："宣和间，上元张灯，许士女纵观，各赐酒一杯。一女子窃所饮金杯，卫士见之，押至御前。女诵《鹧鸪天》云：'月满蓬壶灿烂灯，与郎携手至端门。贪看鹤阵笙歌举，不觉鸳鸯失却群。天渐晓，感皇恩。传宣赐酒饮杯巡。归家恐被翁姑责，窃取金杯作照凭。'徽宗大喜，以金杯赐之，令卫士送归。"

南宋临安的元宵节也很热闹："一入新正（新年正月），灯火日盛"，"山灯凡数千百种，极其新巧，怪怪奇奇，无所不有"；"每夕楼灯初上，则箫鼓已纷然自献于下"，"终夕天街鼓吹不绝"。更有意思的是，"天府每夕差官点视，各给钱酒油烛，多寡有差"，即临安官府给市民发放钱酒油烛，庆贺元宵。按照习俗，到元夕放灯的第五夜，临安府尹要出来拜会市民，这时临安府的"吏魁以大囊贮楮券，凡遇小经纪人，必犒数十，谓之'买市'"，一路向做小生意的商民派钱，祝他们新年生意兴隆。"有黠者，以小盘贮梨、藕数片，腾身迭出于稠人之中，支请官钱数次者，亦不禁也"[1]，有些狡黠的小市民，在人群中钻来钻去，重复领赏，官府也不去计较。

另按《梦粱录》的记述，元宵之夜，"诸酒库亦点灯球，喧天鼓吹，设法大赏，妓女群坐喧哗，勾引风流子弟买笑追欢"。良家女子，进入正月之后，也都要打扮得漂漂亮亮，"皆戴珠翠、闹蛾、玉梅、雪柳、菩提叶、灯球、销金合、蝉貂袖、项帕，而衣多尚白，盖月下所宜也"，出门看花灯。于是大街之

---

[1] （宋）周密：《武林旧事》。

上，"都民士女，罗绮如云，盖无夕不然也"[1]。

在元宵之夜逛街看花灯的宋朝女子之多，可以从一个细节体现出来，那就是灯收人散之后，汴京、临安的市民都有持灯照路拾宝的习俗，往往能拾得观灯妇人们遗落的贵重首饰。《武林旧事》说："至夜阑，则有持小灯照路拾遗者，谓之'扫街'。遗钿堕珥，往往得之。亦东都（汴京）遗风也。"《梦粱录》也有类似记录："人都道玉漏频催，金鸡屡唱，兴犹未已。甚至饮酒醺醺，倩人扶着，堕翠遗簪，难以枚举。"如果你穿越到宋朝闹元宵、观花灯，可别忘了"扫街"哦，看能不能捡到一些宝贝。

元宵还是一个非常浪漫的节日，所谓"月上柳梢头，人约黄昏后"，少男少女趁此良辰美景，谈起恋爱。"公子王孙，五陵年少，更以纱笼喝道，将带佳人美女，遍地游赏。人都道玉漏频催，金鸡屡唱，兴犹未已。"《大宋宣和遗事》说："那游赏之际，肩儿厮挨，手儿厮把，少也是有五千来对儿。"谈恋爱的情人们是那么肆无忌惮，手挽手、肩并肩。

汴梁还有专供少年们谈情说爱之所，"别有深坊小巷，绣额珠帘，巧制新妆，竞夸华丽。春情荡扬，酒兴融怡，雅会幽欢，寸阴可惜，景色浩闹，不觉更阑"。看到这里，我们难以相信宋朝会是一个所谓"礼教杀人"的古板社会。

---

[1] （宋）周密：《武林旧事》。

【香薰】　【爱美】　【服饰】　【怕老婆】　【相亲】

相亲

　　我们现在说起古人的婚姻，都会联想到"包办"二字，以为新人只能听从父母摆布，双方要到洞房才第一次见面。这个想象至少对宋人而言是不准确的。所谓"父母之命、媒妁之言"，并不是父母包办的意思，而是指一项婚姻的缔结，以媒人为中介，由父母出面。新人对于自己的婚事，当然具有一定自主权，绝不是全然由父母说了算。

　　在宋代，经媒人说亲之后、新人成亲之前，有一个相亲的程序。"男家择日备酒礼诣女家，或借园圃，或湖舫内，两亲相见，谓之'相亲'。男以酒四杯，女则添备双杯，此礼取'男强女弱'之意。如新人中意，则以金钗插于冠髻中，名曰'插钗'。若不如意，则送彩缎两匹，谓之'压惊'，则姻事不谐矣。既已插钗，则伐柯人（媒人）通好，议定礼，往女家报

张择端《清明上河图》局部。孙羊正店门口有一对举止亲热的小夫妻。

定。"[1] 这个相亲的过程，相当火辣，彼此相中了，则男方给女方插上金钗；也很有礼节，若相不中，则男方要送上彩缎两匹，表示歉意。

宋人也有自由恋爱。宋话本《闹樊楼多情周胜仙》就讲述了一个"女追男"的凄美故事：东京有一个十八岁少女，叫作周胜仙，一日正好在茶坊遇见了令她怦然心跳的心上人范二郎，两人"四目相视，俱各有情"。周胜仙自思量道："若还我嫁得一似

---

[1]　（宋）吴自牧：《梦粱录》。

这般子弟，可知好哩！今日当面错过，再来那里去讨？"于是主动向心上人透露："我是不曾嫁的女孩儿。"可谓胆大无忌。宋人笔记《青琐高议》中则有一个"男追女"的故事：京城人周默，对邻居一老秀才的21岁妻子孙氏一见钟情，展开猛烈攻势，接连写了几封情书。孙氏对周默似也有情意，但既已婚嫁，便严词拒绝了周的追求。后来周默宦游，写信告诉孙氏：愿终身不娶，等她，直至她丈夫去世，便回来迎娶她过门。三年后，周默回乡，得知孙氏丈夫已离世，便托母亲遣媒求婚。两人终结成秦晋之好。孙氏是嫁过三次的妇人，但周默以及彼时社会，都没有对她有什么歧视。宋代社会之开放，可窥一斑。

另外，我们可能还有一个刻板的印象，即以为古时夫妻之间要正襟危坐，人前不可有亲热之举，否则就不合礼教。其实在宋代，小夫妻之间表现出亲亲热热，是比较寻常的。《清明上河图》中有个图景："孙羊正店"大门前，有一对小夫妻正在买花，小娇妻亲昵地将她的胳膊搭到丈夫的肩膀上，跟现代情侣没啥区别。另有一首宋代民间女子写的诗词为证："月满蓬壶灿烂灯，与郎携手至端门。"小夫妻出门看花灯，是手牵手的。

怕老婆

历代"惧内"佳话中，最著名者，莫过于"河东狮"与"胭脂虎"，两个典故都出自宋朝。"河东狮"指北宋名士陈季常的妻子，据洪迈《容斋三笔》记述，陈季常"居于黄州之岐亭，自称'龙丘先生'，又曰'方山子'，好宾客，喜畜声妓"，家里来了客人，陈季常以美酒相待，叫声妓歌舞助兴，但陈季常的妻子柳氏非常凶妒，时常因此醋意大发，当着众宾客的面，对丈夫大吼大叫。因此陈季常对妻子很是惧怕。朋友苏轼为此写了一首诗送给他："龙丘居士亦可怜，谈空说有夜不眠。忽闻河东狮子吼，拄杖落手心茫然。"因柳氏为河东人，苏轼便将她比喻为"河东狮子"。另一位朋友黄庭坚也写信问他："审柳夫人时须医药，今已安平否？公暮年来想渐求清净之乐，姬媵无新进矣，柳夫人比何所念以致疾邪？"意思是说，得悉柳夫人不断用药，如今是否康复了？您晚年想过清静日子，不再新进歌妓，柳夫人还有什么烦恼以至于生病呢？显然，陈季常怕老婆的"美名"已在朋友间传开了。

"胭脂虎"的故事来自陶谷《清异录》："朱氏女沉惨狡妒，嫁陆慎言为妻。慎言宰尉氏，政不在己，吏民语曰'胭脂虎'。"说的是，尉氏县知县陆慎言的妻子朱氏很是"狡妒"，陆慎言对她言听计从，连县里的政事都听老婆定夺，当地吏民都称朱氏为"胭脂虎"。

古人常以"补阙灯檠"指称男人惧内，这个典故也出自宋人。《清异录》提到冀州有一名儒生，叫"李大壮"，别看他名字中有"大"又有"壮"，其实非常怕老婆，"畏服小君（妻子），万一不遵号令，则叱令正坐"，然后老婆在他头顶放上一只灯碗，点燃灯火，大壮只能乖乖接受老婆大人的体罚，"屏气定体，如枯木土偶"。时人乃戏谑地称他为"补阙灯檠"。

宋代最聪明的科学家沈括，也是出了名的惧内。他的第二任妻子张氏"悍虐"，"存中（沈括）不能制，时被棰骂，捽须堕地，儿女号泣而拾之，须上有血肉者，又相与号恸，张终不恕"。这个张氏对沈括不仅破口大骂，而且大打出手，将沈括的胡子连皮带肉揪下来，血淋淋的，子女看了都大哭。但沈括似乎跟妻子感情很好，后来张氏病逝，朋友都为沈括高兴，沈括却"恍惚不安。船过扬子江，遂欲投水，左右挽持之"，未久也郁郁而终。[1]

王钦若、夏竦、秦桧、周必大、晏殊、陆游……这些我们熟知的宋朝大臣与名流，也都有"惧内"之名。王钦若官至宰相，但"夫人悍妒"，不准他"置姬侍"。王在宅后建了一个书房，题名"三畏堂"，同僚杨亿"戏之曰：'可改作四畏。'公问其说，曰：'兼畏夫人'"[2]。成为一时笑传。

宋人惧内，恐怕不是个别情况，而是比较普遍的现象，要不然，北宋文人曾巩也不会大发感慨：古者女子都安分守己，"近世（指宋代）不然，妇人自居室家，已相与矜车服，耀首饰，辈聚欢言以侈靡，悍妒大故，负力阀贵者，未成人而嫁娶，既嫁则悖于行而胜于色，使男事女，夫屈于妇，不顾舅姑之养，不相悦则犯而相直，其良人未尝能以责妇，又不能不反望其亲者，几少矣。"[3] 曾巩批评宋朝女子追求享乐主义，以致出现"使男事女，夫屈于妇"的乱象。

不过，按胡适的说法："一个国家，怕老婆的故事多，则容易民主；反之则否。"惧内似乎是文明的体现。胡适的戏言不可当真，但宋人惧内成为一种现象，确实从一个侧面说明了宋代女性并不像今日文艺作品所描述的那样低三下四。事实上，宋代女子由于拥有独立的财产权，在家庭中的地位并不低下。清代曹雪芹笔下的贾宝玉曾说："原来天生人为万物之灵，凡山川日月之精秀，只钟于女儿，须眉男子们不过是些渣滓浊沫而已。"许多

---

[1]　（宋）朱彧：《萍洲可谈》。

[2]　（宋）邵伯温：《邵氏闻见录》。

[3]　（宋）曾巩：《曾巩集·补遗》。

人便据此认为贾宝玉具有女权主义的觉悟。其实陆九渊的学生谢希孟早在南宋时便已宣告："天地英灵之气，不钟于世之男子，而钟于妇人。"比贾宝玉的抒情早了数百年。

服饰

一个社会的开放度，可以从女子的服装体现出来。人们常说唐代社会开放，一个依据就是唐代女性穿着华丽、性感；又有人以为宋代社会趋于保守，女子衣着单调，裹得严严实实。但只要看宋人自己的描述，就会知道这样的看法其实是不合实际的成见。

南宋周辉的《清波杂志》记述："女妇装束，数岁即一变，况乎数十百年前，样制自应不同。如高冠长梳，犹及见之，当时名大梳裹，非盛礼不用。若施于今日，未必不夸为新奇。"宋朝女子很赶时髦。男子也是如此，《梦粱录》说："自淳祐年（1241—1252）来，衣冠更易，有一等晚年后生，不体旧规，裹奇巾异服，三五为群，斗美夸丽，殊令人厌见，非复旧时淳朴矣。"从宋人的画作中，也可以发现宋朝女性的服装并不保守。南宋《茗园赌市图》画了一个正在旁观斗茶的市井妇女，穿抹胸，露出乳沟，外罩一件褙子，也没有裹脚，看起来很健康、性感、开放。据学者孟晖《中原女子服饰史稿》的考证，一件抹胸外加对襟褙子，是宋朝女子的常见服饰，"内衣外穿，袒露颈、胸，实在是有宋一代的平常风气，虽然其裸露程度较之前代有所收敛"。

历代王朝对庶民的服饰都有限制，庶民着什么服装、用什么

南宋刘松年《茗园赌市图》局部，图上卖茶妇女的装束非常开放。

颜色，都有规定，不可僭越，如从唐代开始，严禁民间穿黄颜色，"天子常服黄袍，遂禁士庶不得服，而服黄有禁自此始……臣下一切不得用黄矣"[1]。宋承唐制，也禁民间着黄色，但禁令远比其他王朝宽松，"国朝之令，非妇女、小儿不许衣纯红黄"[2]。换言之，女子与儿童着任何服饰都是不犯忌的，男子也只是禁着"纯红黄"，至于淡黄、偏黄色衣服，是可以穿着的。宋人叶绍翁的《四朝闻见录》提到秦桧的儿子秦熺就喜欢着黄衫："小相熺尝衣黄葛衫侍桧侧，桧目之曰：'换了来。'熺未

---

[1] （宋）王楙：《野客丛书》。

[2] （宋）陈昉：《颍川语小》。

逾，复易黄葛。桧睨目视之曰：'可换白葛。'熺固请，以为'葛黄乃贵贱所通用'。桧曰：'我与尔却不可用。'盖以色之逼上。"虽然着黄葛衫有"以色之逼上"的嫌疑，但这只是因为秦桧是权相，不欲节外生枝引人猜疑，对于一般士庶而言，"葛黄乃贵贱所通用"。

宋初，朝廷也曾禁止庶民着紫色，因为紫色乃权贵专用的富贵之色。然而，宋朝的市民偏以紫色为时尚，到了宋太宗朝，皇帝只好"以时俗所好，冒法者众，故除其禁"。权力管制对市民时尚不得不作出了让步。服饰管制、服饰等级不断被市民社会突破，"衣冠之制，上下混一"成为了宋代服装文化的一大特点，甚至出现"罗毅、绮纨、织文、绣绣，自人君至于庶人，同施均用"的情形。有一些士大夫对此感到不满，上书皇帝："自陛下即位以至于今，……衣冠车服之制独未为之别，以明辨上下等威，而消去天下奢侈僭上之心。"[1] 但朝廷的管制似乎也有心无力。这其实恰恰显示了宋代社会管控的松懈、国家权力对市民生活的退让。

爱美

爱美是女子的天性，越是开放的社会，"女为悦己者容"的天性越不受束缚。宋朝的女子跟其他开放社会的女性一样爱美，爱打扮。李清照的《减字木兰花》，描述的便是自己年轻时爱俏的娇羞心理："卖花担上，买得一枝春欲放。泪染轻匀，犹带彤

[1] （宋）张耒：《柯山集拾遗》卷九。

霞晓露痕。怕郎猜道，奴面不如花面好。云鬟斜簪，徒要教郎比并看。"范成大有首《夔州竹枝歌》，写道："白头老媪簪红花，黑头女娘三髻丫。背上儿眠上山去，采桑已闲当采茶。"老少都爱美，"白头老媪簪红花"是"老来俏"，"黑头女娘三髻丫"是"青春美"。

农家女子爱美之心天性流露，连采茶时也要打扮得漂漂亮亮；富家夫人更是有足够的闲暇与物质基础争艳斗美了。《梦粱录》说："又有善女人，皆府室宅舍内司之府第娘子夫人等，建庚申会，诵《圆觉经》，俱带珠翠珍宝首饰赴会，人呼曰'斗宝会'。"说的是，临安的一些贵夫人成立了一个叫"庚申会"的佛家团体，平日相聚诵读《圆觉经》，但聚会时必戴"珠翠珍宝首饰"，比赛谁的装扮更漂亮，所以这个"庚申会"又被人叫作"斗宝会"。

今日的城市女性有"美甲"的时尚，宋朝女子也爱"美甲"，周密的《癸辛杂识续集》介绍了一条美甲的方法："凤仙花红者用叶捣碎，入明矾少许在内，先洗净指甲，然后以此付甲上，用片帛缠定过夜。初染色淡，连染三五次，其色若胭脂，洗涤不去，可经旬，直至退甲，方渐去之。或云此亦守宫之法，非也。今老妇人七八旬者亦染甲。"老人家也爱染红指甲。

宋朝女子的闺房中，当然少不了各式各样的妆奁，装着琳琅满目的粉底、胭脂、眉墨、香水等化妆品。宋人所用的粉底，一般为铅粉，所以又称"铅华"。有一首《田家谣》宋诗写道："中妇辍闲事铅华，不比大妇能忧家。"说的是一户农家的二媳妇比较爱美，忙里偷闲化妆打扮。胭脂也是宋朝女子不可离之须臾之物，欧阳修有不少艳词都写到了胭脂，如"好个人人，深点唇儿淡抹腮"；"浅浅画双眉，取次梳妆也便宜，洒着胭脂红扑

北宋苏汉臣《妆靓仕女图》，画的是一名
女子正在闺房中化妆。

面"。因为女性消费者对于胭脂的需求量很大，城市中便出现了
以卖胭脂为生的商人。有些胭脂铺子，已打出了响当当的品牌，
《梦粱录》的"铺席"条记录了一批"杭城市肆名家"，类似于
今日的驰名商标，其中就有"修义坊北张古老胭脂铺"与"染红
王家胭脂铺"。宋朝女子爱画眉，前人画眉喜用黛，宋人画眉
用一种特制的墨，叫作"黛螺""螺子黛"，南宋时杭州有一种
"画眉七香丸"的香墨，很是时尚。

今人流行用香水，在宋朝女子的妆奁中，香水也是她们的心
爱之物。一首宋诗写道："美人晓镜玉妆台，仙掌承来傅粉腮。
莹彻琉璃瓶外影，闻香不待蜡封开。" 寥寥几笔，勾勒出了宋朝女子在打扮时嗅香水的娇憨之态。

流行于宋朝的香水通常叫作"蔷薇水",因为其香液是从蔷薇花中提炼出来的。品质最优的蔷薇水进口自大食国——就如今日最好的香水进口自法国。蔡绦的《铁围山丛谈》谈到了进口蔷薇水的过人之处:"异域蔷薇花气馨烈非常,故大食国蔷薇水虽贮琉璃缶中,蜡密封其外,然香犹透彻,闻数十步,洒著人衣袂,经十数日不歇也。"其实宋人自己也掌握了提炼香水的技术:用一种叫作"朱栾"的花,再加上其他香料,高温蒸馏,取其蒸馏液"置磁器中密封,其香最佳"[1],看来品质也不让进口的蔷薇水。

香熏

北宋真宗时,名臣梅询"性喜焚香,其在官所,每晨起将视事,必焚香两炉以公服罩之,撮其袖以出。坐定,撒开两袖,郁然满室浓香"[2]。南宋时,宰相赵鼎家,"堂之四隅,各设大炉,为异香数种,每坐堂中,则四炉焚香,烟气氤氲,合于从上,谓之香云"[3]。香熏,是宋代士大夫家庭的时尚。各种香料产生的香气,既能让人心旷神怡,也丰富了生活的情趣。

但宋代的香药消费跟前代大不相同——从前香药是贵族家庭才用得起的奢侈品,宋代时,随着海外香药的大量进口,香药进入了寻常百姓家。如四川出产由香药制成的润发膏,叫"西蜀

---

[1] (宋)张世南:《游宦纪闻》。

[2] (宋)欧阳修:《归田录》。

[3] (宋)熊克:《中兴小纪》。

油"，原来是专供宫廷的，"后中贵窃鬻民间，富者亦用之"，有钱的人也能享受这种特供品了。四川还流行一种小香饼子："蜀人以楉梓切去顶，剜去心，纳檀香、沉香末，并麝（香）少许。覆所切之顶，线缚蒸烂。取出俟冷，研如泥。入脑子少许，和匀，作小饼烧之，香味不减龙涎（香）。"[1] 五月端午节，临安居民更是户户焚香，"杭城人不论大小之家，焚烧午香一月"[2]。

宋人对香药的应用非常广，除了香熏，还用于饮食、保健、沐浴、化妆、祭祀、婚娶礼俗等等。如宋人喜欢用香药来加工食品，《东京梦华录》就记录了汴京市井中叫卖的"诸般蜜煎香药果子"；杭州的夜市中，也有各种香药食品叫卖："太平坊卖麝香糖蜜糕……中瓦前车子，卖香茶异汤。"

由于香药已经深入寻常百姓家的日常生活，为满足居民的消费需求，临安等大城市还出现了专门提供香药服务的"香药局"。据《梦粱录》，杭州人做喜事办宴席，少不得要雇请香药局供应香药服务："如富豪士庶吉筵凶席……香药局掌管龙涎、沈脑、清和清福异香、香垒、香炉、香毬、装香篏烬细灰，效事听候换香，酒后索唤异品醒酒汤药饼儿。"

也因此，香药消费在宋代进入繁华期，市场上销售香药的商铺随处可见。在《清明上河图》上，就出现一间"刘家上色沉檀拣香"铺子，《东京梦华录》也记录了汴梁的"诸香药铺"，这些香药铺为吸引眼球，还很注意做广告："王家香铺，灯火出群，而又命僧道场打花钹弄椎鼓，游人无不驻足。"《武林旧

[1]　（宋）张世南：《游宦纪闻》。

[2]　（宋）吴自牧：《梦粱录》。

事》记载的杭州诸"小经纪"中，就有专卖香橼络儿、香橼坐子、香袋儿、画眉七香丸、香药、香炉灰、供香饼等香药制品的。

　　宋代香药消费突破贵族时尚圈子，在士庶群体中流行开来，当然是宋朝社会繁华安定、宋人注重生活品质的体现。

[宠物] [刷牙] [沐浴] [鲜花] [唱歌]

唱歌

宋：现代的拂晓时辰

元舍句栏

宋代以词著称，不过今日我们读到的宋词，只剩下文字格式了，而在宋朝，词是跟音乐一体的，每一首词的词牌都代表一种曲谱，每一首词都可以歌唱。可以说，词是因音乐而生的。不少词人都是音乐家，如北宋的寇准，"因早春宴客，自撰乐府词，俾工歌之"[1]；南宋的辛弃疾，"稼轩以词名，每宴必命侍妓歌其所作"[2]。

宋词的流行，正体现了宋人对音乐的热爱。士大夫爱作词，市井小民也爱唱歌、听曲。北宋初，"里巷之中，鼓吹无节，歌舞相乐"；北宋末，也是"市井竞唱韵令"。南宋更不用说了，"山外青山楼外楼，西湖歌舞几时休。暖风熏得游人醉，直把杭

---

[1]　（宋）文莹：《湘山野录》。

[2]　（宋）岳珂：《桯史》。

州作汴州"。叶梦得的《避暑录话》说"凡有井水饮处，皆能歌柳词"，想来并不是虚言。

宋人对音乐的热情，还可以从一处社会细节看出来：宋朝小贩的叫卖声都像唱歌一样优美动听，宋人称之为"吟叫""唱卖"。宋人高承《事物纪原》记载："京师凡卖一物，必有声韵，其吟哦俱不同。故市人采其声调，间以词章，以为戏乐也。今盛行于世，又谓之'吟叫'也。"在临安，街上小贩"填街塞市，吟叫百端，如汴京气象，殊可人意"；"自隔宿及五更，沿门唱卖声，满街不绝"。[1]

一个有歌声的社会是美好的。所以宋人黄裳说："予观柳氏（柳永）乐章，喜其能道嘉祐中太平气象，如观杜甫诗，典雅文华，无所不有。是时予方为儿，犹想见其风俗，欢声和气，洋溢道路之间，动植咸若。令人歌柳词，闻其声，听其词，如丁斯时，使人慨然有感。呜呼！太平气象，柳能一写于乐章，所谓词人盛世之黼藻，岂可废耶？"[2]

柳永之词大概可归入"靡靡之音"一类。太平盛世，少不了"靡靡之音"，因为歌舞升平、品味"靡靡之音"，恰恰就是平民百姓过上安逸、富足的日子后的精神追求。实际上，也并不是任何社会都会流行"靡靡之音"，宋代之前，音乐的功能主要表现为教化，庄严、正经的宫廷音乐占据着绝对的统治地位（类似于"主旋律"）；到了宋代，随着市民社会的形成，以娱乐为目的市井音乐才开始登上历史舞台（类似于流行音乐），宫廷音乐则逐渐衰落，让位于市井音乐。这一音乐制度上的蜕变，隐藏着

---

[1] （宋）吴自牧：《梦粱录》。

[2] （宋）黄裳：《书乐章集后》。

社会生活的历史性转变。我们对此应该有似曾相识之感，因为我们也经历过类似的变迁。

鲜花

　　陆游诗曰："小楼一夜听春雨，深巷明朝卖杏花。矮纸斜行闲作草，晴窗细乳戏分茶。"宋人爱茶，也爱花。宋朝流行"簪花"的时尚，即将鲜花戴于发髻或帽冠之上，男女皆然。周密的《乾淳岁时记》说，六月时节，茉莉初出，"其价甚穹（高），妇人簇戴，多至七插，所直数十券，不过供一饷之娱耳"，可谓爱美之极。

　　欧阳修《洛阳牡丹记》说："洛阳之俗，大抵好花。春时城中无贵贱皆插花，虽负担者亦然……大抵洛人家家有花。"其实"好花"不仅是"洛阳之俗"，宋人都爱在家中插花，以增生活情趣。《夷坚志》记录了一件事："临安丰乐桥侧，开机坊周五家，有女颇美姿容。尝闻市外卖花声，出户视之，花鲜妍艳丽，非常时所见者比。乃多与直，悉买之，遍插于房栊间，往来谛玩，目不暂释。"

　　因为喜爱插花，宋人总结出了许多插花的技术经验。温革的《琐碎录》说："牡丹、芍药摘下，烧其柄，先置瓶中，后入水，夜以水洒地，铺芦席，又用水洒之，铺花于其上，次日再入瓶，如此可留数日。"宋人还发明了出神入化的嫁接技术："百花皆可接。有人能于茄根上接牡丹，则夏花而色紫；接桃枝于梅上，则色类桃而冬花；又于李上接梅，则香似梅而春花。投莲的于靛瓮中经年，植之则花碧，用栀子水渍之则花黄。元祐中，畿县民家池中生碧莲数朵，盖用

南宋李嵩《花篮图》。

此术。"[1] 一些嫁接技术高超的接花工成为抢手货，"接花工尤著者，谓之'门园子'。豪家无不邀之，姚黄一接头直钱五千，秋时立契买之，至春见花乃归其直"[2]。嫁接一种叫作"姚黄"的牡丹品种，需付费五贯，先立好合约，等到春天花开出来再付款。

也因为民间有爱花的时尚，宋朝形成了一个庞大的鲜花消费市场。《东京梦华录》说，北宋汴梁的春天，"是月季春，万花烂漫，牡丹芍药，棠棣香木，种种上市，卖花者以马头竹篮铺开，歌叫之声，清奇可听"。《梦粱录》说，南宋临安"四时有扑戴朵花……春扑戴朵桃花、四香、瑞香、木香等花。夏扑金灯花、茉莉、葵花、榴花、栀子花。秋则扑茉莉、兰花、木樨、秋茶花。冬则扑木春花、梅花、瑞香、兰花、水仙花、腊梅花。更有'罗帛脱蜡像生'（用丝绸做成

[1] （宋）彭乘：《续墨客挥犀》卷七。
[2] （宋）欧阳修：《洛阳牡丹记》。

的假花）、四时小枝花朵，沿街市吟叫扑卖（扑卖，一种赌博形式，顾客赢则得物，输则失钱）"。

三月暮春，正是鲜花盛开时节，临安的鲜花生意更是热闹："春光将暮，百花尽开，如牡丹、芍药、棣棠、木香、酴醾、蔷薇、金纱、玉绣球、小牡丹、海棠、锦李、徘徊、月季、粉团、杜鹃、宝相、千叶桃、绯桃、香梅、紫笑、长春、紫荆、金雀儿、笑靥、香兰、水仙、映山红等花，种种奇绝。卖花者以马头竹篮盛之，歌叫于市，买者纷然。"[1]

五月端午节，更是家家户户皆插鲜花，《西湖老人繁胜录》记载："初一日，城内外家家供养，都插菖蒲、石榴、蜀葵花、栀子花之类"，"虽小家无花瓶者，用小坛也插一瓶花供养，盖乡土风俗如此。寻常无花供养，却不相笑，惟重午不可无花供养。端午日仍前供养"。以至于《西湖老人繁胜录》的作者认为，花农"一早卖一万贯花钱不啻。何以见得？钱塘有百万人家，一家买一百钱花，便可见也"。

我们在历史上恐怕再也找不出其他任何王朝的庶民，能像宋人这么热爱鲜花了。今日的城市"小资"大概也莫过于此。这不正是宋朝人极为讲求生活品质的体现么？

沐浴

十三世纪到过杭州的意大利商人马可·波罗惊奇地发现，"行在城中有浴所三千，水由诸泉供给，人民常乐浴其中，有时足容百余

---

[1]　（宋）吴自牧：《梦粱录》。

宋代佚名《浴婴图》。

人同浴而有余"，"包围市场之街道甚多，中有若干街道置有冷水浴场不少，场中有男女仆役辅助男女浴人沐浴。其人幼时不分季候即习于冷水浴，据云，此事极适卫生。浴场之中亦有热水浴，以备外国人未习冷水浴者之用。土人每日早起非浴后不进食"。[1] 要知道，在中世纪，欧洲人几乎是从不洗澡的。但对于爱干净、懂享受的宋朝人来说，沐浴是他们日常生活的一部分。

不独杭州多浴室，其他城市也是如此。汴京有一条街巷，以公共浴室多而闻名，被市民们称为"浴堂巷"。宋人也将浴堂叫作"香水行"。如果你行走在宋朝的城市，看到门口挂壶的所在，便是香水行了。挂壶乃是宋朝公共浴堂的标志，"所在浴

[1] （意）马可·波罗著，冯承钧译：《马可波罗行纪》。

处，必挂壶于门"[1]。

这些浴堂通常一大早就开门营业了，《夷坚志补》记载："宣和初，有官人参选，将诣吏部陈状，而起时太早，道上行人尚希，省门未开，姑往茶邸少憩，邸之中则浴堂也。"从这里也可以看出，汴梁的公共浴堂通常前面设有茶馆，供人饮茶休息，后面才是供人沐浴的浴堂。到浴堂泡个澡，费用也不高，大约每人十文钱。

宋代的浴堂还有搓背的服务。爱泡澡的苏轼先生曾作过一首《如梦令》，诙谐地写道："水垢何曾相受，细看两俱无有。寄语揩背人，尽日劳君挥肘。轻手，轻手，居士本来无垢。"不过东坡先生的同僚王安石就比较邋遢了，"经岁不洗沐"，他的两个朋友很受不了，"因相约：每一两月即相率洗沐定力院家"。在宋朝，长年不沐浴的士大夫是要受取笑的，仁宗朝时有个窦元宾，出身名门，才华很好，但因不常洗澡，同僚就叫他"窦臭"。

宋代的市场上也已出现了用于个人卫生的香皂，主要是由皂角、香料、药材制成，叫"肥皂团"。宋人杨士瀛的《仁斋直指》记录了一条"肥皂方"，我且抄下来："白芷、白附子、白僵蚕、白芨、猪牙皂角、白蒺藜、白蔹、草乌、山楂、甘松、白丁香、大黄、藁本、鹤白、杏仁、豆粉各一两，猪脂（去膜）三两，轻粉、蜜陀僧、樟脑各半两，孩儿茶三钱，肥皂（一种荚果）去里外皮筋并子，只要净肉一茶盏。先将净肥皂肉捣烂，用鸡清和，晒去气息。将各药为末，同肥皂、猪脂、鸡清和为丸。"

---

[1] （宋）吴曾：《能改斋漫录》卷一。

刷牙

先提个问题：古人刷不刷牙呢？当然要刷。在宋代，"每日早晚揩齿""每日如常揩齿"已是生活常识。那么宋人用什么刷牙呢？有人说用手指。我们从古装电视剧中看到的情景，似乎是这样的。

宋人当然也有用手指洁齿的，但许多人未必知道，宋代其实已经普遍使用牙刷了，南宋医生严用和的《严氏济生方》就提到了牙刷："每日清晨以牙刷刷牙，皂角浓汁揩牙，旬日数更，无一切齿疾。"宋代的牙刷也叫作"刷牙子"，通常用木头制成，一头钻上若干小孔，插上马尾毛。宋人周守中《养生类纂》说："盖刷牙子皆是马尾为之。"从外形看，跟现在的牙刷差不多。而欧洲诸国要到十七世纪才出现了第一把牙刷，是用兽骨植上马尾毛制成的。

接下来的问题是，牙刷在宋人的日常生活中是不是常用品？从史料记载看，应该是。《梦粱录》"诸色杂货"一节，在"挑担卖"后面罗列了"镜子、木梳、篦子、刷子、刷牙子"等小商品，可见牙刷是跟镜子、木梳一样的居家日用品，是货郎沿街叫卖的常见商品。《梦粱录》"铺席"一节，也罗列了临安的著名店铺，其中有"凌家刷牙铺""傅官人刷牙铺"等，又可见当时的城市中已经有了生产、经营牙刷的专门铺子。

那宋人刷牙是不是用牙膏？也是用的。宋代官修医书《圣济总录》在《揩齿》一节还列出了二十七种揩齿药方，这些方子，相当于牙膏。我再从宋代另一部官修医书《太平圣惠方》中抄一条牙膏方子，让诸位看看："柳枝、槐枝、桑枝煎水熬膏，入姜汁、细辛等，每用擦牙。"宋代城市中还出现了"牙粉行"，即出售中药配制牙粉的商铺，可见牙粉已经成为当时寻常百姓家的日用商品。

今人的牙齿掉了，通常会找牙科医生镶上假牙，宋人呢？跟今人差不多。宋人开始出现了专门替病人镶植义齿的牙医，当时叫作"种牙"。陆游有诗句写道："染须种牙笑人痴。"所谓"染须种牙"，大约便是流行于南宋的美容术，可以让一个人看起来年轻一些。在这首小诗中，陆游自注："近闻有医以补堕齿为业者。"确凿地表明至迟在陆游生活的那个时代，已经出现了以补植义齿为职业的牙医。有一位陈姓牙医，由于医术高妙，还获得南宋大学者楼钥的赞赏："陈生术妙天下，凡齿有疾者，易之一新，才一举手，使人终身保编贝之美。"[1] 编贝，指非常洁白、整齐的牙齿。清人的记载也可以佐证镶牙发端于宋，梁玉绳《白士集》称："今市肆有补齿铺，悬牌云镶牙如生，盖宋以来有之。"

宋人用什么材料补牙呢？一种从唐代传下来的材料叫作"银膏"："用白锡和银箔及水银合成之，凝硬如银，堪补牙齿脱落。"[2] 这种"银膏"，非常接近现代牙科使用了很长时间的汞合金。此外，象牙、牛骨等，均可制成义齿。

[1] （宋）楼钥：《攻愧集》卷七九。

[2] （宋）苏敬：《新修本草》。

宠物

人类社会对猫、狗的驯化可以追溯到很久很久以前，但古人养猫，多是出于捕鼠之需；养狗，则是为守宅、捕猎。将猫狗当成宠物养，是比较晚近的事。宋朝已有寻常人家养宠物狗、宠物猫。宠物的出现，可以视为生活品质进入较高层次的体现。

宋人养狗，多为了守更。不过《宋史·孝义传》记"江州德安陈昉"之家，"有犬百余，共食一槽，一犬不至，群犬不食"。养了一百多条狗，恐怕就不单纯是出于实用目的，而应该对狗有特别的感情。南宋画家毛益的《萱草戏狗图》，画的也正是几只可爱的小型宠物犬。

宠物猫在宋朝更是常见了。《梦粱录》说："猫，都人畜之，捕鼠。有长毛，白黄色者，称曰'狮猫'，不能捕鼠，以为美观，多府第贵官诸司人畜之，特见贵爱。"猫不捕鼠而受主人"贵爱"，当然是将猫当成宠物养了。

明代笔记《西湖游览志》记录了一则秦桧孙女养"狮猫"的轶事："桧女孙崇国夫人者，方六七岁，爱一狮猫。亡之，限令临安府访索。逮捕数百人，致猫百计，皆非也。乃图形百本，张茶坊、酒肆，竟不可得。"丢了一只宠物猫，竟然出动临安府协助寻找，固然可以看出秦家权焰熏天、以权谋私，但一下子能找到百余只狮猫，倒也说明了在宋朝临安城，养宠物猫的市民为数不少。

因为养宠物狗、宠物猫的人多了，宋代的市场上出现了狗粮、猫粮等宠物衍生商品。《东京梦华录》的"诸色杂卖"条说："养犬则供饧糟；养猫则供猫食并小鱼。"南宋也一样，

南宋佚名《秋葵犬蝶图》，画的
应该就是宠物犬。

《梦粱录》的"诸色杂货"条也说："凡宅舍养马，则每日有人
供草料；养犬，则供饧糠；养猫，则供鱼鳅；养鱼，则供虮虾
儿。"《武林旧事》的记录更有意思，其"小经纪"条罗列了杭
州城的各种小商品和宠物服务，其中有"猫窝、猫鱼、卖猫儿、
改猫犬"，猫窝、猫鱼、猫儿的意思好理解，"改猫犬"很可能
是给宠物猫、宠物犬做美容。连宠物房、宠物美容都有了，这跟
今日人们养宠物又有什么不同呢？宋人生活，确实透出一种亲切
的现代气息。

美食

　　"一日三餐"对今人而言，是寻常事，但在唐宋之前，平民多吃不起三餐，所以那时实行的是二餐制，上午下午各一餐。当然宫廷是有三餐乃至四餐的。一日三餐在宋代才普遍起来（但也有部分人家只吃二餐），这只有在农业产量大为提高、食物变得丰富并且有了夜生活之后，才可以实现的。

　　吃饱之后，人们便会追求吃得精致。宋人对于饮食是非常讲究的。富贵人家，食不厌精，脍不厌细，"凡饮食珍味，时新下饭，奇细蔬菜，品件不缺"，甚至"增价酬之，不较其值，惟得享时新耳"。[1] 寻常的饮食摊子，也很注意干净、卫生，汴京中，"凡百所卖饮食之人，装鲜净盘盒器皿，车檐动使，奇巧可

---

[1]　（宋）吴自牧：《梦粱录》。

爱。食味和羹，不敢草略"[1]。临安也是如此，"杭城风俗，凡百货卖饮食之人，多是装饰车盖担儿，盘盒器皿新洁精巧，以炫耀人耳目，盖效学汴京气象，及因高宗南渡后，常宣唤买市，所以不敢苟简，食味亦不敢草率也"[2]。

对饮食的精致追求，促使宋朝社会诞生了花样繁多的美食，《东京梦华录》"饮食果子"条，《梦粱录》"分茶酒店"条、"面食店"条、"荤素从食店"条、《武林旧事》"市食"条，都罗列有一个长长的美食、小吃、点心名单，抄也抄不过来。仅面食就有罨生软羊面、桐皮面、盐煎面、丝鸡面、插肉面、三鲜面、蝴蝶面、笋泼肉面、子料浇虾蝹面……馒头类有羊肉馒头、笋肉馒头、鱼肉馒头、蟹肉馒头、糖肉馒头、裹蒸馒头、菠菜果子馒头、杂色煎花馒头……烧饼类有千层饼、月饼、炙焦、金花饼、乳饼、菜饼、胡饼、牡丹饼、芙蓉饼、熟肉饼、菊花饼、梅花饼、糖饼……糕点则有糖糕、花糕、蜜糕、糍糕、蜂糖糕、雪糕、彩糕、栗糕、麦糕、豆糕、小甑糕、重阳糕……今日的五星级大饭店，菜谱上的名目也未必有那么丰富。可以毫不夸张地说，宋朝的开封与杭州，简直就是"吃货"的天堂。

我们现在品尝到的火腿、东坡肉、涮火锅、刺身、油条、汤圆、爆米花等美食与小吃，都是发明或流行于宋代；烹、烧、烤、炒、爆、溜、煮、炖、腌、卤、蒸、腊、蜜、葱拔等复杂的烹饪技术，也是在宋朝成熟起来的；宋人用于给食材调味的调料已有盐、蜜、酒、醋、糖、奶、芥末、花椒、豆豉、酱油等，也跟今人厨房内的调味品差不多。

---

[1]　〔宋〕孟元老：《东京梦华录》。

[2]　〔宋〕吴自牧：《梦粱录》。

"脍"和"鲊"是最具宋朝特色的两类美食。脍，即生鱼片，传入日本后称为刺身。"野鱼可脍菰可烹"，脍在宋代非常流行，苏轼、陆游都是鱼脍的发烧友。鲊，则是通过腌渍与微生物发酵使食材产生特别风味的宋朝美食，鲜鱼、虾蟹、鸡鸭、雀鸟、鹅掌，都可腌制成鲊。将食材洗净，拭干，注意不可留有水渍，用盐、糖、酱油、椒、姜葱丝等制成调料，然后将食材装入坛内，装一层食材，铺一层调料。装实，盖好。候坛中腌出卤水，倒掉卤水，加入米酒，密封贮藏。这时候便可以耐心等待微生物与时间的合作，在黑暗中静静地酝酿出鲊的美味了。

难怪美国汉学家安德森在《中国食物》中说："中国伟大的烹调法也产生于宋朝。唐朝食物很简朴，但到宋朝晚期，一种具有地方特色的精致烹调法已被充分确证。地方乡绅的兴起推动了食物的考究：宫廷御宴奢华如故，但却不如商人和地方精英的饮食富有创意。"1998年，美国《生活杂志》曾评选出一千年来影响人类生活最深远的一百件大事，宋朝的饭馆与小吃入选第五十六位。

蔬菜

南宋临安的每天早晨，"买卖细色异品菜蔬"的小商贩"填塞街市，吟叫百端，如汴京气象，殊可人意"。[1] 蔬菜是宋人餐桌上的常见食材，学者的考证指出，宋代栽培的蔬菜品种非常丰富，约有四五十种，与今日市场上的蔬菜种类大体差不多。胡萝

---

[1] （宋）吴自牧：《梦粱录》。

卜、芜菁、牛蒡、白菜、矮黄（娃娃菜）、菘菜（小白菜）、芥菜、油菜、颇棱（菠菜）、莴苣、芹菜、茼蒿、荠菜、芫荽（香菜）、苋菜、生菜、紫苏、葱、薤、韭、黄芽（韭黄）、大蒜、小蒜、梢瓜、黄瓜、冬瓜、葫芦、葫、瓠、甜瓜、丝瓜、芋、山药、姜、菱、藕、苦薏、茭白、莼菜、紫菜、百合、竹笋、枸杞、合蕈、松蕈、竹蕈、麦蕈、玉蕈、黄蕈、紫蕈、四季蕈、鹅膏蕈等等，宋代时已经广泛栽培。[1]

豆芽作为蔬菜，也首见于宋代。苏颂的《图经本草》说："绿豆，生白芽为蔬中佳品。"宋代美食笔记《山家清供》记载："以水浸黑豆，曝之及芽，以糠秕置盆中，铺沙植豆，用板压。及长，则复以桶，晓则晒之，……越三日出之，洗，煿以油、盐、苦酒、香料可为茹，卷以麻饼尤佳。色浅黄，名鹅黄豆生。"

在北宋汴京与南宋临安，还出现了专门的素食店，向市民提供各种花样的素食。如果不是因为蔬菜类食材丰盛，独立的素食市场是难以形成的。不过，我更感兴趣的问题是，在一千年前的宋朝，如果是隆冬时节，天寒地冻，市场上又有没有蔬菜出售呢？据《东京梦华录》，汴京每年"立冬前五日，西御园进冬菜。京师地寒，冬月无蔬菜，上至宫禁，下及民间，一时收藏，以充一冬食用。于是车载马驼，充塞道路。"似乎北方居民只能靠窖藏蔬菜过冬。但是，在冬天的市场上还是可以买到蔬菜的，诗人梅尧臣就写了一首《闻卖韭黄蓼甲》，说："百物冻未活，初逢卖菜人。"

[1] 参见张金花、王茂华《宋代的蔬菜与蔬菜业》，载（韩国）《历史文化研究》第38辑，2009年。

原来，这位卖菜人利用粪土热力与保暖作用，培育出鲜嫩的韭黄、蓼甲："乃知粪土暖，能发萌芽春。"换成现代的说法，这不正是"反季节栽培"技术吗？南宋人还运用这一技术，培育出一种叫作"黄芽"的蔬菜品种："冬至取巨菜，覆以草，即久而去腐叶，以黄白纤莹者，故名之。"[1] 技术的进步与经济的发展，让宋朝人在餐桌上的选择机会比之前任何时代都要丰富。

饮料

今人在大快朵颐的时候，喜欢喝点饮料。宋人也是这样。《清明上河图》中，在"久住王员外家"旅店门前，有一个撑大遮阳伞的小摊，挂着一块木牌子，上写"香饮子"。"香饮子"是什么？就是饮料。

宋代的饮料又称为"汤""熟水""凉水"。"熟水"相当于今日的广式凉茶，宋末笔记《事林广记》收录了几种"造熟水法"："夏月凡造熟水，先倾百煎滚汤在瓶器内，然后将所用之物投入，密封瓶口，则香倍矣。若以汤泡之，则不甚香。若用隔年木犀或紫苏之属，须略向火上炙过，方可用，不尔则不香。"比较常见的有香花熟水、沉香熟水、紫苏熟水、豆蔻熟水。李清照写过一首很是伤感的《摊破浣溪沙》词："病起萧萧两鬓华，卧看残月上窗纱。豆蔻连梢煎熟水，莫分茶。枕上诗书闲处好，门前风景雨来佳。终日向人多蕴藉，木犀花。"说的是，她晚年身体多病，不敢喝茶，只喝豆蔻熟水。还有一种竹叶熟水，据说

---

[1] （宋）吴自牧：《梦粱录》。

清人临摹宋人的《卖浆图》，几个卖饮料的小贩正在品评汤茶。

很可口："新安郡界中，自有一种竹，叶稍大于常竹，枝茎细，高者尺许，土人以作熟水，极香美可喜。"[1]

《事林广记》也收录了多种制作果汁饮料、鲜花饮料的汤方，有干木瓜汤、水芝汤、莲实汤、无尘汤、荔枝汤、木犀汤、橙汤、香苏汤、乌梅汤等等。这些汤品的做法，通常是先将花果盐腌、晒干、烘焙、碾成细粉，然后装入器皿密封储存；招待客人时，再取出若干冲泡成饮料，有点像今日的速溶咖啡。而且"凡四时之内所开之花，嗅之香、尝之甘者，皆可依法为之"。宋人几乎家家户户都要准备饮料，以招待客人。按朱彧《萍洲可谈》的说法："今世俗，客至则啜茶，去则啜汤。"家中来了客人，要先敬茶；送客时，再端上饮料。

---

[1] （宋）朱弁：《曲洧旧闻》。

宋人既以喝饮料为时尚，那市场上当然也有各色饮料出售。《东京梦华录》说，六月时节，汴梁的"巷陌路口、桥门市井"都有人叫卖"冰雪凉水、荔枝膏"，"皆用青布伞，当街列床凳堆垛"。当然，那时候也不必担心有城管来踢摊、赶人。《武林旧事》也记录了杭州市肆摆卖的各种凉水："甘豆汤、椰子酒、豆水儿、鹿梨浆、卤梅水、姜蜜水、木瓜汁、茶水、沉香水、荔枝膏水、苦水、金橘团、雪泡缩脾饮、梅花酒、香薷饮、五苓大顺散、紫苏饮。"《梦粱录》也记载，杭城茶肆"四时卖奇茶异汤，冬月添卖七宝擂茶、馓子、葱茶，或卖盐豉汤，暑天添卖雪泡梅花酒，或缩脾饮、暑药之类"。

果子

今人习惯在餐后享用几片水果。在宋朝高级酒楼的餐桌上，水果也是必备的，"凡酒店中不问何人，止两人对坐饮酒，亦须同注碗一副，盘盏两副，果菜碟各五片，水菜碗三五只"；"虽一人独饮，碗遂亦用银盂之类，其果子菜蔬，无非精洁"。[1] 一般的饭店也都有水果供应，"又有托小盘卖干果子，乃旋炒银杏、栗子、河北鹅梨、梨条、梨干、梨肉、胶枣、枣圈、桃圈、核桃、肉牙枣、海红、嘉庆子、林檎旋、乌李、李子旋、樱桃煎、西京雪梨、夫梨、甘棠梨、凤栖梨、镇府浊梨、河阴石榴、河阳查子、查条、沙苑榅桲、回马孛萄、西川乳糖、狮子糖、霜蜂儿、橄榄、温柑、绵枨金桔、龙眼、荔枝、召白藕、甘蔗、漉

---

[1] 《东京梦华录》"会仙酒楼"条。

梨、林檎干、枝头干、芭蕉干、人面子、巴览子、榛子、榧子、虾具之类"。[1]

夜市上叫卖的水果也很丰富,《东京梦华录》介绍了几种夜市常见的水果:生淹水木瓜、药木瓜、鸡头穰(芡实)、沙糖绿豆、广芥瓜儿、杏片、梅子姜、芥辣瓜旋儿、香糖果子、间道糖荔枝、越梅、金丝党梅等等,"皆用梅红匣儿盛贮"。需要提醒的是,宋人的"果子"概念比今天我们所说的水果要略为宽泛一些,藕片、莲子、绿豆等,都可以归入果子类。

由于市民对水果的需求旺盛,宋代汴京出现了专门的"果子行",贩卖水果已经发展成为一个行业。《东京梦华录》说:"果木亦集于朱雀门外及州桥之西,谓之果子行。"宋人项安世有一首诗写道:"晓市众果集,枇杷盛满箱。梅施一点赤,杏染十分黄。青李不待暑,木瓜宁论霜。年华缘底事,亦趁贩夫忙。"描述的正是水果市场每天早晨装运水果的忙碌情景,这些水果如果运到汴梁或其他城市,通常先进入果子行,由果子行批发。

南宋人苏象先在《丞相魏公谭训》一书中述及的一件事,也可以佐证宋代京师的水果消费量之大:"祖父(指北宋的苏颂)尝言在馆中时,雇得一婢,问其家何为?云:'住曹门外,惟锤石莲。'问一家几人、各何为?云:'十口皆事,无他业。'(苏颂)初甚讶之,(婢)又云:'非独某家,一巷数十家皆然。'盖夏末梁山泊诸道载莲子百十车,皆投此巷锤取莲肉,货于果子行。(苏颂)乃知京师浩瀚,何所不有?非外方耳目所及也。"说的是,汴梁有一条巷子,数十户人家都以锤取莲子肉为

[1] 《东京梦华录》"饮食果子"条。

业；每年夏末，水果商都要委托他们锤莲百十车，然后卖给京城的果子行。

在京城卖水果，很讲究新鲜。宋人庄绰的笔记《鸡肋编》说："京师卖生果，凡李子必摘其蒂，不敢触其实，必留上衣令勃勃然，人方以新而为好，至食者须雪去之。"盛夏六月的汴京街头，水果摊"皆用青布伞，当街列床凳堆垛"，会用冰块来给水果保鲜。[1]宋人还利用非常成熟的嫁接技术，可以让水果在不同时节成熟，一年四季均有新鲜水果上市，比如柑橘，通过嫁接形成二三十个品种，有立秋成熟的"早黄橘"；有最早采摘的"甜柑"；有隆冬时节采摘的"绿橘"；也有待到来年春天才摘下来的"冻橘"。所以宋人在春寒料峭的季节便能够吃上新鲜的柑橘了。

---

[1]　（宋）孟元老：《东京梦华录》。

保暖与消暑

在寒冷的冬天，喝上一碗热气腾腾的茶汤，绝对是一种享受。《东京梦华录》说，"冬月虽大风雪阴雨，亦有夜市"，卖各种小吃："红丝水晶脍、煎肝脏、蛤蜊、螃蟹、胡桃、泽州饧、奇豆、鹅梨、石榴、查子、榅桲、糍糕、团子、盐豉汤之类"，"至三更，方有提瓶卖茶者，盖都人公私荣干，夜深方归也"。这些"提瓶人"之所以到了三更才出门做生意，是因为下半夜，办公事私事的人下班归回了，他们通常都会买一碗热茶喝，暖暖身子，所以生意很好。

我们完全可以想象，"提瓶人"所卖的茶汤，一定是热腾腾的，否则，在"风雪阴雨"的大冬天，谁又会掏钱买一碗冷茶来喝？换言之，宋代应该已经出现了保温瓶。宋人还发明了一种有保温作用的器皿，叫"孔明碗"，由两碗相套而成，两碗间留空，外碗底有一圆孔，可注入沸水，使碗内食物保持温度，这样，在大冬天吃饭，饭菜就不会那么容易变冷。黄庭坚有一首诗写道："千钱买脚婆，夜夜睡天明。"则是说宋代家庭常见的一种取暖器，叫作"脚婆"，又叫"汤婆子"，类似今日的热水袋，可以放进被窝里暖脚。

那么到了炎炎夏日，宋人又如何消暑呢？也许你有点想象不到，宋代一些大户人家已用上了机械风扇取凉。当时叫作"扇车"。北宋有一位诗人写诗形容扇车："君不见长安公侯家，六月不知暑。扇车起凉风，冰槛沥寒雨。"根据史料的描述，扇车是一种精巧的圆形机械，由水力驱动，带动扇叶旋转送风。

你一定会同意，在夏天喝冷饮是很惬意的事情。但你不要以为这是今人才能享受的生活，宋朝人的夏天，也是喝着爽口的冰镇饮料渡过的。《东京梦华录》《武林旧事》《梦粱录》《西湖老人繁胜录》都记录了宋人在盛夏时节可以买到的各种冷饮，如"冰雪凉水""冰雪爽口之物""雪泡豆儿水""雪泡缩脾饮""雪泡梅花酒"等等。从名字可以看出，这些饮料是加冰的，可以解暑。其中有一种"乳糖真雪"，有人推测是冰淇淋。据说欧洲的冰淇淋制作技术是马可·波罗从中国带回去的（是否属实，我未考证）。

大概就因为夏季喝冷饮已相当普遍，一位叫作陈直的南宋人在《寿亲养老新书》中劝诫人们少吃冷饮："承暑冒热，腹内火烧，遍身汗流，心中焦渴，忽遇冰雪冷浆，尽力而饮，承凉而睡，久而停滞，秋来不疟则痢。"看来有不少宋朝人在炎夏猛喝冷饮而喝坏了肚子。

我们现在的问题是，一千年前没有电冰箱，宋人是如何在盛夏时节获得冰块的？也许可以从南宋诗人杨万里的一首诗中找到答案："北人冰雪作生涯，冰雪一窖活一家。帝城六月日亭午，市人如炊汗如雨。卖冰一声隔水来，行人未吃心眼开。"[1] 即在冬季窖藏天然冰，等到夏天再取出来作为商品售卖。

也有材料说，宋人已掌握了人工制冰的技术。大约在唐朝末期，人们生产火药时开采出大量硝石，并发现硝石溶于水时会吸收大量的热，可使水降温到结冰。有了这一技术，在夏季制出冰块也不是什么难事了。但我不敢确定这一技术在宋朝是否已经应用于制造冷饮。

燃煤

《清明上河图》长卷右边起首的地方，画了两个脚夫正赶着五匹驮炭的毛驴前往城里。木炭是汴梁市民的常用燃料。不过当时已广泛用煤了。陆游有一首诗写道："地炉堆兽炽石炭。"宋人笔下的石炭，即今日的煤。南宋初年，庄绰在《鸡肋编》中回忆说："昔汴都数百万家，尽仰石炭，无一家燃薪者。"居然是家家户户用煤不用柴。宋室南迁后，燃料短缺，"思石炭之利而不可得"，很是遗憾。

"无一家燃薪者"之说，可能有夸大成分，但煤炭已进入汴梁的寻常百姓家则是毫无疑问的事。宋人说："石炭自本朝河北、山东、陕西方出，遂及京师。"[2] 而在我家乡，直到二十世纪八十年代，还在烧柴草，尚未出现"蜂窝煤"。北宋的东京至

[1] （宋）杨万里：《诚斋集》卷一八。

[2] （宋）朱翌：《猗觉寮杂记》。

少分布有二十多个官营的煤炭场，"官卖石炭增二十余场，而天下市易务，炭皆官自卖"[1]。政府介入煤炭市场，是因为煤的市场需求量很大，有利可图。宋史学者王曾瑜先生经过考证后，认为："自北宋开国至宋英宗时的百余年间，开封的燃料大体上使用柴和木炭。然而自宋神宗以后的近六十年间，开封燃料构成确实有很大变化，石炭的使用渐趋突出，最后占据开封燃料的主体，甚至可以供应外地。"

大体来说，宋人的燃料结构是这样的："北方多石炭，南方多木炭，而蜀又有竹炭"。[2]北方对煤的应用已比较普遍，除了用作家庭燃料，还用于铸铁、烧瓷等工业。有一首描绘陕西路延州的风情诗说："沙堆套里三条路，石炭烟中两座城。"[3]可见延州也是烧煤的。苏轼在徐州当太守时，正好遇上寒冬，天降大雪，老百姓严重缺乏燃料，苏轼即派人找寻煤矿，"访获于州之西南白土镇之北"。东坡先生欣喜之余，还咏了一首《石炭》诗："君不见前年雨雪行人断，城中居民风裂骭。湿薪半束抱衾裯，日暮敲门无处换。岂料山中有遗宝，磊落如磐万车炭。流膏迸液无人知，阵阵腥风自吹散。根苗一发浩无际，万人鼓舞千人看。投泥泼水愈光明，烁玉流金见精悍。南山栗林渐可息，北山顽矿何劳锻。为君铸作百链刀，要斩长鲸为万段。"

宋人还别出心裁地将煤制作成"香饼"，大概是用煤粉与香料混合后压制而成，可长时间燃烧，并散发出香气。欧阳修在《归田录》中说："香饼，石炭也。用以焚香，一饼之火可终日不灭。"欧阳修曾请大书法家蔡襄为他书写《集古录目序》：

---

[1] （元）脱脱等：《宋史·食货志》。

[2] （宋）陆游：《老学庵笔记》卷一。

[3] （宋）庄绰：《鸡肋编》。

"其字尤精劲，为世所珍。余以鼠须栗尾笔、铜绿笔格、大小龙茶、惠山泉等物为润笔，君谟（即蔡襄）大笑，以为太清而不俗。后月余，有人遗余以清泉香饼一箧者，君谟闻之叹曰：'香饼来迟，使我润笔独无此一种佳物。'兹又可笑也。"看来那种精心制作的煤饼在当时还是士大夫之间相互馈赠的雅品。

顺便一说，宋代西北一些地方，如延州，人们已发现了石油，并以石油为燃料，"石油"是由宋代科学家沈括所命名。西南邛州一带的居民，则发现了天然气，宋人称之为"火井"，并利用天然气煮盐，大大降低了生产成本，"火井煮盐收倍利"[1]。

火柴

宋人笔记《嬾真子》记载说："温公尝宿于阁下，东畔小阁侍吏唯一老仆。一更二点即令老仆先睡，看书至夜分，乃自罨火灭烛而睡。至五更初，公即自起，发烛点灯著述，夜夜如此。"说的是司马光每天凌晨起身，"发烛"读书的故事。

《武林旧事》"小经纪"条记录了南宋小商店中出售的各类小商品："……猫窝、猫鱼、卖猫儿、改猫犬、鸡食、鱼食、虫蚁食、诸般虫蚁、鱼儿活、虼蚪儿、促织儿、小螃蟹……虫蚁笼、促织盆、麻花子、荷叶、灯草、发烛……"其中有一种小商品也叫作"发烛"。

那么"发烛"是什么玩意儿呢？就是火柴，宋人也称之为

---

[1] （宋）刘攽：《送郑秘丞知邛州蒲江县》。

"引光奴""火寸""焠儿""取灯儿"。晚清时西洋火柴传入中国，老北京人还将火柴称为"洋取灯"。

据北宋陶穀《清异录》的记述："夜中有急，苦于作灯之缓。有智者批杉条，染硫磺，置之待用，一与火遇，得焰穗然。既神之，呼'引光奴'。今遂有货者，易名'火寸'。"这种小杉条长约寸许，一头涂有硫磺，从形态看，跟今日的火柴很接近。不过火柴可以自发火，"火寸"则不能，只能作引火之用。古人家里通常都留有火种过夜，如燃着的木炭，但夜里有事起床，要点烛点灯很麻烦，有了"一与火遇，得焰穗然"的发烛，就方便多了。而且，发烛在北宋时已有专人制造（甚至可能出现了制造"发烛"的作坊），作为商品投放市场，"今遂有货者"。

元代陶宗仪的《南村辍耕录》也记录了南宋人使用"发烛"的情况："杭人削松木为小片，其薄如纸，熔硫磺涂木片顶分许，名曰'发烛'，又曰'焠儿'，盖以发火及代灯烛用也。"有人考据说，"焠儿"就是"燧儿"，含有"燧木取火"之意，认为这时候的"发烛"可以通过摩擦起火。如果真是这样，那南宋人使用的"发烛"就跟后来的洋火柴没什么区别了。这里姑妄听之。

不管"发烛"是否能够自发火，但作为一种点火工具、一种日用商品，应用于宋朝的寻常百姓家，则是没有疑义的。我们一直以为古人的生活很落后，落后于西方，但这很可能只是我们的想象。

住房

　　《清明上河图》画了许多民居，城外农村的民房很简朴，瓦房与茅屋相间；城郊则尽是瓦房；进入汴梁城，居民住宅就比较考究了，或庭院深深，或小楼耸立，多窗明几净。这也大体上反映了宋人居住条件的城乡差别：农民住得差些，市民住得好些。总的来说，在城市，宋朝的砖瓦建筑比例应该是超过前代的。

　　有一位叫作成寻的日本僧人，北宋熙宁年间来到中国旅游，他看到，从钱塘江到杭州的凑口，"津屋皆瓦葺，楼门相交"，"河左右家皆瓦葺无隙，并造庄严"。[1] 杭州城内更是高楼林立了（三至五层高的多层建筑在宋代大都市已很常见了），《梦梁录》说："临安城郭广阔，户口繁夥，民居屋宇高森，接栋

---

[1]　（宋）成寻：《参天台五台山记》。

宋代佚名《乞巧图》。图中展示了宋代人家的住宅。

连檐，寸尺无空，巷陌壅塞，街道狭小。"有钱人家对住宅非常讲究，明人笔记《菽园杂记》说："江南自钱氏以来，及宋元盛时，习尚繁华，富贵之家，于楼前种树，接各色牡丹于其杪。花时登楼赏玩，近在栏槛间，名楼子牡丹。"

但大城市人烟浩瀚，人多地少，房屋自住率不高，许多市民都得租房居住。北宋初年，甚至连宰相也是租房住的，仁宗朝宰相韩琦说："自来政府臣僚，在京僦官私舍宇居止，比比皆是。"[1] 朱熹也说："且如祖宗朝，百官都无屋住，虽宰执亦是赁屋。"[2] 南宋的临安居民，也多租房，"兼官私房屋及基地，多是赁居"[3]。

宋代城市巨大的租房需求，制造出一个十分活跃的房屋租赁市场，在大城市有套房子出赁的人，基本上就衣食无忧了。司马光说："十口之家，岁收百石，足供口食；月掠房钱十五贯，足供日用。"[4] 宋人认为："僦屋出钱，号曰'痴钱'，故僦赁取直者，京师人指为'钱井经商'。"[5] 意思是说出租房子来钱太容易了。连政府也进军房地产市场，在都城与各州设"楼店务"，负责官屋的出租，分割租赁市场这块大蛋糕。

那么宋代的房租高不高呢？这得看城市、地段、房子大小。《梦粱录》说临安的"屋地钱俱分大中小三等钱"，不过没有提供具体的数目。另据程民生先生的《宋代物价研究》，在北宋京师，一座住宅的租金大约每月数贯到数十贯。其他城市的房租则

[1]　（宋）韩琦：《韩魏公集》卷六。

[2]　（宋）黎靖德编：《朱子语类》卷一二七。

[3]　（宋）吴自牧：《梦粱录》。

[4]　（宋）李焘：《续资治通鉴长编》卷一〇。

[5]　（宋）陶穀：《清异录》。

便宜得多，如濮州，地段好的房屋每间每日租金为一二百文，而"后街小巷闲慢房屋"，每日只需三五文钱。当时一名城市底层人的日收入，大概也有一百文左右。

宋政府对公共房屋租赁业有一条规定："每人户赁房，免五日为修移之限，以第六日起掠（收租）。"即法律要求从租赁关系确立之后的第六日开始算租金，前五日免租金，因为租房者需要几天时间用于搬家、清洁打扫之类。我觉得这是一条比较人性化的规定，照顾了租客的利益。

宋代也有"廉租房"。"楼店务"管理的官屋就是廉租房，北宋天禧元年（1017），汴京"楼店务"共有23300间公租屋，一年租金总收入为140090贯，可以算出来，一间公租屋的月租金约500文。天圣三年（1025），汴京"楼店务"经营的公租屋有26100间，年租金收入为134629贯，每月约430文。这个租金是低于市场上的私人出租屋市场价的。在南宋临安，政府还经常减免租住官屋之人的房租，甚至一年到头也未收一文钱，比廉租房还廉租房。

坐具

唐宋之际，中国家庭的家具发现了一个革命性的转变——高型坐具在寻常百姓家中得到普及。唐宋之前，中国是没有椅子的，只有一种叫作"胡床"的坐具，看名称就知道是从西域传入的。《后汉书》称"汉灵帝好胡服、胡帐、胡床、胡坐、胡饭……京都贵戚皆竟为之"，胡床在当时是贵族才使用的奢侈品。一般情况下，人们都是席地而坐。地上铺一张席子，屈膝跪坐于上面，跟今天日本、韩国还保留下来的传统坐法差不多。相应的，唐宋之前流行的桌子也都是矮几。

我们现在熟悉的高型坐具，如交椅、靠背椅、高凳等，都是在宋代才开始成为时尚的。唐代时虽然已出现椅子，但应用不广，只限于贵族与士大夫家庭，而且妇女还依习惯坐床，而不能坐于椅子上，否则便失了礼节。陆游的《老学庵笔记》说："往时士大夫家妇女坐椅子、杌子，则人皆讥笑其无法度。梳洗床、火炉床家家有之，今犹有高镜台，盖施床则与人面适平也。"

高型坐具的出现，显然使人们在坐着的时候更加舒适，之后宋朝人的椅子也往舒适化的方向发展，出现了靠背椅，然后出现了柔软的椅披，然后出现了扶手和脚踏板。不过我们说椅子的普及是中国家具的革命性转变，当然并不仅仅因为坐着比跪着舒适，而是椅子改写了中国传统的礼仪方式。

在席地而坐的先秦时代，中国人通行跪拜礼，跪拜是自然而然的，因为正规的坐姿就是双膝跪席，跪礼不过是挺直上身，再配上手部与头部的动作，如作揖、稽首、顿首，以表示对对方的尊敬，而对方也须还礼答谢。按照顾炎武《日知录》的记载："古人席地而坐，引身而起，则为长跪。首至手则为拜手。手至地则为拜。首至地则为稽首。"这个时候的跪拜礼并没有包含尊卑之意，臣拜君，君也拜臣。

秦汉以降，君臣之间方有尊卑之别，体现在礼仪上，臣拜君，君不再回拜，但尚要起身答谢。到椅子出现之后，中国人席地而坐的习惯发生改变，跪拜的动作更是带上了强烈的尊卑色彩——从椅子上滚到地上跪拜对方，显然透露出以卑事尊的味道。所以除了"天地君师亲"，宋人基本上不用跪礼，宾客见面一般都是行揖礼。我们虽然不能说古典的跪礼已经作废，但显然

宋代佚名《十八学士图》局部，图中人物坐上了靠背椅。

适用的范围非常有限，下级见上级、民见官，都不需要行隆重的跪拜礼；臣与君议事，也是不用下跪的。南宋覆灭后，文天祥被元人俘至大都，元丞相孛罗召见，文天祥只是"长揖"，通事（翻译）命他"跪"，文天祥说："南之揖，即北之跪，吾南人，行南礼毕，可赘跪乎？"[1] 文天祥只揖不跪，因为高椅时代的跪已有屈辱、卑贱之意，而揖才表示礼节。

带屈辱、卑贱性质的跪礼是在元朝开始推行开来的。"汉制，皇帝为丞相起；晋六朝及唐，君臣皆坐。惟宋乃立，元乃跪，后世从之。"[2] 明朝规定："凡百官奏事，皆跪。有旨令起，即起。"[3] 清廷更是变本加厉，不但大臣奏事得跪，皇帝降旨宣答时，众臣也要跪着听训。真可谓，坐具在进化，礼仪在退化。

出行

有人统计过，《清明上河图》画了46头驴和骡子，马只有20匹。这是宋代的真实情况，驴确实比马多。不过在京城开封，马与马车还是很常见的出行代步工具。我们今日出个门，通常站在街边手一招，一辆出租车就停下来了，宋人出行，也可以租马。套用今日"出租车"的说法，不妨将这种用于出租的马称为"出租马"。《东京梦华录》说："寻常出街市干事，稍似路远倦行，逐坊巷桥市，自有假赁鞍马者，不过百钱。"说的就是开封

[1] 〔宋〕文天祥：《文山先生全集》卷一七。

[2] 康有为：《康有为遗稿》下卷。

[3] 〔明〕林尧俞：《礼部志稿》。

北宋李公麟《丽人行》。马匹是宋人出行的重要脚力。

的市民出个门，习惯租马代步。想来在宋代城市中，出租脚力的服务业应该是比较发达的，租匹马还是挺方便的。即使是夜晚二更时分，市间也有马租。

宋人魏泰的《东轩笔录》也说："京师人多赁马出入。驭者先许其直，必问曰：'一去耶？却来耶？'苟乘以往来，则其价倍于一去也。良孺以贫，不养马，每出，必赁之。"这条记录证明了宋代租马相当普遍。另外也透露了一个信息：你要租马，"驭者"（相当于出租车司机）会先跟你谈好价格："是单程呢？还是包回程？"包来回的话则收双倍价钱。不妨来设想一个场景：你是宋朝人，想到白矾楼喝酒，站在街边一招手，"出租马"就过来了，"先生，你去哪？""到白矾楼，几多钱？""包来回吗？""去就行。"

那么租一匹马需要多少钱呢？成寻和尚的《参天台五台山记》说："今日借马九匹，与钱一贯五百文了。"算下来，租一匹马一天大约要一百六十文。跟《东京梦华录》"不过百钱"的记录是相符的。如果按里程计算也行，每里路大概三四文。

租驴也很常见。宋祁的《俟驴赋》说，"予见京都俚人，多俟驴自给。"宋人王得臣的《麈史》也说："京师赁驴，途之人相逢无非驴也。熙宁以来，皆乘马也。"原先租驴的人多，不过宋神宗熙宁年间之后，租马的人多起来了。在宋代，驴的数量比马多，驴价也比马价便宜，想来租驴的收费应该比租马更低廉一些。

有意思的是，北宋的士大夫都不太喜欢乘坐轿子，《朱子语类》记载说："南渡以前，士大夫皆不甚用轿，如王荆公（王安石）、伊川（程颐）皆云，'不以人代畜'。朝士皆乘马。或有老病，朝廷赐令乘轿，犹力辞后受。自南渡后至今，则无人不乘轿矣。"北宋士人之所以不愿意用轿，是因为他们认为，轿子"以人代畜"，乃是对人的尊严的侮辱。他们不允许自己将他人当成牲口来使用。可见宋人的价值观，极富人道主义精神。后来宋室南渡，乘轿之风才渐渐盛行开来，原因可能是南宋的马匹更少了。当然北宋时寻常人家也有用轿子的，通常是出于婚嫁之需要，《东京梦华录》说："士庶家与贵家婚嫁，亦乘檐子。"檐子即轿子。这些花轿也可以租赁，"自有假赁所在"。

家政服务

　　如果你生活在宋朝的城市，要请家政服务是非常方便的，找中介机构就行了。《东京梦华录》说："凡雇觅人力（男佣）、干当人（杂役）、酒食作匠（厨师）之类，各有行老供雇。觅女使（女佣）即有引至牙人。"这里的"行老""牙人"，有点像现在的家政中介公司，你想雇请佣人、保姆、工匠什么的，尽管找"行老""牙人"介绍。

　　南宋的家政中介服务可能更加周到。按照《梦粱录》的记述，如要雇请"大夫、书表、司厅子、虞候、押番、门子、直头、轿番小厮儿、厨子、火头、直香灯道人、园丁等人"，"俱各有行老引领"；"府宅官员、豪富人家欲买宠妾、歌童、舞女、厨娘、针线供过、粗细婢妮，亦有官私牙嫂，及引置等人，但指挥便行踏逐下来"。这些"行老""官私牙嫂"还结成一个担保网络，倘若有受雇的佣人逃跑、偷盗东西，则有"原地脚保识人前去跟寻"[1]。

宋人不仅雇请佣人很便利，如果家里要办喜事，比如婚嫁，从花轿、首饰、衣服、被卧、布囊、酒器，到随从的衫帽、衣物及一切杂物，"俱可赁，不须借措"，"凡合用之物，一切赁至，不劳余力"。[2]俨然已有了"婚庆服务公司"。

如果婚嫁喜事要大摆宴席，你也完全不必费心、操劳——不用到酒楼，也不用自己措办，交给专业的"婚宴服务公司"承包就可以了。宋朝市场上有"四司六局"，就是"专任饮食、请客、宴席之事"的机构，"常时人户，每遇礼席，以钱请之，皆可办也"；"虽广席盛设，亦可咄嗟办也"；"主人只出钱而已，不用费力"。[3]

按《都城纪胜》的介绍，"四司六局"为帐设司（专掌桌帏、搭席、屏风等事）、厨司（专掌烹饪等事）、茶酒司（专掌茶酒、迎送等事）、台盘司（专掌出食、接盏等事）、果子局（专掌时果等事）、蜜煎局（专掌糖蜜花果）、菜蔬局（专掌购置菜蔬等事）、油烛局（专掌灯火照耀、烧炭取暖等事）、香药局（专掌香料及醒酒汤药之类）、排办局（专掌挂画、插花、扫洒、拭抹之事）。服务项目够齐全吧？

这还不够。"四司六局"还会提供"合用金银器具"，并且承办"上书请客、送聘礼合、成姻礼仪、先次迎请等事"[4]，连婚礼主持人都有了。一场婚宴办下来，有礼有节，有条有理，气

[1] （宋）吴自牧：《梦粱录》。

[2] 参见（宋）孟元老《东京梦华录》、（宋）周密《武林旧事》。

[3] （宋）孟元老：《东京梦华录》。

[4] （宋）吴自牧：《梦粱录》。

派大方，"厅馆整肃"。现在的宴庆服务公司与之相比，也要自叹不如吧？

更重要的是，"四司六局"收费公道，"承揽排备，自有则例，亦不敢过越取钱"[1]，意思是说，这个婚庆服务业已经形成了行规，可不敢乱收费。因此，掏得起价钱的人家，都很乐意请"四司六局"操办宴席。

天气预报

一千年前，自鸣钟尚未发明（不过北宋的大牛人苏颂，用了七年，组装了一个集观测天象、计算时间、报告时刻诸功能于一体的自动化天文机械——水运仪象台，率先使用了擒纵装置，由水力驱动，一昼夜浑象自转一圈；每到一定时刻，就有木人自行出来敲钟击鼓、报告时刻、指示时辰，是世界上最早的天文钟），刻漏等传统司时工具也未进入寻常百姓家，所以报时是政府需要向市民提供的一项公共服务。

一位1271年（南宋咸淳七年）到达泉州的意大利商人观察到："在城市所有干道的塔上都挂有一个时计，每个钟都有一个看守照料。他敲着铜锣报时，即使是很能够窄的小巷都回响着那种声音，随后他用他们的文字把时刻展示给所有的人看。"[2] 宋代的许多城市都设有钟鼓楼，白天击钟报时，每一个时辰击钟一次；夜晚敲鼓报时，也是每一个时辰报一次。此外，在汴京、临

---

[1] 〔宋〕孟元老：《东京梦华录》。

[2] 〔意〕雅各·德安科纳著，〔英〕大卫·塞尔本（David Selbourne）编译：《光明之城》。

安等城市（甚至包括一部分乡村），还出现了民间自发的报晓服务，通常由寺院的僧人负其责。

北宋时的汴京，"每日交五更，诸寺院行者打铁牌子或木鱼循门报晓，亦各分地方，日间求化（化缘）。诸趋朝入市之人，闻此而起"[1]。南宋的临安也一样，"每日交四更，诸山寺观已鸣钟，庵舍行者、头陀打铁板儿或木鱼儿，沿街报晓，各分地方"[2]。僧人报晓，原来大概是"教人省睡，晚间宜烧些香，教人积福"，但慢慢具有了公共功能——宋朝的城市，就在僧人沿街报晓的铁板儿声、木鱼儿声中苏醒过来，当官的要起身朝会，做生意的要准备开铺迎客，猪羊作坊将猪羊肉装上了车子就要上市，小食店早已点灯卖起了早餐，住城外的小贩也用太平车或驴驮着货物，入城卖货。

不知从何时开始，这些循门报晓的行者、头陀，同时又兼报天气，"若晴则曰'天色晴明'，或报'大参'，或报'四参'，或报'常朝'，或言'后殿坐'；阴则曰'天色阴'，晦雨则言'雨'"。每天早晨，必报天气，"虽风雨霜雪，不敢缺此"。[3]这时候还躺在被窝里的市民，不用起身便可以知道外面的天气情况。

这样的报晓，已经有点像现代社会的天气预报服务了。古代科技不发达，无法准确预测天气，不然的话，出现名副其实的天气预报服务是毫不奇怪的。事实上，宋朝临安市民的生活已有点儿离不开报晓行者的"天气早报"了，"盖报令诸百官听公、上番虞候、上名衙兵等人及诸司上番人知之，赶趁往诸处服役

[1] （宋）孟元老：《东京梦华录》。

[2] （宋）吴自牧：《梦粱录》。

[3] （宋）吴自牧：《梦粱录》。

耳"[1]，意思是说，当值的公务员需要知道天气如何，好早做准备；其他市民也可以根据天气情况，安排日程。大概正因为"天气预报"对于临安市民生活的重要性，所以报晓者"虽风雨霜雪，不敢缺此"。

报晓无疑是一项十分辛苦、枯燥的工作，宋朝僧人风雨无阻、日复一日地在城市报晓，既是基于苦行僧一般的毅力，也是出于市场化的契约精神。因为报晓的行者"每月朔望及遇节序，则沿门求乞斋粮"，从某种意义上说，市民给予僧人的布施，便是向他们购买报晓与报天气服务的酬劳，双方结成了一种约定俗成的市场合作关系。

---

[1]　（宋）吴自牧：《梦粱录》。

人情高谊

意大利商人马可·波罗在他的游记上写道："行在城（杭州）之居民举止安静，盖其教育及其国王榜样使之如此。不知执武器，家中亦不贮藏有之。诸家之间，从无争论失和之事发生，纵在贸易制造之中，亦皆公平正直。男与男间，女与女间，亲切至极，致使同街居民俨与一家之人无异。"[1]

曾在1271年来到南宋泉州的另一位意大利商人雅各，也在笔记《光明之城》中提到："施舍穷人被理所当然地视为是富人的义务，所以在城市中的一些商人尽力帮助穷困的人们，他们甚至到穷苦人的家里了解他们的疾苦，并亲自把钱交到穷人的手中。那些行善的人自己也从中得到了欢愉。"

---

[1] （意）马可·波罗著，冯承钧译《马可波罗行纪》。

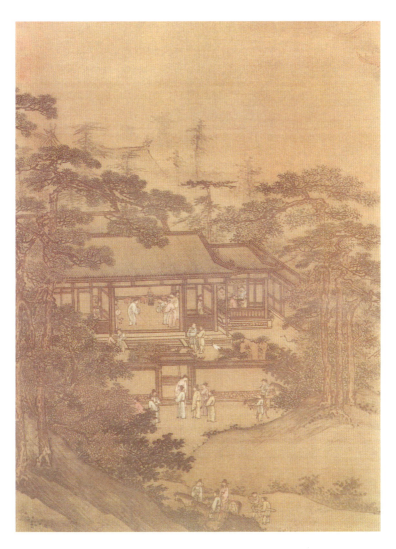

宋代佚名《岁朝图》。描绘正月初一士庶拜年的情景，表现了彬彬有礼的人际关系。

雅各与马可·波罗是在夸大其事吗？没有，因为我们可以从宋人笔记中找到印证。《梦粱录》说："杭城人皆笃高谊，若见外方人为人所欺，众必为之救解。或有新搬移来居止之人，则邻人争借动使（日用器具），遗献汤茶，指引买卖之类，则见睦邻之义。又率钱物，安排酒食，以为之贺，谓之'暖房'。朔望茶水往来，至于吉凶等事，不特庆吊之礼不废，甚者出力与之扶持，亦睦邻之道，不可不知。"

据《西湖老人繁胜录》，每到冬天下雪时节，临安城的富户贵家，会"遣心腹人，以银凿成一两半两，用纸裹，夜深拣贫家窗内，或门缝内，送入济人。日间散絮胎或纸被，散饭贴子无数"。《梦粱录》也有差不多的记载：杭城富室中，"有好善积德者，多是恤孤念苦、敬老怜贫，每见此等人买卖不利，坐困不乐，观其声色，以钱物周给，助其生理。或死无周身之具者，妻儿罔措，莫能支吾，则给散棺木，助其火葬，以终其事。或遇大雪，路无行径，长幼啼号，口无饮食、身无衣盖，冻饿于道者，富家沿门亲察其孤苦艰难，遇夜以碎金银或钱会插于门缝，以周其苦，俾侵晨展户得之，如自天降。或散以绵被絮袄与贫丐者，使暖其体。如此饥寒得济，合家感戴无穷矣"。

《东京梦华录》记录的北宋汴梁，商民也是最重"人情高谊"，若见外地人为京都人凌欺，"众必救护之"。遇有官府接手处理民事纠纷，众商民也"横身劝救"，甚至有人愿出酒食，请官方出面调解，也不怕麻烦。外地商人刚至京城租住，人生地不熟，这时邻居都会过来帮衬，送上汤茶，指引怎么做买卖之类。更有"提茶瓶之人"，每日在邻里之间互相送茶，相问动静。凡有红白喜事之家，"人皆盈门"，都是前来帮忙的。

幸福生活

生活在北宋汴梁，应该是很幸福的。宋人说天下有“九福”，其中东京占了四福，有“钱福、眼福、病福、屏帷福”（陶穀《清异录》）。钱福，是说京城经济发达、财富汇聚；眼福，是说京城物华天宝，美人美物，美不胜收；屏帷福，意思类似于今日所说的“宜居城市”，京师人的饮食起居，安定闲适，很有福气。

那“病福”又是什么意思？我们看《清明上河图》，张择端画了好几处药铺、医馆，从街边药摊到“杨家应症”再到“赵太丞家”，构成了一个多层次的医疗服务体系。我们再看《东京梦华录》，里面提到的医馆也很多，如专治儿科的“柏郎中家”、产科的“大鞋任家”，还有“国太丞”“丑婆婆药铺”“熟药惠民西局”。其中“惠民局”是政府开办的医药铺，带有公益性质，“其药价比之时直损三之一”，以市场价的三分之二售药，政府给予财政补贴，“每岁縻户部缗钱数十万，朝廷举以偿之”。[1]

有时候惠民局也给穷人免费诊断、开方、派药。这类官办医药铺一直延续至南宋，而且是24小时售药的，朝廷规定：“熟药所、和剂局监专公吏轮留宿直，遇夜，民间缓急赎药，不即出卖，从杖一百科罪。”[2] 总而言之，求医问药非常方便，因此，

[1] （宋）周密：《癸辛杂识·别集》。

[2] （清）徐松辑：《宋会要辑稿·职官》。

张择端《清明上河图》中的"赵太丞家"医馆。

对京师人来说，生病居然也成了一种"福气"。

生活在南宋的临安人，也应该是非常幸福的。——这不是我的看法，而是当时之人的感受。《武林旧事》称："都民素骄，非惟风俗所致，盖生长辇下，势使之然。若住屋则动辄公私房赁，或终岁不偿一镮（指铜钱）。诸务税息，亦多蠲放，有连年不收一孔者，皆朝廷自行抱认。诸项窠名（福利名目）：恩赏则有'黄榜钱'，雪降则有'雪寒钱'，久雨久晴则又有赈恤钱米；大家富室，则又随时有所资给；大官拜命则有所谓'抢节钱'；病者，则有施药局；童幼不能自育者，则有慈幼局；贫而无依者，则有养济院；死而无殓者，则有漏泽园。民生何其幸欤！"[1]

这段话简单转译一下：南宋都人虽然大多租屋居住，但政府经常减免房租，有的甚至终岁不用交一个铜板的房租；临安政府又经常减免税收，有些一年都不征收一文钱，都由朝廷补贴财政。还有各种名目的福利：朝廷有喜事则发"黄榜钱"，下雪了就发"雪寒钱"，久雨久晴则有赈恤钱米，富人也常有捐助，大官儿拜官任职，也要掏腰包给市民派发"抢节钱"。还有福利卫生院、儿童福利院、救济站与公益性公墓提供福利。我们是不是有点想不到临安市民的福利居然如此之好呢？

怪不得临安的穷人也将小日子过得十分潇洒："至如贫者，亦解质借兑，带妻挟子，竟日嬉游，不醉不归"；"不特富家巨室为然，虽贫乏之人，亦且对时行乐也"；"不论贫富，游玩琳宫梵宇，竟日不绝。家家饮宴，笑语喧哗"。[2]

[1] 《梦粱录》的"恩霈军民"条有更加详细的记述，这里且不赘引。

[2] 〔宋〕吴自牧：《梦粱录》。

契约时代

人口

宋朝是中国历史上第一个人口过亿的王朝。据葛剑雄、冻国栋等编著的《中国人口史》，汉代的人口峰值为6500万人；唐代的人口最高峰为天宝十三年（754），人口数量达到6500万至7000万。而到了北宋末，人口差不多翻了一番，达到1亿多。

确凿的证据来自大观四年（1110）的户部人口统计，当时宋朝的户数为20 882 258户；口数为46 734 784口，计算下来，似乎每户平均只有2.2人，许多人觉得不可思议。其实这是不了解宋代比较特殊的人口统计方式。据宋太祖乾德元年（963）的诏令："始令诸州岁所奏户帐，其丁口，男夫二十为丁，六十为老，女口不须通勘。"也就是说，宋朝官方的户账，通常只登记具有服役义务的成年男丁，二十岁以下的未成丁、六十岁以上的老人、女性，均不计算在内。

大观四年统计的全国口数即指丁数。加上未成丁与老年人口，再按1:1的性别比计入女性人口，可以估算出，北宋末的总人口数应该为1.2亿左右，平均每户约6人，这也符合宋朝家庭的规模（按程民生教授的研究，宋代的平均家庭人口为7人，如此说来，则宋末人口已达到1.4亿）。南宋时，尽管丢了半壁江山，但人口峰值也接近1亿。

问题是，以宋代的耕地面积、粮食亩产量，能够养活过亿人口吗？首先我们来看养活一个人需要消耗多少粮食。司马光说："十口之家，岁收百石（十斗为一石），足供口食。"可见一口人一年顶多需十石粮（以今人的估算，平均六石米便可供一人一年的口粮了）。

那么，宋朝的农田一年能够生产多少粮食呢？由于农业技术的改进、海外高产稻种的引进与推广，宋代南方的稻田平均亩产约有二三石（米），低产时也有一石，最高时亩产量可达六七石（谷），这个产量差不多是战国时期的5倍、唐代的3倍。所以宋史学家王曾瑜先生认为宋代出现了一场"绿色革命"："宋代大范围地实行复种制和提高亩产量，并取得突出成就，称之为古代的一次'绿色革命'，应不为过。"而宋代的垦田面积达到7亿多亩，也超过了唐代。以宋代的粮食亩产量，再加上江南已普遍复耕，用7亿多亩耕地养活1.4亿人是没有问题的。

据宋史学者方健的推算，在江南，每个农户可以养活2.35个五口之家，粮食商品率达40%。当时民间有谚："苏湖熟，天下足。"又据另一位宋史学者吴慧的评估，北宋的粮食商品率约为17%。而葛金芳教授则认为，宋代每个农业劳动力年产粮食在4000斤上下，跟1984年每个劳动力产粮4379斤的水平大致相当。换言之，宋代农业生产力的提高，使得大量粮食得以成为商品粮，流入市场；大批农业人口得以脱离土地束缚，进入城市生活。

城市人口

宋朝也是历代城市人口率最高的一个时代，"通都大邑，不耕而食者十居七八"[1]。学者的研究显示，北宋的城市人口占20.1%，南宋时达到22.4%。如果据日本汉学家斯波义信的看法，南宋鼎盛时期的城市化率可能达到30%。而清代中叶（嘉庆年间）的城市化率约为7%，民国时才升至10%左右，到1957年，城市化率也不过是15.4%。如果以1亿人口计算，即有超过2000万的宋朝人成为城市居民。

作为城市人口快速增长的标志，宋代出现了独立的城市户口，当时称为"坊郭户"，与"乡村户"相对。凡居住在城市的官员、士绅、商人、小商贩、城市手工业者、雇佣工、一般居民，都计入"坊郭户"。"坊郭户"的出现，显示了市民阶层正式登上历史舞台，一个全新的市民社会正在形成当中。

根据《宋史·地理志》可以统计出，宋代十万人口以上的城市，有近50个。在当时的所有城市中，不管是中国，还是全世界范围，最繁荣、人口最多的城市，毫无疑问是北宋的汴梁与南宋的临安。《续资治通鉴长编》记载，汴梁人口"比汉唐京邑民庶，十倍其人矣"。《东京梦华录》这样描述汴梁之大："其阔略大量，天下无之也。以其人烟浩穰，添十数万众不加多，减之不觉少。"

那东京到底有多少人口呢？先来看一条旁证：《东京梦华录》说，每一日从汴梁城郊赶进城内屠宰的生猪，即有万头之多。

---

[1]　（元）陶宗仪：《说郛》。

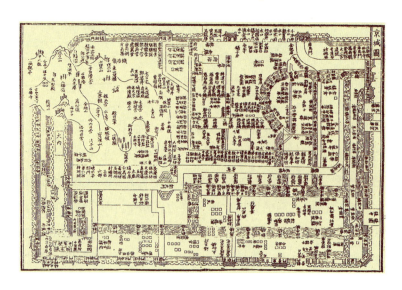

南宋咸淳年间雕版墨印的临安《京城图》。

算一算，一个城市有多少人，才需要每日消费万头猪？少说也有一百万人吧？当然最权威的统计数字来自《宋史·地理志》的一则记载："开封府，崇宁（年间）户二十六万一千一百一十七，口四十四万二千九百四十。"这里的"口"依然指男丁，以每户6人计算（这是保守的估计），26万户即有156万人之众。而在北宋时代，伦敦、巴黎、威尼斯等西欧城市，人口不过10万，被欧洲人称为"世界上最大的城市"的大马士革，人口也不过50万，相当于唐代的长安。今日开封市的市区人口，也才80多万。

南宋临安的人口规模更加惊人。《梦粱录》说："杭州人烟稠密，城内外不下数十万户，百十万口。"《都城纪胜》也说临安"户口蕃息近百万余家"。按赵冈先生在《中国城市发展史论集》中的推算，如果计入郊区的人口，临安的总人口"应有250

万人左右"。如此庞大的城市，后来的元、明、清均无法超越。

城市化

中国早在春秋战国时代就出现了工商业繁荣的城市，如临淄、邯郸、郢都、郑城等等，都是"富冠海内"的天下名都。当然其时还是以自然经济为基础的农耕时代，城市只是镶嵌在广漠的乡村网络上的商业节点与政治中心而已，虽有城市，但远远谈不上"城市化"。中国最早的城市化发生在宋代，其标志之一，就是大量市镇的出现。

市，指市场、集市，旧时又称"草市""墟市"，随着商民聚居、货物流通，集市的规模逐渐扩大，慢慢就形成了区域性的商品集散中心。镇，原来指军事驻地，但宋代时，镇已完全摆脱了军事据点的色彩，而是指未设县建制的区域性商业中心，"民聚不成县而有税课者，则为镇"[1]。市镇在宋代表现出迅猛的发展势头，据学者统计，两宋时期见于史载的市镇多达3600个以上，其中一部分市镇，不论是人口数量，还是经济水平，都超过了一般州县。

中国有两种城市化的传统：第一种是政治力量驱动的城市化，可谓由"城"而形成"城市"，"城"，即国家构建的政治中心；第二种是经济力量带动的城市化，可谓由"市"而形成"城市"，"市"，即民间自发形成的区域经济中心。宋代之前，几乎所有的城市都是由"城"而来。国家出于军事和政治的需要，在首都筑造都城，作为一国之政治中心；在各地的要塞筑

---

[1] （宋）高承：《事物纪原》。

造县城，作为区域的政治中心。再运用行政系统的动员力量吸纳物资与人口，最后形成商业繁荣的城市。而宋代市镇的崛起，则为中国的城市化进程开创了另一种渊源。

市镇通常不用配备一套完整的国家行政系统，宋代政府一般会在镇派驻官方机构，但主要负责收税和消防，镇的日常治理还是有赖于民间自发形成的自治秩序。草市更是全由民间自治，宋真宗时，有官员上奏说，岭南的墟市已经很热闹了，我们应该给它们订立一些规则，以加强管理。宋真宗没有同意，说这不是扰民吗？让人们照旧交易就好了，官家不必骚扰。市镇通常也没有修筑一道画地为牢的城墙，因为作为自发的商品交易中心，它们具有天然的开放性。北宋时，宿州城因为城小人多，居民多"散在城外"，有人提议修筑外城，苏轼就认为不必要，说城外"谓之草市者甚多，岂可一一展筑外城"[1]。

总而言之，如果说由"城"而来的城市具有封闭、人力规划、官治等特点，那么由"市"而来的城市，显然是开放的，民间自发形成的、自治的。

发现城市

城市化的另一个标志是，城市的经济功能被发现。

古人最早是从安全角度来考量城市的，所谓"筑城以卫君，造郭以居民"[2]。这种朴素的看法，表明商业力量推动的城市化

[1] 〔宋〕苏东坡：《苏东坡全集·奏议集》。

[2] 〔东汉〕赵晔：《吴越春秋》。

从未产生。直至唐代，城市的商业力量仍然被关在"坊市制"的笼子里，没有释放出来。此时城市对于乡人来说也毫无吸引力，武则天曾动用政府力量强迁一批农民进入东都洛阳，但农民就是不愿意搬进城里。

这种情况到了宋代，则完全改观，大量的农村人口自发涌入城市，《梦粱录》说："村落百戏之人，拖儿带女，就街坊桥巷，呈百戏伎艺，求觅铺席、宅舍、钱酒之资。"城市遍地的就业机会、繁华的经济、灯红酒绿的生活，都充满了诱惑。

这个时候，城市作为一种跟乡村社会全然不同的社会形态，它的经济功能也被发现了。宋人认识到："货殖百物，产于山泽田野，售之于城郭，而聚于仓库，而流通之以钱，……城郭、乡村之民，交相生养，城郭财有余，则百货有所售，乡村力有余，则百货无所乏。……城郭之人，日夜经营不息，流通财货，以售百物，以养乡村。" [1]

事实也确是如此。一方面，城市的生活物资需要乡村供给，如"金陵军民杂处，舟车辐辏，米、麦、薪、炭、醝（盐）、茗之属，民间日用所须者，悉资客贩" [2]。另一方面，城市又售百物，"以养乡村"，如宋人方回在浙西的魏塘镇看到，乡村"佃户携米或一斗，或五七三四升，至其肆，易香烛、纸马、油、盐、酱、醯、浆、粉、麸、面、椒、姜、药饵之属不一"；而市镇的商人"整日得米数十石，每一百石舟运至杭、至秀、至南浔、至姑苏粜钱，复买物货归售水乡佃户" [3]。将城市与乡村连接起来的，就是商人与商业。

[1] （宋）李焘：《续资治通鉴长编》卷三九四。

[2] （宋）袁燮：《絜斋集》。

[3] （宋）方回：《古今考·续考》。

城市面貌

　　从宋朝开始，中国的城市面貌呈现出一种跟古典时代全然不同的格局。如果我们有机会鸟瞰隋唐的长安与北宋的汴梁，将会发现，这两座城市呈现出完全不同的格局与气质——

　　长安城方正、规整，街道笔直如削，以直角交错，将城郭分割成一百零八坊（居民区）与东西二市（商业区），宛如一个个工整的方格。以皇城外的朱雀大街为中轴线，全城的坊、市、道路、城墙均呈左右对称。白居易形容长安"百千家似围棋局，十二街如种菜畦"，很传神。毫无疑问，这是严格按照图纸，凭借权力的巨大动员力量，以浩大的人工堆砌出来的。为追求恢宏大气、整齐划一的审美效果，长安城的规划甚至宁可与平民的生活脱节，以致到盛唐之时，长安城内南部各坊，居然还"率无第

张择端《清明上河图》中的城门，没有守卫，可以
看出汴京是一个开放的城市。

宅，虽时有居者，烟火不接，耕垦种植，阡陌相连"[1]。

　　相比之下，北宋的汴梁就显得不怎么规整了，不但城墙不是
很端正，街道也不再一味追求平直，斜街、斜巷可见。汴河斜斜
穿过城郭，借着汴河带来的交通便利、货物往来与人烟凑聚，沿
河一带慢慢演变成汴梁城最繁华的街市之一。所有的街市看起来
是那么拥挤、喧闹、嘈杂，但又富有生气。城墙之外，也自发形

---

[1]　（清）徐松：《唐两京城坊考》。

成热闹的市镇，与城内连成一片，所谓"十二市之环城，嚣然朝夕"[1]。这样的城市格局，与其说是行政权力"规划"出来的，不如说是民间社会"生长"出来的。

两种不同的城市风貌下面，隐藏着两种不同的城市生活制度。唐代的长安保留着古老的"坊市制"，即居民区与商业区分开，有坊墙相隔离。街道是不准摆摊开店的，要做生意，只能到东西二市，并实行严格的开闭市制度："凡市，以日中击鼓三百声而众以会。日入前七刻，击钲三百声而众以散"[2]，散市后即关闭市门；而且"居必求其类"，官民分居，秩序森然；又有"夜禁"之制，城门"昏而闭，五更而启"，禁止市民夜行，"诸犯夜者，笞二十"。[3]

而在北宋的汴梁，坊墙已不知什么时候被推倒，坊市制瓦解了，人们沿河设市，临街开铺，到处都是繁华而杂乱的商业街。官民杂处，商民混居，在潮水一般的世俗生活力量的推动下，"夜禁"也被突破了，出现了繁华的夜市，"夜市直至三更尽，才五更又复开张。如耍闹去处，通晓不绝"[4]。海外汉学家称宋代发生了一场"城市革命"，并不为过。一种更富有商业气息与市民气味的城市生活方式，从此兴起。今天当我们展开《清明上河图》长卷，那种繁华气息仍能扑面而来。

[1] （宋）吕祖谦编：《宋文鉴》。

[2] （唐）李林甫等：《唐六典》。

[3] 《唐律疏议·杂律》。

[4] （宋）孟元老：《东京梦华录》。

城建拆迁

城市的快速发展，必然要引出一个问题：拆迁。宋朝也有"拆迁"。作为一个具有"自发成长"性质的商业城市，拥挤与喧哗似乎是汴梁城与生俱来的性格，因为坊市制所代表的严厉管制已经失效，商业的力量必然引导着人们往热闹的地方汇聚，竞相开设商铺、侵占街道，各种"违章建筑"层出不穷，在当时，这叫作"侵街"。

宋政府"搞拆迁"的做法可圈可点。首先，对侵街的权贵丝毫不会姑息。权贵掌握着权力资源，是北宋初期率先侵街的一批人，比如太平兴国五年（980）七月，八作使（相当于城建局局长）段仁诲在家门前修筑了一道垣墙，侵占景阳门街，宋太宗大怒，"令毁之，仁诲决杖"[1]。

其次，对侵街的升斗小民，宋政府一般能够考虑到他们维生不易，而顾全他们的生计。如元祐五年（1090），给事中范祖禹上书宋哲宗，说，虽然"百姓多侵街盖屋，毁之不敢有怨"，但"有司毁拆屋舍太过，居民不无失所"，所以，他要求皇帝下旨，"除大段窄隘处量加撤去外，无令过当拆屋"。[2]

最后，对皇城扩建、皇帝出巡可能导致的拆迁，宋代君主表现得比较克制。如雍熙三年（986），宋太宗"欲广宫城，诏殿前指挥使刘延翰等经度之，以居民多不欲徙，遂罢"[3]。康定元

[1]　（宋）李焘：《续资治通鉴长编》卷二一。

[2]　（宋）范祖禹：《范太史集》卷一九。

[3]　（元）脱脱等：《宋史·地理志》。

年（1040），宋仁宗"车驾行幸"，尽管当时街道狭窄，仁宗却没有下令拆迁、封路什么的，而是简化了仪式，"侍从及百官属，下至厮役，皆杂行其道中"，"而士庶观者，率随扈从之人，夹道驰走，喧呼不禁"。[1] 在等级森严的皇权时代，这简直有点不可想象。

不管是设"城管"，还是"搞拆迁"，无非是在"自发的繁荣"与"管制的秩序"之间寻求一个平衡点。放在宋代的时代背景上，这里还隐藏着一个历史性的博弈：是退回到坊市制所代表的井然秩序中，还是顺应时势之发展，尊重市民社会之形态，并忍受一定之代价。对于城市的主政者来说，那种整齐划一、井然有序的审美图景无疑是很有吸引力的，所以宋初曾经试图恢复坊市制。但这种与市民日常生活为敌的审美秩序，终究阻挡不了内在于市民生活的自发秩序，坊市制最后还是在不知不觉间瓦解了。到北宋中后期，宋政府对市民的侵街建筑，也很少有"过当拆屋"的行为了。这意味着，北宋政府已经承认既成事实，在自发生长的市民社会面前，克制住权力的冲动。

《清明上河图》所展现的繁荣景象，就是这样形成的。

市民社会

宋代之前，城市居民的主体是贵族、官员、士人与兵将，当然也有一般市民，但准确地说，只能说"有市民，无市民社会"。到了宋代，商业化与城市化的扩展，才促使城市出现了一

[1]　（宋）马端临编撰：《文献通考》卷一〇八。

张择端《清明上河图》上的各式市民。

个由富商、店主、小商贩、手艺人、艺人、破落文人、市井小民、雇工、流民等组成的市民阶层，形成了富有市井气息的市民社会。

宋人将城市居民叫作"坊郭户"。坊郭户包括哪些群体呢？南宋孝宗朝，朱熹在江南东道南康军赈灾，曾以家庭经济水平为准，将南康军市民分为上、中、下三等，上等为"有店业、日逐买卖、营运兴盛，及自有税产赡给"的富民大户；中等是"得过之家并公人（公务员）等"；下等则是"贫乏小经纪人，及虽有些小店业，买卖不多，并极贫秀才"等人家。[1]其他城市的市民成分，也跟南康军差不多，当然像汴梁、临安这样的大城市，市民的数目无疑更庞大。如临安有上百万常住人口，单加入团行（行会组织）的商户，少说也有几万户——《西湖老人繁胜录》称临安有四百十四行，周密《癸辛杂识》称临安每个团行有数十至上百家商户。那些没有加入团行的走街小贩还未计算在内。

不过我们说宋朝开始形成市民社会，并不是仅仅因为宋代的城市居民数目巨大，而是从宋朝开始，市民成了城市的主体，有了属于他们的社会生活。发达的酒楼茶坊、繁华的夜市、热闹的瓦舍勾栏，不是贵者的"私享"会所，而是服务于广大市民的大众场所。城市中的商贩与人家，"往往只于市店旋买饮食，不置家蔬"；"大街买卖，昼夜不绝，夜交三四鼓，游人始稀；五鼓钟鸣，卖早市者又开店矣"；瓦舍则是"士庶放荡不羁之所"。跟安详、宁静、单调的乡村生活完全是两个样。

市民社会形成的一个更明显的标志是，宋朝的市民开始产生了明确的市民意识，即自觉地将自己的身份跟乡民区分开来，表现在市井文化上，就是拿乡下人作为取笑、调侃的对象。北宋时，沿大运河一带，出现了众多商业活跃的市镇，叫作"河市"。河市的居民大概因为洗脚上田未久，生活习惯还带着农村气味，所以城市人很有些瞧不起他们。如应天府（今河南商丘）"宋城南抵汴渠五里，有东西二桥，居民繁夥，倡优亦众，然率多鄙俚，为高伶人所轻诮，每宴饮乐，必效其朴野之态以为戏

[1]　（宋）朱熹：《朱文公别集》卷一〇。

玩，谓之'河市乐'。迄今俳优常有此戏。"[1]

宋朝流行一种叫"杂扮"的表演，有点类似于今日的小品，是取悦市民的娱乐节目，也常常拿乡民调笑。《都城纪胜》这样记录京城艺人在市井间表演的"杂扮"："在京师时，村人罕得入城，遂撰此端，多是借装为山东、河北村人，以资笑。今之打和鼓、捻梢子、散耍皆是也。"以现代的眼光来看，这种取笑农民的市民文化，当然是包含了"政治不正确"的身份歧视，不过，从历史社会学的角度来说，在一千年前，这确实是市民意识诞生的表现。

[1] （宋）江少虞编纂：《宋朝事实类苑》卷一八。

城市治安

一些人以为，中国传统社会只有乡村治理的经验，而没有城市治理的经验。这当然是偏见。宋朝处于城市化过程中，不可能不建立起一套治理城市的系统，来处理城市的治安、环卫、消防、公众福利等事务。

先来说治安的事情。宋代的城市，原来井然有序的坊市制已被打破，发达的商业、庞大的人口规模、宽松的管制在创造社会繁华的同时，也制造了无数藏污纳垢的空间，如那些热闹的瓦舍勾栏，既是"士庶放荡不羁之所，亦为子弟流连破坏之门"[1]。又如"京师沟渠极深广，亡命多匿其中，自名为'无忧洞'。

[1]　（宋）吴自牧：《梦粱录》。

甚者盗匿妇人，又谓之'鬼樊楼'"[1]。社会变得前所未有地复杂、立体化。以现代社会的治理经验来说，这需要警察。而我们可能想象不到的是，宋代已经有了警察。

其实至迟在十世纪，中国已对政府的一般行政职能与警察职能作了区分，《旧五代史·周书》记载："婚田争讼、赋税丁徭，合是令佐之职；其擒奸捕盗、庇护部民，合是军镇警察之职。今后各守职分。"宋人说："警察有巡尉之官。"这个"巡尉之官"便是中国最早的警察。巡，即巡检司，为隶属于州、路政府的警察机关；尉，即县尉司，是县政府设立的警察机关。"国家设巡检、县尉，所以佐郡邑，制奸盗也"[2]，巡尉的主要职责就是维持社会治安、缉拿盗贼、追捕逃犯。

宋朝政府又在城市设立"厢"，"治烟火盗贼公事"，类似于警察局，"厢"下面置"巡铺"，又叫作"巡警"，类似于派出所。汴梁城的街道每隔三百余步，便设置一所巡铺。据《东京梦华录》记载，东京"每坊巷三百步许，有军巡铺屋一所，铺兵五人，夜间巡警收领公事"。临安城的街道，则每隔二百余步设一所巡铺，《梦粱录》的"防隅巡警"条说："官府坊巷，近二百余步置一军巡铺，以兵卒三五人为一铺，遇夜，巡警地方盗贼、烟火，或有闹炒不律公事投铺，即与经厢察觉，解州陈讼。……遇夜，在官舍第宅、名望之家伏路，以防盗贼。"显然，铺兵这里的职责，跟现代警察并无什么不同。

144

145

---

[1]　（宋）陆游：《老学庵笔记》。

[2]　（宋）李焘：《续资治通鉴长编》卷一四七。

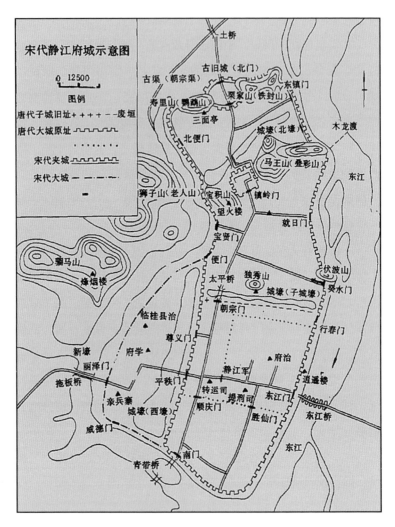

根据南宋《静江府城池图》石刻绘制的宋代静江府城示意图，
选自苏洪济、何英德《静江府城图与宋代桂林城》。

消防

《梦粱录》说："临安城郭广阔，户口繁夥，民居屋宇高森，接栋连檐，寸尺无空，巷陌壅塞，街道狭小，不堪其行，多为风烛之患。"在人口、民居、商铺密集的城市，火灾是大患。为了防火、灭火，宋朝建立了世界上最早的公共性专业消防机构——"潜火队"。

前面提到的"军巡铺"，负有火灾报警的责任，《东京梦华录》"防火"条记载，汴梁城内，"每坊巷三百步许，有军巡铺屋一所。铺兵五人，夜间巡警，收领公事。又于高处砖砌望火楼，楼上有人卓望"。一发现哪处起火，马上驰报，即由"军厢主、马步军、殿前三衙、开封府各领军汲水扑灭，不劳百姓"。这些负责扑灭大火的士兵，便是"潜火队"的"潜火兵"，是经过专业训练的消防官兵。宋仁宗朝时，枢密院副使狄青家举行"夜醮"（祭拜鬼神），大举烛火。望火楼的瞭望兵见狄府"骤有火光"，以为发生火灾，不敢怠慢，立即"驰白厢主，又报开封知府"，很快一大队潜火兵赶到狄府，才知道原来是一场误会。[1]从这件事也可以看出汴梁消防系统的反应之快。

北宋的这套消防体系，也为南宋继承下来。《梦粱录》说："官府以潜火为重，于诸坊界置立防隅官屋，屯驻军兵，及于森立望楼，朝夕轮差，兵卒卓望，如有烟焰处，以其帜指其方向为号，夜则易以灯。"火灾警报一响起，"潜火兵"就必须"听号

---

[1]　参见（宋）魏泰《东轩笔录》。

令救扑，并力扑灭，支给犒赏；若不竭力，定依军法治罪"。京城之外，地方州县城也设有"潜火队"。

宋朝的"潜火队"配备有当时世界上最先进的消防装备，"如防虞器具、桶索、旗号、斧锯、灯笼、火背心等器具，俱是官司给支官钱措置，一一俱备"[1]。我再介绍几种比较"现代化"的设备：云梯，"以大木为床，下施六轮，上立二梯，各长丈余，中施转轴"，可以用于高层建筑的救火；唧筒，"用长竹，下开窍，以絮裹水杆，自窍唧水"，这大概是最早的消防泵；水囊，"如囊，以猪牛胞盛水。敌若积薪城下顺风发火，则以囊置火中"；水袋，"以马牛杂畜皮浑脱为袋，贮水三四石，以大竹一丈，去节缚于袋口。若火焚楼棚，则以壮士三五人持袋口，向火蹙水注之"。[2]

宋朝的消防作业已形成了一套完备的制度。当火灾发生后，"潜火队"赶往现场救火时，享有一些特权，比如路遇高官，可不必避路让道，"诸应避路者，遇有急切事，谓救火之类，不容久待者，许横绝驰过"[3]。在古代，路上相遇，有民让官、贱让贵先行之礼，但"潜火队"可不受这一礼法约束；"潜火兵"救灾，不允许半点违慢，"如有违误，定行军法治之"；如果"潜火兵"在救火过程中受伤，则由政府负责治疗并给予奖赏，"若救火军卒重伤者，所司差官相视伤处，支给犒赏，差医诊治"[4]；"潜火兵"享有比较丰厚的薪水，所有的消防器材也由官府购置、保养，"仍以官钱量置救火器

[1] （宋）吴自牧：《梦粱录》。

[2] （宋）曾公亮、丁度编：《武经总要》。

[3] （宋）谢深甫监修：《庆元条法事类》卷八〇。

[4] （宋）吴自牧：《梦粱录》。

具,官为收掌,有损阙,即时增补"[1]。

环卫

到过临安城的马可·波罗这样描述杭州的街道:"行在一切道路皆铺砖石,蛮子州中一切道途皆然,任赴何地,泥土不致沾足。惟大汗之邮使不能驰于铺石道上,只能在其旁土道之上奔驰。""通行全城之大道,两旁铺有砖石,各宽十步,中道则铺细沙,下有阴沟宣泄雨水,流于诸渠中,所以中道永远干燥。在此大道之上,常见长车往来,车有棚垫,足容六人。游城之男女日租此车以供游乐之用,是以时时见车无数,载诸城民行于中道,驰向园囿。"[2]

这是不是马可·波罗的夸大其词呢?宋人周辉的在《清波杂志》中的记载可以印证:"江南阶衢皆甃以砖。"北宋汴梁的御街,更是半点不逊于近代城市景观:"路心又安朱漆杈子两行,中心御道,不得人马行往,行人皆在廊下朱漆杈子之外。杈子里有砖石甃砌御沟水两道,宣和间尽植莲荷,近岸植桃李梨杏,杂花相间,春夏之间,望之如绣。"[3]

宋朝城市的整洁、卫生面貌,恰好跟1899年《芝加哥新闻报》对清代北京城的描绘形成强烈的反差:"该城气味浓烈,可观之处则少之又少……房屋矮小而破旧,道路全然未加铺砌,总是泥泞不堪、灰尘仆仆,且由于缺乏下水道和污水坑,城市的污

---

[1]　(宋)谢深甫监修:《庆元条法事类》卷八〇。

[2]　(意)马可·波罗著,冯承钧译:《马可波罗行纪》。

[3]　(宋)孟元老:《东京梦华录》。

秽景象简直难以言喻。"这令人不能不怀疑，中国人对城市的治理能力是不是退化了？

宋朝政府的城市治理方式，确实是比较"现代化"的。在东京这样的大城市，宋朝设置了一个专门的机构——"街道司"，用来管理城市的环境卫生。街道司可以招募500个环卫工人，每名环卫工人给予月薪"钱二千，青衫子一领"[1]，其职责包括整修道路、疏导积水、洒扫街道、整顿市容等。《清波杂志》说，"旧见说汴都细车，前列数人持水罐子，旋洒路过车"，以免尘埃飞扬，看起来跟今日城市的环卫洒水车差不多；《东京梦华录》说，"每遇春时，官中差人夫监淘在城渠"。官府每年都会定期安排工人疏通沟渠，以免城市积水。

南宋的城市也有专门的机构与人员负责搞好环境卫生。《梦粱录》说："亦有每日扫街盘垃圾者，每支钱犒之。"跟今日政府雇佣环卫工人打扫街道，没有什么不同。城市居民每日产生的生活垃圾、粪溺，也有专人收集、运走，"人家有泔浆，自有日掠者来讨去。杭城户口繁夥，街巷小民之家，多无坑厕，只用马桶，每日自有出粪人瀽去"，这些专业倒粪的行业叫作"倾脚头"。每年春天，则有"官府差雇淘渠人沿门通渠；道路污泥，差雇船只搬载乡落空闲处"。

政府同时立法严惩破坏城市公共卫生的行为，《宋刑统》规定："穿垣出秽污者，杖六十，出水者勿论，主司不禁，与同罪。"禁止居民打洞穿墙、向外倾倒垃圾；主管城市卫生的官员如果袖手不管，则与犯法者同罪。市民"辄将粪土、瓦砾等抛入

[1]　（清）徐松辑：《宋会要辑稿·职官》。

新开运河者，杖八十科断"[1]，居民如果自行将粪溺倒入河道，将被处以杖八十的刑罚。

地下水道

当我们说一千前的宋代已出现了人口规模过百万的超级大城市时，可能会有人觉得难以置信，会惊问：那时候有没有一个庞大的排泄系统来维持城市的新陈代谢？确实，即使在今天，一些城市只要下大雨，都免不了要出现"水漫金山"的情形。宋代城市的排水能力如何呢？

我们可能不敢相信，北宋汴梁城的地下排水系统是非常发达的。陆游《老学庵笔记》的一段文字可以证明："京师沟渠极深广，亡命多匿其中，自名为'无忧洞'，甚者盗匿妇人，又谓之'鬼樊楼'。国初至兵兴，常有之，虽才尹不能绝也。"人们常说国外城市的地下排水沟宽敞而四通八达，可以容纳流浪汉与穷人栖身，所以是城市的"良心工程"云云。宋朝东京城的地下排水系统何尝不也是如此？因为"极深广"，便成了城市犯罪分子的藏身之地，即便来了能吏，也难以将这个"地下王国"彻底整治。由此也可以想见东京地下的排水沟渠是多么宽阔、深长。

临安的地下排水系统同样很发达。明代人田汝成在《西湖游览志》中说，杭州的地下暗沟有："李泌所开六井，沈文通所开南井，苏轼所开新沟，通猫儿桥及雄武营者；而布政司前百狮池，西通西湖，东出水于普济桥；又仁和学、府学前，亦有暗

---

[1] （清）徐松辑：《宋会要辑稿·方域》十七之二十一。

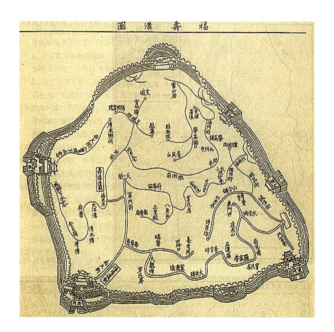

绘于清代的《福寿沟图》。赣州福寿沟修建于北宋。

沟，绕棂星门，出于凌云桥者是也，余不可考。夫久废者，固不可复矣，有踪迹可寻，而坐视堙梗，非郡城之利也。"这些地下沟渠到了明代时，已经因年久失修而不可用，所以田汝成觉得很可惜，认为"非郡城之利也"。

　　不过我们还是有机会见识到宋代地下排水系统的生命力。宋神宗熙宁年间，知赣州的刘彝主持修造了赣州城的地下暗渠，因为整个沟渠网络形似篆体的"福""寿"二字，故名"福寿沟"。此后赣州福寿沟历代均有维修，至今仍在使用。前些年，许多城市因为暴雨发生内涝，而同遭暴雨袭击的赣州，却"没有一辆汽车泡水"，这其中就有福寿沟发挥了排洪的作用。

　　台湾作家龙应台说过一句后来被广为引用的话："检验一座

城市或一个国家是不是够现代化，一场大雨足矣，最好来一场倾盆大雨，足足下它三个小时。如果你撑着伞溜达了一阵，发觉裤脚虽湿了却不脏，交通虽慢却不堵塞，街道虽滑却不积水，这大概就是个先进国家；如果发现积水盈足，店家的茶壶、头梳漂到街心来，小孩在十字路口用锅子捞鱼，这大概就是一个发展中国家。它或许有钱建造高楼大厦，却还没有心力来发展下水道；高楼大厦看得见，下水道看不见。"如果宋朝人听到这一句评论，会不会觉得有点儿骄傲呢？

自来水

城市，由于人口巨众又集中居住，水利资源相对紧缺，因此，生活供水往往极考验城市治理的智慧。

汴京的居民用水，主要取自穿城而过的河渠。大中祥符初年，宋政府"决金水河为渠，自天波门并皇城至乾元门，历天街，东转缭太庙，皆甃以砻甓，树之芳木，车马所度，又累石为梁。间作方井，宫寺民舍皆得汲用。复东引，由城下水窦入于濠。京师便之"[1]。汴京政府也在城内开凿水井，供市民取水饮用，庆历六年（1046）夏，由于天气大旱，"令京城去官井远处益开井，于是八厢凡开井三百九十"[2]。此为汴京官井的数量，此外尚有大量私井。

杭州的居民生活用水，则主要取自西湖，虽是近水楼台，但也

---

[1] （宋）李焘：《续资治通鉴长编》卷七二。

[2] （宋）李焘：《续资治通鉴长编》卷一五八。

需要政府建立一个供水系统。苏轼治理杭州时，曾主持浚治西湖，使"湖水所过，皆阛阓曲折之间，颇作石柜贮水，使民得汲用、浣濯，且以备火灾，其利甚博"[1]，引西湖水贮于石柜，供民取用。后，政府又从杭城西门，"引湖水注城中，以小舟散给坊市"[2]。

两宋的城市还出现了商品化的供水服务，《东京梦华录》称汴京"其供人家打水者，各有地分坊巷"；《梦粱录》称临安"供人家食用水者，各有主顾供之"。这些"打水者"以卖水为职业，并划定了各自的服务区域。当时水价极便宜，一担水才需几文钱。

不知你会不会问：宋代城市有没有"自来水"供水系统呢？这个问题的答案是：有的。最早建成"自来水网络"的城市应该是唐代的白帝城，有杜甫的《引水》诗为证："月峡瞿塘云作顶，乱石峥嵘俗无井。云安酤水奴仆悲，鱼复移居心力省。白帝城西万竹蟠，接筒引水喉不干。人生留滞生理难，斗水何直百忧宽。"瞿塘峡山石坚硬，无法打井，人们便以成千上万的竹筒连接成一个引水网络，将城西的长江水引入城内。这种"接筒引水"的技术自然流传至宋代。

北宋绍圣年间，苏轼被贬岭南惠州，听人说起"广州一城人，好饮咸苦水，春夏疾疫时，所损多矣。惟官员及有力者得饮刘王山井水，贫下何由得"。广州知州王敏仲正好是苏轼的朋友，苏轼便给他写信，提了一个建议：城外蒲涧山（即白云山）有泉，可在"岩下作大石槽，以五管大竹续处，以麻缠之，漆涂之，随地高下，直入城中。又为一大石槽以受之，又以五管分引，散流城中，为小石槽以便汲者"。这个供水网络，跟白帝城

[1] 〔宋〕苏轼：《苏东坡全集》卷五七，奏议。

[2] 〔宋〕周必大：《二老堂杂志》。

的"万竹蟠"一样，有点像今天的自来水管道了。

苏轼还做了一个预算：建成这个供水网，"不过用大竹万余竿，及二十里间，用葵茅苫盖，大约不过费数百千可成"。他又建议，政府可以在循州购置一部分良田放租，作为养护供水网的基金："岁可得租课五七千者，令岁买大筋竹万竿，作筏下广州，以备不住抽换。"还可以在广州城中建一批公租房，"日掠二百"贯房租，"以备抽换之费"，并"专差兵匠数人，巡觑修葺"。看，苏轼这个方案，设计多么周全，也极具操作性。

知州王敏仲听从苏轼提议，真的将这个供水系统给建起来了。苏轼很高兴，又给王敏仲写了一信，捎去一个更细致的建议："闻遂作管引蒲涧水甚善。每竿上，须钻一小眼，如绿豆大，以小竹针窒之，以验通塞。道远，日久，无不塞之理。若无以验之，则一竿之塞，辄累百竿矣。仍愿公擘画少钱，令岁入五十余竿竹，不住抽换，永不废。"[1]

如果居民再从家中铺设管道，接通苏轼设计的供水网络，或者连接其他水源，那么这个供水系统就非常接近于近代城市出现的自来水系统了。宋人是不是已在这么做了呢？是的。王桢《农书》介绍了一种叫作"连筒"的供水设置："凡所居相离水泉颇远，不便汲用，乃取大竹，内通其节，令本末相续，连延不断，阁之平地，或架越涧谷，引水而至。又能激而高起数尺，注之池沼及庖湢之间。如药畦蔬圃，亦可供用。"这里的"庖湢"，乃是厨房与浴室，将水管接入厨房、浴室，不是自来水是什么？

王桢是元朝人，但《农书》上的许多技术，其实都是宋朝所遗。一幅宋代的画作《浣月图》给我们提供了显示宋人已将"自

---

[1] （宋）苏轼：《苏东坡全集》卷七七，《尺牍》。

宋代佚名《浣月图》，图中绘有一个自动出水的"水龙头"。

来水"引入家庭的证据：图中假山盘踞着一个龙形雕塑，龙口源源不断流出清水（这才是"水龙头"嘛），显然，龙尾处必有竹制的水管，连接水源。从龙口流出的水，又注入一个蓄水缸。画上的女子，正在舀水使用。可以看出，这个"自来水"装置，既是美化庭院的装饰性景观，又可为日常起居供应用水。

中国近代意义上的自来水设备，学习自西洋，出现于晚清。不过恐怕许多人尚不知道，宋代的城市已经在尝试建设"自来水"网络了。那确实是一个令我们惊叹的时代。

环保

"环保""绿色"是现代概念，但谈不上是现代观念，而是古已有之的传统理念。宋代延续前代的做法，设有专门的环境保护部门——虞部，各州县又设"农师"之职，聘请通晓农林知识者担任之，为民众种植作物、林木提供技术指导。朝廷还制订一系列涉及生态保护的法令，如宋太祖曾下诏，"令民二月至九月无得采捕虫鱼，弹射飞鸟，有司岁申明之"[1]。又严禁捕食青蛙，因为宋人已发现青蛙乃庄稼害虫的天敌。这一立法大概是最早的"野生动物保护法"之一。

宋政府对绿化尤其重视。我们展开《清明上河图》，可以看到，不管是郊外的道路两旁，汴河沿岸，还是繁华都市内的街道两边，都是绿树成荫。这当然是宋政府大力推广绿化的结果。

宋太祖立国之后，即诏令沿黄河、汴河两岸的州县，必须多

---

[1]　（宋）李焘：《续资治通鉴长编》卷一。

种植"榆柳及土地所宜之木","民欲广树艺者听"。[1] 因为植被能够巩固河岸、堤坝。宋真宗大中祥符二年（1009），朝廷任命谢德权领护汴河，谢德权即调征夫役，在京师河段"植树数千万（株），以固堤岸"。难怪后来日本僧人成寻来中国旅行，乘舟至汴河时，看到沿岸皆"杨柳相连""榆柳成林"。

我们现在习惯在公路两边种植林木，宋人也是这么做的。大中祥符九年（1016），一位官员发现"诸路多阙系官材木"，便向朝廷提了一个建议：可令"马递铺卒夹官道植榆柳，或随地土所宜种杂木，五七年可致茂盛，供费之外，炎暑之月，亦足荫及路人"。[2] 宋真宗批准了这一建议。宋仁宗时，陶弼在阳朔当县令，"课民植木官道旁，夹数百里，自是行者无夏秋暑暍之苦，它郡县悉效之"[3]。

宋朝地方官若在任内积极植树造林，是可以作为升迁之政绩的，《庆元条法事类》规定："诸县丞任满，任内种植林木滋茂，依格推赏，即事功显著者，所属监司保奏，乞优与推恩"；如果导致绿化面积减少，则要受处分，"任内种植林木亏三分，降半年名次，五分降一年，八分降一资"。政府又立法严禁盗伐林木，"违者置罪"；即使是官方出于公共用途要砍伐木材，也必须向"都木务"申请采伐许可。

宋人对环境保护的注意，既是传统环保理念的延续，也有宋代社会现实的压力所致。宋代手工业发达，特别是煤炭的大量使用，导致空气污染，如延州普遍以煤（石炭）为日用燃料，整个城市笼罩在煤烟之中："沙堆套里三条路，石炭烟中两座城"。宋代生齿日繁，对土地、林木资源难免出现过度开发之趋势，

[1] （宋）李焘：《续资治通鉴长编》卷一三。

[2] （宋）李焘：《续资治通鉴长编》卷七八。

[3] （宋）脱脱等：《宋史·陶弼传》。

这也造成了一定程度的水土流失与生态破坏。别以为只有今日的北京才有"沙尘暴"，宋代文献中即多次出现扬尘天气与雾霾天气的记录，严重者，"暴风起西北有声，折木吹沙，黄尘蔽天"[1]。换言之，跟之前的任何王朝相比，宋朝人面临着更为迫切的环保压力，不能不更加重视环境保护。从某种意义上说，这也是宋朝"现代性"的表现，因为在"近代化"展开之前，人对自然的破坏力是非常有限的。

---

[1]　（宋）马端临编撰：《文献通考·物异考》。

【平民社会】
【官二代】
【契约化①】
【契约化②】
【平等】

平民社会

中国历史的演进，表现出一个总的趋势，现在有了三千年的纵深，可以看得很清楚了，即社会重心不断下移。先秦之时，社会重心是贵族。战国时代封建制的瓦解，从封建结构中释放出士（最低层的贵族）这个阶层，随后士固化为魏晋—隋唐的门阀士族。唐宋之际门阀解体，社会的重心下移到平民士绅阶层。从宋代开始，中国社会进入"纯粹的平民社会"[1]。到晚清，这个平民社会又沿着宋代开辟的方向演进——随着绅与商合流，社会重心继续下移，落在绅商与市民身上。

宋代之前，政治几乎为贵族垄断，唐代虽有科举制，但借科举晋身的平民官僚，寥寥可数。宋代情势一变，取士不问世家，

---

[1] 钱穆：《理学与艺术》。

南宋马远《踏歌图》，描绘农民在田埂踏歌而行的欢乐情景。作为平民社会的体现，入宋之后，小市民、农民的生活受到画家的频频关注。

"升入政治上层者，皆由白衣秀才平地拔起，更无古代封建贵族及门第传统的遗存"[1]。宋朝也有意抑制食禄世家，多数官宦子弟必须与平民竞争，通过科举考试，才能获得功名，而且他们的录取条件远比平民苛刻，考中之后还要经过复试。据学者对南宋宝祐四年（1256）《登科录》的统计，在601名宋朝进士中，平民出身的有417名，官宦子弟有184名，寒门进士占了绝大多数。

北宋名臣范仲淹幼年时父亲早逝，母亲带着他改嫁，他自小就过着艰苦的生活，却立有大志——有朝一日我要成为大宋的宰相。他到灵祠求祷："他时得位相乎？"得到的签诗是"不许"。复祷之："不然，愿为良医。"神灵又表示"不许"。范仲淹叹曰："夫不能利泽生民，非大丈夫平生之志。"[2]后来他终于做到参知政事，成为副宰相。这是一个堪比今日奥巴马"美国梦"的"大宋梦"。若非宋朝政治的开放性，屌丝一枚的范仲淹如何敢生出当宰相的梦想，又如何能够实现这梦想？

宋朝虽然保留恩荫制，但荫补官的官职、品秩均受限制，如荫补官不得担任台谏官、翰林学士、经筵官，不可陈乞重要差遣，等候升迁的时间远比进士出身之人要长。更重要的是，当时的舆论也鄙视那些"拼爹"的官二代。所以有志气的官宦子弟，更愿意通过科举获得功名，而不愿意靠祖荫而得官。许多官宦子弟即便已受恩荫而成了"有官人"，也想参加科举考试改变出身。但按宋朝科举制度，"食禄之家，有登第者，礼部具姓名以闻，令复试之"[3]，即"官二代"如果科举及第，还得复试一次。要求比平民应考更加严格。

[1] 钱穆：《理学与艺术》。

[2] （宋）吴曾：《能改斋漫录》卷一三。

[3] （宋）脱脱等：《宋史·选举志》。

据宋史学者游彪先生的研究，宋朝还有一个不成文的惯例，"有官人"参加科举，不可点为状元，即使他们的考试成绩排在榜首，也要将状元之名顺延给一般士子。唯一的例外是宋徽宗政和八年（1118）的状元，当时是徽宗之子赵楷考了第一名，但皇帝是不可能将状元授予宗室子弟的，所以钦定第二名为状元，不想这第二名是个"有官人"，于是将错就错，诞生了宋朝唯一"有官人"出身的状元。绝大多数的宋朝状元，都是出身于寒门，这当然不是因为寒门子弟更聪明，而是宋朝统治者有意照顾寒门的结果。

作为平民社会的表征，宋代的教育、文化艺术等领域，也一齐出现了明显的平民化色彩。宋代之前，贵族掌握着得天独厚的教育资源，而宋朝的学校则向全民开放，包括"工商杂类"的子弟均可进入州县学校读书。文学、音乐、美术在宋代之前也是上层人玩的高雅品，进入宋代后，才产生了完全属于平民（市民）的文学、音乐形式，如话本、滑稽戏等。我们从宋代之前的美术作品上也几乎找不到任何平民的影子，只有展开宋人的画作，如《踏歌图》《清明上河图》，那种平民气息、市井气息才会扑面而来。

官二代

我们现在说的"官二代"，宋人叫作"衙内"。拜小说《水浒传》之赐，历史上知名度最高的衙内，要算施耐庵笔下的那个"高衙内"了，他首次出场，便是在汴梁的东岳庙调戏林冲的娘子。元杂剧也塑造了一批作恶多端的衙内形象。这些创作于宋代之后的小说与戏剧，讲的都是衙内欺男霸女的故事，且均以宋朝为背景。影响所及，致使今天的人一看到"衙内"二字，就会自然而然地浮现出一个仗势欺民、恃强凌弱的恶少形象，并以为宋朝是盛产这类恶衙内的时代。

但溯本追源，"衙内"在宋代并无特别的褒贬涵义，只因为唐、五代时，藩镇多以子弟充任"衙内都指挥使""衙内都虞侯"等亲卫官，宋人出于习惯，便将官宦子弟唤作"衙内"，就如称"王孙""公子"，并非特指骄横的"官二代"。衙内作为无恶不作的人物形象，是从元杂剧开始才频频亮相的，这显然是元朝文人借古讽今，以宋朝衙内影射当时的权贵。

实际上，宋朝的"官二代"绝非"高衙内"那般的人物，如北宋范仲淹的子孙，便贤才辈出。历史上高俅的三个儿子，也谈不上臭名昭著。宋人在约束"官二代"胡作非为方面的做法，即使不能说"最可称道"，至少也是可圈可点的。对"官二代"的约束机制，简单来说，可以分为两种：一是道德、风俗的"软约束"，一是法律、制度的"硬约束"。

先说"软约束"。宋代的士大夫家庭很重视培养子孙的品行。了解中国家训史的朋友应该知道，家训发展到宋代时出现了一个显著的繁荣期，许多我们现在熟知的宋朝士大夫，都留下了家训，如范仲淹有《义庄规矩》，司马光有《家范》，包拯有《家训》，黄庭坚有《家戒》，袁采有《袁氏世范》，陆游有《放翁家训》，赵鼎有《家训笔录》，朱熹有《家训》，陆九韶有《居家制用》，叶梦得有《石林家训》，等等。

宋代士大夫家训不仅数量多，从内容看，也值得称道——很注重对家人的品德教化，包括告诫官宦子弟不可骄横。我们今日翻阅这些家训，会发现古人的家教思想并非都是过时的"封建伦理"，而蕴含着普世、永恒的价值。没有一条家训是教导后人做坏事的，都是告诫家人要做好人，行好事。

当然，"软约束"并不是对任何人都有效，所以"硬约束"必不可少。宋代也不乏不成器的"官二代"，如北宋时，"长安多仕族子弟，恃荫纵横"，其中有个李姓衙内尤其横暴，其父乃是永兴军知军（长安市长）陈尧咨的旧交；翰林学士赵彦若的儿子赵仁恕枉法贪赃，且私制酷刑，迫害无辜；南宋时，参知政事李彦颖的儿子横行霸道，曾在闹市杀伤人命；当过浙西提点刑狱官（相当于高级法院大法官）的胡颖，也有子侄"交游非类"，把持乡里。

问题是，官宦子弟横行不法，作为"硬约束"的法律能作出公正的惩罚吗？还是给予豁免的特权？上面提到的那几个横行不法的官宦子弟，都受到了惩罚——陈尧咨知永兴军后，立即就严惩了那帮"恃荫纵横"的"官二代"，包括他旧交的儿子李衙内；胡颖也将他的不肖子侄法办了，胡家一个叫作黄百七的家仆还被"杖一百"，带枷示众五日，赵仁恕的劣迹亦为提刑官告发，立案查办；李彦颖因为儿子"殴人至死"，也遭谏官弹劾，"奉祠镌秩"，即降级，给一个闲职。

大体而言，宋代的"官二代"如果触犯了国法，是难逃法律惩处的，即使有个地位显赫的爹，也未必罩得住。

契约化①

唐宋之际，中国社会发生了一场非常深刻的大变迁：门阀世家瓦解了，平民社会取而代之；奴婢制瓦解了，雇佣制取而代之；计口授田的均田制瓦解了，"田制不立、不抑兼并"的土地自由市场取而代之；庄园经济瓦解了，租佃制取而代之。这样一种结构性的社会经济变革，其核心就是从"人身依附"向"契约关系"转型。这也符合英国历史学家梅因的观察："所有进步社会的运动，到此为止，都是一个'从身份到契约'的运动。"[1]

在宋代之前，庄园制下的农民具有农奴性质，是依附于门阀世族的部曲，没有独立户籍，世世代代都为主家的奴仆，替主家耕种。唐律便一再强调"部曲谓私家所有""部曲奴婢身系于主"。主家可以自由买卖部曲，就像跟买卖牛马一样。在法律上，部曲也属于"贱口"，不具备自由民的地位，部曲若跟良民斗殴，则部曲罪加一等。法律甚至规定良民之女不得嫁与部曲，若嫁之，则本是良民的妻子随丈夫沦为贱口。

入宋以后，随着门阀制度与庄园经济的解体，从前的部曲均被放免为自由民，一部分部曲可能获得了土地，一部分则成为地主的佃户。自由经济的租佃制开始全面代替庄园经济的部曲制。

在租佃制下，佃户毫无疑问已不同于部曲。首先，佃户属于自由民，具有跟其他编户齐民平等的法律地位，不再是隋唐时代的所谓贱口——宋代基本上已经不存在贱口了。其次，佃户与地主之间，也只是构成经济上的租佃关系，而不存在人身上的依附关系。租佃关系基于双方的自愿结合，宋朝的法律禁止地主在人身上束缚佃客，宋仁宗天圣年间的一条诏令说："自今后，客户起移，更不取主人凭由，须每田（年）收田毕日，商量去住，各取稳便，即不得非时衷私起移。如果主人非理拦占，许经县论详。"[2] 意思是说，佃户在每年收割完毕之后，均可自由退佃，

[1]　（英）梅因：《古代法》。

[2]　（清）徐松辑：《宋会要辑稿·食货》一之二四。

不须经过田主同意，如果田主阻挠退佃，佃户可以申请法律救济。

为避免地主与佃户双方发生利益纠纷，宋政府要求租佃关系的确立需要订立契约："明立要契，举借种粮，及时种莳，俟收成依契约分，无致争讼官司。"[1] 租佃契约通常要写明双方的权利-义务、租佃期、田租率等等。宋代的田租率通常为50%，这当然不是政府强制规定的结果，而是租佃双方在市场经济下形成的均衡价格。

除了契约上约定的义务，佃户有权拒绝地主的其他要求。在发生天灾、战乱的情况下，如果地主不对佃客进行存恤，法律还允许佃户违约，"徙乡易主，以就口食"，即使地主以违约为由将佃客告上法庭，州县也不给予受理。

许多富户、地主为了挽留佃客，"每岁未收获间，借贷周给，无所不至"，因为"一失抚存，（佃客）明年必去而之他"。[2] 南宋士大夫袁采即告诫家人要体恤佃客："人家耕种出于佃人之力，可不以佃人为重！遇其有生育、婚嫁、营造、死亡，当厚赒之；耕耘之际，有所假贷，少收其息；水旱之年，察其所亏，早为除减；不可有非理之需，不可有非时之役……"[3] 并不是说宋朝的地主都特别有同情心，这其实乃是租佃制的内在逻辑使然，苏轼说得很清楚："民庶之家，置庄田，招佃客，本望租课，非行仁义，然犹至水旱之岁，必须放免欠负、贷借种粮者，其心诚恐客散而田荒，后日之失，必倍于今故也。"[4] 这也

---

[1]（清）徐松辑：《宋会要辑稿·食货》一之一六。

[2]（宋）李焘：《续资治通鉴长编》卷三九七。

[3]（宋）袁采：《袁氏世范》。

[4]（宋）李焘：《续资治通鉴长编》卷四五一。

正好说明了，基于自由契约的制度，无疑更容易激发出人性中的善。

契约化②

宋太宗时，京师有一名市民击登闻鼓，起诉其家奴丢失了他家的一头猪，要求家奴赔偿损失。太宗下诏："赐千钱偿其值。"这虽是宋代法制史上的一则趣闻，却是中国社会史的一个标志性案件：意味着从魏晋到隋唐的奴婢制已经瓦解，主家与奴婢从此都是法律上的主体，双方如果有了纠纷，可以通过诉讼解决，主家可起诉奴婢，奴婢也有权利起诉主家。

而宋代之前的奴婢，形同奴隶，不具备独立的法律人格，不独立编户，是附依于主家的贱户。依照法律，"奴婢贱人，律比畜产"[1]，意思是说，奴婢只是主家的私人财产，跟牛马猪羊没什么区别。主家可以自由买卖奴婢，只要主家不放良，奴婢便终生为奴。入宋以后，奴婢的涵义已完全不同于隋唐奴婢——不再属于贱户，而是获得了自由民的身份。这种差别，宋人自己也意识到了："臣窃以古称良贱，灼然不同。良者即是良民，贱者率皆罪隶。今世所云奴婢，一概本出良家。"[2]

宋代奴婢与主家的关系，也不是人身依附关系，而是经济意义上的雇佣关系。跟租佃关系一样，雇佣关系同样基于双方自愿的契约，"自今人家佣赁，当明设要契"[3]。契约写明雇佣的期

[1]　《唐律疏议》。

[2]　（宋）罗愿：《罗鄂州小集》。

[3]　（宋）马端临编撰：《文献通考·户口考》。

限、工钱，到期之后，主仆关系即解除，"年满不愿留者，纵之"[1]。为了防止出现终身为奴的情况，宋朝法律还规定了雇佣奴婢的年限："在法，雇人为婢，限止十年。"[2] 虽然宋人的习惯用语还在说"奴婢"，但法律上已将受这些受雇于人的佣人、劳力称为"女使""人力"。

宋朝的法律也禁止人口交易——虽然现实中人口黑市一直存在。说到这里，我想介绍一个细节。淳化二年（991），陕西一带发生饥荒，"贫民以男女卖与戎人"（当时陕西沿边邻境的戎人部落还保留着奴隶制，陕西的贫民便将男女小童卖给戎人为奴）。宋廷知悉后，下了一道诏令："宜遣使者与本道转运使分以官财物赎，还其父母。"[3] 即派遣使者带着官钱，向戎人赎回被略卖的小童，送还他们的父母。

宋代之前，还存在着一部分人身隶属于政府的"官奴隶"，如工户、杂户，他们都不是国家的自由民，而是为国家服劳役的贱民。入宋之后，政府很少籍没犯罪的家属为奴，到南宋时，没官为奴的野蛮做法基本上已经废除，于是从前的"官奴隶"慢慢便消失了。工匠也告别了贱民身份，宋政府或官营手工业对工匠的使用，也普遍采取雇募的方式。雇募分"差雇"与"和雇"，"差雇"带有一定强制性，但并非无偿征用，而是由政府支付雇值，因为薪水高于市场价，"人皆乐赴其役"[4]；"和雇"则基于官府与工匠的自由契约，双方自愿结成劳动关系，工匠提供劳力，政府支付雇值。

---

[1]（元）陶宗仪编纂：《说郛》卷七一。

[2]（宋）罗愿：《罗鄂州小集》。

[3]（宋）马端临编撰：《文献通考·户口考》。

[4]（宋）吴潜等：《开庆四明志》卷六。

北宋王诜《绣枕晓镜图》，图中左边是
一名服侍大小姐的婢女。

　　因为雇佣制的普遍应用，宋朝的城市中出现了比较发达的劳
动力市场，在四川，"邛州村民日趋成都府小东郭桥上卖工，
凡有钱者，皆可雇其充使令担负也"[1]。在东京，每天早晨，
"桥、街、市巷口，皆有木竹匠人，谓之杂货工匠，以至杂作人
夫、道士僧人，罗立会聚，候人请唤"。而随着人力市场的深化
发展，宋朝又产生了专为雇主与佣工提供牵线服务的中介，"凡
雇觅人力、干当人、酒食、作匠之类，各有行老供雇"[2]。

　　这便是发生在宋朝的"从人身到契约"的另一个表现——基

[1]　（金）元好问、无名氏：《续夷坚志　湖海新闻夷坚续志》前集卷二。

[2]　（宋）孟元老：《东京梦华录》。

于自愿的市场交换的雇佣制，取代了从前的基于人身依附的奴婢制。可惜到元朝时，又出现了所谓的"投下户""驱口制""匠籍制"：元朝皇帝将大批人口分封给草原贵族，作为他们的私属人口，称为"投下户""怯怜口"；草原贵族还掠夺了大量良民当成"驱口"，"驱口"便是失去人身自由、供人驱役的奴隶；官府又将全国工匠编入匠籍，驱使他们为官府和官营手工业无偿服役。于是奴役制又死灰复燃。

平等

　　"契约社会"不但是"自由"的——人们基于自愿结成租佃、雇佣关系，也可以出于自愿而解除这一关系；而且是"平等"的——这里的平等，乃是指人格的平等、法律身份的平等。不管是部曲，还是奴婢、工户，在宋代之前都属于贱民，而这些贱民到了宋代，都基本上消失了。或者说，从前的贱民现在已经获得了自由民的身份，都成了国家的"编户齐民"，拥有平等的法律主体资格："齐，等也。无有贵贱，谓之齐民。"虽然《宋刑统》抄自《唐律》，将"奴婢贱人，律比畜产"这类条文也抄了下来，但宋人认为，"《刑统》皆汉唐旧文，法家之五经也。国初，尝修之，颇存南北朝之法及五代一时旨挥，如'奴婢不得与齐民伍'，有'奴婢贱人类同畜产'之语，及五代'私酒犯者处死'之类。不可为训，皆当删去"[1]；"今固无此色人（贱

---

[1]　（宋）赵彦卫：《云麓漫钞》卷四。

民），献议者已不用此律"[1]。宋代因此也成了历代王朝中唯一除尚保留官妓之外，再没有法定贱民的朝代。

宋朝的法律不再将人民划分为"良民"与"贱民"两个完全不平等的阶级，而是根据有无不动产，划为"主户"与"客户"。又以家庭财产之多寡，将乡村主户划分为"五等户"，将城市居民划分为"十等户，户等的划分，不是出于歧视，而是为了便于分配赋税"；根据居于城乡之不同划为"坊郭户"与"乡村户"；根据有无官职划分为"官户"与"民户"。宋代官户虽然也保留着一部分特权，如可免轮差役、夫役，但宋朝官户与汉唐的门阀世家已完全不可同日而语，其特权是有限的。而且，官户在享有一定特权的同时，又必须服从一些特别的"禁约"（这些禁约只针对官户，并不针对民户），如"限田"，官户"所置庄田，定三十顷为限"[2]，又如禁止官户承买和租佃官田、禁止官户放债取息、经营矿业等。特权与义务是对应的。

总的来说，宋代各个社会阶层之间，虽然可能有着财富、社会地位的巨大差异，但在人格上、法律上则是平等的，富人"虽田连阡陌，家资巨万，亦只与耕种负贩者同是一等齐民"[3]。而且，各个社会阶层之间并不存在不可逾越的壁垒，而是可以自由流动的（后面会细说）。有学者提出，唐代更注重经济上的平等。没错，唐朝实行"均田制"，用意即在"抑兼并"，确保耕者有其田；而宋代"不抑兼并"，贫富差距迅速扩大。但是，唐代的"经济平等"背后，隐藏着一个巨大的不平等：人身的不平等，社会等级森然；而宋代的"经济不平等"背后，也隐藏着

[1]　（宋）费衮：《梁溪漫志》卷九。

[2]　（清）徐松辑：《宋会要辑稿·食货》一之二〇。

[3]　（宋）黄震：《黄氏日钞》卷七八。

一个更具近代意义的平等：人身的平等。日本宋史专家宫崎市定说："前代用以各良民区分的贱民阶层（如奴婢、部曲等），到宋代以后已不存在，这无异是一项重大的'人权宣言'。"此说似有溢美成分，但也不是全无根据。

流动性①

　　古代社会与近代社会的一个重要区别就是，古代社会是固态的，每个人都被束缚在固定的户籍地，限制在固然的社会等级中；而近代社会则是液态的，流动的。流动，既包括地理意义上的横向流动，即可以从一地自由迁徙到另一地；也包括阶层意义上的纵向流动，即固化的等级结构被打破，任何人都可以通过自身的努力获得上升的机会。这种丰富、广泛、持续的社会流动性，是从宋朝才开始涌现出来的。

　　先来说横向流动。宋代之前是不存在迁徙自由的，北魏政府规定农民"不得无故而移"，唐朝时，也要求"军府之地，户不可移；关辅之民，贯不可改"。进入宋代之后，由于均田制的彻底瓦解，农民不再被束缚在土地上，以及商品经济的展开，社会涌现出越来越多的流动人口。其实，宋人自己也已经发现了他们所处之世跟前代的巨大差异。宋神宗熙宁年间，曾布曾说过一番话："古者乡田同井，人皆安土重迁，流之远方，无所资给，徒隶困辱，以至终身；近世之民，轻去乡土，转徙四方，固不为患。"[1] 这里的"近世"，当然是指宋代。

因为人口的大量流动，宋代有许多地方都是"主户少而客户多，往来不定，口尤难记"[2]，连户口登记都出现困难。"士农工商"四民都加入流动的队伍。士人四处游学，南宋时吕祖谦在严州主持州学，"士由远方负笈者日众"[3]；农人也能够摆脱户籍与土地的束缚，"释其耒耜而游于四方，择其所乐而居之"[4]；在东京开封，"桥、市、街、巷口皆有竹木匠人，谓之杂货工匠，以至杂作人夫……罗立会聚，候人请唤"[5]，这些在城市讨生活的工匠，也来自五湖四海；商人的流动性更不待言，在杭州，"富室多是外郡寄寓之人，盖此郡凤凰山谓之客山，其山高木秀皆荫及寄寓者。其寄寓人，多为江商海贾，穿杭巨舶，安行于烟涛渺莽之中，四方百货，不趾而集，自此成家立业者众矣"[6]。

频仍的人口流动，使得一位北宋官员发现："今天下壮有力之民，侨寓杂处，散于四方，手不服耒耜之勤，心不知田亩之乐，为淫巧奇技、屠贩游博，其无理之甚者，啸聚不逞，杀人于货。"[7] 这位官员对此忧心忡忡，但当时的社会对于人口流动已见怪不怪，"邑里不告讦，门关不诃问，县官乡吏察治无术"。

[1]　（宋）马端临编撰：《文献通考·刑考》。

[2]　（宋）宋常棠撰：《澉水志》。

[3]　（宋）郑瑶、方仁荣：《景定严州续志》。

[4]　（宋）苏轼：《策别安万民》。

[5]　（宋）孟元老：《东京梦华录》。

[6]　（宋）吴自牧：《梦粱录》。

[7]　（宋）李昭玘：《乐静集》。

宋政府也承认人民自由迁徙的权利，如对流寓他乡的游民，朝廷要求各州县政府"毋得强逐"，允许流动人口入籍客居之地。宋代的户籍登记制度基于"两税法"的"户无主客，以见居为簿"原则，即根据人户居住地编订户籍，如是，人民的迁徙自由便获得了合法性。理论上，流动人口只要在任何一个地方定居下来，到重造户籍的时候（宋代户籍为每三年登记一次），便可入籍当地。

还有一点值得指出来："迁徙自由的另一层意思是，居民可以不被强制迁徙。秦、汉、唐、元、明、清都有大规模的官方组织的移民活动，宋代一次也没有，偶尔有动议，也都不了了之，不能不说是政府对居民迁徙自由的尊重。"[1]

流动性②

现在再来说说纵向流动。纵向流动即社会阶层之间的流动。旅美学者刘子健先生认为："从宋代开始，中国已经步入近代时期，阶级区分远不及唐代以前那样严格、硬性，阶级之间的流动性比较大，世族没落，平民式的家族抬头，都和近代社会相像或相近。"[2]门阀政治的解体，科举制的全面展开，为平民的向上晋升提供了畅通的渠道。

我想先说一个故事：北宋研究毛诗的大学者张雍，原本是河朔的农家子弟，因家乡出现战乱，"犬戎入寇，尽室焉虏"，只好逃亡他乡，沦为乞丐，"孑然无衣"，"怀无百钱"，在洛阳

---

[1] 程民生：《宋代社会自由度评估》。

[2] 全汉升：《略论宋代经济的进步》附《刘子健发言》。

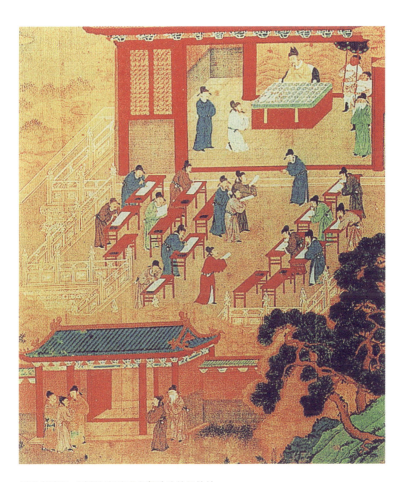

科举考试图。科举制创造了宋朝政治的开放性。

街头靠讨饭为生。[1] 这么一个沦落在社会最底层的人，还有什么盼头？国家能向他提供向上流动的渠道吗？能。北宋开宝六年（973），乞丐张雍科考及第，后官至礼部、户部、兵部三部侍郎、尚书右丞。伟大的科举制创造了一个政治开放的时代。

必须承认，宋代的科举制度，比隋唐时更有开放性。宋人说，"糊名（宋朝为防科考作弊，创设糊名制，即将考卷上考生的姓名、籍贯等信息密封起来）考校中，诸行百户，何所不有？""道释之流还俗赴举"；"工商之子亦登仕途"。宋代也更注意保障平民的上升机会，认为"贡举重任，当务选擢寒俊"，我们看唐人感叹"空有篇章传海内，更无亲族在朝中"，而宋朝士子则相信"惟有糊名公道在，孤寒宜向此中求"。[2]

宋朝社会纵向流动的丰富性，并不仅仅表现为"朝为田舍郎，暮登天子堂"。庄园经济瓦解、商品经济发达等一系列结构性的社会变革，使得所有的人都有机会改变自己的地位，贫者可致富，富者也可能一夜之间沦为贫民。如"常州无锡县村民陈承信，本以贩豕为业，后极富"[3]，而"江浙巨室，有朝为陶朱（指代富商），暮为黔娄（指代贫民）者"[4]。社会呈现出"贫富无定势""富贵盛衰，更迭不常"的上下流动之态。

佃客也可以凭自己的劳动成为田主。"乡村小民，其间多是无田之家，须就田主讨田耕作"[5]，但佃户有机会积累财富，只要"丁口蕃多，衣食有余，稍能买田宅三五亩，出立户名，便欲

[1] 参见〔宋〕上官融《友会谈丛》。

[2] 参见张邦炜《宋代文化的相对普及》。

[3] 〔宋〕洪迈：《夷坚志·甲志》。

[4] 〔宋〕刘克庄：《后村先生大全集》卷九三。

[5] 〔宋〕朱熹：《晦庵集》卷一〇〇。

脱离主户而去"[1]。有一些佃户，"本皆下户，因佃李庄之利，今皆建大第高廪，更为豪民"[2]。阶级之间只有财富的门槛，而无身份的永隔，"田宅无定主，有钱则买，无钱则卖"[3]。

"士农工商"四民之间，也不再存在森严的壁垒，"古者四民分，后世四民不分。古者士之子恒为士，后世商之子方能为士。此宋、元、明以来变迁之大较也"[4]。

这种社会阶层之间的急剧流动，宋人其实是看得清清楚楚的，当时有士大夫忍不住感叹："昔之农者，今转而为工；昔之商者，今流而为隶。贫者富而贱者贵，皆交相为盛衰矣。"[5] 南宋人王应麟在《困学纪闻》中的总结更为深刻："先王之制，贵者始富，贱者不富也。贫富贵贱，离而为四，起于后世。"这里的"后世"，即指宋代。"贫富贵贱，离而为四"的意思，是说从宋代开始，此四者可以自由组合，贫者可以富，可以贵；贱者可以贵，可以富；富者可能贵，也可能贱；贵者可能富，也可能贫；贫富贵贱处于变动之中。用现代社会学的概念来说，社会阶层没有"板结化"。社会也因此才焕发出活力。

台湾学者黄宽重先生认为"宋代是个竞争性强、开放性高的社会"[6]，乃公允之说。从社会流动性的角度来看，我们可以说宋朝已在迈向近代。

---

[1]（宋）胡宏：《五峰集》卷二。

[2]（宋）魏泰：《东轩笔记》。

[3]（宋）袁采：《袁氏世范》卷三。

[4]（清）沈垚：《落帆楼文集》。

[5]（宋）袁毂：《多福院记》卷一。

[6] 黄宽重：《科举社会下家族的发展与转变》。

贫困救济

发生在宋代的结构性社会变迁，带来了一个副产品，即城市中诞生了一个庞大的贫民阶层。虽然历代都有贫困人口的问题，但在宋代之前，这些贫困人口通常被乡村社会、庄园经济所吸纳，并未进入国家的视野。而宋朝的统治者却发现，城市中已经到处都有贫民，包括居无定所的游民群体以及拥有城市户籍的底层人口。

这是近代化进程中出现的景象。在十六世纪的欧洲，当经济结构从封建制度过渡至资本主义制度之际，也出现了一个特征，即由于经济失调而产生大量都市贫民。近代欧洲国家逐渐发展出来的福利政策，就是为了应对这种结构性的经济转化。[1] 而中国

---

[1] 梁其姿：《施善与教化》。

张择端《清明上河图》的城门外，画有一个坐在地上行乞的乞丐。

的国家福利体系，也恰好在宋代发展至顶峰，这不是巧合，而是近代化产生的压力催生出来的结果。

宋政府按照居民的家庭财产多寡，将全国人口划分为不同户等，户等既是确定人户税额的依据，也是国家划定救济对象的参考标准。比如南宋时规定，乡村五等户、城市七等户以下的家庭，如果有婴儿出生，又无力赡养，政府即给予四千文钱的补助。宋朝也开始出现了接近现代意义的“贫困线”概念（之前的社会是不设一条一般性的“贫困线”的）：凡田产20亩以下或者产业50贯以下的家庭，即为生活在贫困线下的“贫民”。贫民可以获得某些政策倾斜，比如免纳“免役钱”，在发生灾荒时优先给予救济；城市的贫民，还可以享用一系列国家专向贫困人口提供的福利救济。

宋代之前，社会救济主要由佛家寺院主持，唐代设立的收养流浪人口的“悲田院”，也是依托寺院运作，“悲田”之名即出自佛教，政府只是提供资助。这跟欧洲的情形差不多，近代之前，主要是由基督教会承担了社会救济之功能，直到十六世纪后半叶，欧洲的政府才建立了收养弃婴、贫病人口的救济机构。中国的国家福利化则出现在十一世纪，宋朝政府自觉负起了向贫民提供福利救济的责任，逐渐建立了一个非常完备的社会救济体系。

宋朝的贫民救济主要由两个系统组成，一是宋神宗熙宁十年（1077）施行的“惠养乞丐法”：每年十月入冬后，各州政府“差官检视内外老病贫乏不能自存者”，每人一日“给米豆各一升，小儿半之”。[1] 需要说明的是，宋人对“乞丐”的定义与

[1] 参见（宋）李焘《续资治通鉴长编》卷一〇。

我们不同，凡贫困人口，均纳入乞丐范围。一是宋哲宗元符元年（1098）颁行的"居养法"：各州设立居养院，"鳏寡孤独贫乏不能自存者，以官屋居之，月给米豆，疾病者仍给医药" [1]。简单地说，"惠养乞丐法"指由政府给贫民发放米钱；"居养法"则指由国家福利机构收留无处栖身的贫民。

这两种救济都是定时的、制度化的，通常从农历十一月初开始赈济或收养，至明年二月底遣散，或三月底结束赈济。不过，如果出现天气严寒，或新粮未熟，或生病未愈等情况，政府也会延长救济的时间。

此外，还有临时性、赈灾性的救济，如"雪降则有雪寒钱，久雨久晴则又有赈恤钱米"，也是"每岁常例"。[2] 又如南宋绍熙五年（1194），临安府拨专款给三十万城市贫民发放赈济粮，大人每日给一升米，小儿半升，赈济时间长达半年。这类临时性救济虽然是不定时的，但也常年有之。

福利体系①

中国很早就产生了建立"国家福利体系"的自觉，《周礼》中记录的"保息六政"（一曰慈幼，二曰养老，三曰振穷，四曰恤贫，五曰宽疾，六曰安富）、春秋时管仲在齐国推行的"九惠之教"（一曰老老，二曰慈幼，三曰恤孤，四曰养疾，五曰合独，六曰问病，七曰通穷，八曰振困，九曰接绝），大约便是最

---

[1] （清）徐松辑：《宋会要辑稿·食货》六〇之一。

[2] 参见（宋）周密《武林旧事》。

早的福利政策记载。不过，国家福利成为系统性的制度，则完成于两宋时期。宋朝福利制度之发达，不但远超前代，而且之后的王朝也远远不及，是一套覆盖了"从摇篮到坟墓"，囊括了"生老病死"的救济体系。

我们就从"生老病死"四个层面来了解宋朝的福利制度吧。

生的福利，即生有所育。归纳一下，宋政府给予国民的生育救济，主要有产前赈济、产后济助，以及救助遗弃婴儿。

南宋初的一项法令规定："乡村之人，无问贫富，凡孕妇五月，即经保申县，专委县丞注籍，其夫免杂色差役一年，候生子日，无问男女，第三等以下给义仓米一斛。"[1] 说的便是胎养助产方面的福利：凡乡村户，家中媳妇若有身孕，至五个月大时，可以向县政府备案，然后孕妇的丈夫可以免除一年差役；等产下婴儿后，第三等户以下的家庭，政府给米一斛。这项工作由县丞专人负责。

贫困人家产子后如果无力抚养，政府给予赈济，根据南宋初的一条立法："禁贫民不举子，有不能育者，给钱养之。"绍兴年间，政府"给钱"的标准是："应州县乡村五等、坊郭七等以下户，及无等第贫乏之家，生男女不能养赡者，于常平钱内，人支四贯文省。"[2] 符合救助条件的家庭，一名婴儿可获得4000文奶粉钱。一些州县还设有地方性的举子仓，由地方政府向贫家产妇发放救济粮，一般标准是"遇民户生产，人给米一石"。举子仓的仓本来自国家常平仓、官田收入及富人的捐赠。

这些赈济自然有力所未及之处，不可能杜绝贫困人家遗弃

[1] （宋）李心传：《建炎以来系年要录》卷一三九。

[2] （宋）马端临 编撰：《文献通考·户口考》。

婴儿的现象。所以宋政府又设立了多种收留弃婴的福利机构，包括"散收养遗弃小儿钱米所""婴儿局""慈幼庄""慈幼局""及幼堂"等。其中规模最大者，是建立于南宋淳祐七年（1247）的临安慈幼局："（杭州）有局名慈幼，官给钱典顾乳妇，养在局中，如陋巷贫穷之家，或男女幼而失母，或无力抚养，抛弃于街坊，官收归局养之，月给钱米绢布，使其饱暖，养育成人，听其自便生理，官无所拘。若民间之人，愿收养者听，官仍月给钱一贯，米三斗，以三年住支。"[1]

宝祐四年（1256），宋理宗又下诏要求"天下诸州建慈幼局"。后来游历中国的马可·波罗在他的游记中介绍说："其国诸州小民之不能养其婴儿者，产后即弃，国王尽收养之。记录各儿出生时之十二生肖以及日曜，旋在数处命人乳哺之。如有富人无子者，请求国王赐给孤儿，其数惟意所欲。迨诸儿长大成人，国王为之婚配，赐资俾其存活，由是每年所养男女有二万人。"[2]这里说的"国王"，便是宋理宗；收养弃婴的机构便是慈幼局。

宋理宗在诏令诸州设立慈幼局时，提到一个意愿："慈幼则必使道路无啼饥之童。"[3]那么慈幼局的救济效果如何呢？至少京城一带已实现了理宗皇帝的理想："宋京畿各郡门有慈幼局。盖以贫家子多，辄厌而不育，乃许其抱至局，书生年月日时，局设乳媪鞠育之。他人家或无子女，许来局中取去为后。故遇岁侵，贫家子女多入慈幼局。是以道无抛弃之子女。若冬遇积雨雪，亦有赐钱例。虽小惠，然无甚贫者。此宋之所以厚养于民，

---

[1] （宋）吴自牧：《梦粱录》。

[2] （意）马可·波罗著，冯承钧译：《马可·波罗行纪》。

[3] 宋元之际佚名编撰《宋史全文》卷三五。

而惠泽之周也。"[1] 这一记录，也证明了马可·波罗所言不虚。

福利体系②

老的福利，即老有所养。根据北宋末的一项立法："居养鳏寡孤独之人，其老者并年满五十岁以上，许行收养，诸路依此。"[2] 凡50岁以上的鳏寡孤独老人，可以进入国家在京师及诸路开设的福利院养老。国家给他们的养济标准一般为每人每日一升米，10文钱；对80岁以上的居养老人，政府还有额外补助，另给大米及柴钱；90岁以上老人每日有酱菜钱20文，夏天给布衣，冬季给棉衣。后来因为要收养的老人太多，又将进入福利院的年龄线提高到60岁以上。

宋政府设在京师的福田院，是一个综合性的收养机构，包括收养孤寡老人。据《宋史》食货志："京师旧置东、西福田院，以廪老、疾、孤、穷、丐者，其后给钱、粟者才二十四人。英宗命增置南、北福田院，并东、西各广官舍，日廪三百人。岁出内藏钱五百万给其费，后易以泗州施利钱，增为八百万。"宋初时东、西福田院只能赡养24人，规模非常小，后来经过扩建，每院可收养300人，东、西、南、北四院共可收养1200人。

北宋后期，宋政府又在天下各州县广建居养院，这也是综合性的福利院，包括收养"贫乏不能自存"的老人。甚至人口规模较大的城寨镇市也建有居养院，因为朝廷要求"城寨镇市户

---

[1] （元）郑元祐：《山樵杂录》。

[2] （元）郑元祐：《山樵杂录》。

及千以上有知监者，俱仿州县例置居养院"[1]。居养院有专项的财政拨款："以户绝财产给其费，……阙若不足者以常平息钱充。"[2]在宋代，绝户人家过世之后，财产会被收归国家财政，这笔财政收入通常会用于公益救济，回馈社会。

此外，还有一些地方政府修建了"安老坊""安怀坊""安济院"，都是专门的养老福利机构。那么宋政府推行养老福利的效果如何呢？总体上看，效果是良好的，宋人说："鳏寡孤独居养安济之法，自崇宁以来，每岁全活者，无虑亿万。"一些地方，甚至出现了"过度福利"的弊病，如在绍兴府，"居养院最侈，至有为屋三十间者。初，遇寒惟给纸衣及薪；久之，冬为火室给炭，夏为凉棚，什器饰以金漆，茵被悉用毡帛，妇人、小儿置女使及乳母，有司先给居养、安济等用度，而兵食顾在其后"[3]。这种"过度福利"现象，在今日西方福利国家很是常见。

福利体系③

病的福利，即病有所医。宋朝的医疗福利分为三个层次：

首先是政府的义诊与施药。宋政府经常会派遣医官到民间视诊，并免费发放方药，如北宋嘉祐年间，因考虑到"贫下之家"无钱购买治病的药品，宋廷决定每年给各州拨出专款，用于购买药品，然后免费发给贫民，"诸道节镇及并、益、庆、渭四州

---

[1] （宋）李焘：《续资治通鉴长编》卷八八。

[2] （宋）李焘：《续资治通鉴长编》卷五〇三。

[3] （宋）施宿等撰：《嘉泰会稽志》卷一三。

岁赐钱二十万，余州、军、监十万，委长吏选官合药，以时给散"[1]。

又如南宋绍兴十六年（1146）六月，政府认为："方此盛暑，应有疾病之人。"所以宋高宗"令翰林院差医官四员，遍诣临安府城内外看诊、合药；令户部行下和剂局应副，候秋凉日住罢"[2]。

其次，开设药局。宋政府在京城与其他州县都设有药局。药局，称"和剂局""惠民局""施药局"，类似于今日的平价门诊部、平价大药房。如江东提刑司拨官本百万，开设药局，"制急于民用……民有疾咸得赴局就医，切脉给药以归"[3]；建康府的惠民药局，"四铺发药，应济军民，收本钱不取息"[4]；临安府的施药局，"来者诊视，详其病源，给药医治"[5]，药局诊病配药，只收药品的成本价，大约相当于市场价的三分之二，为此，户部每年拨给京城药局的财政补贴达数十万贯。有时候，药局也向贫困人家开放义诊，并免费提供药物。

最后，设立福利医院。北宋元祐年间，苏轼知杭州，"以私帑金五十两助官缗，于城中置病坊一所，名'安乐'，以僧主之，三年医愈千人"[6]。其后，病坊更名为"安济坊"。崇宁元年（1102），朝廷诏令全国各路遍置安济坊，即公立免费医院；崇宁四年，又"令开封府，依外州法居养鳏寡孤独，及置安济

[1]　（宋）李焘：《续资治通鉴长编》卷一八六。

[2]　（清）徐松辑：《宋会要辑稿·食货》五九之三一。

[3]　（宋）高斯得：《江东提刑司新创药局义阡记》。

[4]　（宋）周应合：《景定建康志》卷二三。

[5]　（宋）吴自牧：《梦粱录》。

[6]　（宋）周辉：《清波杂志》。

坊"；大观四年（1110），又颁行"安济法"：凡户数达到千户以上的城寨，均要设立安济坊，凡境内有病卧无依之人，均可送入安济坊收治。[1]

安济坊配备有专门的医护人员，每年都要进行考核："安济坊医者，人给手历，以书所治疗瘥失，岁终考会人数，以为殿最，仍立定赏罚条格。"病人在安济坊可获得免费的救治和伙食，并实行病人隔离制，以防止传染："宜以病人轻重而异室处之，以防渐染。又作厨舍，以为汤药饮食人宿舍。"[2]

此外，宋朝的一些地方政府还设有"安乐庐"，这是针对流动人口的免费救治机构。如南宋时，建康府人口流动频繁，常常有旅人"有疾于道途者，既无家可归，客店又不停着，无医无药，陨于非命，极为可念"，政府便设立安乐庐，凡"行旅在途"之人，发现身有疾病后均可向安乐庐求医，"全活者不胜计"。[3]

福利体系④

死的福利，即死有所葬。人类文明的标志，便是如何对待一名死亡的同类。只有文明的人类社会，才会为死去的同类举行葬礼，关怀死者是否安息。而任何时代，总是有一些人由于种种原因，亡故之后没有亲人收葬，暴尸荒野、街头。所以历朝政府都有设义冢助葬贫民、流民的善政，制度化的福利性公墓体系要到

---

[1] 参见（清）徐松辑《宋会要辑稿·食货》六八之一三一。

[2] （清）徐松辑：《宋会要辑稿·食货》六〇之三。

[3] （宋）周应合：《景定建康志》卷二三。

宋代才形成。

宋真宗年间，朝廷在"京畿近郊佛寺买地，以瘗死之无主者。瘗尸，一棺给钱六百，幼者半之"[1]。宋神宗朝，福利公墓推广至各州，"诸州军每年春首，令请县告示村耆，遍行检视，应有暴露骸骨无主收认者，并赐官钱埋瘗"[2]。宋徽宗时候，福利公墓完成制度化，"凡寺观旅柩二十年无亲属，及死人之不知姓名，及乞丐或遗骸暴露者，令州县命僧主之，择高原不毛之土收葬，名漏泽园"[3]。宋朝的福利公墓正式定名为"漏泽园"，遍布天下各州县。宋室南渡之后，宋高宗也下诏要求临安府及诸郡复置漏泽园，整个南宋时期，各地普遍都设立了这种福利性公墓。

漏泽园有一套非常注重逝者尊严的制度："应葬者，人给地八尺、方砖二口，以元寄所在及月日、姓名，若其子孙父母兄弟，今葬字号、年月日，悉镌讫砖上，立峰记识如上法。无棺柩者，官给。已葬而子孙亲属识认，今乞改葬者，官为开葬，验籍给付。军民贫乏，亲属愿葬漏泽园者，听指占葬地，给地九尺。……仍于中量置屋，以为祭奠之所，听亲属享祭追荐。"[4]

根据这段记载，漏泽园的坟墓有统一规格，约八尺见方，以两块大方砖铭刻逝者的姓名、籍贯、生辰、安葬日期，有亲属信息的，也刻于砖上，作为标记。没有棺木的逝者，政府给予棺木收殓；已在漏泽园安葬者，如果有亲属愿意迁葬他处，政府将给予方便；贫困家庭的亲人去世后想安葬于漏泽园的，政府也欢

---

[1] （元）脱脱等：《宋史·食货志》。

[2] （清）徐松辑：《宋会要辑稿·食货》六八之一一二。

[3] （宋）施宿等撰：《嘉泰会稽志》卷一三。

[4] （清）徐松辑：《宋会要辑稿·食货》六〇之四。

迎——当然，不用收费。漏泽园设有房屋，以便逝者的亲属来此祭祀。

漏泽园通常聘请有德僧人主持、管理，如南宋时，仁和、钱塘两县有"漏泽园一十二所"，"官府委德行僧二员主管，月给各支常平钱五贯、米一石。瘗及二百人，官府察明，申朝家给赐紫衣、师号赏之"[1]。僧人由政府支付薪水：每月五贯钱、一石米。每收葬满二百人，可得到请赐紫衣、师号的奖励。

宋政府为漏泽园的福利事业投入多少钱？宋真宗时，每收葬一名死者，政府需要花费六百文钱，包括棺木的费用；宋神宗时，要二千文；到南宋高宗时，大约是三千文。为了让国民在离开人世之后，能够获得有尊严的安葬，政府愿意从财政中掏出一大笔钱来，这，便是文明。大宋的文明。

---

[1] （宋）吴自牧：《梦粱录》。

【婚姻不问阀阅】
【妾产】
【和离】
【改嫁】
【续足】
【重女轻男】

婚姻不问阀阅

　　唐宋之际，整个社会结构性的变迁，也带来了婚姻观念的转变。宋人郑樵发现："自隋唐而上，官有簿状，家有谱系。官之选举必由于簿状，家之婚姻必由于谱系。……此近古之制，以绳天下，使贵有常尊，贱有等威者也。所以人尚谱牒之学，家藏谱系之书。自五季以来，取士不问家世，婚姻不问阀阅。"[1]宋代之前，士庶不通婚，社会等级的壁垒森严；入宋之后，士庶之间的界线已被突破，庶民可以通过科举晋身为士绅，通婚更不在话下了，"婚姻不问阀阅"乃是大势所趋。

　　同时，宋代兴起的商品经济热潮，也正在重塑人们的社会生活与社会心理，从另一个方向推动了宋人婚姻观念的转变：不问

[1]　（宋）郑樵：《通志》卷二五。

阀阅，只问资财。这一现象宋人也观察到了，蔡襄说："观今之俗，娶其妻不顾门户，直求资财，随其贫富。"[1] 同时代的郑至道也说："今之世俗，每不能然，将娶妇，惟问资装之厚薄，而不问其女之贤否。"[2]

不仅民间的婚姻风气如此势利，官员也未能免俗。如宋神宗元丰年间，屯田郎中刘宗古"规媚妇李财产，与同居"。更奇葩的是发生在真宗朝咸平五年（1002）的一桩事：两位当朝宰相向敏中和张齐贤，为争娶一位姓柴的寡妇，居然闹上公堂，打起了官司。原来这柴寡妇家产雄厚，向敏中和张齐贤之所以争破头，用程颐的话来说，无非"为其有十万囊橐故也"[3]。这在其他朝代，可能是不可想象的事情。我们以为宋朝人的生活观念守旧拘谨，但实际上他们开放得让人目瞪口呆。事件的结局是，因为实在闹得太难看了，两个宰相双双被降职，向敏中罢为户部侍郎，张齐贤罢为太常卿。

士人娶妻"直求资财"，反过来，富户也以丰厚的资产吸引士人结亲，甚至出现了宋朝特有的"榜下捉婿"之风：每到科考放榜之日，土豪们都涌到榜下抢新科进士当女婿。北宋朱彧的《萍州可谈》记录说："近岁富商庸俗与厚藏者嫁女，亦于榜下捉婿，厚捉钱以饵士人，使之俯就，一婿至千余缗。"一出手就是一千多贯钱，直砸得寒门出身的新科进士晕晕然。当然也有不愿意迁就土豪的士子，却苦于被土豪一家子捉着，走不脱身。曾有一新科进士，年少有风姿，土豪们都想抢他做女婿。放榜之日，少年即被一群健仆强行带至一豪宅中，然后出来一个穿金紫

192

193

[1] （宋）蔡襄：《端明集》。

[2] （宋）郑至道：《琴堂谕俗编》。

[3] （宋）程颢、程颐：《二程外书》卷一〇。

衣裳的土豪，对他说："某惟一女，亦不至丑陋，愿配君子，可乎？"少年鞠躬谢曰："寒微得托迹高门，固幸，待更归家，试与妻商量如何？"围观的众人"皆大笑而散"。[1] "榜下捉婿"虽是富商主动巴结士人，但如果士庶的通婚限制没有突破，则是不可能发生的事。

从婚姻重门户到重资产，反映了一个非常深刻的社会变革：建立在"身份""门阀"之上的阶层壁垒失效了，资本已经获得了打通阶层壁垒的力量。这也是近代化的表征之一。

奁产

许多人都以为宋朝是女性社会地位开始下降的时代，但考察历史，宋代女性的地位绝没有人们想象的那么低，甚至可能在历代王朝中，宋朝女性的地位是最高的。我们可以列举出一些指标来衡量、评判，比如女性的财产权、离婚的权利、改嫁的权利等等。宋代女性有没有财产继承权与财产处分权？可以非常明确地说，有的。

宋代家庭分家，按照当时的风俗与法律的规定，要分给女儿一部分财产，"在法：父母已亡，儿女分产，女合得男之半"[2]。这部分财产，通常叫作"奁产"，即以办嫁妆名义给予的财产。女儿所得的奁产，一般为兄弟所得的一半。因为法律与习惯法明确了女性的财产继承权，甚至出现了女子为争家产将兄

---

[1] （宋）彭乘：《墨客挥犀》卷一。

[2] 《名公书判清明集》卷八。

弟告上法庭的事情，"处女亦蒙首执牒，自讦于府庭，以争嫁资"[1]。

宋代有这样的风俗：两个家庭结成姻亲，在议婚、定亲的阶段，女方要给男方送"定帖"，除了写明出嫁的是第几个女儿，以及她的生辰年月日，还要"具列房奁、首饰、金银、珠翠、宝器、动用、帐幔等物，及随嫁田土、屋业、山园等"，此处具列的就是随嫁的奁产。富贵人家的奁产是非常惊人的，如理宗朝时，一位姓郑的太师给女儿的奁产是"奁租五百亩、奁具一十万贯、缔姻五千贯"[2]；有个叫作虞艾的人，"娶陈氏，得妻家标拨田一百二十种，与之随嫁"[3]；比较常见的奁产应该是十亩田上下。

奁产随出嫁的女子带入夫家，"在法：妻家所得之财，不在分限。又法：妇人财产，并同夫为主"[4]，即法律规定，女子随嫁的奁产，名义上为夫妻双方共同财产，但其实并不归夫家所有，夫家分家析产时，奁产不可分。实际上，奁产的所有权与处分权，都归女方掌握，女方可以拿出来奉献给夫家，也可以自己保管。丈夫如果索要妻子的奁产，往往会被当时的风俗所鄙视。

以后假如夫妻离婚，或者妻子改嫁，女方有权带走她的全部奁产。宋人袁采观察到，丈夫"作妻名置产，身死而妻改嫁，举以自随者亦多矣"[5]。意思是说，宋朝有很多已婚男子，因为不愿意以后分家时被兄弟分去财产，便以妻子的名义添置产业，后

[1]　（宋）刘清之编纂：《戒子通录》卷五。

[2]　（明）叶盛：《水东日记》卷八。

[3]　《名公书判清明集》卷八。

[4]　《名公书判清明集》卷五。

[5]　（宋）袁采：《袁氏世范》。

来不幸去世了，妻子以这些产业是她所有为由，在改嫁时全都带走了。袁采讲这一社会现象，是为了忠告家人，千万不可干借妻名置产的蠢事。不过袁采的话恰好从侧面证明了：宋朝女性改嫁，是有权利带走属于她所有的财产的。宋朝的法律也保护女性的这一权利。一旦发生奁产纠纷闹上法庭时，以前定亲时的"定帖"，妻子可以拿出来作为主张财产权的证明，这有点像现代的"婚前财产公证"。

宋朝之后，女子就丧失了这种处分自己财产的自由了。元代《通制条格》收录的一条法令说："今后应嫁妇人，不问生前离异，夫死寡居，但欲再适他人，其元（原）随嫁妆奁财产，并听前夫之家为主。"明律和清律都继承了这一立法精神，如《大明会典》和《大清律例》都明文规定：寡妇"改嫁者，夫家财产及原有妆奁，并听前夫之家为主"。

和离

如果我们以为古代只有丈夫单方面的"休妻"，而没有双方都同意的离婚，那就想错了。古代也有离婚，法律上叫作"和离"。在宋代，和离并不是什么稀罕事，妇女主动提出离婚的诉讼也不鲜见，以致宋人应俊感慨："为妇人者，视夫家如过传舍，偶然而合，忽尔而离。"[1]

来看几则宋代的离婚案例：庞元英《谈薮》记载："曹咏侍郎妻硕人厉氏，余姚大族女，始嫁四明曹秀才，与夫不相得，仳

---

[1]　（宋）应俊：《琴堂谕俗编》。

宋墓"开芳宴"壁画中的宋代夫妻。

离而归，乃适咏。"说的是，厉氏原来嫁与曹秀才，但因为夫妻感情不和（不相得），所以离了婚，改嫁给一位曹姓侍郎。显然，当时的女性并不会因为离异而受歧视。

李廌《师友谈记》记载："章元弼顷娶中表陈氏，甚端丽。元弼貌寝陋，嗜学。初，《眉山集》有雕本，元弼得之也，观忘寐。陈氏有言，遂求去，元弼出之。"这个章元弼是苏东坡的超级粉丝，对苏东坡的作品爱不释手，结果冷落了美丽的娇妻。本来章元弼就长得丑，已经让妻子陈氏很不满意，现在陈氏更受不了了，便提出了离婚。

王明清《玉照新志》记载："郑绅者，京师人，少日以宾赞事政府，坐累被逐，贫窭之甚。妻弃去适他人。"这是妻子嫌弃丈夫落魄、贫穷而主动离婚。

清人陆莹《问花楼词话》记载："王彦龄，元祐副枢之弟，官太原……后以醉骂妇翁，与妇离婚。"王彦龄是北宋元祐朝枢密副使的弟弟，本人也是一名官员，却因为有一次喝醉了叫骂岳父，结果妻子跟他离了婚。

洪迈《夷坚志》记载：唐州有个叫王八郎的富商，在外面包了个二奶，嫌弃结发妻子。妻子"执夫袂，走诣县，县听化离而中分其资产。王欲取幼女，妻诉曰：'夫无状，弃妇嬖倡，此女若随之，必流落矣。'县宰义之，遂得女而出居于别村。"妻子拉着丈夫到公堂闹离婚，法官准离，并判妻子可分得一半家产，获得女儿的抚养权。

宋朝的法律也保护妇女主诉离婚的部分权利，如"不逞之民娶妻，给取其财而亡，妻不能自给者，自今即许改适"[1]，意思是说，丈夫若没有能力赡养妻子，妻子有权利离婚；"夫出外三年不归，听妻改嫁"[2]，丈夫离家三年未归，妻子也有权利离婚；"被夫同居亲强奸，虽未成，而妻愿离者，听"[3]，妻子被夫家亲属性侵犯，也有权利提出离婚。这是前所未有的法律对女性离婚权的承认。

不过古代毕竟是男权社会，离婚需要丈夫写一道"放妻书"，作为法律上的凭证。唐宋时代的"放妻书"写得非常温文尔雅，来看一道敦煌出土的"放妻书"：

---

[1] （宋）李焘：《续资治通鉴长编》卷八二。

[2] 《名公书判清明集》卷九。

[3] （宋）谢深甫监修：《庆元条法事类》。

盖闻伉俪情深，夫妇语义重，幽怀合卺之欢，念同牢之乐。夫妻相对，恰似鸳鸯，双飞并膝，花颜共坐，两德之美，恩爱极重，二体一心。共同床枕于寝间，死同棺椁于坟下，三载结缘，则夫妇相和。三年有怨，则来仇隙。今已不和，想是前世怨家。反目生怨，作为后代增嫉，缘业不遂，见此分离。聚会二亲，以求一别，所有物色书之。相隔之后，更选重官双职之夫，弄影庭前，美逞琴瑟合韵之态。械恐舍结，更莫相谈，千万永辞，布施欢喜。三年衣粮，便献柔仪。伏愿娘子千秋万岁。时×年×月×日×乡百姓×甲放妻书一道。

　　这不是某一个读书人写的"放妻书"，而是流行于敦煌一带民间通用的"放妻书"样本。夫妻好聚好散，相离不出恶声，正是文明的表现。

改嫁

　　北宋理学家程颐说过一句话："饿死事小，失节事大。"[1]许多人据此认为程朱理学压制女性改嫁的权利，进而推导出宋代妇女地位急转直下的结论。这里存在多重误解。

　　程颐本人并不反对妇女再适，《河南程氏遗书》有段记录："或曰：古语有之：'出妻令其可嫁，绝友令其可交。'乃此意否？曰：是也。"程颐有一个侄女成了寡妇，程父帮她再嫁。程

---

[1]　（宋）朱熹编：《河南程氏遗书》卷二二。

颐因此盛赞父亲"嫁遣孤女，必尽其力"。朱熹也不反对女子再嫁，他在《答李敬子余国秀》说："夫死而嫁，固为失节，然亦有不得已者，圣人不能禁也。"究程氏本意，"饿死事小，失节事大"并非对庶民的要求，而是强调士大夫的气节。这一点清代的徐继畬看出来了："宋承五季之后，世风靡靡，夫妇一伦轻亵已甚，故伊川（程颐）立此严峻之防，使士大夫有所矜式，非为愚夫愚妇言也。"[1]

事实上，两宋时期，从士大夫家庭到百姓人家，妇女改嫁的事件俯拾皆是，甚至皇帝的妃子也有改嫁的，如宋光宗有个姓张的贵妃就"出嫁于民间"。宋史学者张邦炜先生说："宋代妇女再嫁者不是极少，而是极多"；"宋代对于妇女改嫁绝非愈禁愈严，相反倒是限制愈来愈小，越放越宽。"

张先生通过对南宋人洪迈《夷坚志》所记事例的统计，结果发现："单单一部《夷坚志》中所载宋代妇女改嫁的事竟达六十一例之多，其中再嫁者五十五人，三嫁者六人。这虽属管中窥豹，但由此亦可想见其时社会风尚之一斑。""改嫁时间可考者凡四十一例，其中属于北宋的仅四例而已，属于南宋的多达三十七例。"[2]

宋代的社会风气并不以再嫁为耻，对再嫁妇女也绝无歧视之意，范仲淹订立的《义庄规矩》规定："嫁女支钱三十贯，再嫁二十贯；娶妇支钱二十贯，再娶不支。"[3]对再嫁女子的资助优于男子再娶。北宋河间府的风俗，对守寡的女性，"父母兄弟恐其贫穷不能终志，多劝其改节"，并无什么"饿死事小，失节事

---

[1]　（清）徐继畬：《书王印川广文诗注后》。

[2]　张邦炜：《宋代妇女再嫁问题探讨》。

[3]　（宋）范仲淹：《范文正公集》附录。

大"的观念。宋人丘濬《孙氏记》写到一位年轻女性孙氏，初嫁一轻狂少年，再嫁老秀才张复，三嫁官员周默。三嫁的经历并没有影响她受封为命妇。丘濬评价说："妇人女子有节义，皆可记也。如孙氏，近世亦稀有也。为妇则壁立不可乱，俾夫能改过立世，终为命妇也，宜也。"

即使是皇室，对改嫁的女性也并无歧视。四川妇人刘娥，原是银匠龚美之妻，"美携以入京，既而家贫，欲更嫁之"[1]。那刘娥改嫁给谁了？襄王赵元侃。后元侃当上皇帝，是为宋真宗，刘氏则册封为皇后。宋仁宗皇后曹氏也是改嫁女，原嫁与李家，但新婚之夜丈夫逃婚，"曹氏复归，后曹氏选纳为后，慈圣光献是也"[2]。

宋朝的法律也没有任何压制女性改嫁权利的条文，只是禁止居丧改嫁、强迫改嫁、背夫改嫁——这些行为在任何时代都是应该予以限制的。南宋末，有一个叫阿区的妇女，在丈夫李孝标去世后，先后改嫁李从龙、梁肃。李孝标之弟李孝德到官府控告嫂子"背兄"，审判这个案子的法官叫胡颖，是一位理学家，他虽认为阿区"以一妇人而三易其夫，失节固已甚矣"，但也承认"其夫既死之后，或嫁或不嫁，惟阿区之自择"，这是阿区的合法权利。最后胡颖维护了阿区改嫁的自由，并斥责诬告的李孝德："小人不守本分，不务正业，专好论诉。"[3]

[1] （宋）李焘：《续资治通鉴长编》卷五六。

[2] （宋）王巩：《甲申杂记》。

[3] 《名公书判清明集》卷九。

缠足

说到宋朝的女性，许多人都会想起"缠足"。一种常见的观点认为，缠足始于宋代，并被宋朝理学家推波助澜，从缠足可见宋朝妇女深受礼教压迫云云。但实际上，缠足并非发端于宋，唐朝时已经出现了缠足的风气，有诗为证，如温庭筠《锦鞋赋》："耀粲织女之束足"；杜牧诗："钿尺裁量减四分，纤纤玉笋裹轻云。"从唐至宋，缠足只是流行于上层贵妇和妓女群体的风尚，社会绝大多数的女性是不缠足的。另外，宋人的缠足，指的是将女性足部缠得纤直一些，叫作"快上马"，并不是明清时代那种变态的"三寸金莲"。

缠足的兴起，也跟宋代理学家毫无关系。我们在宋朝的理学著作中找不出任何支持女子缠足的言论。恰恰相反，我们可以看到一部分理学家是明确反对缠足的。元代笔记《湛渊静语》说："宋程伊川家妇女俱不裹足，不贯耳。后唐刘后不及履，跣而出。是可知宋与五代贵族妇女之不尽缠足也。"程伊川即北宋大理学家程颐。程氏家族直至元代，都坚持不缠足。南宋的车若水在他的《脚气集》中也提出："妇人缠足不知始于何时，小儿未四五岁，无罪无辜，而使之受无限之苦。缠得小来，不知何用？"这应该是中国历史上最早的对缠足陋习的控诉。提出控诉的车若水可是南宋大理学家朱熹的再传弟子。

大体来说，宋代的缠足风气，只是出于上层社会病态审美的产物，跟西欧的束腰、今日的隆胸时尚差不多。到元代时，才出现了性别压迫的意味。如元人伊世珍的《琅嬛记》称："吾闻圣人立女而使之不轻举也，是以裹其足，故所居不过闺阁之内，欲出则有帏车之载，是以无事于足也。"但在宋代，妇女并不受禁锢。

重女轻男

中国传统社会有重男轻女之风，但有时又会出现"重女轻男"的现象，比如唐朝诗人白居易的《长恨歌》所说："遂令天下父母心，不重生男重生女。"白居易这么写，是因为杨玉环得宠，整个家族沾光，让天下人都很羡慕，都不想生个能传宗接代的男丁，反而企盼生个杨玉环那样的女儿。

南宋时的浙江一带，也是重女轻男。廖莹中《江行杂录》记道："京都中下之户，不重生男，每生女则爱护如捧璧擎珠，甫长成，则随其姿质教以艺业，用备士大夫采拾娱侍，名目不一，有所谓身边人、本事人、供过人、针线人、堂前人、杂剧人、拆洗人、琴童、棋童、厨娘，等级截乎不紊，就中厨娘最为下色，终非极富贵之家必不可用。"生个女儿，培养得好，将来就能谋个好营生，即使当"最为下色"的厨娘，其雍容华贵的气势，也绝非寻常士庶可比。

《江行杂录》记了一事：有太守某者，突然想起京都厨娘"调羹极可口"，便托人在京城物色一名厨娘。未几，厨娘找到了，"其人年可二十余，近回自府第，有容艺，能书算"。几天后，这厨娘到了，但在距城五里的地方停下来，遣脚夫送来一封告帖，"乃其亲笔也，字画端楷，历序'庆幸，即日伏侍左右'，末'乞以四轿接取，庶成体面'。辞甚委曲，殆非庸女子可及"。太守不敢怠慢，派了一顶轿子前往迎接，"及入门，容止循雅，翠袄红裙，参视左右，乃退。守大过

北宋苏汉臣《秋庭戏婴图轴》与《冬日婴戏图》，一对姐弟在玩耍。

所望"。这样的厨娘，连太守都深深折服。难怪临安的中下之户都想生个女儿好好培养。

文天祥因此写诗讥讽道："京人薄生男，生女即不贫。东家从王侯，西家事公卿。"表面看，此诗表达的意思似乎跟"遂令天下父母心，不重生男重生女"差不多，其实区别很大，唐人重生女，是希望女儿入宫受宠于皇上；宋人重生女，则反映了南宋部分经济发达地区，女性获得了令人羡慕的就业机会，宋人是在经济利益驱动下产生了重女轻男的观念。

教育

北宋建于残唐—五代近百年战乱之中，立国之初，百废待兴，经庆历、熙宁、崇宁三次兴学，方建成一个从中央太学到各州县学校，覆盖面极广的国家教育体系，再加上士绅创立、主持的书院以及私塾、族学等教育机构，宋代平民接受教育的机会毫无疑问要多于之前的任何时代。《都城纪胜》说："都城内外，自有文武两学，宗学、京学、县学之外，其余乡校、家塾、舍馆、书会，每一里巷须一二所，弦诵之声，往往相闻。"即使是穷乡僻壤，也有读书之声："孤村到晓犹灯火，知有人家夜读书。"[1] 我们现在无法统计出准确的宋人识字率与入学率，但这个比例远大于前代及同时期的欧洲，则是可以肯定的。

---

[1] （宋）晁冲之：《夜行》。

国家设立的各级学校是向全民开放的，原则上所有家庭的适龄儿童都可以入学。一个有趣的问题是：宋朝的学校要收学费吗？收的。按照北宋富弼的说法："负担之夫，微乎微者也，日求升合之粟，以活妻儿，尚日那一二钱，令厥子入学，谓之学课。亦欲奖励厥子读书识字，有所进益。"[1] 可知州县小学的学费约为每日一二文钱，以宋代底层人每天一百文的收入水平看，学费极便宜。中央太学的学费呢？据《宋会要辑稿·职官》："国初以来，但补为生者，即纳束修二千，属监司公用。"即太学的入学费为每人二贯钱，这个入学费在宋英宗时取消了，改为免费入学。

不仅免学费，国家还给学生提供住宿并发给伙食补贴，如北宋元丰年间，太学的外舍生每月可领850文，内舍生与上舍生每月可领1100文。州县学校也有伙食补贴，如政和年间的一条教育法令说："诸小学八岁以上听入。……即年十五者与上等课试，年未及而愿与者听，食料各减县学之半；愿与额外入学者听，不给食。"意思是说，儿童八岁入学，由政府提供伙食费；十五岁以上或未满八岁的，伙食费减半；额外入学的，不给伙食费。政府发给的伙食可能是比较丰厚的，因为有的学生还能够"储其资以归养"，将一部分补贴节省下来，用于赡养母亲。

值得指出的是，宋代女子尽管并未获得跟男性平等的受教育权，但女性并非没有机会入学读书，如通过家庭教育或入读私塾完成学业。宋人并没有"女子无才便是德"的观念（那是明清时才出现的思想），恰恰相反，"当时风尚，妇女皆知爱才"[2]，欧阳修、司马光、朱熹等士大夫都主张让女子读书。事实上，宋

---

[1]　（宋）李焘：《续资治通鉴长编》卷一五〇。

[2]　（清）赵翼：《陔余丛考》卷四一。

明代仇英临摹宋画的《村童闹学图》。

朝有大量士庶家庭的女儿都得到教育，能断文识字，甚至吟诗作赋，著名女词人李清照、朱淑真的文学才情自不待言，从宋代题壁诗中也可以读到许多首不知名女子的题诗。南宋时，还有两名女童参加了科举考试的童子科。

宋代太学（相当于国立大学）的教学制度也堪称先进。经过王安石的改革，宋朝太学形成了一套成熟的"三舍制"，学生被划分为外舍生、内舍生与上舍生三舍（相当于分为三个年级），每舍设若干斋（相当于班级），采用积分制，即学生的学习成绩量化为学分，成绩优秀的外舍生可升入内舍；内舍生成绩优异者，可升入上舍。这是世界上最早的将学生成绩量化计分，并按积分升等的教育制度。

当然太学的入读名额有限。元丰朝时，太学建有80斋，每斋30名学生，共有2400名太学生，其中外舍生为2000名，内舍生有300名，上舍生100名。这已经是很大规模了，但仍无法满足大批士子的求学需求，于是便出现了旁听生。我们现在津津乐道民国时大学里有许多旁听生，如任继愈先生回忆说，"（老北大）校门任人出入，教室任人听课，图书馆阅览室也任人阅读，不管是不是北大的成员，都可以走进来，无人干涉"。其实宋代太学的旁听生更多，北宋大学者胡瑗博士在太学讲《易》，"常有外来请听者，多或至千数人"；另一位大学者孙复讲《春秋》，"初讲旬日间，来者莫知其数。堂上不容，然后谢之，立听户外者甚众"[1]。大宋学术之盛，于此也可见一斑。

科技高峰期

写《中国科学技术史》的李约瑟说道："对于科技史家来说，唐代不如宋代那样有意义，这两个朝代的气氛是不同的。唐代是人文主义的，而宋代较着重科学技术方面……每当人们在中国的文献中查找一种具体的科技史料时，往往会发现它的焦点在宋代，不管在应用科学方面，或纯粹科学方面，都是如此。"一位台湾的科技史学者也认为，中国"第一千禧之后的三百年（即两宋时期，元代的科技成就基本上来自宋代余绪），所产生的第一流科学家竟占秦汉以降两千多年的38%，宋元之际的科技成就可见一斑"。

---

[1]　（宋）朱熹编：《河南程氏文集》卷七。

生活于北宋的沈括，被李约瑟誉为"中国整部科学史中最卓越的人物"，对天文、历法、地质、光学、医学、数学等领域都有过人的研究，他通过一次又一次的实验，发现磁针在指南的时候，"常微偏东，不全南也"。这是世界上最早的对地磁偏角的发现。他又发现，日月星体为球形，月球并不发光，其光亮来自太阳光的反射："日月之形如丸。何以知之？以月盈亏可验也。月本无光，犹银丸，日耀之乃光耳。光之初生，日在其傍，故光侧而所见才如钩；日渐远，则斜照，而光稍满。如一弹丸，以粉涂其半，侧视之，则粉处如钩；对视之，则正圆，此有以知其如丸也。"[1] 假如不是对大自然的奥秘有着赤子一般的好奇心与求知欲，恐怕沈括不会有那么新奇的发现。

我们从许多宋代士大夫的身上都可以看到这种好奇心与求知欲，比如朱熹，他自述说："某自五六岁，便烦恼道：'天地四边之外，是什么物事？'见人说四方无边，某思量也须有个尽处。如这壁相似，壁后也须有什么物事。其时思量得几乎成病。到而今也未知那壁后是何物？"[2] 今人只知道朱熹是一名理学家，却不知他终生都对探究宇宙奥妙保持着一颗好奇心。其实也不奇怪，宋朝的理学主张"格物致知"，强调对未知的事物保持着求知的兴趣，以探索出事物背后的规律与道理（理）。我觉得正是这种好奇心构成了宋代科技发明的驱动力。

宋朝政府也没有像明清统治者那样将科技发明视为"奇技淫巧"，加以禁绝；恰恰相反，朝廷常常对出色的科技发明者给予奖励，如冯继升改良了火药法，朝廷赐衣物束帛。在科技领域有

---

[1] 〔宋〕沈括：《梦溪笔谈》。

[2] 〔宋〕黎清德编：《朱子语类》卷九四。

突出才能的人通常会被列入"奇才异行"名录，可以直接选拔进政府机构。政府还有意识培养科技人才，在中央一级设立了多种专科学校，包括医学院、算学（数学）院、天文历法学校、武学院等，隶属于国子监。又实行奖学金制度，如医学院学生成绩为上等者，每月给钱十五贯，中等者给钱十贯，下等者给钱五贯。

地方的州县学校也设置了科学课程，胡瑗主持湖州州学时，便将州学分为"经义""治事"两斋，其中治事斋开设治民、讲武、堰水和算历四项课程，要求学生"各治一事，又兼摄一事"。宋代的书院也有科学课程，一生都致力书院建设的朱熹主张："律历、刑法、天文、地理、军旅、官职之类都要理会。虽未能洞究其精微，然也要识个规模大概。"[1] 我们以为古代的国子监、州县学、书院教授的仅仅是儒家经义，其实这是一种错误的想象。

中国古代科学技术发展到宋代时，形成一座高峰，这当然不是偶然的，应该说，宋朝对科技教育的重视提供了强劲的动力。中国科技教育的衰落是从元明清三朝开始的，元朝的治理术非常粗糙，不过两宋科研余绪尚未断绝。流氓无产者出身的朱元璋则对"奇技淫巧"抱有敌意，《明史·天文志》载："明太祖平元，司天监进水晶刻漏，中设二木偶人，能按时自击钲鼓。太祖以其无益而碎之。"这一先进的技术因此失传。宋元取得的数学成就，如天元术、四元术、招差术、垛积术、大衍求一术、增乘开方法，明朝的不少数学家居然感到难以理解。到晚明时，士大夫群体才恢复了对科学技术的探索兴趣，这才有了徐光启对《几何原本》的翻译、宋应星《天工开物》的出版。但入清之后，清廷又对科技探索采取了压制的态度。著名的"李约瑟难题"问

[1] （宋）黎清德编：《朱子语类》卷一一七。

道：“为什么直到中世纪中国还比欧洲先进，后来却会让欧洲人着了先鞭呢？”也许答案就在这里。

军事科技

鲁迅在一篇杂文上写道：“外国用火药制造子弹御敌，中国却用它做爆竹敬神；外国用罗盘针航海，中国却用它看风水。”但鲁迅说错了。因为事实上，中国人发明了火药，很快即将其应用于军事，北宋时汴京有一个大型的兵工厂“广备攻城作”，下设“火药作”，就是制造各种火器的工厂（宋朝人发明的罗盘，也是运用于航海）。

世界上最早的管状火枪，叫作“突火枪”，是宋朝人发明出来的，《宋史·兵志》载：“又造突火枪，以巨竹为筒，内安子窠，如烧放焰绝，然后子窠发出如炮声，远闻百五十余步。”

宋人又利用火药制作出“火球”“火炮”等可投掷的火器，类似于今天的手榴弹（当然杀伤力不如手榴弹，但原理是差不多的）。宋代兵书《武经总要》载有“霹雳火球”、“蒺藜火球”、“毒药烟球”（毒气弹）、“引火球”（燃烧弹）等多种火弹，并记录了制作火弹的各种火药配方。其中一种：“硫黄一斤四两，焰硝二斤半，粗炭末五两，沥青二两半，干漆二两半捣为末”，黑火药的核心元素硫黄、硝、炭比例为：2.8：5：1，按照这一配方制作出来的火药是可以产生爆炸的。宋朝之所以能够抵御一波又一波的北方强敌，火器发挥了不可忽视的作用。南宋初，金兵渡江南下伐宋，虞允文在采石矶迎击金兵时，即使用了先进的“霹雳炮”火器：“舟中忽放一霹雳炮，盖以纸为之，……自空而下，……其声如雷，纸裂而石灰散为烟雾，眯其人马之目，人物不相见。……（金人）逐大败之。"[1]

宋人还发明了一种近距离杀伤力非常厉害的火器——"猛火油柜"，根据《武经总要》的记载，猛火油柜以熟铜为柜，内装猛火油（石油），柜下方有四脚，上方有四个铜管，铜管上横置一条长长的唧筒，与油柜相通，唧筒前部设置"火楼"，内装火药。作战时，点燃"火楼"的火药，用力抽拉唧筒，利用空气压力喷出猛火油，猛火油经"火楼"形成烈焰，形若火龙，可将五六米远的敌人与装备烧掉。

宋人制造的"床子弩"则是远程杀敌的利器，北宋初，魏丕将床子弩的射程提高到一千步："旧床子弩射止七百步，令丕增造至千步。"[2] 宋代一步合1.536米，千步有1536米，这应该是古代射远兵器所能达到的最远射程了。在宋辽澶州之战中，宋军即以床子弩射杀了辽军大将萧挞凛，大挫契丹士气，迫使辽军议和，签订澶渊之盟。

南宋的水师装备有一种"车船"，利用人力脚踏带动飞轮高速旋转，从而驱动战船迅速前进，是宋金战争中阻击金兵的大型装备，"绍兴中，金亮入寇，至瓜洲，虞允文驰诣京口，会诸将杨存中等，临江按试水军，命战士踏车船，中流上下，三周金山，回转如飞，敌相顾骇愕"[3]。宋朝还率先使用了"装甲船"，叫作"铁壁铧嘴平面海鹘"，南宋人秦世辅所制，排水量约为60吨，舱壁装有铁板，船首装有铁制铧嘴，可以在水战中撞沉敌船。

[1] 〔宋〕杨万里：《诚斋集》卷四四。

[2] 〔元〕脱脱等：《宋史·魏丕传》。

[3] 〔清〕顾祖禹：《读史方舆》。

在中国军事史上，宋代正处于从冷兵器时代向热兵器时代转化的过程中，新技术包括火药的应用非常广泛。可惜这种军事装备上的先进性，还不足以产生绝对优势，也无法维持技术的垄断，每有新技术发明，很快即为敌军学去。

题壁诗

今天的人们如果想表达意见、发发牢骚，可以上网发帖。古人呢？嗯，可以写写"题壁诗"。宋朝的题壁诗很是繁荣昌盛，我们耳熟能详的一首《题临安邸》："山外青山楼外楼，西湖歌舞几时休？暖风熏得游人醉，直把杭州作汴州。"其实就是题写在临安一家旅店墙壁上的政治讽刺诗。诗人想借诗表达对政府的不满。另一首立意差不多的宋诗："白塔桥边卖地经，长亭短驿最分明。如何只说临安路，不较中原有几程！"也是当时知识分子抒发牢骚的题壁诗。

题壁诗有一个公共性的功能：将一个人的意见、观点与情绪公开传播出去，如果话题足够抓人眼球，便可以引来回应（和诗）与讨论，从而形成公共舆论。显然，如果一个宋朝人对政府的施政有看法，他便可以用题壁诗的形式表达出来。南宋嘉定年间，临安府在西湖畔的"三贤堂"卖酒，一名太学生不满政府行为，便在三贤堂壁上题了一首诗："和靖东坡白乐天，几年秋菊荐寒泉。如今往事都休问，且为官司趁酒钱。"讽刺官府在这里卖酒轻慢先贤，"府尹闻之，亦愧而止"[1]。

[1]　（宋）罗大经：《鹤林玉露》卷五。

又有一名四川官员，"在都乞差遣，一留三四年"，都等不到职务。这川官心中焦急，化作一股诗情，凝结在租宿的旅店墙壁上："朝看贝叶牢笼佛，夜礼星辰取奉天。呼召归来闻好语，初三初四亦欣然。"此诗居然"传摇京下"，朝廷闻知，很快就给他安排了工作，川官"遂得缺而去"。[1]

北宋大中祥符年间，有一名三班奉职（低级武官）因为工资太低（月俸钱七百文，羊肉半斤），在驿舍中题诗发牢骚："三班奉职实堪悲，卑贱孤寒即可知。七百料钱何日富，半斤羊肉几时肥。"大概引发了一些共鸣，很快传入朝中，"朝廷闻之曰：'如此何以责廉隅？'遂增今俸"。顺应舆论，提高了武臣的薪俸。[2]

宋太宗朝，一次待漏院（百官晨集准备朝会的休息室）重新装修，时任判大理寺事的王禹偁自告奋勇，写了一篇题壁文，文章是以告诫宰相的语气写的，王禹偁直截了当地说："棘寺小吏王禹偁为文，请志院壁，用规于执政者。"措词也很不客气，说：如果宰相一脑门心思只想着"子女玉帛，何以致之；车马玩器，何以取之"，又徇私枉法，"奸人附势，我将陟之；直士抗言，我将黜之"，那这样的宰相，"则死下狱，投远方，非不幸也，亦宜也"。[3] 王禹偁当时不过是一名小法官，但气势很盛，敢将宰相拿来教训。但却没有人觉得有什么不妥，他的题壁文一写出来，便被抄到待漏院新刷的墙壁上，百官晨集时，抬头就可以看到。由此也可见宋代政治风气之宽容。

南宋韩侂胄当政之时，迫害贤相赵汝愚，诬道学为"伪

[1]（宋）张端义：《贵耳集》。

[2]（宋）沈括：《梦溪笔谈》卷二三。

[3]（宋）王禹偁：《待漏院记》。

学"，制造"庆元党禁"，压制异论，是宋代言论管制最严厉的时期。但即便如此，韩侂胄亦不敢（也不能）禁绝议论。庆元二年（1196），赵汝愚去世，临安士子"多为挽章，私相吊哭，至大书揭于都城观阙之上"，在都城观阙的墙壁上题诗，以悼念赵汝愚的名义抨击韩侂胄。太学生敖器之也在城墙上贴出一首锋芒直露的诗歌，其中两句写道："九原若见韩忠献，休说渠家末代孙。"并署上"敖器之"的大名，"一时都下竞传"。诗中的"韩忠献"，指韩侂胄的先祖——北宋名臣韩琦。这首诗分明是在讽刺韩侂胄没有脸面见他的祖宗，但韩侂胄"闻之，亦不之罪也。器之后登进士第，今犹在选调中"[1]。敖器之后来考中进士，老韩也没有给他小鞋穿。（另据叶绍翁《四朝闻见录》，敖器之题诗后潜逃，后给韩侂胄写信请罪，韩原谅了他。但叶绍翁的这则记录错漏百出，这里不采信。）

　　古代没有互联网，没有BBS，没有微博，不过题壁诗发挥了网络公共论坛的功能，一面墙便是一个页面，一首诗便是一个帖子。题壁诗的题材也跟网络帖子一样庞杂，有个人遣怀的，有打发无聊时光的，有追述个人经历的，也有就公共事件发表看法的——包括批评政府。我们这里关注的是最后一类。从宋政府对这类"帖子"的反应来看，我们似乎可以说，宋朝对于题壁诗所代表的公共舆论还是比较宽容和尊重的，既没有"删帖"（将题壁诗铲掉），也没有下禁令（禁止题壁），往往还能够闻过而改。

[1]　（宋）岳珂：《桯史》。

花押

今天恐怕许多人都会自己或找设计师设计一个签名。这类签名，与其说是汉字书写，不如说是一个图形、符号，跟名字的书写有几分相似，但线条夸张、变形、艺术化，也因此显得独一无二，更具个性化，可以成为个人的标签与凭信，往后凡签署文件、签名售书、签领工资等等，都可以用这个独树一帜的签名。这样的签名方式，宋朝也很流行，当时叫作"花押""押字"。宋人说："押字，古人书名之草者，施于文记间，以自别识耳。"[1]

我们现在看宋人留下来的书画，通常都可以发现一些奇怪的署名符号，似草书又不是草书。这些符号，其实便是花押，如

---

[1]　（宋）洪迈：《容斋五笔》卷一〇。

宋徽宗书画作品的花押，形同"天水"的连笔，有人认为里面包含着"天下一人"四字。宋朝一些文人与友人通信，也爱用花押，"国初人简牍往来，其前起语处皆书名，后结语处即以花书，不再出名也。花书云者，自书其名，而走笔成妍，状如花葩也"[1]。不过宋朝的花押可不仅仅是文人之间的文字游戏，而是应用很广的个人凭信，一旦画押出来，便代表了自己的信用。

依宋制，官府"应行文字，签押用印完备，方得发出"[2]。官员签署公文时，须押字，不押字则公文无效，即使盖上公章，仍然不会被认可。因为押字的重要性，朱熹告诫说："当官处事，但务着实。如涂擦文书、追改日月、重易押字，万一败露，得罪反重，亦非所以养诚心、事君不欺之道也。"[3]

宋朝宰相签发文书，也须押字。所以梦想爬上宰相高位的钱惟演感慨说："使我得于黄纸尽处押一个字，足矣。"而当上了宰相的王安石，却由于其花押像一个"歹"字而受到同僚取笑："王荆公押'石'字，初横一画，左引脚，中为一圈。公性急，作圈多不圆，往往窝匾，而收横画又多带过。常有密议公押'歹'字者，公知之，加意作圈。"[4]如今，日本的首相与内阁大臣，还保留着花押签名的习惯。

北宋时，四川的富豪联合成立"交子铺"（类似于民营银行），交子铺发行的交子，"同用一色纸印造，印文用屋木人物，铺户押字，各自隐密题号，朱墨间错，以为私记"[5]，可见

[1] （宋）程大昌：《演繁露》。

[2] （宋）李元弼：《作邑自箴》卷五。

[3] （宋）吕本中：《官箴》。

[4] （宋）叶梦得：《石林燕语》卷四。

[5] （宋）李攸：《宋朝事实》卷一五。

交子上须有铺主的押字。后来宋政府设立交子务，发行官交子，官交子上也有交子务长官的押字，就如今天许多国家的货币上都有中央银行行长的签名。

宋朝寻常百姓在社会生活中也离不开花押。比如你要上衙门起诉某人，状纸上就必须有你的亲笔花押。"文状须是呼集邻保，对众供写，或不能书字，须令代写人，对众读示，亲押花字，其代写人及邻保亦须系书以为照证"。[1] 由于花押实际上并不是以姓名书写作凭信，而是以个人化的图形笔迹为凭信，所以不识字的平民也可以押字。而且，相比之姓名书写，押字更加难以被模仿、作伪。

宋人与他人订立合约，也须甲乙双方及中介亲笔押字。如宋代法律规定，一份田宅交易合同，如果没有牙保（中介）与写契人"亲书押字"，将不具法律效力。因此，袁采撰写《袁氏世范》时，不忘记提示家人：与人交易田产，"如有寡妇、幼子，应押契人，必令人亲见其押字"。租赁合约、雇佣合约的订立，同样需要写契人亲笔押字。

押字风气在宋朝的兴起，显示了中国社会演化至宋代，个人的征信作用已经日益突显出来，不管是长官在签发公文时，还是平民与他人发生交易与合作关系时，都需要以亲笔押字的形式昭示个人信用，为文书的效力背书。从某种意义上说，一个社会的现代性，便体现在个人征信的应用上，就如在今天，我们只需要签下自己的名字，便可以刷信用卡消费。

---

[1] （宋）李元弼：《作邑自箴》卷五。

结社

　　1831年，法国人托克维尔到美国访问，待了大半年，他发现："在美国，不仅有人人都可以组织的工商团体，而且还有其他成千上万的团体。既有宗教团体，又有道德团体；既有十分认真的团体，又有非常无聊的团体；既有非常一般的团体，又有非常特殊的团体；既有规模庞大的团体，又有规模甚小的团体。"[1] 如果托克维尔有机会在十三世纪访问中国，他一定也会发现宋人的结社，也丰富得足以让人瞠目结舌。

　　宋代的民间结社，大致可以分为两大类，一是营利性的商业部门，即托克维尔所说的"工商团体"，宋人一般称为"市""行""团行"，其中手工业从业人员的组织又称"作"；一是非营利性的组织，宋人一般称为"社""社会"。

　　宋朝的团行，"盖因官府回买而立此名，不以物之大小，皆置为团行，虽医卜工役，亦有差使，则与当行同也"[2]。这是置立团行的初衷：应付政府采购。但团行成立之后，则获得了约束本行成员、维护市场秩序、同行互济互助的行业自治功能。宋话本《万秀娘仇报山亭儿》讲了一个故事：襄阳府城中有一家万员外茶坊，茶坊有个小名叫陶铁僧的茶博士（服务员），因为偷了茶坊二百七十贯钱，被万员外赶了出来。陶铁僧"当初只道是除了万员外不要到我，别处也有经纪处"，以为此处不留爷，自有

[1] ［美］托克维尔：《论美国的民主》。

[2] （宋）吴自牧：《梦粱录》。

留爷处。却不知万员外已将陶偷钱一事通报了襄阳府开茶坊的"行院"（茶坊行业组织），结果整个襄阳府没有一家茶坊敢再雇佣这个陶铁僧。也就是说，通过"行院"的组织网络与动员机制，襄阳茶坊可以有效地将害群之马识别出来，阻止其再进入本行业。这便是行业自治的表现。

团行有"行头"（又称"行首""行老"），是一行的领袖，可以代表团行与政府交涉。我们知道，宋代团行有向官府供应商品的义务，当然政府需要支付一定费用，不能白拿，但毕竟给各行造成不便。熙宁年间，汴京的肉行行头徐中正等人，便代表本行，向官府申请不再供肉，而是仿照免役钱法，交纳免行役钱。促成宋政府实行"免行法"，即各团行向政府缴纳免行役钱，不再需要轮流以实物或人力应役。

宋代城市的团行非常发达，《梦粱录》记载了杭州的各类团行："有名为'团'者，如城西花团、泥路青果团、后市街柑子团、浑水闸鲞团；又有名为'行'者，如官巷方梳行、销金行、冠子行、城北鱼行、城东蟹行、姜行、菱行、北猪行、候潮门外南猪行、南土北土门菜行、坝子桥鲜鱼行、横河头布行、鸡鹅行；更有名为'市'者，如炭桥药市、官巷花市、融和市南坊珠子市、修义坊肉市、城北米市"；"其他工役之人，或名为'作分'者，如碾玉作、钻卷作、篦刀作、腰带作、金银打钑作、裹贴作、铺翠作、裱褙作、装銮作、油作、木作、砖瓦作、泥水作、石作、竹作、漆作、钉铰作、箍桶作、裁缝作、修香浇烛作、打纸作、冥器等作分"。又据《西湖老人繁胜录》，南宋时杭州"有四百十四行"之多。

宋朝的"社"也很发达，就《东京梦华录》《西湖老人繁胜录》《梦粱录》《武林旧事》《都城纪胜》记录的杭州城的

"社"，就有上百种，五花八门，什么社都有，演杂剧的可结成"绯绿社"，蹴鞠的有"齐云社"，唱曲的有"遏云社"，喜欢相扑的可以入"角抵社"，喜欢射弩的可结成"锦标社"，喜欢文身花绣的有"锦体社"，使棒的"英略社"，说书的有"雄辩社"，表演皮影戏的有"绘革社"，剃头的师傅也可以组成"净发社"，变戏法的有"云机社"，热爱慈善的有"放生会"，写诗的可以组织"诗社"，连妓女们也可以结成"翠锦社"，一群赌徒还组成"穷富赌钱社"……

只要你能拉到几位同好，就可以成立一个"社"。各个种类的"社"并不是只有一个，而是通常都有数个，如杭州的"清乐社"，"有数社，每社不下百人"[1]。

《武林旧事》等笔记没有提及的结社，数目肯定更多，比如

---

[1] 〔宋〕佚名：《西湖老人繁胜录》。

北宋佚名《睢阳五老图》。画的是北宋名臣杜衍、毕世长、朱贯、王涣、冯平，致仕后归老睢阳，结成"睢阳五老会"。

南宋时，福州"凡乡里各有书社，岁前一二月，父兄相与议，求众所誉学识高、行谊全、可以师表后进者某人，即一二有力者自号为鸠首"[1]。这里的书社，是一群读书人组织起来、相互砥砺的读书社团。又如北宋时，"太原土风喜射，故民间有弓箭社。公（韩琦）在太原，不禁亦不驱，故人情自得，亦可寓武备于其间"[2]。弓箭社则是民间的自卫组织。还有一个叫王景亮的读书人，闲得无聊，"与邻里仕族浮薄子数人，结为一社"，专给士大夫起不雅外号，故社团被称为"猪嘴关"，这大概就是托克维尔所说的"非常无聊的团体"。可惜这个"猪嘴关"后来拿当朝权臣吕惠卿开玩笑，吕氏衔恨，便寻了一个借口，将王景亮等人抓了，"猪嘴关"也就解散了。[3]

[1] （宋）梁克家：《淳熙三山志》卷四〇。

[2] （宋）赵善璙：《自警编》卷七。

[3] （清）潘永因：《宋稗类钞》卷六。

总的来说，宋人是享有高度的结社自由的。除了黑社会性质的团体，官方基本上并不禁止民间结社，偶有干预，也效果不大。小心眼的吕惠卿要报复王景亮诸人，只能"发以他事"，而不能直接取缔"猪嘴关"。北宋中叶，有人举报蔡州有数千妖人搞地下结社、非法集会。朝廷于是派宦官前往调查。到了蔡州，宦官提出要派兵逮人。知州吴育说：这是乡民相聚集资办佛事，需要派兵逮人吗？叫一名小吏将为首之人唤来问话就行了。为首十人被叫来，问话后"皆无罪释之"，而那名居心不良的举报者则被吴育打了板子。

到了清朝治下，才出现严禁士子结社的立法，如顺治年间，朝廷宣布诸生"不许别创书院，集群作党"；雍正年间又"严定生监假托文会、结盟聚党之禁。饬地方官拿究申革外，有远集各府州县人等，标立社名，论年序谱，指日盟心者，照奸徒结盟律，分别治罪"。[1]

社会信任

美籍日裔学者福山认为传统中国是一个低信任社会，人们之间的信任程度很低，社交范围非常有限，不容易建立家族与政府之外的社团。但福山的这个论断，完全不符合宋代社会。看看宋人的笔记就很清楚了。

宋人王明清的《摭青杂说》记载，汴京最著名的大酒楼——樊楼旁边，有一间茶肆，"甚潇洒清洁，皆一品器皿，椅桌皆济

---

[1] 《清朝文献通考》卷七〇《学校考八》。

楚，故卖茶极盛"，生意很好。更难得的是，这间茶肆特别讲诚信，专门设了一个小棚楼，收放客人在茶肆的遗失之物，"如伞屦衣服器皿之类甚多，各有标题，曰某年某月某日某色人所遗下者。僧道妇人则曰僧道妇人某，杂色人则曰某人似商贾、似官员、似秀才、似公吏，不知者则曰不知其人"，客人丢失的金银，几年后仍能在这里找回来。宋神宗朝时，曾有位姓李的士人在茶肆中饮茶，因为粗心大意，将数十两金子遗留在茶肆桌上，忘记带走。等想起来时，已是半夜，李氏认为这笔钱已不可追回，便不再到茶肆问询。几年后，李氏又经过这间茶肆，向茶肆主人说起几年前丢金子之事，主人仔细核对无误，将金子如数奉还。李氏欲分一半给他，主人坚辞不受，说："小人若重利轻义，则匿而不告，官人待如何？又不可以官法相加，所以然者，常恐有愧于心故耳。"

又据《东京梦华录》，汴京中批发美酒的大酒店，只要那些酒户来打过三两次酒，便敢将价值三五百贯的银制酒器借与人家，甚至贫下人家来酒店叫酒待客，酒店亦用银器供送，对连夜饮酒者，次日才将银器取回，也不用担心有人侵吞这些珍贵的酒器。请注意，北宋汴梁是当时世界上最繁华的大都市，毫无疑问，这是城市"陌生人社会"，而不是乡村"熟人社会"。许多人跟福山一样，以为中国传统社会无法建立起陌生人信任秩序，但北宋汴梁呈现出来的醇厚风气应该可以修正这种偏见。

南宋的临安（杭州）也是一个生齿繁多、商业繁荣的大都会，同时也表现出很高的社会信任度。据周密《武林旧事》记载："有贫而愿者，凡货物盘架之类，一切取办于'作坊'，至晚始以所直偿之。虽无分文之储，亦可糊口。此亦风俗之美也。"说的是，那些来临安做生意的穷人，可以到"作坊"预领货物、盘架之类，也不必垫钱，等傍晚卖了货物回来，再付还"作坊"本钱。这样，那些穷生意人即使身无分文之资，也能够做点小生意养家糊口。

南宋的另一个城市金陵（南京）亦具有同样的美俗。车若水的《脚气集》记述说，有人在金陵"亲见小民有'行院'之说"。比如有卖炊饼（武大郎卖的就是炊饼）的小商贩自别处来金陵做生意，一时找不到铺面与资金，这时候，"一城卖饼诸家"便会帮他张罗摊位，送来炊具，借给他资金、面粉，"百需皆裕"，谓之"护引行院"。车若水忍不住称赞道："此等风俗可爱！"从宋人对身边社会生活的记述，我们可以发现，在宋代的商业城市，信任、帮衬陌生人，已经形成了一种社会风俗。

社会信任的高低跟社会组织的发育程度为正比例关系，因为丰富的社会组织正好构成了交错的社会信任网络。不要以为中国传统社会只有基于血缘的宗族组织，在宋代的城市，已经产生了超越血缘的各类组织。金陵的"行院"是工商行业组织，所谓"护引行院"，即本行业互相保护、帮助的意思。临安的"作坊"，也是一个商业社团。借助发达的社团组织，宋人构建了一个交错纵横的信任网络，并且慢慢将人际互信沉淀为一个地方的社会风气、人情习俗。

重建宗族

宋朝立国之初，由于刚刚历经五代战乱，原来维系秩序的士族门第已经瓦解，社会陷入失序当中，以致"骨肉无统，虽至亲，恩亦薄"，"父在已析居异籍，亲未尽已如路人"。对于主

南宋佚名《孝经图卷》局部，表现和睦的家庭生活。

要依靠宗法伦理联结起来的传统社会来说，宗族之不存，即意味着社会的溃散。

　　鉴于此，张载、程颐、朱熹等宋代儒家才发起一场旨在"收宗族，厚风俗，使人不忘本"的宗族重建运动，以期重塑社会的礼俗秩序。北宋范仲淹创设的"范氏义庄"可谓是宗族建设的典范。北宋皇祐二年（1050），范仲淹以个人官俸所得，在原籍苏州吴县购置良田千亩，作为族内公益基金（义田），义田每年收取的租米，用于赡养族人、供养族学（义学），又设立管理范氏宗族公益基金的机构（义庄），制订《义庄规矩》十三条（族规）。从北宋至清代，范氏义庄维持了近千年，无数范氏子孙从中受惠。这可能是中国历史上持续时间最长的民间NGO（非政府组织），比所有的王朝都长寿。

范氏义庄问世后，即成为士大夫组织民间救济的榜样，江南社会的家族纷纷效仿。范仲淹的女儿范氏，嫁与张家，范氏受父亲影响，也兴办了一个张成义庄："文正公于姑苏建范氏义庄，闻天下，夫人抱病，久苦辛，呻吟中，思为张成义庄，终不辱其先正也。"[1]

从宋代发展起来的平民宗族（有别于之前的豪族世家），具有向族人提供福利、救济、调解与仲裁、身份认同等功能。宗族的族长、长老们还负有敦化风俗、和睦邻里、维系社会礼俗秩序的道德自觉，从而避免了专制的国家权力过度介入基层社会。所以明季的顾炎武说："是故宗法立而刑清。天下之宗子各治其族，以辅人君之治，罔攸兼于庶狱，而民自不犯于有司。风俗之醇，科条之简，有自来矣。"

我们应当从"社会自治"的视角来理解传统宗族的这些功能。顾炎武曾应邀为一位重建宗族祠堂的朋友写了一篇"宗祠记"，说道："自三代以下，人主之于民，赋敛之而已尔。凡所以为厚生正德之事，一切置之不理，而听民之所自为。于是乎教化之权，常不在上而在下。"这个"不在上而在下"的"教化之权"，就是传统民间社会自我治理的权力，通常掌握在宗族组织与地方士绅手里。顾炎武在他那个时代还未能提出"社会自治"的概念，但意思已在。到了清末，广东的南海县修县志，则明明白白地将士绅与宗族的治理活动归纳为"自治"了："凡乡中有更革者，有纷争者，祭之明日，大集而调理之，亦可谓能自治者也。"

所以，我们说，宗族乃是民间社会自发生成的自治机制之

[1]　（宋）晁说之：《嵩山文集》卷一九。

一。这一社会自治机制的存在，实际上阻止了专制皇权的扩张与渗透，用顾炎武的话来说，即所谓"宗法立而刑清"。

吕氏乡约

重建宗族只是宋代士绅发起的构建社会优良秩序的组成部分。北宋大儒张载还计划在关中"兴学校，成礼俗，救灾恤患"，经过关中理学家群体对礼俗的倡导，关中一带逐渐形成了敦厚、和睦的风俗，张载说："关中学者用礼渐成俗。"中国历史上第一个完全自发、自治的村社共同体——吕氏乡约，也是由张载的弟子吕大钧创立于关中平原的蓝田县。

按照吕大钧的设想，乡约由地方士绅倡立，乡人自愿加入或退出。约中众人推举出一位德高望重、正直公道之人担任"约正"，为乡约最高领袖，执掌约中赏罚、决断之权；乡约的日常管理则由"直月"负责，"直月"是轮值的，一人一月，一月一换。说到这里，我们可能会惊奇地发现，吕大钧创立的乡约，既是自由的（自愿出入），又是民主的（公选领袖），也是平等的（约众不分地位高下，以年齿为序充任"直月"）。

乡约的功能，吕大钧用了十六个字相概括："德业相劝，过失相规，礼俗相交，患难相恤。"意思是说，一约之中，大家相互倡导善行，互相规劝过错，推行良序美俗，约中如果有人遇到患难之事，其他人都应当提供援助。乡约每月一小聚，每季一大聚，聚会不仅是联络众人情感、维系乡约认同的仪式，更是一种议事机制、一个自治平台，因为聚会的时候，入约之人近期的善行或恶行都要记录在册，并据此进行赏罚。约中众人有事，也可以在聚会上提出，大家协商，找出解决方案。可以这么说，吕氏乡约是一个建立在自愿联合基础上，有着教化、救济与公共治理功能的村社自治组织。

不过，吕氏乡约在推行之初，曾遇到了一些麻烦，不但乡里有些流言蜚语，连吕大钧的兄长吕大防似乎也不赞成弟弟在家乡搞什么自治。反对吕大钧设乡约的亲友说，你一个在野的士绅组织结社，容易被人误会为结党，引来朝廷猜疑。况且治理地方社会本是官府的事情，你又何必掺和呢？吕大钧回应说，士绅当造福乡里，何必要做上了官才来行善事？如果什么事都由官府指示了才可以做，那"君子何必博学"？在宋儒的观念里，天下是万姓之天下，社会是我们的社会，读圣贤书的儒家士君子，既有治理社会的责任，也有这个权利。

史家萧公权先生对吕氏乡约有很高的评价："吕氏乡约于君政官治之外别立乡人自治之团体，尤为空前之创制……此种组织不仅秦汉以来所未有，即明初'粮长''老人'制度之精神亦与之大异。盖宋、明乡官、地保之职务不过辅官以治民，其选任由于政府，其组织出于命令，与乡约之自动自选自治者显不同科也。"[1]

朱子社仓

宋代的社会发育程度远超之前的任何朝代，中国历史上诸多重要的社会自治组织，如乡约、社仓、义庄、书院等等，均发端或兴盛于两宋。历史上第一个社仓，由南宋士绅魏掞之在绍兴

---

[1] 萧公权：《中国政治思想史》。

明代画家郭诩所绘的朱熹像。

二十年（1150）创立于福建招贤里。稍后（1168年），魏掞之的好友朱熹也在福建的五夫里设立社仓。宋儒设置社仓的初衷，是因为他们认为当时的官方救济（如常平仓）不尽可靠，士绅应当担起造福乡里之责，建立民间的自我救济体系，这样，乡人在遇到凶岁饥荒时也不必全然依赖于有司。

朱熹制订了一套完备的社仓结保制度。按照朱子的设计，社仓大体上是这么运作的：由地方政府先垫付一定数额的大米作为贷本，"富家情愿出米作本者，亦从其便"。社仓每年在青黄不接的五月份放贷，每石米收取息米二斗，借米的人户则在收成后的冬季纳还本息。等收到的息米达到本米的十倍之数时，社仓将贷本还给地方官府或出本的富户，此后只用息米维持借贷敛散，不再收息，只是每石米收取三升耗米，以弥补仓米的损耗。

在朱子的规划中，社仓由地方士绅组织并管理；人户是否参加结保也采取自愿原则，"如人户不愿请贷，亦不得妄有抑勒"。抑勒，就是强制、摊派的意思。不过人户"入保"有资格审查："产钱六百文以上及自有营运，衣食不阙，不得请贷"[1]，也就是说，有财力的人家不能申请社仓的救济。有的社仓还规定，"细民无田者不得预也"[2]，将放贷对象限定在具备一定还贷能力之人的范围内，这是出于保障仓本安全的考虑。平心而论，社仓不是慈善机构，而是民间的互助性自组织，这么规定也是合理的。

从社仓的功能来看，它和王安石的"青苗法"差不多，都类似于今日一些社会贤达所办理的农村小额信贷。然而，朱子社仓的立意与操作，都跟青苗法大不相同。王安石设青苗法，与其说是为"济民困"，不如说是为"富国用"，这就可以理解为什么它要收取高达20%的年息。青苗法又由官府推行，用朱熹的话来说，"其职之也，以官吏而不以乡人士君子"[3]，官吏不仅品行不如士君子，且手握权柄，而权力是可以用来压榨民脂的，因此，官吏在执行过程中，不但将年息提高到40%，且强行摊派，将青苗法搞成了典型的"害民之法"。朱熹的社仓，则显然具有NGO的性质，其运作独立于官方权力系统之外，地方官员只在放贷及还贷时应邀前往监督，对社仓的运作并不能干预。朱熹相信，只要"官司不得抑勒，则（社仓）亦不至搔扰"[4]。

---

[1] （宋）朱熹：《社仓事目》。

[2] （宋）真德秀：《劝立义廪文》。

[3] （宋）朱熹：《婺州金华县社仓记》。

[4] （宋）朱熹：《辛丑延和奏札四》。

淳熙八年（1181），朱熹上奏朝廷，建议在全国推行社仓之法。宋孝宗采纳了朱熹之议，下诏推广社仓，四五十年下来，朱子社仓已"落落布天下"。

书院

人们爱说太学、国子监是古代中国的最高学府，其实官学系统内的太学与国子监，更像是官员培养机构；就学术的纯粹性、教育的独立性而言，一部分高层次的民间书院才是传统社会的最高学府。

书院起源于唐代，而兴于两宋。唐代书院乃官学系统的一部分，或者跟佛教寺院关系密切。北宋建立后，天下初定，百废待兴，而汉唐时代的门阀士族又在长年战乱中瓦解消亡，于是新成长起来的平民士绅群体负担起了重振学术、重建文脉的责任。民间书院也就在北宋出现了一个迅速发展的局面，有学者估计，北宋有书院一百所上下，超过唐至五代的书院数量之总和。其中应天书院、岳麓书院、嵩阳书院、白鹿洞书院、石鼓书院、茅山书院、龙门书院、徂徕书院被誉为北宋"八大书院"。

南宋的书院更是获得空前的繁荣，根据研究中国书院史的邓洪波先生统计，在两宋七百多所书院中（绝大多数书院诞生于南宋），民办书院占了八成以上，因而邓先生断言"宋代是民办书院主宰天下的时代"。

这首先必须归功于南宋理学家的文化自觉，其中朱熹无疑是推动书院发展的最得力者，在他一生中，创建书院四所，修复书院三所，并在四十七所书院读书、讲学。南宋乾道三年

南宋佚名《孝经图卷》局部，表现尊师重教的画面。

（1167），朱熹应大学者张栻之邀，赴岳麓书院与张栻会讲，逗留两月，听者云集，"一时舆马之众，饮水池立涸"，各地学子乘马赶来岳麓书院听课，马匹之多，将饮水池的水都喝光了。

南宋理学家们之所以要致力建设书院，很大的原因是他们对当时的官学感到失望。因为官学体系是围绕着科举的指挥棒转的，"掌其教事者，不过取其善为科举之文，而尝得售于场屋者耳"[1]；"士子习熟见闻，因仍浅陋，知有科举而不知有学问"[2]。

——我们一定很熟悉这种情形，时下的高中教师，最受欢迎

[1]（宋）朱熹：《学校贡举私议》。

[2]（宋）朱熹：《信州州学大成殿记》。

的不正是高考押题高手么？这些教师培养出的学生，不就是一堆应试机器吗？而且，就如同现在的应试教育一样，北宋官学"其所授受，又皆世俗之书、进取之业，使人见利而不见义"[1]。

面对官学之溃坏，南宋的儒家士君子需要重建学术、收拾人心。大理学家朱熹设想过改造官学，却发现官学其害"不可胜言"，"莫之救也"，所以他"常欲别求燕闲清旷之地，以共讲其所闻"[2]，换言之，就是干脆抛掉官学体系，另立炉灶，创办更有独立品格、更有学术品质的书院。

在南宋理学家的理念中，书院首先是一个独立于官学的学术共同体，朱熹说，"前人建书院，本以待四方士友，相与讲学，非止为科举计"[3]，因而，书院欢迎的是"四方之士有志于学，而不屑于课试之业者"[4]。同时，书院也是践履儒家经世理想的讲学机构，并非"两耳不闻窗外事，一心只读圣贤书"，而是要通过讲学"传斯道而济斯民"。

经过理学先贤的苦心经营，南宋书院逐渐形成了一套完备的学院制度：以学术研究及讲学为核心功能，以学田为独立财政保障，以山长为书院领袖，以学规为书院章程。独立于官学体系之外，自主办学，自由讲学。

---

[1]　（宋）朱熹：《衡州石鼓书院记》。

[2]　（宋）朱熹：《衡州石鼓书院记》。

[3]　（宋）黎清德编：《朱子语类》卷一〇六。

[4]　（宋）朱熹：《衡州石鼓书院记》。

士绅

宋朝以儒立国，"儒道之振独优于前代"[1]，儒学的复兴，促成了一个深受儒家理想熏陶的士绅群体的崛起。毫无疑问，士绅是宋代社会重建运动的主要领袖，上面我们介绍过的宗族、乡约、社仓、书院等最重要的社会组织，无一不是由士绅发起、组织、建立并主持的。宋代的民间慈善，主导权也逐渐从宗教团体转移到士绅群体身上，如南宋士绅刘宰，曾经三度"纠合同志"，开办"粥局"，为无家可归、无粮糊口的饥民施粥，并以寺院收留流浪饥民。第一次"粥局"从嘉定二年（1209）十月持续至次年三月，日救饥民四千多人；第二次"粥局"从嘉定十六年（1223）冬持续至次年四月，日就食者最高达一万五千人；第

---

[1] （宋）陈亮：《陈亮集》卷一。

宋徽宗所绘《文会图》，描绘了宋朝士绅阶层的生活。

三次"粥局"从绍定元年（1228）二月持续至四月。活人无数。

士绅成为社会建设的领袖，并不是因为他们获得官府的委任，也不是通过了民众的民主投票，而是因为他们具有威望、影响力、信誉和社会地位，因而得到地方社会的拥戴。换言之，士绅是地方社会的"自发性权威"，只有他们，才有足够的资源与技艺来领导社会的构建。

与从前任何时代的儒家相比，宋代的士绅阶层显然具有更加自觉的抱负去构建地方社会自治秩序，这应归功于理学的传播。今人多以为理学是心性之学，提起理学家也极容易联想到"袖手空谈心性"的呆板形象。其实理学并不是单纯的"内圣"之学，理学的归宿点依然是"外王"，即"治国""平天下"，指的是建立优良的人间治理秩序。受理学影响的宋代士绅，相信重建人间秩序的道路并不是只有"治国"一途，投身于地方社会的建设——宋人称之为"仁里"——更加可行、可靠。

所以，北宋大儒张载计划在关中买一些田地来试验"井田制"，认为"纵不能行之天下，犹可验之一乡"[1]。

朱熹弟子度正提出："仁之为道，用之一乡不为不足，用之一国不为有余，所施益博，则济益众，顾用之何如耳。在上而行之，则为仁政，在下而行之，则为仁里，里仁之所以为美者，非以其有无相赒，患难相救，疾病相扶故耶？"[2]

姚勉说："士君子之生斯世也，达则仁天下之民，未达则仁其乡里，能仁其乡里，苟达即可推以仁天下之民。"[3]

这些观念都指向地方社会的构建。所以，我们不用奇怪，为什

---

[1] （宋）朱熹：《孟子集注》。

[2] （宋）度正：《巴川社仓记》。

[3] （宋）姚勉：《雪坡舍人集》卷三六。

么自宋至明，是理学家成为领导社会重建运动的最重要的力量。与此形成鲜明对比的是事功学派的态度，让我们来引用与朱熹论战的陈亮的一段自白："亮之居乡，不但外事不干与，虽世俗以为甚美，诸儒之所通行，如社仓、义役及赈济等类，亮力所易及者，皆未有分毫干涉。"[1] 可见陈亮对地方社会的自治事务毫无兴趣，也许他更为关注的是国家层次的政治大事与制度构造。

自治

宋仁宗年间，杭州富春县衙经年见不到一个临江人。奇怪，难道临江乡没有一个人要打官司么？是的，临江人不打官司。因为乡里有一乡绅，人称"孙长者"，"性宽厚，言忱行笃，信于乡"，"邻里有讼不之官，皆云当见孙长者，至则为陈事理，白其所以枉直之状，人人服而去，以是临江乡人终岁不见长吏"。[2]孙长者是当地乡绅，因为为人公道、热忱、诚信，又有声望和威信，受到众人信服，所以成为一名仲裁纠纷的民间司法权威，我将这称为"自发性权威"，临江乡也因此形成了一种自发的非诉讼纠纷解决机制，有了这一机制，乡民完全没有必要到官衙打官司。这便是中国传统的社会自治的体现。

这种由民间社会自发产生的纠纷仲裁机制，在宋代应该是普遍存在的。如北宋人麻仲英在临淄县闲居时，因为"行义高洁，乡党化服，邻里有争讼者，不决于有司而听先生辨之。虽凶

238

239

---

[1] （宋）陈亮：《陈亮集》卷二〇。

[2] （宋）徐象梅：《两浙名贤录》。

年，盗不入其家"[1]。又如南宋的安福县乡绅王希淮，"力单而急义，乡人称为长者"，"长者性笃厚，每一言一行，乡人取以为法，族里有争，率有直焉，得一言无不悦服者"。[2]甚至女性也能够成为这样的"自发性权威"，如北宋时，抚州临川有位王夫人，致富之后，"一毫不私，服用之俭犹昔也，方且汲汲赈穷乏，周疾丧，贷不能偿，则为焚券。德声日闻，远迩信服，讼不诣官，决于（夫人）一言"[3]。这些地方，都因为有"自发性权威"发挥了公道而有公信力的仲裁功能，因而不需要官府介入民间纠纷。

如果说，孙长者、麻仲英、王希淮等乡绅提供的是具有"人治"色彩的仲裁，并未能形成一种可复制的制度，那么吕大钧在家乡蓝田县推行的吕氏乡约，则已在有意识地探索一种制度化的纠纷解决机制了：乡约设有"约正一人或二人，众推正直不阿者为之，专主平决赏罚当否"，负有仲裁乡人纠纷之权、之责。

我们评判一个社会自治程度之高低，可以根据一些非常直观的观察指标：一、是否出现了发达的民间结社；二、是否形成了比较完备的乡规民约（习惯法）；三、地方社会是否普遍存在"自发性权威"（士君子）；四、民间是否具备有效的非诉讼纠纷仲裁机制。符合这四项指标的社会，其自治程度必不会低到哪里去。宋朝社会便是一个具有较高自治能力的社会。

---

[1]　（宋）王辟之：《渑水燕谈录》。

[2]　（宋）王炎午：《吾汶稿》卷九。

[3]　（宋）王令：《王令集·附录》。

民风好讼

　　"终岁不见长吏"只是宋朝社会的一个侧面，如果仅仅这样，我们会觉得宋朝社会太宁静、简朴了，不像是近代化兴起的世象。事实上，宋朝社会极具丰富性，各种自相矛盾的现象并存于世，既有"终岁不见长吏"的宁静秩序，也有"讼牒纵然"的健讼风气。

　　江南一带，"诉讼日不下二百"[1]，"诉庭下者日数百"[2]，"三日牒诉数百"[3]，每天上衙门打官司的人数以百计，今日的县级法院，每天接收的民商事立案，也未必有这么多吧。甚至出现了"上诉专业户"："自县而州，自州而监司，自

[1]　（宋）周应合：《景定建康志》卷四七。

[2]　（宋）晁补之：《鸡肋集》卷六六。

[3]　（宋）祖无择：《龙学文集》卷九。

监司而省部，滚滚二十余年，词讼始绝。"[1] 一些"健讼之民，朝夕出入官府，词熟而语顺，虽缭绕诡辩庭下，走吏莫敢谁何？"[2] 谁敢说中国传统社会的百姓不擅诉讼？

宋人健讼，乃是因为宋代商品经济发达，财产的转手迅速而频繁，财产纷争时有发生，人们对于财产的权利意识也日益觉醒，"利之所在，虽微必争"。在社会自治程序发育得成熟的地方，财产纠纷或可以通过民间权威的仲裁获得解决，而在缺乏民间仲裁机制或者纠纷的严重性已超过了民间仲裁承受能力之限的地方，打官司就无可避免。宋人因财产纠纷而闹上公堂的诉讼非常常见，《名公书判清明集》收录的几百个案例中，涉及房产交易、土地流转、债务、家产纠纷的诉讼最多，不但有邻里、主客（地主与佃户）之间的争讼，兄弟、叔侄甚至继母与儿子为争财产而闹上公堂之事，也不鲜见。

宋代的主流思想当然主张息讼，不过，宋政府还是比较尊重民众通过诉讼维护民事权利的做法，认为民间关于婚姻、田土、财产的争讼，事关"朝廷上下之纪纲，未可以细故视之"[3]。因此，宋代的民商事立法，远比其他王朝发达。宋朝还立法规定法官对民事诉讼的裁决，必须在判决书上写清楚判决的法理、理由，否则，诉讼人可以不服而提起上诉。我们现在看普通法系的判决书，其判决理由阐述得非常丰富，看宋代《名公书判清明集》收录的书判，同样有这个感觉，名公裁断，讲究衡平考虑情、理、法，以求合乎天理、法意与人情。

宋代民风健讼的结果，是催生了"讼学""讼社""讼师"

[1] 《名公书判清明集》卷一三。

[2] （宋）陈襄：《州县提纲》卷二。

[3] 《名公书判清明集》卷一二。

的出现。"江西州县，有号为教书夫子者，聚集儿童，授以非圣之书，有如《四言杂字》，名类非一，方言俚鄙，皆词诉语"[1]；周密的《癸辛杂识》也记述："江西人好讼，……往往有开讼学以教人者，如金科之法，出甲乙对答及哗讦之语，盖专门于此。从之者常数百人。"这些讼师专门教人讼学与辩论技巧，跟随学习者，通常都有几百人，连小孩子也接受讼学训练。在我的家乡，广南路海丰县，民风"刚悍嚣讼，五尺之童庭白是非，无端恐"[2]。五尺童子能够在法庭上侃侃而谈，毫无怯意，显然也是从小受过讼学训练的。

江西的袁州，更是"编户之内学讼成风，乡校之中校律为业，故其巧伪弥甚，锥刀必争"。在学校中教授讼学，当时许多官员都说这是养成刁民、教唆争端的坏事，但在袁州当过太守的杨侃并不这么看，而是认为"今袁之民，既皆知法，是易治也，非难治也"，刁民其实是由于吏治不廉洁、法制不公正造成的，"在上者自紊其法，故民得以纷纭于下也。呜呼！政不廉，法不平，虽非良民，口不可塞也"。[3]

还有一些地方成立了专门教授讼学、培养讼师的机构，在沈括的家乡松阳县，"有所谓'业觜社'者，亦专以辩捷给利口为能，如昔日张槐应，亦社中之铮铮者焉。"[4] 这个"业觜社"，类似于律师培训机构。

以协助他人打官司为业的"书铺"也应运而生，宋代官方与士大夫虽然对弄讼之人很厌恶，但还是承认了书铺的合法性。宋

---

[1] （清）徐松辑：《宋会要辑稿·刑法》。

[2] （明）姚良弼修、杨载鸣纂：《惠州府志》。

[3] （宋）杨侃：《增修袁州郡厅记》。

[4] （宋）周密：《癸辛杂识·续集》。

朝的书铺是民间开办的，但须在官府注册，由官方发给牌记（相当于执业证书），主营业务是代写诉状、提供诉讼协助，具有律师事务所与公证处的一部分功能。

宋代讼学与讼师的出现，"构成了中国古典司法传统走向近代转型的机制，当时的中国古代司法既领先于西欧诸国，也在历史的转型中获得了与英国起点大致相同的机遇，若宋代以后的元、明、清诸朝抓着此一机遇，沿着宋代开拓的方向前进，中国的古典司法传统该早已完成了向近代的转换"[1]。

民告官

中国古代法律虽然没有专门的"行政诉讼法"，但行政诉讼的最重要特征——"民告官"则是一直存在的，宋代更是屡见不鲜，如在民风健讼的江西路，小民"一不得气"，便"诋郡刺史，讪诉官长"，受了委屈就"告官"。[2]宋孝宗淳熙五年（1178），江西德安县的县民"以丞（副县长）暴溺，群诉于漕台（转运使）……丞竟罢去"[3]。民众运用集体诉讼的方式，成功驱逐了一名丧失民心的县丞。如果你以为江西这地方文化落后，穷山恶水出刁民，那就错了，两宋时期，江西路是文化最发达的地区，仅就书院数目来看，江西即居于榜首。

生活在京城的市民，眼界开阔，具有更自觉的权利意识，更不惮于"民告官"。南宋时，有个叫作方回的官员，寓居杭州旅

[1] 陈景良：《讼师与律师：中西司法传统的差异及其意义》。

[2] （宋）黄庭坚：《山谷文集》卷一九。

[3] （宋）楼钥：《攻愧集》卷一〇〇。

舍，此人好色，一日在旅舍中"与婢宣淫"，但床震的动静大了一些，结果"撼落壁土"，将邻居的壁土都震落了。那邻居也不客气，马上就将方大人告上法庭，"讼于官"。[1] 当时的临安市民，无论远近，不管强弱，受了官员的委屈就"操盈尺之纸，书平时之愤"，擂登闻鼓状告官长，"视帝阍万里若咫尺"。[2]

北宋的汴梁人，也动辄控告官长，用宋人自己的话来说："王畿之吏，大抵尚因循，好取誉；民狃悍猾，务不直以乱治，亡所尊畏，侮慢骄狠，或时执上官短长，侧睨若相角，急则投缿筒（举报信箱），挝登闻鼓矣。"[3] 意思是说，京城之民不畏官长，常抓着政府的短处不放，跟官长争长短，也不给官长好面色看，急了就写检举信，或者到京师的直诉法院——登闻鼓院控告。

为保证"民告官"的诉案得到公正的裁决，宋政府又立法规定：诉状不能交给被控告的衙门审理，政府不能同时既当被告又当仲裁官。人民如果起诉县政府，就由州法院审理；如果起诉州政府，就由提刑司委托给其他州的法院审理；如果起诉的是路级官员、在京官员，则可以到登闻鼓院递状。受理诉状的法院如果将案子交回被诉衙门处理，则听民越诉。值得说明的是，宋代的大多数"民告官"案子通常都告赢了，被告的官员基本上都受到处罚，至少从史料的记载看是这样的。只有少数官员在被起诉之后获得了庇护。

宋哲宗绍圣年间，向太后的娘家向氏想在自家祖坟上修建一间慈云寺。户部尚书蔡京欲巴结皇亲，便圈了一大块地给向氏，

[1]　参见（宋）周密《癸辛杂识》别集。

[2]　（宋）潜说友纂修：《咸淳临安志》卷八。

[3]　（宋）文同：《文同全集编年校注》卷二六。

要求"四邻田庐"赶快拆迁，将地让给向氏建寺。被拆迁的人家不服，到开封府告状。开封府法官范正平（范仲淹之孙）作出判决："所拓（拆迁）皆民业，不可夺。"被拆迁户还不满意，"又挝鼓上诉"，告到登闻鼓院，最后蔡京"坐罚金二十斤"。[1]

宋代平民甚至敢将宰相告上法庭，而且也告赢了。宋太宗端拱初年，汴京布衣翟马周击登闻鼓，起诉李昉"居宰相位，当北方有事之时，不为边备，徒知赋诗宴乐"[2]。登闻鼓院受理了这一诉讼案，呈报宋太宗。最后太宗下诏：马周所讼有理，"罢昉为右仆射，且加切责"。因为被布衣之民所讼，宰相李昉被贬为内阁部长。

如果说这桩史事让您感到惊讶，那下面我们还要说到一件更让人震惊的记录。据宋笔记《曲洧旧闻》，宋仁宗时，有富民到开封府告状，称他家"为子娶妇已三日矣，禁中有指挥令入，见今半月无消息"。能够在禁中发出"指挥"者，不是皇帝，便是太后、皇后。也就是说，这位到开封府告状的富民虽然说得比较委婉，但意思很明显，就是控告皇帝强抢民女。

当时的开封知府叫作范讽，是一个未听说有多耿直的官员。他问富民："汝不妄乎？"富民说："句句属实。"范讽便说："如实有兹事，可只在此等候也。"马上就入宫面圣，向宋仁宗要人："陛下不迩声色，中外共知，岂宜有此？况民妇既成礼而强取之，何以示天下？"宋仁宗说："听皇后说，宫中近日确实有进一女，姿色颇佳，朕犹未见也。"范讽说："果如此，请将

[1] （元）脱脱等：《宋史·范正平传》。

[2] （元）脱脱等：《宋史·李昉传》。

此女交臣带回。"宋仁宗表示同意将那女子送回去。范讽说：
"臣乞请，现在就在这里交割此女，好让臣马上带回开封府，当
面交还那位诉者。否则，天下人恐怕就要诽谤陛下了。"仁宗
"乃降旨，取其女与讽，讽遂下殿"。

一名毫无政治背景的东京平民，在儿媳妇被人接进宫之后，
敢跑到开封府告诉。而接到诉状的知府也不忌惮被告是皇上，立
即就去找宋仁宗，请他归还民女。可以想见仁宗朝的政治氛围是
多么的宽松。要知道，范讽并不是包拯，当时"不以直声闻，
而能如此"，何也？"盖遇好时节，人人争做好事，不以为难
也。"

硬气

我在《清代巴县档案汇编》上看到，乾隆年间，老百姓向衙
门呈交诉状，都以"蚁"或"蚁民"自称，官府称呼平民，也直
接叫作"蚁"。这种平民在官爷面前表现得如此卑贱的风气，究
竟始于何时？似乎在清军入关之前，民众尚不至于这么卑贱。至
少从宋人的记录来看，宋朝百姓面对官员的时候，并不需要低三
下四，恰恰相反，他们甚至可以不将官员当根葱。

宋仁宗时，有一个叫作宋祁的官员到开封城外游赏景色，见
到老农耕田，便上前作揖，打趣说道："老丈辛苦了。看来今
年您大丰收啊！您觉得应该感谢老天爷眷顾呢，还是感谢皇上
洪福？"老农"俯而笑"，然后将宋祁狠批了一顿："何言之鄙
也！子未知农事矣！我每日辛勤劳作，今日之获，全是我的汗水
换来，为何要感谢老天爷？我按时纳税，官吏也不能强我所难，

我为什么要感谢皇上？吾春秋高，阅天下事多矣，没见过像你这么蠢的。"宋祁被老农骂得悻悻然，也不敢生气，回家写了一篇《录田父语》，将老农的话记录下来。[1]

庄绰在《鸡肋编》中也记录了一件事："余尝至彼（指江西赣州），去州五十里，宿于南田，吏卒告以持钱市物不售，问市人何故？则云：'宣政、政和是上皇无道钱，此中不使。'竟不肯用。其无礼不循法度盖天性，亦山水风气致然也。"说的是，官员庄绰路过赣州，叫吏卒到附近店铺买些日用品。但店家不肯卖东西给他们，因为吏卒带去的制钱是徽宗朝所铸造，赣州百姓看到徽宗朝制钱，便不客气地说："这种无道昏君的制钱，我们这里不收。"这不是某一个人的意气用事，而是整个赣州乃至江西的民风。用庄绰的话来说，是"山水风气致然也"。

其他地方呢？南宋末，严州有个知州，叫作方回（又是他！），为人贪鄙，喜欢给人的诗集作序，然后收点润笔。"市井小人求诗序者，酬以五钱，必欲得钞入怀，然后漫为数语。市井之人见其语草草，不乐，遂以序还，索钱，几至挥拳，此贪也。"[2]周密记录这件轶事，本意是想形容方知州的贪婪，连五文钱也不放过。不过我却觉得方回这个人很有意思，毫无半点知州的架子，只要给点钱（才五文钱！），就可请他写一篇序。更有意思的是，那个"市井小人"对方大人的序不满意，居然敢掷回去，要方大人退钱，不退钱就揍他。显然，严州的市井中人并不觉得知州大人有多么神圣不可侵犯。

市井人物这么硬气，士子就更不用说了。宋人笔记《国老谈

[1] （宋）宋祁：《景文集》卷九八。

[2] （宋）周密：《癸辛杂识》别集。

苑》录有一则故事："王旦在中书（即当宰相），祥符末，大旱。一日，自中书还第，路由潘氏旗亭，有狂生号王行者在其上，指旦大呼曰：'百姓困旱，焦劳极矣，相公端受重禄，心得安邪？'遂以所持经掷旦，正中于首。左右擒之，将送京尹，旦遽曰：'言中吾过，彼何罪哉？'乃命释之。"一个书生不但敢当路挡住宰相大骂，而且向宰相扔书本表达抗议，而宰相还得承认他骂得有道理。这样的官民关系，后世几乎绝迹了。

艺人讽政

　　一个时代是否足够开明、宽容，我觉得可以从一些细节上去评判，比如看看当时的文娱节目在讽刺什么，是敢讥讽达官权贵，还是只敢嘲弄底层人群、弱势群体。我们都知道美国的脱口秀演员最喜欢拿白宫、总统开涮，这也被许多人视为是美国式自由的体现。不过许多人可能不知道，将当朝高官拿出来开涮，其实也是中国曲艺的悠久传统。

　　如果我们穿越至宋朝，到当时的瓦舍勾栏转转，就会发现，讽谏时政、取笑官员乃是宋代滑稽戏的常见节目。据北宋人魏泰的《东轩笔录》记载："至今优诨之言，多以长官为笑"（现在的伶人，多拿当官的调笑）。南宋人洪迈的《夷坚志》也说："俳优侏儒，固技之下且贱者，然亦能因戏语而箴讽时政，有合于古'蒙诵''工谏'之义，世目为杂剧者是已"（俳优侏儒虽然地位低贱，却能在演出时讽谏时政）。所谓"蒙诵""工谏"，指的便是曲艺讽政的古老传统。

　　北宋神宗年间，京师教坊（内廷戏曲班子）有一个很有名气

出土的宋代文物"杂剧人物雕砖"。

的伶官，叫丁仙现，就经常在表演节目时拿当朝宰相开涮。当时是王安石当宰相，以专制、铁腕手段推行新法，"一切委听，号令骤出"，其中许多政令"于人情适有所离合"，所以"故臣名士往往力陈其不可"，即提出反对意见，但"多被黜降"，"后来者乃浸结其舌矣"，都闭嘴不说话了。但丁仙现偏不买王宰相的账，屡屡在戏场中嘲诨王安石，"辄有为人笑传"，搞得王安石狼狈不堪，"然无如之何也"，拿他没办法。后来王宰相还是恼羞成怒了，"遂发怒，必欲斩之"。但最终还是杀不成，因为宋神宗暗中叫人保护了丁仙现。所以当时有谚语说，"台官不如伶官"。[1]

----

[1]　（宋）洪迈：《夷坚志·支乙志》卷四。

我想特别指出来的是，在宋代，敢于讽刺宰相的伶人，并非只有丁仙现一人，被伶人嘲谑的宰相，也绝不止是王安石。有学者统计过，两宋史有明确论载的，至少就有十三位宰相被伶人拿来开涮过，其中，被讥讽得最多的是王安石、蔡京、秦桧、韩侂胄、史弥远这五个大权相。

王安石的女婿蔡卞惧内，他妻子王氏（即王安石女儿）受过良好教育，"颇知书，能诗词"，而且颇有政治天赋。"蔡每有国事，先谋之于床笫，然后宣之于庙堂"，按照王氏的指导发表意见、宣布政令。知道内情的人说："吾辈今日奉行者，皆其（王氏）咳唾之余也。"蔡卞拜相，大摆宴席庆祝，宴会上请了伶人表演节目。一伶人扬言说："右丞今日大拜，都是夫人裙带。"讥讽蔡卞靠着夫人的裙带才当上了宰相。一时"中外传以为笑"[1]，蔡卞也无可奈何。

宋徽宗时，蔡卞的兄长、时任宰相的蔡京积极扩张"国家福利"，贫民的"生老病死"均有国家提供优厚的救济，但也因此造成了平民税负沉重。有伶人在演滑稽戏时，便讥讽这些福利政策导致"百姓一般受无量苦"，宋徽宗听了，"为恻然长思，弗以为罪"[2]。

南宋初，秦桧当政，权焰熏天，有一年省试，秦桧的儿子秦熺，以及侄儿秦昌时、秦昌龄都榜上有名。毫无疑问，如果这不是秦桧自己授意，便是主考官在逢迎秦相爷。一时间"公议籍籍，而无敢轶语"。百官不敢言，但伶人敢言。一日，有两个伶人说起了"对口相声"："你说今年的主考官会是谁？""一

---

[1] （宋）周辉：《清波杂志》。

[2] （宋）洪迈：《夷坚志·支乙志》卷四。

定是彭越（西汉开国功臣）。""胡说八道！彭越死已千年，如何来得？""因为上次省试是韩信主考，所以可知今年是彭越主考。""胡说！胡说！""若不是韩信，如何取得他三秦？"这显然是拿"秦门三子"齐齐中榜一事开涮嘛。当时"四座不敢领略，一哄而出"。但秦桧知道后，"亦不敢明行谴罚"。[1]

到了清代，伶人过问政事已成致命的政治大忌。雍正朝时，内廷戏班演了一出《郑儋打子》，因为伶人演得很卖力，"曲伎俱佳"，获皇帝赏赐酒食。席间，有一名伶人无意问及当今常州长官是谁（因戏中郑儋为常州刺史），雍正立即变脸，勃然大怒说："你乃优伶贱辈，胆敢擅问官守？其风实不可长！"竟命人将那倒霉的优伶拉下去，活活杖死。[2] 宋人的言论自由，于此不复见。

伶人在中国古代，社会地位低贱，但宋代的伶人却可以大胆讽刺时政。这里有两个因素，一是中国曲艺行业中一直就有讽谏的传统，前面提到的伶人丁仙现曾经自言："见前朝老乐工，间有优诨及人所不敢言者，不徒为谐谑，往往因以达下情，故仙现亦时时效之。"[3] 另一个原因当然是，宋代有着相对拂明的政治气氛、比较宽松的社会舆论环境。

[1] （宋）洪迈：《夷坚志·支乙志》卷四。

[2] 参见（清）昭梿《啸亭杂录》。

[3] （宋）叶梦得：《避暑录话》。

对外开放

　　晚清的魏源受林则徐委托，编著《海国图志》，介绍海外诸国的地理、商业、社会、政制，被誉为"睁眼看世界第一人"（另有说林则徐为"睁眼看世界第一人"）。呜呼，清王朝闭目塞听二百年，让人误以为中国历来均闭关锁国，只有到了魏源时代才晓得去了解海外世界。其实这是错觉。中国在明清之前，一直都是开放社会，与海外诸国保持着十分密切的往来。南宋时候，赵汝适出任福建路市舶使兼权泉州市舶使，即于"暇日阅诸蕃图"，并"询诸贾胡，俾列其国名，道其风土与夫道理之联属，山择之蓄产，译以华言"，写成一部《诸蕃志》。

　　《诸蕃志》记载了东自日本，西至北非，远及地中海东岸诸国的风土物产、经济政治，覆盖了东北亚、东南亚、南海群岛、印度半岛、阿拉伯半岛、意大利半岛、东北非等地域，并记录有

张择端《清明上河图》上的驼队。驼商很可能就是来自西域的胡商。

自大宋国航海至海外诸国的里程与日程。在赵汝适的《诸蕃志》面前，六百年后编写《海国图志》的魏源岂敢称"睁眼看世界第一人"？

宋王朝以开放的胸襟鼓励海外诸国来华贸易，也欢迎远人在华定居。在北宋的汴京，有犹太人的聚居点，宋人将他们信奉的犹太教称为"一赐乐业"，即"以色列"的音译。在泉州与广州等口岸城市，则生活着大批阿拉伯人，当地的姓蒲之人，很有可能便是阿拉伯商人的后裔。"蒲"即阿拉伯语"阿卜"的发音。广州还有很多来自东南亚与东非的黑人，他们是被蕃商当成奴隶贩卖到中国的。据宋人朱彧的《萍州可谈》记载："广中富人多蓄鬼奴，绝有力，可负数百斤……色黑如墨，唇红齿白，发鬈而黄。"黑人在宋代中国虽为奴仆，但际遇比在美洲白人那里好多了。

宋政府还在泉州、广州等港口城市设立蕃坊，供外国商人居住。蕃坊自选蕃长，实行自治，他们的生活习惯、风俗、宗教信仰乃至法律，都获得宋政府的尊重。宋政府又在蕃商集中居住的城市修建蕃学，专供蕃商子弟入学读书。宋朝的法律也明确保护外商在华贸易利益及财产权、遗产继承权，允许蕃商跟华人通婚，南宋绍兴年间，一位名叫蒲亚里的阿拉伯商人，"至广州，有右武大夫曾纳利其财，以妹嫁之，亚里因留不归"。还有蕃商被吸纳进政府当官。

开明、开放、繁华的宋王朝，让蕃邦诸国产生了深切的向往之情。据说辽国的皇帝耶律洪基，"尝以白金数百，铸两佛像，铭其背曰：'愿后世生中国'"[1]。对宋朝竟是如此倾慕。甚至有日本女子前来中国，找宋朝男子交欢借种，以改良种族。此事记录于宋人周辉的《清波杂志》，且让我将这段文字抄录下来："辉顷在泰州，偶倭国一舟飘泊在境上，一行凡三二十人，至郡馆谷之。……妇女悉被发，遇中州人至，择端丽者以荐寝，名'度种'。"

中国是在明清时期才走向封闭的。明王朝在"隆庆开关"之前，基本上禁止除朝贡贸易之外的民间海上商贸（当然走私是

---

[1] （宋）晁说之：《嵩山文集》。

禁不了的），即便是隆庆开关之后，也只是开放一个月港，跟宋王朝整个海岸线都对外开放的格局不可相提并论。清代的乾隆也只特许开放广州一个口岸，史称"一口通商"，乾隆二十四年（1759），两广总督李侍尧又奏请制订《防范外夷规条》，禁止外国商人在广州过冬，即使有事必须住冬，也只能"往澳门寄住"。

全 民 皆 商

商人地位

几乎所有的王朝都有抑商、辱商、贱商的政策与法律，商人列入市籍，视同贱民。秦朝曾将一大批有市籍的商人，以及父母、祖父母为市籍的商人后代，发配戍边；汉朝立国，"高祖令贾人不得衣丝乘车，重租税以困辱之。……市井之子孙，亦不得仕宦为吏"[1]；唐朝"禁工商不得乘马"，"工商杂色之流"，"必不可超授官秩，与朝贤君子，比肩而立，同坐而食"；[2] 明清两代也均有抑商或贱商之政。朱元璋本人就具有强烈的"重农抑商"情结，他建立明王朝之后，即严禁农人弃耕从商，商人外出经商，必须领取官府颁发的路引，否则按游民处置，"重则杀

258

259

---

[1]　（西汉）司马迁：《史记》。

[2]　（后晋）刘昫等撰：《旧唐书》。

南宋李嵩《货郎图》。货郎是旧时
走乡串里的小商贩。

身，轻则黥窜化外"[1]，商贩被与仆役、倡优、贱民同列；清代
的雍正也深具"重农抑商"思想，他说，"观四民之业，士之外
农为最贵，凡士工商贾，皆赖食于农，以故农为天下之本务，而
工贾皆其末也"，"市肆中多一工作之人，则田亩中少一耕稼之
人"，因此，应当劝农轻商。[2]

　　宋朝是一个例外，商人受歧视的程度最低，商业环境最为宽
松。宋朝立国，即颁发一系列"恤商"法令，宽待商人，鼓励
商业，如太祖诏令："榜商税则例于务门，无得擅改更增损及

---

[1]　（明）朱元璋：《大诰续编》。

[2]　参见《清世宗实录》。

创收。"[1] 太宗诏令："自今除商旅货币外，其贩夫贩妇细碎交易，并不得收其算。"并严禁官吏勒索、刁难商贾，官吏如果"留滞（商人）三日，加一等，罪止徒二年。因而乞取财物，赃轻者，徒一年"[2]。宋人自己也承认："（本朝）于文法之内，未尝折困天下之富商巨室。"[3] 一份元代的文件说："亡宋时，民户人家有钱，官司听从开解。自归附之后，有势之家方敢开解库，无势之家，不敢开库，盖因怕惧官司科扰，致阻民家生理。"[4] 意思是，宋朝时，民户只要有资本，便可以开办解库（典当行），官府从不加刁难；入元之后，只有那些有钱兼有势的人家才敢开典当行，无势的富户可不敢做这生意，因为惧怕官府勒索骚扰。可见元代的经商环境，较之宋时已经大大恶化了。

"工商之家不得预于仕"的禁令也在宋代被突破，"国家开贡举之门，广搜罗之路……如工商、杂类人等，有奇才异行，卓然不群者，亦许解送"，商人获得了从政的权利。商人子弟可以入学，可以参加科举。苏辙观察到，"凡今农工商贾之家，未有不舍其旧而为士者也"[5]。可见商贾子弟入仕，已经没有制度性的障碍。此等情景，是唐人难以想象的。对商人抱有深切同情的范仲淹甚至建议朝廷以官爵劝诱富人从商："有逐处富实之家，不为商旅者，必须以利劝之……二万贯者与上佐官，三万者京官致仕。"[6]

---

[1] （宋）马端临编撰：《文献通考》卷一四。

[2] （清）徐松辑：《宋会要辑稿·食货》十七之一〇、一三。

[3] （宋）陈亮：《龙川集》卷一。

[4] 《通制条格》卷二七。

[5] （宋）苏辙：《栾城集》卷二一

[6] （宋）李焘：《续资治通鉴长编》卷一四一。

宋朝时，在一部分商法的制订过程中，商人还被政府邀为座上宾，参与修法。北宋太宗朝，陈恕为三司使（相当于国家发改委主任），他在制订茶法时，就邀请了茶商数十人协商讨论"各条利害"。当时的争论很激烈，茶商提出的方案，是茶的商业利益尽归商人，商人"取利太深"；官方的方案是国家专营茶叶，利归官府，商人"灭裂无取"。最后朝廷采纳了折中的方案，"公私皆济"，换言之，即吸收了商人的意见。[1]国家在立法过程中不但给予商人表达利益的渠道，制订出来的法律也考虑了商人的利益，这在其他王朝几乎是不可想象的。

全民皆商

宋代是中国商人的黄金时代，商业的浪潮席卷整个宋朝国境。说"全民皆商"或有些夸大，但社会各阶层都有人加入经商的行列，则是毫无疑问的。宋人非常有投资意识，"人家有钱本，多是停塌、解质，舟舡往来兴贩，岂肯闲著钱买金在家顿放？"[2]"舟舡往来兴贩"是长途贩运业，"解质"是放贷，"停塌"是仓储业，总之有闲钱就拿出来投资。

宋朝官员"不耻商贾，与民争利"，违禁经商。王安石发现："今官大者，往往交赂遗，营资产，以负贪污之毁；官小者，贩鬻乞丐，无所不为。"[3]差不多同时代的蔡襄说："自少入仕，于今三十年矣。当时仕宦之人，粗有节义者皆以营利为

---

[1]　（宋）魏泰：《东轩笔记》。

[2]　（宋）徐梦莘：《三朝北盟会编》卷二九。

[3]　（宋）王安石：《王文公文集》卷一。

宋代佚名《山店风帘图》。即使在偏僻的山野，也有人经营餐饮、旅店业。

耻，虽有逐锥刀之资者，莫不避人而为之，犹知耻也。今乃不然，纡朱怀金，专为商旅之业者有之；兴贩禁物茶盐香草之类，动以舟车懋迁往来，日取富足。"[1]。

农人弃农从商，或者半耕半商更是寻常事了。如南宋初，岳州农民"自来兼作商旅，大半在外"，知州范寅敷大概为了避免田地抛荒，"欲出榜招召，务令疾速归业；如贪恋作商，不肯回归，其田权许人请射（承佃耕种）"，想收回外出经商的农人的产权。但朝廷最终没有同意，因为户部认为："商人田产，身虽

---

[1] （宋）蔡襄：《蔡忠惠集》卷一五。

在外；家有承管，见今输送二税，难许人请射。"[1] 保护了经商农人的产权，也承认农民兼业的现实。

就连方外之人的僧人道士，也卷入到商业潮流中去。北宋东京的大相国寺，乃是京师最繁华的贸易市场；东京的建隆观，也有道人做生意，"观内东廊于道士卖齿药，都人用之"[2]。开设当铺、放货收息是寺院自南朝以来的惯常做法，宋时此风更盛，陆游《老学庵笔记》记载："今（南宋）僧寺辄作库质钱取利，谓之长生库，至为鄙恶。"陆游虽觉得"鄙恶"，但在商海中弄潮的僧人必不会这么认为，很多僧人还因经商致富，庄绰《鸡肋编》说："广南风俗，市井坐估，多僧人为之，率皆致富。又例有家室，故其妇女多嫁于僧。"

"九市官街新筑成，青裙贩妇步盈盈。"女性经商也不少见。庄绰的《鸡肋编》记录了一个开茶坊的少妇："尝泊舟严州城下，有茶肆妇人少艾，鲜衣靓妆，银钗簪花，其门户金漆雅洁，……旁与人笑语，不为羞。"放在今日，一定是网络上热传的"茶坊西施"。临安名小吃"宋五嫂鱼羹"的创始人也是一位女性，叫宋五嫂，原本是"汴京酒家妇，善作鱼羹"，宋室南渡后，南下"侨寓苏堤"，因为手艺很好，"人竞市之，遂成富妪"。[3]

在闽南，女子经商更是寻常，一位诗人写道："女不专桑柘。内外悉如男，遇合多自嫁。云山恣歌谣，汤池任腾藉。插花作牙侩，城市称雄霸。梳头半列肆，笑语皆机诈。新奇弄浓妆，会合持物价。愚夫与庸奴，低头受凌跨。吾闽自如此，他方

---

[1] （清）徐松辑：《宋会要辑稿·食货》六九之五〇。

[2] （宋）孟元老：《东京梦华录》。

[3] 丁传靖辑：《宋人轶事汇编》。

我何暇。"[1] 宋朝政府还设有专管征收商税的税务官，叫作"栏头"，由于男性"栏头"对女性收税多有不便，还出现了"女栏头"，从这里也可看出宋代经商女性之常见。

在商业浪潮的冲击之下，以前作为权力中心存在，似乎庄严不可侵犯的衙门，也被商民租来做生意。如南陵县的一名市民，"就邑治大门之内开酒店"[2]；台州州衙"仪门之两庑"也是出租给商户做生意，"傥为贾久矣"。[3] 这样的图景颇具象征性——意味着权力对商业的包容与妥协。

思想的突破

一个商业发达的社会，必定会出现重视商业的时代思想，这既是商业扩张影响世道人心的结果，也是促使人们光明正大地追逐财富的精神动力。作为古代社会主流意识形态的儒学，一直有"言义不言利"的传统，被今人认为妨碍了商业的发展。但在宋代，"不言利"的思想已经被突破了。

北宋思想家李觏直接提出："利可言乎？曰：人非利不生，曷为不可言。欲可言乎？曰：欲者人之情，曷为不可言。"认为言利是人之常情，不许言利则是"贼人之生，反人之情"[4]。南宋事功学派的代表人物陈亮与叶适，均主张言利，承认人心逐利的正当性。陈亮称："人生何为，为其有欲。欲也必争，惟曰不

[1] （宋）陈普：《古田女并序》。

[2] （宋）洪迈：《夷坚志·支乙志》卷一。

[3] （宋）叶适：《叶适集·水心文集》卷一七。

[4] （宋）李觏：《李觏集》卷二九。

足。"[1]叶适批评董仲舒的"仁人正谊不谋利，明道不计功"的观点："此语初看极好，细看全疏阔。古人以利与人而不自居其功，故道义光明。后世儒者行仲舒之论，既无功利，则道义者乃无用之虚语尔。"[2]认为若无功利，则道义成"无用之虚语"。

在承认言利之正当性的时代精神的鼓荡下，宋代的士人不以经商为耻，"行朝士子，多鬻酒醋为生。故谚云，若要富，守定行在卖酒醋"[3]；外地士子也可借着到京师参加科考的机会，顺便做一笔生意，"天下待补进士，都到京赴试，各乡奇巧土物，都担戴来京都货卖，买物回程，都城万物，皆可为信"[4]；士大夫"纡朱怀金，专为商旅之业者有之，兴贩禁物、茶、盐、香草之类，动以舟车，懋迁往来，日取富足"[5]。

许多士人还弃儒从商，士子章望之，"浮游江、淮间，犯艰苦，汲汲以营衣食，不自悔，人劝之仕，不应也"[6]；士人王猎，"累应进士不第，乃治生积钱"[7]。余英时先生观察到，在十五六世纪的晚明，"大批的'士'加入了商人的行列，形成了一个长期的'弃儒入贾'的社会运动"。其实这一社会运动早在宋代就开始了，只不过在明代前期发生了中断。

明末的黄宗羲在《明夷待访录》中说："世儒不察，以工商为末，妄议抑之。夫工固圣王之所欲来，商又使其愿出于途者，盖皆本也。"许多人认为黄宗羲是批判"农本商末"，首倡"工

[1]　（宋）陈亮：《龙川集》。

[2]　（宋）叶适：《习学记言序目》。

[3]　（宋）张知甫：《张氏可书》。

[4]　（宋）佚名：《西湖老人繁胜录》。

[5]　（宋）蔡襄：《蔡忠惠公文集》卷一五。

[6]　（元）脱脱等：《宋史·章望之传》。

[7]　（元）脱脱等：《宋史·王猎传》。

商皆本"之第一人。但"工商皆本"的思想放在宋代,不算新奇,因为许多宋人都提出来了——

北宋的郑至道说:"古有四民:曰士、曰农、曰工、曰商。士勤于学业,则可以即爵禄。农勤于田亩,则可以聚稼穑。工勤于技巧,则可以易衣食。商勤于贸易,则可以积财货。此四者,皆百姓之本业。"[1] 叶适说:"夫四民交致其用,而后治化兴,抑末厚本,非正论也。"[2] 陈亮说:"商籍农而立,农赖商而行,求以相辅,而非求以相病,则良法美意,何尝一日不行于天下哉。"[3] 黄震也说,士农工商,"同是一等齐民"[4]。

在宋代儒家已经明明白白提出"四民皆本"之后,明末的黄宗羲还发现了"世儒不察"的情形。这说明宋后的儒家思想与政经制度出现了一轮倒退,重新回到"重本抑末"的老路,所以才需要黄氏提出批评。

余英时先生说:"自汉至宋,儒学思想虽经过种种变迁,大体上说,对于商人和商业世界都不免抱着消极甚至否定的态度。"他认为宋明理学史上第一位公开肯定"商"之价值的是中晚明的王阳明,因为王氏说:"古者四民异业而同道,其尽心焉,一也。"——"'四民异业而同道'真是一句'石破天惊'的话,从来儒者没有人曾如此说过。"但我想说余先生这回看走眼了,因为宋儒特别是事功学派中的儒家早已公开肯定了"商"之价值。

宋朝理学确实不怎么重视商业,但理学在宋代的兴起,并不

[1] (宋)陈耆卿:《嘉定赤城志》。

[2] (宋)叶适:《习学记言序目》。

[3] (宋)陈亮:《龙川集》。

[4] (宋)黄震:《黄氏日抄》卷七八。

是作为压制商业的反对力量出现，而是对商业社会物欲横流之风的必要矫正。朱熹便对事功学派的重镇——浙东的社会风气忧心忡忡："今浙中人却是计利害太甚，做成回互耳，其弊至于可以得利者无不为。"[1] 所以他需要与陈亮辩清义利。

强调"经济人"属性的事功学派与强调"道德人"属性的理学，是宋代最重要的两大思想流派，恰好构成互补。这也是维系社会正常运行的平衡机制，事功学派如同车之引擎，理学如同车之刹车，均不可偏颇。

消费主义

不管你喜不喜欢，商品经济的兴起，总是会带来拜金主义、消费主义、享乐主义的流行。两宋、晚明以及近代的西欧城市，莫不如此。这是资本主义时代开始来临的一般社会景象。今天一些人以为宋代社会受程朱理学影响，风气压抑，其实不合史实。理学在宋代并未泛滥，甚至一度被朝廷列为"伪学"加以禁止。宋代的社会就如近代之世，物欲横流（所以才有理学问世，以图救弊），拜金主义大行其道，商业的发展让人们真切感受到金钱的魔力，于是民间便有了"钱如蜜，一滴也甜""有钱可使鬼，无钱鬼揶揄"的俗语流行。

南宋末，有个叫作李之彦的老塾师说："以余观之，钱之为钱，人所共爱，势所必争。骨肉亲知以之而构怨稔衅，公卿大夫以之而败名丧节，劳商远贾以之而捐躯殒命，市井交易以之

---

[1]（宋）黎靖德编：《朱子语类》卷一二二。

而斗殴戮辱。乍来乍去，倏贫倏富，其笼络乎一世者，大抵福于人少而祸于人多。尝熟视其形模，金旁着两戈字，真杀人之物，而世人莫之悟也。"[1] 若非当时的世道盛行拜金之风，李之彦也不致说出这等激愤之语。老塾师对金钱的控诉，恰恰反证了金钱对于世人的吸引力。北宋的蔡襄也说："凡人情莫不欲富，至于农人、商贾、百工之家，莫不昼夜营度，以求其利。"[2] 追逐财富成为理所当然之事。这种逐富的心理构成了工商业的原始驱动力，宋代的经济繁华也许就是这样被创造出来的。

丰富的物质生活也给宋人创造了更大的享受空间与机会，宋朝酒馆、茶坊、歌馆、勾栏之中，艳妓之盛，为其他王朝所罕见，她们构成了宋代享乐主义的一部分。市井间也盛行奢侈消费之风，北宋的司马光发现，"近岁风俗尤为侈靡，走卒类士服，农夫蹑丝履"[3]。到南宋时，侈靡风气更盛，"妇女饰簪之微，至当十万之直，不惟巨室为之，而中产亦强仿之矣。后宫朝有服饰，夕行之于民间矣"[4]。以前的侈靡消费只限于贵族、豪门，宋代则不然，巨室豪富、中产之家，乃至走卒农夫，都在追逐奢华的生活。这是宋代奢侈消费的一个特点。还有另一个特点：宋人的奢侈品消费更加依赖于市场供应。李觏说："古者，锦文不鬻于市，不示民以奢也。今也，庶民之家，必衣重锦、厚绫、罗縠之衣。名状百出，弗可胜穷"，因此，"工女机杼，交臂营作，争为纤巧，以渔倍息"。[5] 这样的消费主义显然也带动了奢

---

[1] （元）陶宗仪：《说郛三种》卷七三。

[2] （宋）蔡襄：《蔡忠惠集》卷三四。

[3] （宋）司马光：《训俭示康》。

[4] （宋）王迈：《衢轩集》卷一一。

[5] （宋）李觏：《李觏集》卷一六。

侈品市场、丝织手工业与城市商业的繁荣。

　　宋朝政府对奢侈消费的社会风气很是忧虑，多次发布"禁奢令"。如宋宁宗曾下诏："风俗侈靡，日甚一日，服食器用，无复差等。今被焚之馀，其令官民，营造室屋，一遵制度，务从简朴，销金铺翠，毋得服用。"[1] 但禁奢令基本不管用，民间奢靡之风依然。写《东京梦华录》的孟元老干脆宣称："奢侈则长人精神。"跟主流意识形态中的"崇俭"观念唱了反调。从世界史的视角来看，当资本主义在十七世纪的英国兴起时，商贸的发展也促使英国人发现了"奢侈"的价值：富人的挥霍恰好为贫者创造了就业机会。宋代的商业繁华与消费主义，也构成一对彼此互相促进的关系。当时以两浙路与成都府的民风最尚奢侈，而这两个地方，恰恰正是经济最为发达之地；唐代便有"扬一益二"之谚，以扬州的商业最繁华，益州次之。

保富论

　　因为工商业的繁荣，宋朝社会不但诞生了一大批富民，"大农富工豪贾之家，往往能广其宫室，高其楼观，以与通邑大都之有力者，争无穷之侈。夫民之富溢矣"[2]，"京城资产，百万者至多，十万而上，比比皆是"[3]，同时，也催生出集体为富人辩护的思想。

　　有人以为"仇富"是中国社会的传统，"均贫富"是儒家心

[1]　（清）毕沅：《续资治通鉴》卷一五六。

[2]　（宋）王安石：《抚州通判厅见山阁记》。

[3]　（宋）李焘：《续资治通鉴长编》卷八五。

底的梦想。这种看法并不符合历史真实。历代统治者受法家"民富则轻赏"理论的影响，确实有敌视富民的心理，但宋代的立国思想不是这样，宋太祖说："富室连我阡陌，为国守财耳。"富室被视为一个国家的根基。王安石看到："兼并之家，一岁坐收息至数万贯者，此辈除侵牟编户齐民为奢侈之外，于国有何功而享以厚奉？然人情未尝以为此辈不当享此厚奉者，习所见故也。"[1]可见宋代社会并无仇富之风。

孔子也确实说过"不患寡而患不均"，但这里的"均"，非指"平均"，而是"各得其分"的意思，所谓"患不均"，是指反对财富分配的不公正，而不是主张所谓的"均贫富"。在宋代儒家看来，贫富不均是再正常不过的事情。苏辙认为："惟州县之间，随其大小皆有富民，此理势之所必至。所谓'物之不齐，物之情也'。然州县赖之以为强，国家恃之以为固。非所当忧，亦非所当去也。"[2]

许多宋代思想者都反对政府以"抑兼并"的名义"劫富济贫"、抑制富民。苏辙说："王介甫（王安石），小丈夫也。不忍贫民而深疾富民，志欲破富民以惠贫民，不知其不可也。"叶适也说，"今俗吏欲抑兼并，破富人以扶贫弱者，意则善矣"，但这样的政策不可实行。因为，"富人者，州县之本，上下之所赖也。富人为天子养小民，又供上用，虽厚取赢以自封殖，计其勤劳亦略相当矣"；"人主既未能自养小民，而吏先以破坏富人为事，徒使其客主相怨，有不安之心，此非善为治者也"。所以，叶适提出，"俗吏抑兼并富人之意可损"，俗吏想"劫富济

[1] （宋）李焘：《续资治通鉴长编》卷二四七。

[2] （宋）苏辙：《栾城集》卷八。

贫"的馊主意可以打住了。[1]

司马光也是坚决反对压制富民的，他对王安石打着"抑兼并"旗号的变法表达了深切的忧虑："臣之所忧，乃在十年之外，非今日也。……春算秋计，展转日滋，贫者既尽，富者亦贫。十年之外，百姓无复存者矣。"[2]

这些为富人辩护的声音——学者将其概括为"保富论"，在宋朝大量出现，反映了一种时代性的要求："商品经济要想达到繁荣，就必须确立，至少在某种程度上确立对财产的保护和对合同的保护。"[3] 换言之，"保富论"不仅是保富民，而且是想保护人民对于财富的权利、保护市场的自由。由于王安石变法的实质就是强化国家干涉，剥夺经济自由，因此，几乎所有持"保富论"的宋人，都成为王安石变法的反对者，不管是当事的司马光、苏辙，还是作为历史观察者的叶适。

叶适这样评价王安石的市易法："今天下之民不齐久矣，开阖、敛散、轻重之权不一出于上，而富人大贾分而有之，不知其几千百年也，而遽夺之可乎？夺之可也，嫉其自利而欲为国利可乎？呜呼！居今之世，周公固不行是法矣。"[4] 这句话的意思，我们意译一下：商品的定价、交易之权，向来不应该由官府的"看得见的脚"来掌控，而是分散于市场上的企业家与大商人群体中，由"看不见的手"在冥冥中调适，这是千百年来市场形成的惯例了，官府怎么可以遽夺过来呢？夺过来也就罢了，你又怎么好意思打着"为了国家利益"的旗号呢？

[1] （宋）叶适：《水心别集》卷二。

[2] （元）脱脱等：《宋史·司马光传》。

[3] ［英］约翰·希克斯：《经济史理论》。

[4] （宋）叶适：《水心别集》卷二。

大商人

得益于正在兴起的城市商品经济，宋代产生了一大批"先富起来"的大商人，北宋"都城之内，大商富贾，坐列贩卖，积贮倍息，乘上之令，操其奇利，不知稼穑之艰难，而粱肉常余，乘坚策肥，履丝曳彩，羞具、屋室过于侯王"[1]。

这些大富商多投资于海外贸易、房地产业、矿冶业与放贷业。在南宋临安城，"其寄寓人，多为江商海贾，穹桅巨舶，安行于烟涛渺莽之中，四方百货，不趾而集，自此成家立业者众矣"[2]。在建康府，"房廊之家，少者日掠钱三二十千，及开解库、店业之家，家计有数十万缗者，营运本钱动是万数"[3]，大城市的"房廊之家"，一日收到的房租就有二三十贯，相当于人民币上万元，所以，"富家巨室竞造房廊，赁金日增"[4]。在徐州利国监，"商贾所聚，其民富乐，凡三十六冶，冶户皆大家，藏镪巨万"[5]。

宋人放贷的主要方式是开设当铺，宋朝时叫作"质库""解库"，换成现在说法，就是银行业的抵押贷款，贷款人"以物质钱"，到期后加付利息还清贷款，赎回抵押物。当时的贷款利率大约为4%（月息），"今若以中制论之，质库月息自二分至四

---

[1] （宋）张方平：《食货论》。

[2] （宋）吴自牧：《梦粱录》。

[3] （宋）周应合：《景定建康志》卷四一。

[4] （宋）赵彦卫：《云麓漫钞》。

[5] （宋）苏轼：《苏轼集》卷五二。

分"[1]，这是法律认可的利率，但民间高利贷的利息肯定有更高的。宋代城市的借贷业非常发达，北宋时，"大贾之室，敛散金钱，以逐什一之利，出纳百货，以收倍称之息，则其居必卜于市区"[2]。南宋时，临安"有府第富豪之家质库，城内外不下数十处，收解以千万计"[3]。

宋代大商人凭借资本的力量，正在染指更高的社会地位。以前国家对于住宅建筑的规格有一定限制，平民有平民的规格，官员有官员的规格："执政、亲王曰府，余官曰宅，庶民曰家……凡民庶家，不得施重拱、藻井及五色文采为饰，仍不得四铺飞檐。庶人舍屋，许五架，门一间两厦而已。"[4]但在商品经济的冲击下，这种建筑规格的限制被富商突破了，如南宋时，"丞相崔与之，号菊坡，理宗朝入相。归蜀建造府第，极其壮丽。里有豪商姓李，亦从而仿之，就请崔府造屋匠人，一依崔府，绳墨尺寸不差，造屋一所"[5]。

在一些地方，富商跟地方官员可平起平坐。宋仁宗时，有个叫作苏缄的官员，调到广州南海当主簿时，发现当地从事外贸的商人"皆豪家大姓，习以客礼见主者"。一日苏缄受上级委派，查验一樊姓大商人的货物，"樊氏辄升阶就席"，在当时，这是失礼的，所以苏缄命人"杖之"。樊姓商人不服，"诉于州，州召责缄，缄曰：'主簿虽卑，邑官也；商虽富，部民也；邑官杖

[1] （宋）袁采：《袁氏世范》。

[2] （宋）秦观：《淮海集》卷一三。

[3] （宋）吴自牧：《梦粱录》。

[4] （元）脱脱等：《宋史·舆服志》。

[5] （金）元好问、无名氏：《续夷坚志 湖海新闻夷坚续志》。

部民，有何不可？'州不能结"[1]。这里展现了一场新与旧的较量：新成长起来的商人力量与旧的等级秩序之间，正在角力。假以时日，商人阶层未必不能发育成一支独立的政治力量。

塌房

宋人对运河的开发，使得物流能力大为提高，大宗的长途贸易得以展开。宋朝之前的商人，还秉承着"千里不贩籴"的古老习惯，因为将粮米运至千里外销售，成本太高了。但在宋代，发达的水运网络将"千里贩籴"的成本大幅降了下来，于是"富商大贾，自江淮贱市粳稻，转至京师，坐邀厚利"[2]。

而货物的往来，特别是大宗商品的流动，又促成了仓储业在宋朝的兴盛。宋人将仓储业称为"停塌"，将储货的仓库称为"塌房"。东京汴河的两岸，便是一片繁忙的塌房区、邸店区，因为沿汴水入京的货船，一般都要在这里停靠、卸货、集散、食宿。其中最大的塌房，大概要算后周留下来的"巨楼十二处"，"邀巨货于楼，山积波委，岁入数万计"[3]。

"岁入数万计"说明塌房业十分有利可图，因为商人寄货于塌房，是需要支付租金与保管费的。因此，宋朝许多富商都乐意于投资塌房业，"兼并之家，物业不一，或有邸店房廊，或有营运钞物，初无田亩，坐役乡里，似太优幸"[4]。这里的"邸店房

---

[1] （元）脱脱等：《宋史·苏缄传》。

[2] （宋）李焘：《续资治通鉴长编》卷六三。

[3] （宋）文莹：《玉壶清话》卷三。

[4] （宋）张守：《毗陵集》卷三。

廊"，便是指邸店塌房业。宋代的邸店通常都设有塌房，既可住人，也可储货。

南宋时，杭州极繁华，"户口蕃息，近百万余家。杭城之外城，南西东北各数十里，人烟生聚，民物阜蕃，市井坊陌，铺席骈盛，数日经行不尽，各可比外路一州郡，足见杭城繁盛矣"[1]。可以想见，杭州的塌房业也必高度发达。

当时有一批富商与达官贵人，在杭州城寻得一个四周环水的风水宝地，起造塌房出租："城郭内北关水门里，有水路周回数里，自梅家桥至白洋湖、方家桥，直到法物库市舶前，有慈元殿及富豪、内侍、诸司等人家，于水次起造塌房数十所，为屋数千间，专以假赁与市郭间铺席宅舍，及客旅寄藏货物、并动具等物。四面皆水，不惟可避风烛，亦可免偷盗，极为利便。盖置塌房家，月月取索假赁者管巡廊钱会，顾养人力，遇夜巡警，不致疏虞。"[2]

这帮富商与官宦人家建造的塌房，共有"数十所"，仓库达"数千间"，我们想象起来，不能不承认其壮观。在这些塌房寄货，不但要交房租，还要支付"管巡廊钱会"。当然，这里的塌房服务也特别好，地理位置得天独厚，四面环水，既可防火防盗，又便于驳船运货；塌房业主还雇请了保安，"遇夜巡警，不致疏虞"。

[1] （宋）吴自牧：《梦粱录》。

[2] （宋）吴自牧：《梦粱录》。

广告

商业的发达使宋朝商人产生了明显的广告自觉。庄绰《鸡肋编》说："京师凡卖熟食者，必为诡异标表语言，然后所售益广"；欧阳修《归田录》载，京师食店，"皆大书牌榜于通衢"，这便是自觉的广告意识。繁华的城市中，商业广告随处可见。展开《清明上河图》，我们会发现画家捕捉到的广告就有几十个，其中广告幌子有10面、广告招牌有23块，灯箱广告至少有4个，大型广告装饰——彩楼欢门有5座。

宋代的酒店业，尤其重视做广告。《容斋续笔》载："今都城与郡县酒务，及凡鬻酒之肆，皆揭大帘于外，以青白布数幅为之。"《东京梦华录》也载："凡京师酒店，门首皆缚彩楼欢门"，九桥门街市的酒店，更是"彩楼相对，绣旆相招，掩翳天日"。这里的"绣旆"，是指市招；"彩楼欢门"则是用竹木

张择端《清明上河图》中，汴河边一家脚店的大门前，立有
一块立体的灯箱广告，上写着"脚店""十千"。

与彩帛搭建起来的门楼，是流行于宋代的酒店业广告装饰。越是高级的酒店，彩楼欢门越是豪华，《清明上河图》描绘的"孙羊正店"，彩楼欢门有两三层楼高，非常气派。画中虹桥附近的一家"脚店"（宋代的脚店是指小型酒店），也扎有十分显眼的彩楼欢门。如果我们有机会穿越到宋朝，只要看到彩楼欢门，便可以判定那是一家酒店。

比较新鲜的市招当属灯箱广告。《清明上河图》中的"孙羊正店"大门前，有三块立体招牌，分别写着"孙羊""正店""香醪"字样，这三块立体招牌，便是灯箱广告。由于这种广告牌应用了照明技术——内置蜡烛，夜间明亮照人，特别引人注目。虹桥附近的那家"脚店"门口，也设置了一个灯箱广告，上书"十千""脚店"四字。"十千"为美酒的代称，如唐诗有云："新丰美酒斗十千，咸阳游侠多少年。"灯箱广告在现代商业社会不过是寻常事物，但许多人未必知道宋朝已出现了灯箱广告的形式。今日在日本、韩国一些地方，还保留着这种古老的广告，古香古色，别有风味。

俗话说："好酒不怕巷子深。"但宋人的观念是，好酒还需做广告，为吸引眼球，广告还得别出心裁。《武林旧事》与《梦粱录》都记述说，每到新酒出炉时，酒库（即官营大酒店）必大张旗鼓：一、用长竿挂出广告长幅，上书"某库选到有名高手酒匠，酿造一色上等酸辣无比高酒，呈中第一"之类的广告词，这叫作"布牌"；二、又"以木床铁擎为仙佛鬼神之类，驾空飞动"，即将儿童或伶人固定在木制台架上，扮成仙佛鬼神的模样，在酒店门面表演，这叫作"台阁"；三、"酒库颁发告示，邀请官私妓女、鼓乐随行，诸行社队，迤逦半街，街市往来，无不围观"，类似于今日公司邀请演艺界明星来代言产品。

看来，幌子、招牌等广告形式在宋朝已不新鲜，明星代言的广告形式也出现了。这里值得一说的还有宋朝的印刷品广告。印刷品广告的特点是可以大量复制、广为散发或张贴。宋代的药铺已经开始应用一种叫作"仿单"（夹带在商品中的广告传单）的印刷品广告。在出土的宋代文物中，有一个镂刻自南宋咸淳年间的仿单铜版，是四川"万柳堂药铺"用来印制广告传单的印版，印出的广告相当精美：约六七寸方，四周有花纹，上面花纹间刻"万柳堂药铺"五字，广告图文并茂；其中一张图中画有二人，一人作气喘状，另一人则精神健旺，图中注有"气喘""愈功"字样，可以看出这是表现患者服药前后的状态，用以说明药物的疗效。[1]

商标

　　中国历史博物馆收藏有一块北宋年间的广告铜版，用这块铜版印出来的印刷品最上方是一行大字："济南刘家功夫针铺"；中间是一个"白兔捣药"图案；图案两侧标注"认门前白兔儿为记"两行说明，下方则是广告词："收买上等钢条，造功夫细针，不误宅院使用，转卖兴贩，别有加饶，请记白"（"转卖兴贩，别有加饶"的意思是说，若来批发，可加优惠）。四五百年后，欧洲才出现了第一张英文印刷品广告。这份宋代的广告传单，不仅是世界上最早的印刷品广告，而且其中有一个细节更值得注意：它不仅仅是宣传产品（功夫细针），且还是宣传品牌（刘家功夫针铺），那个"白兔儿"更是可以确证的世界最早的商标。以"白兔捣药"作为功夫针铺的商标，含

宋：现代的拂晓时辰　全民皆商

---

[1]　据王伯敏《中国版画通史》，河北美术出版社，2002年，第33页。

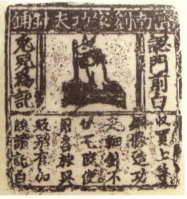

宋代"刘家功夫针铺"的广告铜版及印样。

有深意,中国民间有"只要功夫深,铁杵磨成针"的谚语,而传说中月宫白兔捣药所用的便是一根铁杵,整个商标正好暗示了刘家针铺造针的"功夫深"。

宋朝的工商业者已经有了明确的商标意识,翻开《东京梦华录》《梦粱录》或者《清明上河图》,其中作者和画家记录的各类招牌可谓琳琅满目,如"钱家干果铺"、"戈家蜜枣儿"、"俞家冠子铺"、"凌家刷子铺"、"徐茂之家扇子铺"、"张古老胭脂铺"、"枣王家金银铺"、"刘家上色沉檀拣香"、"双葫芦眼药铺"、"郭医产药铺"、"赵太丞家"医馆、"仁爱堂熟药铺"、"修义坊三不欺药铺"、"孙羊正店"、"黄尖嘴蹴球茶坊"、"一窟鬼茶坊"等等,不胜枚举。这些招牌,都具有商标的性质。南宋当涂县有位"外科医徐楼台,累世能治痈疽,其门首画楼台标记,以故得名"[1],"徐楼

[1] （宋）洪迈：《夷坚志·丁志》。

台"便是徐家医馆独有的商标。饶州城内德化桥也有个医生，"世以售风药为业"，自制了一个"（一人）手执叉钩，牵一黑漆木猪"的标志，挂于医馆门口中，人称"高屠"。[1] 这个"高屠"，成了饶州城的一个驰名商标。

从今天出土的宋代铜镜、瓷器、金属器，可以看到各种"铭记"，其实此"铭记"也是商标。商标的源头可以追溯到古老的"物勒工名"传统："物勒工名，以考其诚，功有不当，必行其罪。"最早的"物勒工名"只是强制的责任认定，还不能说是商标。但在漫长的演进过程中，随着市场经济的展开，一部分优秀商号脱颖而出，成为获得广泛信任的品牌。当品牌形成之后，拥有这一品牌的工商从业者就会一改被动的"物勒工名"，而倾向于积极地在自己的产品上留下独有的标志，以便跟其他人的同类产品区分开来，于是商标便诞生了。宋代湖州出产的一些铜镜，会铭刻上制镜的铺号，如"湖州真石家念二叔照子（照子，即镜子）""湖州真正石家念二叔照子"。之所以在"石家念二叔"前面特别加上"真正"二字，是为了强调自己不是冒牌货。这也说明"石家念二叔"已经成为当时湖州的制镜品牌，以致出现了一些冒牌产品。

宋代工商业者之所以产生了宣传品牌（而不是产品）的自觉，当然是因为宋朝的消费者已经有了追求名牌商品的意识。宋话本《白娘子永镇雷峰塔》中有个细节：许仙外出遇雨，便向开生药铺的亲戚李将仕借把伞用。李将仕吩咐药铺的老陈给了许仙一把雨伞。老陈将雨伞递给许仙，再三嘱咐道："小乙官，这伞是清湖八字桥老实舒家做的，八十四骨，紫竹柄的好伞，不曾

[1] （宋）洪迈：《夷坚志·辛志》。

有一些儿破，将去休坏了！仔细！仔细！"许仙说："不必分付。"后来许仙又将这把伞借与白娘子，定下了一段姻缘。不过我们这里要注意的不是许仙的爱情，而是老陈所代表的宋代市民消费意识：显然，"老实舒家"是制伞的大品牌，深受消费者欢迎。宋话本的情节虽属虚构，却是宋代社会生活的反映：因为当时市民确实有追求品牌的消费心理，《梦粱录》记载："大抵都下买物，多趋名家驰誉者。"所谓"名家驰誉者"，换成今日的话来说，不就是"名牌""驰名商标"吗？

小报

　　一个生活在宋朝的知识分子，如果他关心时政，便可以每天在市场上买一份报纸，上面通常刊登有最近的政治新闻与社会奇闻。至迟从北宋末开始，汴梁市场上已出现商品化的报纸，《靖康要录》载："凌晨有卖朝报者。"这里的"朝报"显然不是官方出版的邸报，因为邸报是免费发给政府机关的报纸，不会进入市场。报贩子叫卖的"朝报"实际上应该是民间雕印与发行的"小报"，只不过假托"朝报"（机关报）之名而已。南宋时临安城有了专门的报摊，《西湖老人繁胜录》与《武林旧事》记录的杭州各类小本买卖中，都有"卖朝报"一项，可见报纸零售已成为一种可以养家糊口的职业。它的背后，肯定又隐藏着一个靠出版报纸营利的行业。

　　那么南宋的新闻小报究竟是一种什么样的报纸？一份宋光宗

绍熙四年（1193）的臣僚奏疏透露了比较详细的信息："近年有所谓'小报'者，或是朝报未报之事，或是官员陈乞未曾施行之事，先传于外，固已不可。至有撰造命令，妄传事端，朝廷之差除，台谏百官之章奏，以无为有，传播于外。访闻有一使臣及阁门院子，专以探报此等事为生。或得于省院之漏泄，或得于街市之剽闻，又或意见之撰造，日书一纸，以出局之后，省部、寺监、知杂司及进奏官悉皆传授，坐获不赀之利，以先得者为功。一以传十，十以传百，以至遍达于州郡监司。人情喜新而好奇，皆以小报为先，而以朝报为常，真伪亦不复辨也。"[1]

研究新闻史的台湾学者朱传誉先生根据这条史料，推断出南宋小报具有如下特征：

一、有人"专以探报此等事为生"，也就是说，已经专业化。

二、"坐获不赀之利"，可见是商业行为，并且是一种很赚钱的事业。

三、新闻来源"或得于省院之漏泄，或得于街市之剽闻"，可知范围很广，并不限于宫禁，道听途说也在采访之列。

四、内容如诏令、差除、台谏百官章奏，多为朝报所未报，因而被称为"新闻"（友情提示：宋朝人已经用"新闻"一词来指称民间小报了）。

五、"人情喜新而好奇，皆以小报为先，而以朝报为常"，可知小报较朝报受人欢迎。

六、"一以传十，十以传百，以至遍达于州郡监司"，可见发行之广。

---

[1] 〔清〕徐松辑：《宋会要辑稿·刑法》二之一二三。

七、所谓"撰造命令""又或意见之撰造",也就是言论栏,相当于今日报纸的社论。

除了上面朱传誉先生提出来的这七点,我们还可以根据另外的史料,将南宋小报的特征补充完整:

八、小报养有一批采访消息的"报料人""记者",据《朝野类要》载:"有所谓内探、省探、衙探之类,皆衷私小报,率有漏泄之禁,故隐而号之曰'新闻'。"这里的"内探""省探""衙探"都是暗中服务于小报的报料人,他们为小报老板提供新闻,当然也从小报老板那里获取报酬。

九、小报为定期出版,"日书一纸"投于市场,发行覆盖面达于州郡,这样的报纸肯定不是手抄报,而是印刷品。宋代印刷业非常发达,印制小报在技术上完全没有问题。其实早在北宋熙宁年间,市井中就有人刊印时政新闻卖钱:"窃闻近日有奸妄小人肆毁时政,摇动众情,传惑天下,至有矫撰敕文,印卖都市。"[1]

十、小报为民间所办,新闻采写与发行传播均摆脱了官方控制,一些小报胆大妄为的程度可能超乎我们的想象。北宋大观四年(1110),有份小报刊登了一则宋徽宗斥责蔡京的诏书,但此诏书是小报杜撰出来的,属于伪诏。放在其他王朝,这无疑是诛九族的大罪,但在北宋末,这起"辄伪撰诏"事件最后却不了了之。南宋初,又有小报伪造、散布宋高宗的诏书,令高宗非常尴尬,不得不出面澄清。当然宋政府也一再发布法令,企图"严行约束"小报,但总是屡禁不止,从中也可以想见宋政府对于社会的控制并不严厉。

---

[1]　(清)徐松辑:《宋会要辑稿·刑法》二之三四。

今天的新闻史著作通常将十七世纪才出现的《法兰克福邮政总局报》《新到新闻》或者《莱比锡新闻》当成世界上最早的日报。但以南宋小报出现的特征来看，我们完全有理由说，风行于十二世纪的南宋小报才是世界最早的日报，而且其品质跟近代新闻报纸已经相当接近。指出这一点，并不是为了满足"我们祖上曾阔过"的虚荣，我只是想说明：华夏文明有自发近代化的内在动力。

书坊

在宋代之前，市面上几乎是没有书店的，因为印刷术尚未普及，书籍多为手抄本，无法成为普通的商品。苏轼在《李氏山房藏书记》中说："余犹及见老儒先生，自言其少时欲求《史记》《汉书》而不可得，幸而得之，皆手自书，日夜诵读，惟恐不及。"要找到一本书非常不容易。从手写时代进入印刷时代的飞跃，发生在宋代。随着雕版技术的推广，苏轼发现："近岁市人转相摹刻诸子百家之书，日传万纸。学者之于书，多且易致如此，其文词学术，当倍蓰于昔人。"

书籍开始成了寻常商品。北宋汴京的大相国寺便有一个图书市场，"殿后资圣门前，皆书籍、玩好、图画及诸路罢任官员土物香药之类"；大相国寺的东门大街，"皆是幞头、腰带、书籍、冠朵铺席"，当中有很多书店。[1] 南宋时，在两浙路、福建路的城市内，更是书坊林立，单是福建的建阳麻沙镇，至少便有

---

[1] （宋）孟元老：《东京梦华录》。

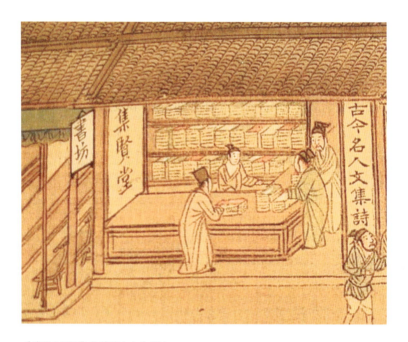

《清明上河图》仇英摹本上的书坊。

三十六家有"牌记"可考的书坊（相当于民营出版社兼书店）。建阳县每个月都有专门的图书展销会，"书市在崇化里，比屋皆鬻书籍，天下客商贩者如织，每月以一、六日集"[1]。难怪宋人说："建阳版本书籍，行于四方者，无远不至。"[2] 杭州、成都的刻书业也非常发达，与建阳并称为全国三大刻书中心与书籍交易中心。这些书坊刻印的书籍，不仅遍布全国，而且远销海外。

为吸引读者、方便阅读，宋代书坊在版式、字体、装订上都

---

[1]　嘉靖年修《建阳县志》。

[2]　（宋）朱熹：《建阳县学藏书记》。

特别讲究，也有创造发明，比如建阳书坊采用"上图下文"的形式刻印《尚书》《周礼》《道德经》《荀子》等经典，图文并茂，富有可读性。即使在今天，流传下来的宋版书也是非常精美，是收藏界最喜欢的版本。很多书坊又大量刻印医书、技术书、话本、佛经及民间通俗类作品，以迎合大众的阅读需求及审美趣味。

得益于发达的图书市场，一批有才情或有影响力的宋朝文人能够鬻文为生。如，南宋江湖诗人戴复古，一生未入仕，也不事生产，但漂泊江湖四十年，而无衣食之忧，其一部分生活经费即来自稿酬，他自我解嘲说："七十老翁头雪白，落在江湖卖诗册。"不过他诗名大振，出版的诗册立即成了畅销书，"其吟篇朝出镂板，暮传咸阳，市上之金，咄嗟众口，通鸡林海外之舶，贵重一时"[1]。

也是得益于发达的图书市场，宋代涌现出一大批出版商，最著名的当为经营"临安府棚北睦亲坊南陈宅书籍铺"的陈起。他建了一个私人图书馆，搜集善本，收藏图书，作为编辑、出版之用。他身边又聚集了一大群江湖诗人，为其供稿。陈宅书籍铺刊行的图书，编辑精心，质量上乘，深受市场欢迎，"付雕即成，远近传播"，坊间有"临安书肆，陈氏最盛"之说。

图书市场的竞争，促使宋代出版商产生了明确的品牌意识，他们的产品都会刻上一个"牌记"，如陈起刊行的图书，必在末页附印"临安府棚北睦亲坊陈宅书铺印"的LOGO。南宋临安另一家品牌书坊"荣六郎书铺"，是从汴京迁至杭州的，以专刻经史书籍闻名，其刻印发行的《抱朴子内篇》书后印有"牌记"文

---

[1]　（元）戴表元：《剡源集》卷二四。

字五行："旧日东京大相国寺东荣六郎家，现寄居于临安府中瓦南街东，开印输经史书籍铺，今将京师旧本《抱朴子内篇》校正刊行的无一字差讹，请四方收书好事君子，幸赐藻鉴，绍兴壬申岁六月旦日。"

图书成为一种产业，是从宋代开始的，至晚明时尤盛。

知识产权

宋代印刷业发达，商品经济繁荣，两者相互激荡，便促成了一个繁华的书业市场，同时也催生出防不胜防的盗版现象。苏轼的作品是盗版商盯住不放的，东坡先生为此颇为苦恼："某方病市人逐利，好刊某拙文，欲毁其板。"[1] 书商逐利，未经苏轼同意便私自刻印他的作品发行，苏轼恨不得将雕版追缴来销毁掉。朱熹也有被盗版的遭遇，他的著作的《论孟解》"乃为建阳众人不相关白而辄刊行，方此追毁，然闻鬻书者已持其本四出矣"[2]。为了对付盗版，朱熹干脆自办书坊，即开了一间民营出版社，刊印和发行自己与友人的作品，不过因为经营不善，书坊后来倒闭了。

有意思的是，盗版的盛行，又促使宋人产生了反盗版的知识产权意识。苏轼与朱熹都想"追毁"盗版书，便是知识产权意识的萌芽。为避免因为被盗版而发生经济损失，宋代的出版商在刊印书籍时，通常要印上版权页——"宋人刻书，于书之首尾或序

[1] （宋）苏轼：《苏轼集》卷七七。

[2] （宋）朱熹：《朱文公大全文集》卷五五。

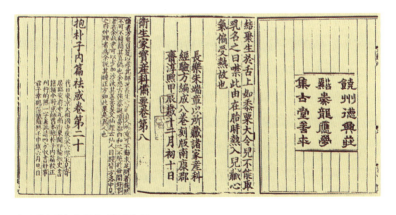

宋人雕印发行的图书"牌记"选。

后、目录后，往往刻一墨图记及牌记"^[1]。这个"牌记"，载有出版人、刻书人、出版日期、版权声明等信息，类似于今日书籍的版权页。如南宋绍熙年间，眉山程氏刻印的《东都事略》一书目录后便有一长方牌记，上书文字"眉山程舍人宅刊行，已申上司，不得覆板"。所谓"已申上司，不得覆板"，就是"版权所有，翻印必究"的意思。

"已申上司"四字，还透露出宋代出版人可以向政府申请版权保护的信息。事实是不是如此呢？清代的大藏书家叶德辉说："翻版有例禁，始于宋人。"也就是说，中国从宋代开始产生了版权保护法。来看一个例子，南宋淳祐八年（1248），罗樾欲刊印段昌武编著的《丛桂毛诗集解》，作为出版人的罗樾与作者的侄子段维清（当时段昌武已去世，著作权由其家属继承）向国子

290

291

[1]　（清）叶德辉：《书林清话》。

监申请了版权保护令："先叔刻志穷经，平生精力，毕于此书。倘或其他书肆嗜利翻版，则必窜易首尾，增损意义……今备牒两浙、福建路运司备词约束。"

宋朝的国子监兼辖全国图书刊行，相当于教育部兼出版总署。应罗樾与段维清之请，杭州国子监便给印刷业最发达的两浙路、福建路运司下发了通知，要求两路转运司"备词约束所属书肆"，"如有不遵约束违戾之人，仰执此经所属陈乞，追板劈毁，断罪施行"。[1]

朱熹的外祖父祝穆编印《方舆胜览》，也向政府提出了版权保护申请："（此书）系本宅进士私自编辑，数载辛勤。今来雕版，所费浩瀚，窃恐书市嗜利之徒，辄将上件书版翻开，或改换名目，或以《节略舆地胜纪》等书为名，翻开挽夺，致本宅徒劳心力，枉费钱本，委实切害，照得雕书，合经使台申明，乞行约束，庶绝翻版之患。乞榜下衢、婺州雕书籍处，张挂晓示，如有此色，容本宅陈告，乞追人毁版，断治施行。"宋政府即"出榜衢、婺州雕书籍去处，张挂晓示，各令知悉。如有似此之人（指有盗版嫌疑之人），仰经所属陈告，追究毁版施行"。祝穆将这一版权保护令附在《方舆胜览》自序中，以警告盗版商。按照保护令，《方舆胜览》版权人如果发现书坊翻印盗版，即可向官府陈告，要求政府出面"追人毁版"。

十八世纪初英国颁发的《安娜法令》被视为"世界上第一部版权法"，但从上面的故事，我们可以明白无误地确信，宋代已经出现了保护版权的法令，只不过政府并没有专门订立一部成文的版权法而已。

[1] （清）叶德辉：《书林清话》。

文化市场

商品经济的繁华、市民生活的富庶以及文化的普及，共同促使宋代形成了发达的文化消费，因应文化消费的市场需要，宋朝也出现了商业化的文化生产，许多画家、文人纯粹为追求市场利益而创作，就如今日的写手、画工。

北宋时，开封有一叫刘宗道的画师，画的婴戏图非常传神，因而也很抢手。他"每作一扇，必画数百本，然后出货，即日流布，实恐他人传模之先也"[1]。这个刘宗道为提防别人模仿他的画作，每创作一幅婴戏图，都要自己先复制数百份，一并出货。有意思的是，成都有一个和尚叫作智永，也是一名画家，特别擅长模仿别人的作品："长于传模，宛然乱真，其印湘之匹亚欤？"他为养家糊口，便画起了"行画"："售己所长，专以为养，不免徇豪富廛肆所好。今流布于世者，非其本趣也。"[2]

不管是刘宗道，还是智永，他们的身份都是靠市场过生活的画家。据统计，宋代有姓名可考的画师有八百多人，其中大多数为民间画工。

也是因应文化消费之需，宋代的市场出现了专门交易书画等艺术品的商铺、市集，如北宋开封的大相国寺，就有一个热闹的文化商品市场，卖的"皆书籍、玩好、图画，及诸路罢任官员土物、香药之类"[3]。南宋杭州的文化消费也很旺盛，"衣市有李

---

[1] （宋）邓椿：《画继》。

[2] （宋）邓椿：《画继》。

[3] （宋）孟元老：《东京梦华录》。

济卖酸文，崔官人相字摊，梅竹扇面儿，张人画山水扇"[1]。所谓"卖酸文"，就是在夜市上明码标价叫卖自己的诗文，可以现场命题作文、做诗。南宋诗人仇万顷未成名时，也曾"挈牌卖诗，每首三十文。停笔磨墨，罚钱十五"[2]，一首诗卖三十文。那位卖酸文的李济想必也是一位文章高手，否则名字不会在市井间流传。"梅竹扇面儿"与"画山水扇"则是现场为顾客的扇面画花鸟或山水画。

文化市场的发达还催生出一批职业化的书画交易经纪人，叫作"书驵"。宋人米芾的《书史》说："姑苏衣冠万家，每岁荒及迫节，往往使老妇驵携书画出售。"米芾所言的"驵"，便是书画交易的职业经纪人。

另一名宋人郭若虚在《图画见闻志》也记述了一件事："张侍郎典成都时，尚存孟氏有国日屏衣图障，皆黄筌辈画。一日，清河患其暗旧破损，悉令换易。遂命画工别为新制，以其换下屏面，迨公帑所有旧图，呼牙侩高评其值以自售。"这里的"牙侩"显然也是书画交易经纪人，他们不但可以代卖、代购书画作品，还能够利用其专业性知识与权威，接受交易人的委托，为待交易的书画作品进行价格评估。——这样的职业经纪人，说是艺术品拍卖行的滥觞，也不算过分。

---

[1] （宋）吴自牧：《梦粱录》。

[2] （宋）胡仔：《苕溪渔隐丛话》。

信托

宋人杨万里说了一个故事："某之里中有富人焉，其田之以顷计者万焉，其货之以舟计者千焉。其所以富者，不以己为之，而以人为之也。他日或说之曰：'子知所以居其富矣，未知所以运其富也，子之田万顷，而田之入者岁五千，子之货千舟，而舟之入者岁五百，则子之利不全于主，而分于客也。'富人者于是尽取其田与舟，而自耕且自为商焉，不三年而贫。"[1] 故事中的富商，产业非常大，商货可装近千条船。他的生意原来是委托经理人打理的，但后来有人告诉他："你傻啊，将生意交给别人做，赚来的钱要分一半给别人。"富人觉得有道理，便将生意收回来，自己亲自经营。结果不到三年，便蚀了老本，成了穷人。

[1]（宋）杨万里：《诚斋集》卷六三。

显然，宋人已经意识到所有权与经营权分离的委托经营是成本低、收益广的经营方式，更适合大规模产业的运作。在宋代，委托经营是比较常见的，商业的发展，必然在人际间构造出非常丰富、复杂的经济关系，而不是简单的买与卖。

欧阳修说："自为鬻市之事，此大商之不为。"[1] 大商人不愿意"自为鬻市"，他们通常会将货物批发给中小商人，或者雇佣经理与伙计，或者干脆将产业委托他人经营。宋代有不少富人，资本雄厚，希望以钱生钱，但又由于缺乏经商经验或精力，便习惯将一部分资金托付给信任的人，由其全权打理。这些专门负责协助富人打理资产的人，叫作"行钱"，宋朝时已经成为一种职业，类似于今日的基金经理。宋人廉布的笔记《清尊录》说："凡富人以钱委人，权其子而取其半，谓之'行钱'。富人视行钱如部曲。"说的是北宋京师的富人将资金交给"行钱"放贷，"行钱"可以自主决定利率、选择客户，所得息钱，则与出本的富人对分。"行钱"与富人之间，构成了比较典型的信托关系，虽然有些富人将"行钱"视为仆人。

一部分既有经营能力又讲信誉的"信托经理"脱颖而出。《夷坚志》中有一个叫申师孟的人物："以善商贩著干声于江湖间。富室裴氏访求得之，相与欢甚，付以本钱十万缗，听其所为。居三年，获息一倍，往输之主家，又益三十万缗。凡数岁，老裴死，归临安吊哭，仍还其资。裴子以十分之三与之，得银二万两，买舟西上。"裴氏富户与申师孟并非主仆，而是缔结成更为纯粹的信托关系。这一信托关系也不是建立在熟人感情之上，而是基于申师孟本人的信用与裴氏的信任。申师孟不负所

[1]　（宋）欧阳修：《居士集》卷四五。

托，给裴家带来了一倍于本金的收益，他自己也得到了十分之三本金的佣金。

信托机构

宋代已经出现了专业的信托机构，叫作"检校库"。日本学者加藤繁将检校库定义为"中国十世纪乃至十三世纪左右所实行的一种官营信托"。

宋代设检校库，意在代为清点、管理遗孤财产、户绝财产、无主货物、有纠纷的财物、官府收缴的赃物、人户存入的财物等，最主要的功能还是代管遗孤财产："揆之条法，所谓检校者，盖身亡男孤幼，官为检校财物，度所须，给之孤幼，责付亲戚可托者抚养，候年及格，官尽给还。"[1]根据宋朝的立法，对亲人离世的遗孤，政府有责任将他们的财产核查清楚、登记在册，存入检校库代为保管，并定时从代管的财产中划出若干，发给遗孤作为生活费，等遗孤长大成人，政府再将代管的财产给还他们。宋朝政府希望通过官方的检校，使失去亲人的未成年人的权益获得保护，免遭他人侵夺。

为此，宋政府不但设立了检校库，并逐步形成了一套比较完善的检校制度：一、"诸身死有财产者，男女孤幼，厢耆、邻人不申官抄籍者，杖八十。"宋朝的检校带有一定的强制性，凡符合检校条件者（亲人故去，只留下孤儿与财产），均须报官检校；二、"州、县不应检校辄检校者，许越诉。"不符合检校条

---

[1]　《名公书判清明集》卷七。

件而官府强加检校的，许人控告；三、"辄支用已检校财产者，论如擅支朝廷封桩钱物法，徒二年。"[1] 官府如挪用检校的人户财物，要追究法律责任；四、"州县寄纳人户物色在官库者，若有毁失"，"依弃毁亡失及误毁官私器物律备偿"。[2] 检校库的人户财物如有损坏或遗失，官府须给予赔偿。

宋神宗朝时，检校库的功能又发生了一项重大的变化——熙宁四年（1071），负责管理开封府检校库的行政长官吴安持（王安石的女婿）上报朝廷："本库检校孤幼财物，月给钱，岁给衣，逮及长成，或至罄竭，不足推广朝廷爱民之本意，乞以见寄金银见钱，依常平仓法贷人，令入抵当出息，以给孤幼。"财产放在库里，只会越发越少；如果投资于资本市场，则将用之不竭。所以吴安持请求朝廷批准检校库放贷。宋神宗同意了，从此检校库获得了将它们代为管理的财产用于投资的法律授权。而我们对于宋朝的检校制度，也应该再补充一条：五、"孤幼财产，官为检校，使亲戚抚养之，季给所需，资蓄不满五百万者，召人户供质当举钱，岁取息二分，为抚养费。"[3] 用利息的收益来支付遗孤的生活费，就不存在坐吃山空的问题了。

由于检校库具有放贷的功能，当时京师的国子监（教育部）、军器监（兵工厂）都将本部门的公款委托检校库放贷生息。如，熙宁五年（1072）十一月二十七日，"诏给国子监钱二万贯，送检校库出息，以供公用"[4]。这时候的检校库，已经相当接近于今日的信托投资基金了。

---

[1]　前三条均引自《名公书判清明集》。

[2]　〔宋〕李焘：《续资治通鉴长编》卷四四五。

[3]　〔清〕徐松辑：《宋会要辑稿·食货》六一之六二。

[4]　〔清〕徐松辑：《宋会要辑稿·职官》二七之六四。

商业中介

现代商业社会，出于建立复杂的交易与合作关系之需，市场与社会便产生了专业的经纪人、介绍人、代理人、公证人、担保人等商业中介。在宋代，这些商业中介服务由一个庞大的"驵侩群体"提供。

驵侩，即人们常说的牙人，以说合双方交易、抽取佣金为本业。宋代牙人的活跃程度是空前的，几乎任何一个涉及交换的领域，都有牙人活动的身影，牙人也因此出现了明显的细化分工，趋向于专业化。如买卖、租赁房屋有"庄宅牙人"，类似于今日的房地产中介；雇佣人力之类，也可以找专门的"中介公司"："如府宅官员，豪富人家，欲买宠妾、歌童、舞女、厨娘、针线供过、粗细婢妮，亦有官私牙嫂，及引置等人，但指挥便行踏逐下来。或官员士夫等人，欲出路、还乡、上官、赴任、游学，亦有出陆行老，顾倩脚夫脚从，承揽在途服役，无有失节"[1]。商业交易过程中更是离不开牙人，如在钦州的博易场上，活跃着一群穿梭于宋朝商人与蕃商之间的牙人，他们的工作就是说合交易双方，达成彼此接受的价格，做成买卖。宋朝商人与蕃商交易蜀锦与香药，"其始议价，天地之不相侔"，即一方漫天要价，另一方着地还钱，谈不拢；这时候，"侩者乃左右渐加抑扬，其价相去不远，然后两平焉"，一桩买卖这才做成了。[2]

---

[1] （宋）吴自牧：《梦粱录》。

[2] （宋）周去非：《岭外代答》。

宋朝牙人的功能并不仅仅是拉拢买卖、撮合交易，他们有时候还充当了交易公证人、合同担保人、受委托的代理人等角色。如宋朝法律规定，大宗交易的"赊买赊卖"合约，须有牙人作为公证人与担保人，否则，发生经济纠纷时官府将不予受理。

因为牙人在商业交易中的重要性，宋朝制订了一套规范牙人行为的《牙保法》，要求牙人须到官府登记注册并获得政府发给的"身牌"（类似于营业执照），方可从事牙人活动，否则便是身份不被承认的"黑牙"。"身牌"写有该牙人的姓名、籍贯、从事行业，以及"约束"条文。条文共有三条：一、不得将未经印税物货交易；二、买卖主当面自成交易者，牙人不得阻障；三、不得高抬价例，赊卖物货，拖延留滞客旅，如是自来体例赊作限钱者，须分明立约，多召壮保，不管引惹词讼。如有客商上门，牙人有义务将"身牌"上的"约束"条文先宣读给客商听。[1] 毫无疑问，客商跟有"身牌"的合法牙人合作，风险会更加少一些。

税务代理

在宋代的各色牙人中，有一类牙人最让我感兴趣，那就是被叫作"揽户"的税务代理人。宋朝时，代理缴税业务是合法的，政府给从事税务代理的"揽户"发放"身牌"，作为揽税的从业资格证书。税户纳税，可以自己交给官府，也可以委托给"揽户"代理。"揽户"的声名不大好，经常受到勾结胥吏、盘

---

[1] （宋）李元弼：《作邑自箴》。

剥税户的指控，但尽管如此，许多税户似乎还是愿意委托"揽户"代为缴税，"仓吏要民，民愤之；揽子（即揽户）要民，民甘之"[1]。显然，这是因为胥吏的剥削更加厉害，两害相权选其轻。

一些富商、富民也会聘请"揽户"代理他们的税务。《夷坚志补》有一个叫作叶三郎的牙人，便是一名受雇于富人的税务代理。叶三郎与乐平南原富室刘氏为世交，"刘兄弟二人，税亩甚广，每岁所输官赋，悉以委叶，于出纳之间，颇获赢润"。后来，有一个在刘家做工的胡姓匠人，游说刘家将税务交给另一位姓苏的牙人代理，称苏家"资业不薄，君家邂逅或缓期，则能先出己财以代急"。意思是说，苏家很有钱，只要跟他们签了约，以后资金紧张时，他们可以先替刘家垫付税款。刘氏被说动了，便叫人从叶三郎家取回簿籍，将税务委托给苏家。叶三郎已经是一名老头了，走路都快走不动了，坐着轿子来问刘氏兄弟："自先父迨我，充君干力五十年，无一阙事，顾乃用闲言相弃捐也？"刘家兄弟大概也觉得有点对不住叶三郎，但也无可奈何，说："诚知其误，但业已许之矣！"已经跟苏家签订了委托合约，不可反悔了。叶三郎只好"塞默而退"。

从这个故事可以看出，受雇于富户的税务代理，收入是非常可观的，"于出纳之间，颇获赢润"。这个"出纳之间"的获利方式，大概有三：收取佣金；赚取资金入出之间的利差；利用资金调拨的机会，放贷收息。一些业务做大的"揽户"，还设立有类似税务师事务所的铺面，聘请"书抄"等佣工。"揽户"与富民之间，是一种经济上的委托—代理关系，富民如果不满意"揽

---

[1] （宋）刘子翚：《屏山集》卷二。

户"的工作，可以终止委托，将业务交给另外的"揽户"。在这里，"揽户"应该不大可能盘剥他的委托人。

明清两代，民间也是包揽成风，如道光六年（1826），江苏巡抚陶澍向皇帝呈报，在江苏，每到开征漕粮之始，就有缙绅大户出来兜收税户的缴税通知书，包揽钱粮。但是，税务代理在法律上已属必须禁止的非法行为，尽管事实上它屡禁不止。而法律身份的非法定性，等于切断了"揽户"向更高形态进化的路径。如果给予其合法身份，"揽户"未必不会演化为近代的税务师事务所。

商业信用

　　《东京梦华录》说汴梁的"金银彩帛"市场，"每一交易，动即千万，骇人闻见"；《梦粱录》也说临安的"珠子市"，"如遇买卖，动以万数"。这些奢侈品的成交额，动辄就是几千贯、上万贯钱。这一大堆钱要是码出来，肯定很占地方，也重得惊人：一贯钱大约有六斤，万贯即六万斤。携带起来极不方便。我们无法想象如果是现金交易的话，这种"动以万数"的买卖是如何进行的。所以，我们有理由相信，宋代的大额商品贸易，是运用"信用支付"的。

　　事实上，宋人确实已经在广泛应用商业信用了。《夷坚志》中有个故事：邢州有个牙人叫张翁，以接小商布货为业。这一日，来了一个大布商，"赍布五千疋入市"，请张牙人联系销售。张牙人不敢承揽这笔大生意，说："家资所有，不满数万

张择端《清明上河图》局部。汴河边的大宗货物交易。

贯，此大交易，愿别择豪长者。"大布商说："吾固欲烦翁，但访好铺户赊与之，以契约授我，待我还乡，复来索钱未晚。"意思是说，请张牙人联系好需要布货的商铺，将布赊给他们，不用现金交易，只叫商铺立下契约便可，以后我再来收数。

这个故事讲的便是宋代很常见的商业信用——"赊卖赊买"。宋代"商贾贩卖，例无见钱。若用见钱，则无利息。须今年索去年所卖，明年索今年赊，然后计算得行，彼此通济"[1]。我小时候看到乡亲常常赊东西，但赊的都是小商品，那时候太贫穷，手头没钱才需要"赊"。宋代的赊则不是因为贫穷，而是因为商品经济的发达，刺激了商业信用的发育，也因此，应用"赊

[1] （宋）苏轼：《东坡奏议》卷一一。

卖赊买"的通常是大宗交易。

由于"赊卖赊买"应用广泛，为减少发生商业纠纷，北宋乾兴元年（1022），朝廷立法对"赊卖赊买"作了规范："自今后如将到行货物色，并须只以一色见钱买卖，交相分付。如有大段行货须至赊卖与人者，即买主量行货多少，召有家活物力人户三五人以上递相委保，写立期限文字交还。如违限，别无抵当，只委保人同共填还。若或客旅不切依禀，只令赊买人写立欠钱文字，别无有家业人委保，官中今后更不行理会。若是内有连保人别无家活，虚作有物力，与店户、牙人等通同蒙昧客旅，诳赚保买物色，不还价钱，并乞严行决配。"[1] 根据这道法令，凡非现金支付的大宗交易，即赊卖赊买，必须有牙人作为担保人，并签订三方合同，规定还款期限以及违约责任。在这个过程中，有欺诈行为的一方，将受到法律惩罚。

除了"赊卖赊买"，宋代诞生的具有支付功能的信用工具也非常丰富，从北宋到南宋，陆续出现了便钱（类似于银行汇票）、现钱公据（类似于现金支票）、茶引、盐引、香药引、矾引（类似于有价证券）、交子与会子（法币）等等。如果没有发达的商业信用，那种大宗的或者跨区域的市场交易，是不可想象的。

远期合同

蔡襄的《荔枝谱》提到北宋莆田的荔枝贸易盛况："（荔枝）初着花时，商人计林断之以立券。若后丰寡，商人知之，

---

[1] 〔清〕徐松辑；《宋会要辑稿·食货》三七之九。

不计美恶，悉为红盐者，水浮陆转以入京师，外至北戎、西夏；其东南舟行新罗、日本、琉求、大食之属，莫不爱好。重利以酬之，故商人贩益广，而乡人种益多，一岁之出，不知几千万个亿，而乡人得饫食者盖鲜矣，以其断林鬻之也。"

这段文字其实记录了一种在当时而言可谓非常先进的商业形式：远期合同。在荔枝刚刚开花的时候，水果商就先跟荔枝种植户订立了购买合约（立券），并预付定金，订购某一片林场出产的全部荔枝（断林鬻之），不管产量多少、质量如何，均由他包买。等到荔枝成熟时节，商人再来收货，然后从水陆两路运往京师、西夏、日本、大食等地。由于荔枝被商人成片成片地预订，以至莆田虽然盛产荔枝，但当地人都很少吃到。水果商与种植户签订的合约，相当接近于今日所谓的"远期合同"。

这种签订"远期合同"并预付定金的交易方式，在宋代想必是挺常见的，以致南宋有位官员认为："世间交易，未有不前期借钱，以为定者。"[1]北宋时四川的茶业，商人与茶园也是习惯于先签订"远期合同"，预付定金，来年再来取货："茶园人户，多者岁出三五万斤，少者只及一二百斤。自来隔年留下客放定钱，或指当茶苗，举取债负。准备粮米，雇召夫工，自上春以后，接续采取。乘时高下，相度货卖。"[2]

"远期合同"订立后，双方均不得单方面改变交易的价格与数量。南宋淳熙年间，有一个贩米的客商跟平江常熟县的大户张五三签订了一份籼米的"远期合同"（立券籼米），价钱已定，写进了合约。但张五三后来又提出，每斗米的收购价要提高二十

[1] 《名公书判清明集·附录二》。

[2] （宋）吕陶：《净德集》。

文。客商坚决不同意。张五三便毁约，并私吞了客商的定金。客商"抑郁不得伸，但举手加额告天而已"。不久常熟县刮了一场龙卷风，将"张氏仓廪帑库，所贮钱米万计，扫荡无一存"[1]。真是报应不爽。当然，发生了违约之事，也可以诉至官府，通过司法渠道解决。

宋代手工业中也有类似"远期合同"的交易。《夷坚志》中还有个故事，说的是："抚州民陈泰，以贩布起家。每岁辄出捐本钱，贷崇仁、乐安、金溪诸绩户，达于吉之属邑，各有驵主其事。至六月，自往敛索，率暮秋乃归，如是久矣。"[2]这个陈泰，是贩布的大商人，他每年都先向崇仁、乐安、金溪等地的纺织户预付订金，预订布匹。陈泰还雇佣了好几个"驵侩"（中介），来负责放钱收布。等到六月份，陈泰才到各"驵侩"家中取布。其中有一个名为曾小六的"驵侩"，"初用渠（陈泰）钱五百千，为作屋停货，今积布至数千匹"。这里的交易过程更加复杂：包买商陈泰应该是与各位"驵侩"订立"远期合同"的，并且给了预付款；然后，"驵侩"再用陈泰的预付款，跟各个纺织户订立"远期合同"。

设想一下：如果这些"远期合同"的格式标准化，实现"认券不认人"，并且可以自由交易，那么，所谓的期货市场就诞生了。

——这只是一个有趣的想象。不过有一点却是可以确信的，这些签订远期合同的商人，基本上都是"包买商"。包买商曾经在欧洲社会的近代前夕广泛兴起，成为推动欧洲工商业走向资本主义生产的强大动力。在宋代，福建的水果业、岭南的矿冶业、

---

[1] （宋）洪迈：《夷坚志补》卷七。

[2] （明）解缙等编《永乐大典》之《梦夫令诉冤》。

四川的茶业、江西的布业与江浙的丝织布，也开始出现了包买商的角色，意味着商业资本正在向产业资本转化，资本主义生产的曙光已经在宋朝的地平线上显露出来。

证券交易所

先来看看耐得翁《都城纪胜》的一段描述："都城（杭州）天街，旧自清河坊，南则呼南瓦，北谓之'界北'。中瓦前，谓之'五花儿中心'。自五间楼北至官巷南御街，两行多是上户，金银钞引交易铺仅百家余。门列金银及见钱，谓之看垛钱，此钱备入纳算请钞引。并诸作匠炉韝，纷纭无数。"

引文提到的"交引铺"，非常接近于今日的证券交易所，在这里成交的商品为盐引、茶引、矾引、香药引、犀象引等有价证券。宋代实行比较广泛的禁榷制度，盐、茶、矾、香药等采取间接专卖：先由商人向政府设立的榷货务入纳现钱，换取一张交引，然后凭着这张交引到指定地点领取盐茶等商货。宋太宗时，为了引导军用物资流向边郡，宋政府又创制"折中法"：商人在边郡入纳粮草等，政府估价后发给交引。为吸引商人赴边纳粮，宋政府的估价远高于市场价，高出市场价的那部分，叫作"虚估"，市场实际交易价则叫作"实估"，宋代交引的面值，就由"实估"加"虚估"组成。商人凭交引可赴京城或产地领取钱或者茶、盐、矾、香药等货品。

交引的原始功能类似于"提货单"，见引给货，认引不认人。市场经济的发展，又使得交引突破了其原始功能，获得了有价证券的流通功能——由于交引的价值存在一个巨大的"虚估"

《清明上河图》仇英摹本上的金银铺。宋代的金银铺，通常也是交引铺，"并是金银彩帛交易之所"，"每一交易，动即千万"。

额，这个"虚估"额成了附加于交引之上的利润空间，可以吸引买家来购买交引，交引的转手，实际上便是分割"虚估"利润的过程，直至最后的交易价格接近于交引的"实估"。而且，交引作为一种可凭证提货的商品，在市场上的价格也会升跌，只要有升跌，便能够吸引商人投机、追涨杀跌。因此，交引商通常并不是用交引提货，而是直接进行交引的买入、卖出。"认引不认人"的特点也让交引的自由流通成为可能。于是，类似于证券交易所的"交引铺"便应运而生了。

宋代的大城市，证券交易非常发达。《续资治通鉴长编》说一些州县的土人"既得交引，特诣冲要州府鬻之"，可见各个

"冲要州府"都设有"交引铺"。北宋的汴梁、南宋的杭州，都是证券交易非常繁荣的金融中心。《东京梦华录》描述说，开封城内"南通一巷，谓之'界身'，并是金银彩帛交易之所，屋宇雄壮，门面广阔，望之森然，每一交易，动即千万，骇人闻见"。这里的"金银彩帛交易之所"，便包括"交引铺"。南宋的杭州，单"界北"的一条街，就集中了一百多家"交引铺"。交引的买卖是大宗交易，必须有十分雄厚的本钱，所以这些"交引铺"的门面，都摆出大堆"金银及见（现）钱，谓之看垛钱"，以示自己的资金流充足。

跟所有的证券交易一样，"交引铺"当然也是通过买进、卖出交引的差价获利。北宋时，京师有一些得到茶引的市民，"不知茶利厚薄，且急于售钱，得券则转鬻于茶商或京师坐贾号'交引铺'者，获利几无。茶商及交引铺或以券取茶，或收蓄贸易以射厚利"[1]。为了坐获厚利，宋朝的一些"金融大鳄"还凭借其雄厚的资金，操纵市场，压低交引的市场价，购入交引。如北宋皇祐年间，"券至京师，为南商所抑，茶每直十万，止售钱三千，富人乘时收蓄，转取厚利"[2]。"交引铺"收购的交引，通常不会直接用于提货，而是转手卖给茶盐商："铺贾自售之，转鬻与茶贾。"

在宋代，交引的交易是合法的，也是政府鼓励的。即使出现大铺商操纵市场的情况，宋朝政府对交引市场也没有采取压制的做法，而是采纳官员范祥的建议，设立官营的"买钞场"，在交引的市场价太低时，以略高于市场价的价格买入交引；而当交引

[1] （清）毕沅：《续资治通鉴》卷三六。

[2] （宋）李焘：《续资治通鉴长编》卷一七〇。

的市场价过高时，又以略低于市场价的价格出售交引。借此来平抑交引买卖的市场价格。这一做法，叫作"范祥钞法"。宋人王巩《随手杂录》说："范祥钞法……贮钱五百万贯，不许辄支用。大约每钞极贱至五贯，即官给钱五贯五十文买之。极贵，则减五十文货之。低昂之权，常在官矣。"

宋代之后，明清继续保留食盐的间接专卖，民间虽有私下的盐引交易，但已属非法的黑市，如明代成化年间的一条法令要求，商人如果典当、买卖盐引，将"俱问罪，引目、盐货入官"[1]。这也意味着宋代孕育出来的证券市场，在宋朝灭亡之后，未能继续发育壮大。

金融银行业

银行业的核心业务是吸储（支付利息）、放贷（收取利息）与汇兑。有人说唐代的"柜坊"是银行的雏形，但准确地说，柜坊跟银行业关系不大，只是提供"保险柜"给客户存放财物，柜坊不付利息，还要收保管费。换言之，客户的存款只能在柜坊中积淀下来，并没有进入资本流转的循环中，并不创造"钱生钱"的收益。中国最早的银行雏形，应该是出现于北宋的抵当所。

宋代具有浓厚的重商主义倾向，当时政府设立了多种官营的金融机构，包括交引库、榷货务、便钱务、交子务、市易务、检校库、抵当所等，并推行青苗法。

---

[1]　（明）李东阳等：《大明会典》卷三四。

交引库的功能是"专印造茶、盐钞引"[1]，即负责印制、发行各类交引，是宋朝有价证券的发行机构。

榷货务的功能是"掌醝（盐）、茗（茶）、香、矾钞引之政令，以通商贾"[2]，即向商民发行及收兑各类有价证券。在发生通货膨胀的时候，榷货务也会通过向市场投放有价证券来回笼货币，具有中央银行的一部分功能。

便钱务为汇兑机构（其职能后来转移到榷货务上），向商人提供异地汇兑的服务："开宝三年（970），置便钱务，令商人入钱者诣务陈牒，即日辇致左藏库，给以券，仍敕诸州俟商人赍券至，即如其数给之，自是无复留滞。"[3] 如此，在以铜钱为基础货币的情况下，大宗交易与长途交易才得以进行。

交子务（会子务）是印制与发行信用货币（交子、会子）的金融机构。

市易务也具有金融机构的功能，接受城市商人的抵押贷款申请，提供经商资本，年息二分，有点商业银行的性质。

检校库如前所述，是宋代的金融信托机构，开创了信托财产保值增值的先河。

抵当所则为国营的存贷款机构，也是历史上第一家国有银行。

青苗法则是面向农村的小额贷款，接受农民的抵押贷款申请，发放青苗钱，年息二分，有点搞农业银行的味道。

此外，还有大量民间开设的解库、私人开办的兑便铺，以及类似证券交易所的交引铺。交引铺前面我们已有介绍，解库则是

宋：现代的拂晓时辰

全民皆商

---

[1] （宋）吴自牧：《梦粱录》。

[2] （元）脱脱等：《宋史·职官志》。

[3] （宋）李焘：《续资治通鉴长编》卷八五。

张择端《清明上河图》上的金融机构：解库。

提供抵押贷款的私人机构，又称质库。《清明上河图》便画了一
个"解库"，在"久住王员外家"对面，一户人家的屋檐下挂出
一个招牌，上书一个大大的"解"字，显示这里是经营放贷业的
"银行营业厅"。南宋杭州的质库也非常多，"府第富豪之家质
库，城内外不下数十处，收解以千万计"[1]。至于兑便铺，那是
兑换会子（纸币）与铜钱，从中赚取差价的商铺。

　　这些民营的、国立的银行业机构，构成了一个功能齐全的金
融服务系统。

　　我想详细一点介绍的是抵当所。抵当所创立于北宋神宗朝的

[1]　（宋）吴自牧：《梦粱录》。

熙宁变法，当时京师以及各州的"商贩要会处"，均设有抵当所。后来变法失败，新法被废，但抵当所作为国营存贷款机构，还是保留了下来。抵当所的主业务是"以官钱召人抵当出息"，即向市民提供抵押贷款，从中赚取利息，年利率大致为20%。南宋末时，政府出于公共救济的目的，还命令抵当所向贫民开放免息贷款。

抵当所的一项具有创造性的业务是有息存款，这也是我们判断它具有银行性质的核心指标。北宋时，京师许多政府部门，都将公款存入抵当所生息，如熙宁六年（1073）十二月十八日，"都水监言，乞将本监钱一万五千贯送抵当所出息供用，从之"[1]。抵当所提供的有息存款服务在中国金融史上具有划时代的意义，因为存款有息，即意味着银行机构从此可以吸引社会的闲散资金，将闲散资金吸纳进资本市场的循环中。——这跟唐代的柜坊完全是两种性质。

那么宋代的民间解库、质库，是不是也出现了存款的服务呢？南宋黄震的《黄氏日钞》提供了一条材料：绍兴府有一位叫作孙越的读书人，幼时贫困，不过他的叔祖很赏识他，在解库存了一笔钱，作为侄孙日后参加科考的费用，"且留钱浮屠氏所谓长生库，曰：此子二十岁登第，吾不及见之矣，留此以助费"。这里的"长生库"，乃指寺院开办的解库。可见解库这类民间放款机构在宋代时已经在收纳存款。估计解库应该是向存款户支付利息的，这样才能最大限度地吸引闲散于民间的资金，解库也才有更雄厚的资本放贷。

---

[1]　（清）徐松辑：《宋会要辑稿·职官》二七之九。

国际货币

　　南宋理宗朝的一年春天，台州城的市民一觉睡醒，忽然发现
"绝无一文小钱，在市行用"。也就是说，台州城闹"钱荒"
了，市面上几乎找不到一枚流通的铜钱了。这是何故？原来，
市面流通的钱都被日本商船收购走了。这些日本商船"先过温
（州）、台（州）之境，摆泊海涯。富豪之民，公然与之交易。
倭所酷好者铜钱而止，海上民户所贪嗜者，倭船多有珍奇，凡值
一百贯文者，止可十贯文得之；凡值千贯文者，止可百贯文得
之"[1]。日本看中宋朝的铜钱，低价出售日货，大量回收铜钱，
"以高大深广之船，一船可载数万贯文而去"，难怪台州一日之
间发生"钱荒"。

---

[1]　（宋）包恢：《敝帚稿略》。

明代刻本《天工开物》中的铸钱图。

　　其实，不仅日本"所酷好者铜钱而止"，许多国家都对宋钱趋之若鹜。因为宋朝铜钱制作精良、币值稳定，且这一时期经济发达，门户开放，与日本、东南亚、阿拉伯乃至非洲都保持着密切的国际贸易。宋钱差不多成了这一贸易区的国际货币，有点接近今日美元的货币地位。交趾人跟宋人交易，"必以小平钱为约；而又下令其国，小平钱许入而不许出"[1]；爪哇国"胡椒萃聚，（中国）商舶利倍蓰之获，往往冒禁，潜载铜钱博换"[2]；"高丽地产铜，不知铸钱，中国所予钱，藏之府库，时出传玩而

[1]　（宋）李心传：《建炎以来系年要录》卷六九。

[2]　（宋）赵汝适：《诸蕃志》。

已"[1]；今天在东非、印度、波斯湾等地，均有宋钱出土，一千年前，宋钱在这些地方是作为辅币使用的。

宋人说"缗钱原为中国财宝，而今四方蛮夷通用之"[2]，并不是夸张之词。那些与宋朝通商的国家，"得中国钱，分库藏贮，以为镇国之宝。故入蕃者非铜钱不往，而蕃货亦非铜钱不售"[3]。宋朝时常发生"钱荒"，铜钱的大量外流，显然加剧了钱荒。为禁止铜钱通过流入海外，宋政府立法规定，凡携带"铜钱出外界，一贯以上，为首者处死"，从者刺配远恶州，相关官员以失察坐罪。又规定与蕃商交易，不可使用铜钱，违者，二贯以上刺配。惩罚不可谓不严厉。但民间的走私铜钱出境的活动屡禁不止，因为宋钱对蕃货的购买力实在太坚挺了，"每是一贯之数，可以易番货百贯之物；百贯之数，可以易番货千贯之物，以是为常也"[4]。

宋人对铜钱外泄很是苦恼，以致有人提议：干脆关闭贸易港，中断与外商的贸易。认为这才是彻底阻止铜钱外泄的"拔本塞源"之道。这当然是一种很愚蠢的想法，幸亏宋朝政府并没有听从。

纸币

十三世纪从欧洲来到中国旅行的意大利商人马可·波罗发现，元朝商民所使用的货币并不是欧洲人熟悉的金银，而是一

---

[1] （宋）马端临编撰：《文献通考·四裔考》。

[2] （宋）张方平：《乐全集》卷二六。

[3] （清）徐松辑：《宋会要辑稿·刑法》二之一四四。

[4] （宋）包恢：《敝帚稿略》。

种神奇的纸币，这种纸币可以"用之以作一切给付。凡州郡国土及君主所辖之地莫不通行。臣民位置虽高，不敢拒绝使用，盖拒用者罪至死也。兹敢为君等言者，各人皆乐用此币，盖大汗国中商人所至之处，用此纸币以给费用，以购商物，以取其售物之售价，竟与纯金无别。其量甚轻，致使值十金钱者，其重不逾金钱一枚"[1]。马可·波罗大概觉得有点不可思议，将纸币形容为"大汗专有方士之点金术"。

纸币当然不是元朝皇帝的发明，而是宋朝文明的产物。宋诗"黄金弃卖如土贱，楮币翔踊余贯缗"，描述的便是宋朝纸币的流通情景。北宋真宗时（十一世纪初），使用铁钱的四川地区由于铁钱笨重（一说是因为民间出现钱荒），不便交易，当时的十六户富民便联合起来，成立"交子铺"，印造、发行一种纸质的"交子"。四川的商民只要向交子铺交纳现钱，便可兑换成等值的交子，这叫作"纳钱请交"；人们用交子来交易，比使用铁钱方便多了。交子也可以随时通过交子铺兑成现钱，只要缴纳3%的手续费，这叫作"见交付钱"。此时的交子，类似于银行券。作为银行券，只要保证兑换正常，它本身是不会贬值的。交子的诞生，给四川的商贸带来了非常大的便利，时人说："（交子）贸百金之货，走千里之途，卷而怀之，皆曰铁（钱）不如楮（交子）便也。"[2]

后来（大约宋仁宗初年），由于主持交子铺的富民"资产寝耗，不能即偿"，交子无法即时兑换成现钱，引发争讼和"聚众争闹"。官府便关闭了民营的交子铺，并设立官营的益州交

---

[1] （意）马可·波罗著，冯承钧译：《马可波罗行纪》。

[2] （宋）杨冠卿：《客亭类稿》卷九。

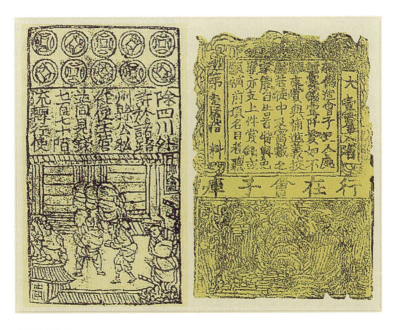

宋代钞版印样。

子务发行"官交子",最初的发行限额为1 256 340贯,准备金

为36万贯,占发行交子总额的29％。官交子还获得了法偿地位,

"租税之输、茶盐酒酤之输、关市梁泽之输皆许折纳,以惟民之

便"[1],即在交子流通区内,民众可以用交子缴纳赋税、购买征

榷品。显然,这时候交子的性质,已经从银行券演变成以国家信

用支持的法币了——这也是世界史上最早的纸币。

南宋初,"临安之民复私置便钱会子,豪右主之"[2]。跟四

川的私交子差不多。其后朝廷仿北宋交子务,设立会子务,发行

---

[1] （宋）杨冠卿:《亭客类稿》卷九。

[2] （宋）李心传:《建炎以来朝野杂记》甲集卷十六《东南会子》。

"官会子"。会子不设准备金，虽然它的面值以铜钱数量来标示，但基本上不可兑换成现钱。也就是说，会子的信用并不是以准备金来保证的，而是由国家信用提供担保。会子也具有法偿地位，"输官亦许用之，庶公私皆便"[1]。可以说，会子已经符合近代信用货币的定义。理论上，只要国家不滥发会子，保持货币的流通量与市场的需求相匹配，会子便不会出现异常的通货膨胀。事实上，北宋官交子发行后的最初70年间，以及南宋中前期的会子，都能保持币值的稳定。

信用货币的诞生，印证了宋代商业与信用之发达。有人认为宋朝的信用水平还不足以产生信用货币，交子与会子只是一种因应钱荒和铁钱之不便而出现的替代性货币。这种看法低估了交子（会子）的意义，也低估了宋代的信用水平。唐代时，商业信用已在发育成长，出现了类似于银行汇票的"飞钱"；到了宋代，无论是商品经济，还是商业信用，都有飞跃性的发展，产生了便钱、赊卖赊买、远期合约、交引等丰富多样的信用工具。如果没有这些基础，四川的商人不可能懂得"私以交子为市"，东南的市民也不会"私置便钱会子"（要知道，即使到了十三世纪，意大利商人马可·波罗还理解不了纸币的信用机制）。钱荒和铁钱因素只是催生交子的诱因，根本原因则是宋朝的商品经济与商业信用已演进到了"历史的突破口"，政府接手交子（会子）的发行，也是顺势而为。

[1] （宋）熊克：《中兴小纪》卷三九。

纸币理论

当马可·波罗将纸币解释为"大汗专有方士之点金术"时，他一定不知道宋朝人已经对信用货币有了相当深刻的理解。交子与会子的发行实践，让宋人更加深入地认识到货币的本质是"信用"，而不是"实用价值"。如辛弃疾说："世俗徒见铜可贵而楮可贱，不知其寒不可衣，饥不可食，铜楮其实一也。今有人持见钱百千以市物货，见钱有搬载之劳，物货有低昂之弊；至会子，卷藏提携，不劳而运，百千之数亦无亏折，以是较之，岂不便于民哉？"[1]

倒是在数百年后的明朝，思考经济问题的学者对于"信用货币"的性质居然难以理解。如明代著名的学者丘濬认为："所谓钞者（纸币），所费之直不过三五钱，而以售人千钱之物。呜呼！世间之物，虽生于天地，然皆必资以人力，而后能成其用。其体有大小精粗，其功力有浅深，其价有多少。直而至于千钱，其体非大则精，必非一日之功所成也。乃以方尺之楮，直三五钱者而售之，可不可乎？"[2] 这当然不是丘濬个人学识粗陋的原因，而是因为明代信用经济极不发达，影响了当时人对于纸币的认识。

说回宋代。北宋交子时代，人们还普遍认为楮币的信用必须有准备金担保，以确保商民可以随时兑现交子，这样人们才能信任手中的楮券。熙宁年间，负责陕西财政的皮公弼说："交

---

[1] （宋）辛弃疾：《论行用会子疏》。

[2] （明）丘濬：《大学衍义补》卷二七。

子之法，以方寸之纸，飞钱致远；然不积钱为本，亦不能以空文行。"[1]所谓"积钱为本"，就是准备金制度。北宋人周行己认为：国家发行交子，只需要有2/3的准备金便足够了，"盖必有水火之失，盗贼之虞，往来之积，常居其一"[2]。用"往来之积"来解释非足额准备金，无疑抓到了要害，因为纸币在流通过程中总是有一个"余额"不需要兑现成现钱，此即"往来之积"。纸币的信用越高，这个"余额"会越大，换言之，准备金就可以越少。"2/3的准备金率"未必准确，但在世界金融史上，应该是周行己第一个提出了准备金不需足额的理论。

到了北宋末及南宋会子时代，许多学者与官员已经明白纸币的信用完全可以用国家信用来维护，而不需要用准备金担保。生活于两宋之交的李流谦提出，"欲其（纸币）价常赢而无亏损之患，唯使常用于官而不滞于私，则可矣"，"此乃流通纸币之妙"。[3]纸币获得法偿地位，便可脱离准备金而流通。北宋末的张开总领四川财政时，便赋予纸币以国家信用："凡民钱（纸币）当入官者，并听用引折纳，官支出亦如之。民私用引为市，于一千并五百上许从便增高其直，惟不得减削。法既流通，民以为便。"[4]

这时候宋人对通货膨胀的理解，也相当接近今人的认识。如辛弃疾认为，"夫会子之所以轻者，良以印造之数多而行使之地不广"；南宋人袁燮认为，"楮之为物也，多则贱，少则贵，收之则少矣"[5]。宋孝宗在总结会子发行的经验时也说："大凡行

[1]（宋）李焘：《续资治通鉴长编》卷二五九。

[2]（宋）周行己：《上皇帝书》。

[3]（宋）李流谦：《澹斋集》卷九。

[4]（元）脱脱等：《宋史·赵开列传》。

[5]（宋）袁燮：《便民疏》。

用会子，少则重，多则轻。"[1] 宋人显然已认识到，楮币之所以发生贬值，乃是因为政府超发货币。

这种基于"货币数量论"的认识，引导着宋人发展出一套比较成熟的"称提之术"。所谓"称提"，是指政府运用贵金属货币储备等手段回笼超发的纸币（这叫作"称"），使流通中的纸币购买力保持坚挺（这叫作"提"）。南宋政府为应对通货膨胀，曾经多次以国家储备的黄金、白银、铜钱以及交引、货物回笼楮币、收缩通货。放在十二三世纪，这种货币调控手段无疑是非常现代的。现代国家的中央银行不也通过发行国债来回笼货币吗？南宋政府用于"称提"的各种交引，即类似于今日的国债。

[1] 《皇宋中兴两朝圣政》。

原始工业化①

美国学者门德尔斯提出一个"原始工业化"的概念，意指"传统组织的、为市场的、主要分布在农村的工业的迅速发展"。宋史学者葛金芳认为，宋代已经出现了这样的"原始工业化"。一个最能体现宋代"原始工业化"的例子是铁的产量。由于煤矿的规模化开采并应用于炼铁，北宋的铁产量表现出飞跃性的发展势头，一些学者因此认为宋代发生了一场"煤铁革命"，而英国要到十六世纪的工业化早期才产生类似的"煤铁革命"。按日本学者吉田光邦的估计，北宋的铁年产量为3.5万—4万吨，美国学者郝若贝则相信有7.5万—15万吨，葛金芳也认为宋代一年用铁约在15万吨上下。而到十八世纪初，整个欧洲（包括俄国的欧洲部分）的铁总产量才有14.5万—18万吨。

宋朝政府对矿冶业的开发具有一种近乎资本家的热情。不但设有专门勘探矿产的专业技术人员，也鼓励民间探矿、报矿，报矿人甚至可优先承包矿场的开采（但对寺观、祠庙、公宇、民居、坟地及近坟园林下面的矿产，不许报矿，即使报矿，政府也不得开采）。由于政府采取积极的矿产开发政策，宋代的矿场数以万计，"监务坑井，殆几万计"[1]。

宋朝的矿场多实行私人承包制，"召百姓采取，自备物料烹炼，十分为率，官收二分，其八分许坑户自便货卖"[2]，矿坑开采出矿，只需向官府缴纳20%的税，其余的产品可自主销售，利归自己。这叫作"二八抽分"，无疑是一项可以激发民间采矿积极性的制度，北宋矿冶业的繁荣应归功于此。

"坑冶，利之所在，有矿苗去处，不待劝率而人自寻逐矣。凡坑户，皆四方游手，未有赍钱本而往者，全藉官中应副，今烹炼到银铜入官。"[3] 矿冶业以诱人的收益，吸引了无数的冒险家、游手，有些矿山居然聚集了十余万人，"信州铅山县出铜无算，常十余万人采凿"[4]；"（韶州）岑水聚浮浪至十余万，所收铜已患无本钱可买"[5]。为防止民间私铸铜钱，宋朝要求矿坑的铜由官方收购，但由于韶州的铜产量太大，地方政府居然缺乏足够的本钱来收购。

有意思的是，那时候即使是没有本钱的平民，也有机会承包到矿坑。那些搜寻矿苗的人，"未有赍钱本而往者"，居然大多数都不带本钱。那么开矿的本钱从何而来？由政府提供贷款，

[1]（宋）洪咨夔：《平斋文集》卷一。

[2]（宋）马端临编撰：《文献通考·征榷考》。

[3]（宋）杨时：《龟山集》卷四。

[4]（宋）江少虞编纂：《宋朝事实类苑》卷二一。

[5]（宋）李焘：《续资治通鉴长编》卷二四〇。

"一行用度，以至灯油之类，并许召保，借支官钱应副。候烹采到宝货，先行还官外，余充课利"[1]。意思是说，矿冶户若无本钱，可向政府预借启动资金，包括灯油这样的采矿用品，等到炼出矿产品，再归还政府本钱，以后的利润则归矿冶户所有。

为鼓励民间贷款开矿，政府还承担了放贷的风险：若"开采不成，及无苗脉，或虽有而微细，其所借官钱并与除破，即不得过三次"[2]。矿冶户如果采矿失败，可不用偿还贷款；只是三次开采失败后，即失去贷款资格。后来政府觉得矿冶户获利太大，又提出利润分成，这样，作为出资人的政府与矿冶户便结成了新型的股份关系，或者说，政府这时候的身份就不再是贷款方，而是相当于风险投资人了。

后来的明太祖朱元璋显然就丧失了这种对于矿业经济的兴趣。曾有官员上书请求设立官营炼铁工场，朱元璋说："今各冶铁数尚多，军需不乏，而民生业已定。若复设此，必重扰之，是又欲驱万五千家于铁冶之中也。"[3] 将上书人杖责，流放海岛。宋明政府，表现出完全不同的气质。

原始工业化②

跟明代政府不一样，宋朝政府对发展手工业、工商业表现得兴致勃勃，除了积极采矿，还在京师及各州县设立了无数个官营手工业场，包括铸钱监（铸币厂）、军器作坊与作院（兵工

[1] （清）徐松辑：《宋会要辑稿·职官》四三之一二九。
[2] （清）徐松辑：《宋会要辑稿·职官》四三之一二九。
[3] （明）朱元璋：《明太祖宝训》卷四。

北宋佚名《闸口盘车图》（传五代卫贤所绘，不确），描绘了一个大型的官营水力磨面加工厂。

厂）、盐场、盐井监、酒务（酿酒厂）、曲院（制造酒曲的作坊）、造船务、纺织院、染院、磨坊（粮食加工厂）、茶磨（茶叶加工厂）等等。这些官营手工业场雇佣的工匠，多者达数千上万人；制造出来的产品，也不仅仅用于政府消费，还投入市场，使得这些手工业场具有了企业的性质。这也符合"原始工业化"定义的标准之一：为市场而生产。

宋代官营手工业虽然发达，却不是独霸天下，民营的手工业也呈现出繁荣气象，并且在矿冶、陶瓷、纺织、造纸等行业抢占了主导地位。北宋时，梓州有"机织户数千家"[1]，学者估计当时全国机户当在十万户上下，许多机户还雇佣有织工；徐州

---

[1]　（清）徐松辑：《宋会要辑稿·食货》六四之二三。

附近的利国监，有三十六个民营矿场，矿主"皆大家，藏镪巨万"[1]，各自雇佣了一百多名矿工采矿；四川的民营企业家开凿"卓筒井"制盐，"豪者一家至有一二十井"，"每一家须役工匠四五十人至三二十人者"。[2] "晚明资本主义萌芽"论者津津乐道的雇佣劳动，其实早在北宋时已经相当常见。

民营手工业的生产效率，显然要优于官营手工业。如宋代的造船业，当以福建最为发达，而福建的造船业几乎是民营造船厂的天下，官营造船厂并不兴隆，造出来的船只也不如民间造的船精致。又如，宋仁宗年间，开封商人杜升、李庆等六家工场承包了晋州的炼矾业，从晋州的官营矿场购买生矾，运至京师汴梁，煎炼成熟矾出售，生意做得红火火。河东路转运司眼看着煎炼熟矾这门生意很赚钱，便在晋州"官置锅镬，自煎熟矾"，成立官营炼矾工场（炼矾务）跟民营企业家争夺市场。官方的染指虽然导致杜升等六家炼矾工场"积压矾货，出卖不行"[3]，但民营企业家无疑更熟悉市场，几年下来，几乎将官营的炼矾务打垮：庆历元年至三年，杜升等六户的纳税额分别为十一万贯、十四万贯、十五万贯；而晋州官营炼矾务的年收入只有五万七千贯、四万二千贯、四万七千贯。

可惜后来宋政府为挽救亏损的晋州官营炼矾务，决定收回六家民营炼矾工场的承包权，"煎矾锅镬家事纳官，今后更不衷私重煎，只令晋州炼矾务一面重煎，收办课利"，由晋州炼矾务垄断经营炼矾业。杜升、李庆等六户不服，联名起诉河东路转运司，要求河东路转运司停止侵权行为。欧阳修奉旨调查这一纠

[1] （宋）苏轼：《苏轼集》卷五二。

[2] 参见（宋）文同《丹渊集》卷三四。

[3] （宋）欧阳修：《欧阳修全集》卷一一五。

纷，认为河东路转运司违约在先，"官自炼矾出卖，见一时之小利，致经久之难行"。因此，他反对将炼矾工场收归官营，建议"官罢自煎熟矾出卖，只令杜升等六户，依旧管认年额（承包额）"[1]，由六户继续承包晋州的炼矾业。

却不知欧阳修的意见是否获朝廷采纳。但民营手工业的势头已不可遏止，成为推动宋代"原始工业化"的巨大动力。

科技的应用①

尤其值得注意的，是科学技术在宋代手工业、工商业中的应用。中国从十世纪的北宋便普遍采用焦炭炼铁法。日本汉学家宫崎市定认为"这不能不说是一件惊人的事"，因为欧洲要到1713年，才在焦炭炼铁技术上获得成功，"因而从十八世纪中叶起铁的生产量急速增加，终于促进了产业革命"。[2]

宋人的采矿技术非常先进，已掌握了开凿深井与巷道的技术，"取矿皆穴地而入，有深及五七里处"[3]。这不是宋人的吹牛，有考古文物为证：1960年，考古学家曾在河南鹤壁发现一处宋代煤矿遗址，由竖井与巷道组成，竖井深约46米，巷道4条，全长500多米。在这么深的地下作业，必须有应对渗水与毒气的措施，宋人发明了抽水辘轳及排水技术，并利用火探测瓦斯毒气："地中变怪至多，有冷烟气中人即死。役夫掘地而入，必以长竹筒端置火先试之，如火焰青，即是冷烟气也。急避之，勿

[1] （宋）欧阳修：《欧阳修全集》卷一一五。

[2] 参见（日）宫崎市定《宋代的煤与铁》。

[3] （宋）杨时：《龟山集》卷四。

前，乃免。"[1] "冷烟气"应该就是瓦斯。宋代的煤铁产量之所以能够喷涌而出，显然有赖于这些先进的采矿技术。

宋人的造船技术也遥遥领先于世界。宋代船坞已经掌握了非常成熟的水密舱、平衡舵与可眠桅技术。水密舱技术在航海中非常关键，它可以保证整个船不会因为其中几个舱区进水而沉没。宋代发明的平衡舵可以升降，以适应在深海的航行及在浅湾停泊，欧洲在十世纪才从阿拉伯人那里认识了船舵，到十八世纪才使用平衡舵。宋人制造出来的多桅船，桅杆装有转轴，可以自由放倒、竖起，这便是可眠桅技术。北宋嘉祐年间，曾有一艘蕃船由于桅杆被风吹折，随风飘到苏州昆山县，知县韩正彦叫了昆山的造船工人帮他们修船，"为之造转轴，教其起倒之法"[2]，蕃人大喜。

宋人用于远洋贸易的大船，"舟如巨室，帆若垂天之云，桅长数丈，一舟数百人，中积一年粮，豢豕酿酒其中"，船舱之内可以养猪；还有更大的巨船，"一舟容千人，舟上有机杼市井，或不遇便风，则数年而后达，非甚巨舟，不可至也"[3]。

远洋航海离不开指南针技术，"风雨晦冥时，惟凭针盘而行，乃火长掌之，毫厘不敢差误，盖一舟人命所系也"[4]。这里的"针盘"即罗盘，通过罗盘的指针，宋人可以将航向角精确到7.5度。罗盘产生之后，又有了航线记录，叫作"罗经针簿"，比如针簿上说"行丁未针"，意思便是按罗盘刻度"丁未"之间的方向航行，如据宋末元初周达观记录的一条航线："自温州开

---

[1]（宋）孔平仲：《孔氏谈苑》卷一。

[2]（宋）沈括：《梦溪笔谈》卷二四。

[3]（宋）周去非：《岭外代答》卷六《木兰舟》。

[4]（宋）吴自牧：《梦粱录》。

洋，行丁未针，历闽广海外诸州港口，过七洲洋，经交趾洋"，即可从温州港到达占城。[1] 记录海上地理水文状况的航海地图这时候也出现了，宋人称之为"海图"，从刘克庄诗"莫忆宫门谢时服，海图尚可补寒衣"的描述来看，在沿海港口，用布帛制成的海图显然是很常见之物，唾手可得。

科技的应用②

我想特别介绍的，是宋人对于自动化技术的应用。宋人发明了诸多可以代替人力、畜力提供动力的自动化器械，虽然没有发明蒸汽机，但人们对大自然动力的利用已相当自觉。多桅船的发明，其实便是想最大化利用大自然的风力。宋人还从帆船上获得灵感，制造了一种帆车，可以借风力行驶。

宋朝是一个大量使用水轮技术的时代，人们利用水力进行春碓、研磨、鼓风、戽水、纺纱等，在许多磨茶作坊、磨面作坊、纺织作坊、冶炼作坊中，都采用了水力驱动机械。王祯《农书》记载了一种水力大纺车，在水力驱动下，"弦随轮转，众机皆动，上下相应，缓急相宜，遂使绩条成紧，缠于轩上……昼夜纺绩百斤"。《农书》虽成书于元代，但水力纺机出现于南宋后期是没有疑问的。这种当时最先进的水力大纺车技术辗转传入英国，启迪了十八世纪阿克莱水力纺纱机的发明，从而触发了工业革命的驱动力。而在中国，进入明代后，水力大纺车几乎销声匿迹。

----

[1]　（元）周达观：《真腊风土记》。

《闸口盘车图》中由水力驱动的大石磨。

　　与水力纺机工作原理极为相似的水磨，在宋代的应用就更是普遍了。有学者做过一个有趣的统计：以"水磨"（或"水砣"）为搜索项，对二十四史进行全文检索，结果发现，在宋代之前的史书上，"水磨"（水砣）只出现过10来次，在《明史》中只出现3次，而在《宋史》上，出现了58次。从许多宋元画作上，如《千里江山图》《雪栈牛车图》《雪麓早行图》《溪山积雪图》《山溪水磨图》，也都可以看到水力磨坊的构图。其中画得最细致的是一幅名为《闸口盘车图》的宋画，描绘了一个大型官营磨面作坊的劳动场面，四五十个磨坊工人正在从事磨面、筛面、扛粮、扬簸、净淘、挑水、引渡、赶车等工序，而作坊的核心部件——磨面的机械是由水力带动的。而在明清时期的画作上，则难觅水磨之踪影。我们有理由相信，宋代是水磨手工业的鼎盛期。

宋朝政府对发展水力机械与自动化手工业作坊表现出浓厚的兴趣。一首描述嘉陵江水磨作坊的宋诗写道："激水为碓嘉陵民，构高穴深良苦辛。十里之间凡共此，麦入面出无虚人。彼氓居险所产薄，世世食此江之滨，朝廷遣使兴水利，嗟尔平轮与侧轮。"宋政府还在京师与一部分州设立"水磨务"，管理水力机械，甚至有人提出在汴河上设置一百盘水磨用于手工业生产的计划。

宋代水磨的发展，还引发了手工业坊场与农业水利灌溉之间的冲突，双方展开了对水资源的争夺，如北宋明道元年（1032），"舒州民多近塘置碓硙（即水磨坊），以夺水利"[1]，闹出了官司。这样的争斗，放在大历史中便显得意味深长，让我们想到英国工业革命初期的"羊吃人"冲突。

难怪宋史学者葛金芳要说："这一切使我们相信，宋代手工业进入了一个新的发展时期，一个为近代工业的发生准备条件的时期，为资本主义生产方式的降临提供历史前提的时期，我们称之为前近代化时期。如果这个势头能够保持二三个世纪不被打断的话，必将为其后的工厂（机器）工业化奠定坚实基础。"[2]

[1]　（宋）李焘：《续资治通鉴长编》卷一一一。

[2]　葛金芳：《宋代经济：从传统向现代转变的首次启动》，《中国经济史研究》
　　　2005年第1期。

【经济作物】
【市场化】
【政府购买】
【招标投标】
【赈灾的市场机制】

经济作物

宋代发达的商品经济潮汐，将一部分农民也卷入到市场中。他们不再满足于耕种自给自足的粮食，而更乐意于拥抱具有更大收益的经济作物。在福建一带，出现了大批种植荔枝的"专业户"，蔡襄《荔枝谱》记载："（荔枝）福州种植最多，延施原野。洪塘水西尤其盛处，一家之有至于万株。城中越山，当州署之北，郁为林麓。"由于福建荔枝品质优良，远销海内外，"故商人贩益广，而乡人种益多"。

宋人的鲜花消费旺盛，催生了众多以种花为业的园户，在临近洛阳的陈州，"园户植花如种黍粟，动以顷计"。有一年，园户牛氏种的牡丹开出一朵非常罕见的花："色如鹅雏而淡，其面一尺三四寸，高尺许，柔葩重叠，约千百叶。其本姚黄也，而于葩英之端，有金粉一晕缕之，其心紫蕊，亦金粉缕之。"牛氏很有经济头脑，"以篷篛作棚屋围幛，复张青帟护之于门首，遣人约止游人，人输千钱，乃得入观，十日间，其家数百千"[1]，靠卖参观奇花的门票就赚了几百贯。一些商业性的种花基地，已经懂得运用人工加热技术与温室，反季节栽培花卉或者控制开花的时间。这些反季节鲜花投放于市场，当然可以获得更大的利润。

宋代城市的近郊，形成了专门向城里供菜的蔬菜生产基地。《东京梦华录》说："大抵都城左近，皆是园圃，百里之内，并无闲地。"临安的东门外，也是"弥望皆菜圃"。种菜的收入显然大于种粮。汴京郊外有个姓纪的老菜农，种二十亩菜便可以养活一家三十口人。一日病重，他殷殷告诫子孙："此二十亩地便是青铜海也"[2]，不可荒废。

在江南许多地方，农民放弃耕种而从事桑蚕业，"冬田不耕，一枝之桑亦必争护"，因为种桑养蚕的收益很有吸引力。宋人陈敷在《农书》中算过一笔账：湖州安吉人"惟藉蚕桑办生事，十口之家，养蚕十箔，每箔得茧一十二斤，每斤取丝一两三分，每五两丝织成小绢一匹，每匹易米一石四斗，绢与米价相侔也，衣食之给极有准也。以一月之劳，贤于终岁勤动，且无旱干水溢之苦，岂不优裕哉！"

宋代桑蚕业的市场化程度是非常高的。首先，桑业与蚕业出现了市场分工，养蚕的人不必种桑，因为桑叶已成为商品流入市场。一些宋诗便透露出了桑叶商品化的信息，如高斯得《桑贵有感》："客寓无田园，专仰买桑供。岂谓桑陡贵，半路哀涂穷。"郑獬《买桑》："出持旧粟买桑叶，满斗才换几十钱。桑

---

[1] （宋）张邦基：《墨庄漫录》卷九。

[2] （宋）陶穀：《清异录》。

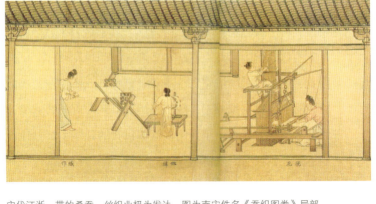

宋代江浙一带的桑蚕、丝织业极为发达，图为南宋佚名《蚕织图卷》局部。

贵粟贱不相直，老蚕仰首将三眠。"其次，丝业与丝织业的分工。养蚕户不需要织绢，因为蚕丝本身便是商品，范成大有一首诗写道："小麦青青大麦黄，原头日出天色凉。姑妇相呼有忙事，舍后煮茧门前香。缫车嘈嘈似风雨，茧厚丝长无断缕。今年那暇织绢著，明日西门卖丝去。"诗中这位养蚕户将收获的蚕丝卖给专业的丝织户，可以想见，按照市场的分工，丝织户完全不需要亲自养蚕。

事实上，丝织业的内部还出现了进一步的分工：织与染的分离，机户只织不染，因为有专业的染坊负责染的环节，《北窗炙輠录》记载："禹锡高祖，谓之陶四翁。开染肆，尝有紫草来，四翁乃出四百万钱市之。"这位陶四翁购买染料（紫草）一出手就是四百万钱，可见他开的染肆应该规模颇大。

市场化

　　商品粮的普遍出现，是自然经济向商品经济过渡的明显标志。北宋前期，有个叫张咏的官员，在鄂州崇阳县当知县，一次他看到有一名农人入市买菜，便把农人叫来，教训道："邑居之民，无地种植，且有他业，买菜可也。汝村民，皆有土田，何不自种而费钱买菜？"然后将那农人打了几板子。之后崇阳县"人家皆置圃，至今谓芦菔（萝卜）为'张知县菜'"[1]。这个张知县，往轻里说，是多管闲事；往重里说，则是昧于宋代正在兴起的商品经济大势。

　　不管张咏多么不愿意，宋代许多地方的农民已高度依靠市场供应的商品粮为生。如北宋时的严州，"谷食不足，仰给他州，惟蚕桑是务"[2]；庆元府"小民率仰米浙东浙西，歉则上下惶惶，劝分之令不行"[3]；南宋初，"平江府洞庭东、西二山在太湖中，非舟楫不可到，……地方共几百里，多种柑橘桑麻，糊口之物，尽仰商贩。绍兴二年冬，忽大寒，湖水遂冰，米船不到山中，小民多饿死"[4]。因为湖面结冰，米船不能至，竟有多人被饿死，可见当地人对市场的依赖已非常严重。

　　大城市更不用说，"通都大邑，不耕而食者十居七八"[5]。

[1]　（宋）沈括：《梦溪笔谈》。

[2]　（宋）陈公亮修，刘文富纂：《淳熙严州图经》卷一。

[3]　（宋）胡榘修，罗濬、方万里纂辑：《宝庆四明志》卷四。

[4]　（宋）庄绰：《鸡肋编》。

[5]　（元）陶宗仪：《说郛三种》卷八五。

周密的《癸辛杂识·续集》上有专门的统计：南宋的临安城，不算"南北外二厢"的市郊人口与"客旅之往来"的流动人口，"杭城除有米之家，仰籴而食者凡十六七万人，人以二升计之，非三四千石不可以支一日之用"。杭州人每日至少需要从市场中获取三四千石米。

宋代显然已经形成了一个庞大、发达的市场化粮食供应系统。我们先来看宋人自己的讲述：叶适说，湖南"地之所产米最盛，而中家无储粮。臣尝细察其故矣。江湖连接，无地不通，一舟出门，万里惟意，靡有碍隔。民计每岁种食之外，余米尽以贸易，大商则聚小家之所有，小舟亦附大舰而同营，展转贩粜，以规厚利"[1]。《清明上河图》就画了多条停泊在汴河上的漕船，那都是从南方运粮前来京师的。这些漕船看起来不像是官船（因为不见官兵押运），而是私人船只，可见当时民间市场化的漕运是比较发达的。

漕船运粮到达京城之后呢？《梦粱录》说，杭城内外"俱是米行，接客出粜"，米行下面，是分布更加密集的米铺，每户专凭行头于米市作价。"米船纷纷而来，早夜不绝可也。且又袋自有赁户，肩驮脚夫亦有甲头管领，船只各有受载舟户，虽米市搬运混杂，皆无争差。故铺家不劳余力而米径自到铺矣"；"铺家约定日子，支打米钱。其米市小牙子，亲到各铺支打发客"。此外，又有"乡客贩卖，与街市铺户，大有径庭"。

根据叶适与《梦粱录》的记述，宋代商品粮供应的市场机制非常成熟。第一步，小商人在各个产粮区（主要是江南农村）收购粮食，再卖给大商人。第二步，大商人将粮食装船，运到城

[1] （宋）叶适：《水心集》卷一。

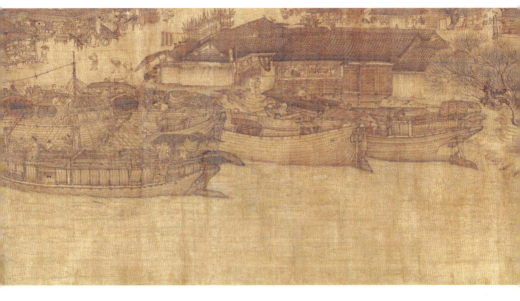

张择端《清明上河图》局部，停靠在汴河中的客轮与漕船。

市，贩卖给米行，这一切进行得有条不紊，因为各个环节都有专业的机构在负责："叉袋自有赁户，肩驼脚夫亦有甲头管领，船只各有受载舟户"。第三步，米行将大米批发给各个米铺出粜。在这个过程中，米铺并不需要花费气力，米行会安排专人送货上门，也不用现金交易，只需约好结算的日子，自有"米市小牙子"到米铺来结账。最后，米铺按照米行"行头"约定的价格，销售大米。总而言之，以各个米行为中心，串起贩粮行商、粮船、搬运工、牙人、米铺各个节点，从而构成一个发达的市场化粮食供应系统。此外，还有一些没有铺面的小商贩，挑着货担，沿街叫卖大米的，对粮食供应系统起到补充的作用。

商品粮只是宋代市场化供应的一个侧面。事实上，宋人对于市场的依赖不仅限于粮食，"百物资之市"[1]，市场上也是"布缕菽粟，鸡豚狗彘，百物皆售"[2]。通过市场，人们可以获得当时需要的任何商品，包括猫粮、狗粮，乃至御用品。东坡有诗云："日啖荔枝三百颗，不辞长作岭南人。"但在从前，如果不是岭南人，想吃到荔枝并不容易，唐代时荔枝是宫禁中的御用品，要依靠国家行政系统的力量调运，"一骑红尘妃子笑，无人知是荔枝来"。但到了宋代，荔枝已是市场上的寻常商品，端午时节便已在杭州上市："福州新荔枝到，进上御前，送朝贵，遍卖街市。生红为上，或是铁色。或海船来，或步担到。直卖至八月。"[3] 这要拜市场化的力量所赐：当福建的荔枝刚开花时，已有包买商将整片山林的荔枝订购下来，一成熟，即刻摘下装船，运往各大城市。范成大《新荔枝四绝》诗尾有小注，说"四明海舟自福唐来，顺风三数日至，得荔子，色香都未减，大胜戎涪间所产"，是商人与市场让宋朝的市民享受到唐时杨贵妃的口福。

政府购买

宋代市场化的展开，不仅表现为一般居民维持日常生活的消费已经离不开市场机制，而且政府的消费品也开始依赖市场的供应。政府的消费品一般可以通过三种途径取得：一是以役的形式征调役夫生产；二是以税的形式向民间征收；三是用钱在市场上购买。近代化的特征之一，便是政府消费品的获得从第一、第二

---

[1] （宋）苏轼：《籴米》。

[2] （宋）苏辙：《民赋》序。

[3] （宋）佚名：《西湖老人繁胜录》。

种形式向第三种形式转换。宋朝之前，尽管也有政府购买，如唐代的宫市，但政府消费品主要还是靠自己生产和无偿征用。到了宋朝，政府消费品已经主要依靠市场化的购买，用宋人周行己的话说："物出于民，钱出于官。天下租税，常十之四，而籴常十之六。与夫供奉之物、器用之具，凡所欲得者，必以钱贸易而后可。"[1]

在政府购买的过程中，宋朝逐渐形成了一套比较成熟的政府购买制度，如成立政府购买的负责机构，确立购买款项的预算与审计，建立价格反馈机制等等，并探索出多种支付手段，如预付款等信用形式。最令人惊艳的是，宋朝的政府购买已出现了招投标制度。让我们先来看一个例子：熙宁三年五月，"制置条例司言：'诸路科买上供羊，民间供备几倍。而河北榷场博买契丹羊，岁数万，路远抵京，则皆瘦恶耗死。屡更法不能止，公私岁费钱四十余万缗。近委著作佐郎程博文访利害。博文募屠户，以产业抵当，召人保任，官豫给钱，以时日限口数、斤重供羊。人多乐从，得以充足岁计。除供御膳及祠祭羊依旧别圈养栈外，仍更栈养羊常满三千为额，以备非常支用。'从之。博文所裁省冗费凡十之四，人甚以为便。"[2]

340

341

这段话明确无误地表明了一个事实：宋朝宫廷日常食用与政府公宴的羊肉基本上来自政府采购，即"科买"或者"博买"。科买是强制性地向民间征购，结果必然会增加民众负担，"民间供备几倍"；博买虽然是自由交易，但官府从北方买来的契丹羊，肉瘦，价贵，运到京师来，还死了不少。熙宁年间，有一个

[1] （宋）周行己：《浮沚集》卷一。

[2] （宋）李焘：《续资治通鉴长编》卷二一一。

叫作程博文的官员提出了一个改革方案：向社会招标。有意承包政府购羊的商人，可用产业作抵押并找好担保人，向政府投标，谁出价低，谁便获得承包权。政府向中标者预付货款，并约定采购羊的数量与交货日期，剩下的事情就不用管了。实行招投标制度后，宋政府不但购买到足够数量且肥美的羊，而且节省了40%的费用，"人甚以为便"。

在政府购买中引入招投标制度，实质就是运用市场的机制，既可以保证承包商的利润空间，又减少了官僚体制固有的交易成本高的弊病。招投标制度今天已是现代政府购买中的主流方式，只是许多人未必知道，这一制度发端于宋朝。

实际上，不仅是政府消费品，在官营手工业、公共工程建设中，乃至内廷的音乐服务、宫廷服侍人员，宋朝都出现了明显的用钱购买的趋势，当时叫作"和雇"。以前的政府主要是强征无偿的工匠与夫役，来为官营手工业与公共工程服务，现在渐渐减少征役的适用了，改由政府出钱购买人力。以前的宫廷音乐，也是由人身隶属于教坊的在籍乐工以服役的方式来提供，但南宋时教坊废弃，待宫廷有宴乐时，就到外面雇佣自由乐工，如"乾道元年会庆节，北使初来，当大宴，始下临安府募市人为之。不置教坊，止令修内司先两旬教习"[1]。

在历代王朝中，宋朝的统治者应该是最不排斥市场、最善用市场机制的，包括在京师与各州设便钱机构，结成一个覆盖全国的汇兑网络，既可为商人提供跨地区交易所需的汇兑服务，也可借商人之手完成政府资金的调拨。如某州要向中央政府缴纳十万贯钱，完全不需要将非常笨重的十万贯钱运到京师，而是招募商

---

[1] （宋）李心传：《建炎以来朝野杂记》卷五。

人将他们的钱存入京城"便钱务"，换成一纸票据，商人持这一票据，即可到某州兑换成现钱。宋代"折中法"的发明，也是政府巧妙地利用商人的力量与市场的机制，引导粮草等商品流向物资匮乏的西北边境，从而克服了一个大国必然存在的资源分布不均衡的问题。

招标投标

先说个有趣的小故事。有一部叫作《新宋》的穿越小说，里面有个情节：穿越回到宋代的主人公运用自己的现代知识，帮助宋人在杭州搞招标、投标。小说的作者以为这是他给宋朝人畅想出来的创举。殊不知，在宋朝，其实已经有了非常完备的招投标制度，其制度的严密、周全，甚至不让今日的招投标做法。在了解了相关史料之后，小说的作者不得不感慨："宋代真是一个让人惊叹的时代!"

宋人管招投标叫作"买扑""扑买"。扑，有博弈、竞争之意；买，即买卖、交易。合起来，"买扑"的意思就是竞价买卖。宋朝的"买扑"制度广泛应用于特许经营权拍卖、官田出让与请佃、商税承包、政府采购等范围，并形成了一套非常成熟的招投标程序。举一个例子，如果宋政府要拍卖某个坊场或官田的经营权或产权，通常都会采用"买扑"即招投标的方案，整个程序是这么走的：

首先，主持拍卖的州政府要对拿出来招标的"标的"（比如某处酒坊的三年经营权）进行估价，设定标底。标底通常采用以往拍卖的次高价或中位数，"若累界（营业额）有增无减，即取累界中次高一界为额；如增亏不常者，即取酌中一界为额"[1]；或者参照同类物品的市场交易价格。

标底确定下来之后，便可以在"要闹处"张榜公告招标了，包括说明政府这次要拍卖的是什么，位于何处，底价几何，欢迎有意竞买者在限期（通常是一个月到三个月）内，参与投标。宋政府对投标人有一些身份限制：公务员与提供不了抵押物、担保人者，不准参加投标。其他任何人，只要你有财力，便可以竞拍（南宋时对官员的限制又放宽了）。

然后，便进入投标的程序了。政府会"造木柜封锁，分送管下县分，收接承买实封文状"[2]，即州政府命人制造了一批木柜，锁好，送到辖下各县镇，凡符合资格、有意投标的人，都可以在规定的期限内，填好自己愿意出的竞买价与投标时间，密封后投入柜中。这个过程叫作"实封投状"。规定期限一到，即截止投标，木柜立即运回州政府。假如限期之内无人竞拍，即流标，则政府一般会调低标底，再次公示招标。

接下来，便是评标的程序。木柜的拆封必须是公开的，有州政府多名官员在场，并允许公众观看。搞暗箱操作是不行的。宋朝的评标标准通常采取最高价原则，即出价最高之人中标，"取看价最高人给与"。如果出最高价的有两人以上，即以先投标的那个人胜出。中标人如果反悔，要按其出价的10%进行罚款。

原承包人拥有优先权。在承包期届满的前一年，政府要先询问原承包人是否有意继续承包，如果有意，通常会给予一定优惠，原承包人若钱不够，还可以"分期付款"，如在一次官田出

[1] （宋）李焘：《续资治通鉴长编》卷四一九。

[2] （清）徐松辑：《宋会要辑稿·食货》六一之一七。

让交易中，原佃户获得了七折的优惠，并允许"限二年纳足"。如果原承包人无意承买，政府即贴出公告，重新招标。在评标的时候，政府也会问原承包人愿不愿意按中标的价钱承买，"仍具最高钱数，先次取问见佃赁人愿与不愿依价承买，限五日供具回报"[1]。

中标人确定之后，还有一道程序要走：公示，"于榜内晓示百姓知委"。以表示整个招投标过程的公开、公正。最后，由政府给中标人颁发"公凭"，实质上就是订立合同。中标人在合同有效期之内（假设政府拍卖的是一处坊场的经营权，通常三年为一界，满界即重新招标），享有明确的义务与权利：义务是必须按时纳足课额（若发生天灾，政府一般会给予蠲免）；权利即中标人的经营权受到保护，即使有其他人出更高的价钱，政府也不可以转让，"他人虽欲增课以售，勿听"[2]。

这就是流行于宋代的处理国有资产流转的"买扑"制。放在十三世纪之前，它无疑是世界上最先进的招投标制度，即使以今天的眼光来看，也挑不出大的制度性缺陷。

宋代还实行过一种"明状添钱"的"买扑"，跟今日的拍卖制非常接近：假设宋政府要出让某一处河渡或酒坊的经营权，也会采用竞价拍卖的方式。竞拍之时，政府将所有想获得标的物的人召集在一起，各人"明书钱数，众各见闻"，即公开叫价、竞价，最后"择价高之人便行给付"，出价最高的那个人得到标的物。

毫无疑问，这种"明状添钱"的拍卖法，比起前面介绍的

[1]　（清）徐松辑：《宋会要辑稿·食货》六一之七。

[2]　（宋）李焘：《续资治通鉴长编》卷九九。

"实封投状"法更加刺激，也更能激发竞争。一些竞拍者志在必得，难免会失去理智，"竞立高价，务相倾夺，止快目前之欲，不为后日之计"，结果以超高的出价拍下标的物（如某处酒坊经营权），却收不回经营成本，"往往破家竭产"。[1] 因此，宋政府后来又叫停了"明状添钱"的竞拍制，还是采用"实封投状"的招标制。

可惜宋亡之后，以"实封投状"为代表的"买扑"制度不但未能继续演进，反而消亡了。元代还有"买扑"，但只限于包税；明清时则基本上没有听说有什么招投标制度了。

赈灾的市场机制

古代社会赈灾，通常就是政府拨钱拨粮，富户捐钱捐粮，给受灾人口发钱发粮，然后是蠲免一部分赋税，削减一些政府开支之类。这些政策组合，基本上都在传统荒政范围内。宋代比较有现代气息的赈灾模式，表现为市场逻辑的崛起，政府有意识地运用市场机制赈济灾民，这其中的佼佼者，当推北宋名臣范仲淹与赵抃。

据沈括《梦溪笔谈》记载，皇祐二年（1050），两浙路发生灾荒，"吴中大饥，殍殣枕路"，当时范仲淹为杭州知州，兼负责浙西一带的赈灾。范仲淹除给饥民"发粟"之外，见"吴人喜竞渡，好为佛事"，便"纵民竞渡"，鼓励民间多办些赛龙舟活动，鼓励居民出游观看比赛。他自己则每日"出宴于湖上，自春

---

[1]　（宋）李焘：《续资治通鉴长编》卷四一九。

至夏"。又叫来杭州的"诸佛寺主首",告诉他们:"饥岁工价至贱,可以大兴土木之役。"诸寺主首觉得有道理,于是大兴土木,雇佣了许多工人。杭州政府也大举兴建"新敖仓吏舍,日役千夫"。

范仲淹的做法很快引起监察系统的注意,浙西路的监司弹劾"杭州不恤荒政,嬉游不节及公私兴造,伤耗民力"(这也说明当时的监察系统反应灵敏、运作正常,如果无人出来弹劾,那才不正常)。范仲淹坦然处之。朝廷派人一调查,发现范仲淹之所以"宴游及兴造,皆欲以发有余之财,以惠贫者"。以今天的眼光来看,范公的举措,恰好暗合了凯恩斯的理论,即通过扩大投资与鼓励消费来拉动经济,从而惠及民生。当时杭州的"贸易、饮食、工技、服力之人,仰食于公私者,日无虑数万人",这无数人,都因为范仲淹施行的"凯恩斯经济刺激政策",而不致失业,沦为流民。那一年,"两浙惟杭州晏然,民不流徙"。沈括赞扬说,此皆"先生之美泽也"。

二十年后的熙宁八年(1075),两浙路又有灾荒,"米价踊贵,饥死者相望"。诸州政府为平抑粮价,皆在"衢路立告赏,禁人增米价"。米价虽然控制住了,但市场上却没有多少米可以出售。

当时在越州(今绍兴)任太守的赵抃,则反其道而行之,命人贴出公告,宣布政府不抑粮价,有多余粮食之人尽管"增价粜之",想卖多少价钱就卖多少价钱。如此一来,各地米商见有利可图,纷纷运米前往越州,很快越州的商品粮供应充足,米价也跌了下来。

这则故事记录在明代冯梦龙编撰的《智囊全集》中。冯梦龙讲完故事后评论说:"大凡物多则贱,少则贵。不求贱而求多,(赵抃)真晓人也。"而对"禁人增米价"的政府行为,冯梦龙则讽刺道："俗吏往往如此。"以今天的眼光来看，赵抃比俗吏的高明之处，是他不迷信政府权力的"看得见的脚"（行政命令），而更相信市场的"看不见的手"，正好暗合了亚当·斯密的经济自由主义。

当然，赵抃的赈灾方式能够收到立竿见影之效，也应归功于宋代已经形成的比较发达的商品粮市场网络。25年前范仲淹在杭州赈灾时，已经巧妙地运用了"看不见的手"，当时杭州米价升至120文每斗，范仲淹贴出榜文，称以每斗180文收购粮食，"商贾闻之，晨夕争先，惟恐后，且虞后者继来。米既辐辏，价亦随减"。值得指出的是，并非只有范赵二公有此智慧，而是越来越多的宋人都已发现了"看不见的手"的力量。南宋人董煟在他的《救荒活民书》中便明明白白地提出"不抑价"的赈灾主张："惟不抑价，非惟舟车辐辏，而上户亦恐后时，争先发廪，米价亦自低矣。"董煟曾经看到，有一些地方，"上司指挥不得妄增米价"，"本欲存恤细民"，却"不知四境之外米价差高"，牙侩暗暗增价收购本地之米，转往他州，导致荒情加剧。好心办出了坏事。

赵抃在越州赈灾，也使用过范仲淹的"凯恩斯政策"，"僦（雇佣）民完城四千一百丈，为工三万八千，计其佣与钱，又与粟再倍之"。不管是依靠自由市场的机制来置配赈灾的资源，还是利用凯恩斯手段刺激经济，这一右一左的政策，当时都收到很好的效果。今天想来，不能不佩服古人的智慧。

重商主义

北宋变法派领袖王安石说："政事所以理财,理财乃所谓义也。一部《周礼》,理财居其半,周公岂为利哉?"宋神宗对文彦博等大臣提出："当今理财最为急务。"旧党中人苏辙也说:"财者,为国之命而万事之本。国之所以存亡,事之所以成败,常必由之。"南宋的叶适还是这么说:"财者,今日之大事也,必尽究其本末,而后可以措于政事。"这些人身份不同,立场各异,如苏辙与叶适均反对王安石变法,但他们有一个共识,都认为经济与财政乃立国之本。

跟其他王朝根深蒂固的"崇本抑末"惯性不同,宋朝政府表现出强烈的重商主义倾向与明显的"财政国家"性质,对开拓市场、发展商业、创造财货都有浓厚的兴趣,不惮于言利。这一经济史上的巨大变化,宋人其实是看得清清楚楚的,马端临在《文

南宋刘松年《斗茶图》。宋代茶业发达，政府对茶实行间接专卖制。

献通考》中说："古之人立法，恶商贾之利而欲抑之；后之人立法，妒商贾之利而欲分之。"从前的政府，都主张抑制商业、压制商人；而现在的宋政府，则积极介入市场，与商贾分利。

国家与商贾分利，有不同的模式。一种如王安石变法——王安石主持的熙宁新法，是一个涵盖了行政、社会与经济体制改革的庞大计划，是非得失，历来颇多争议。以今日的目光来看，新法的经济变法部分，实际上就是企图将政府改造成一个超级大公司，与民间商人竞逐于市场。如设立市易务，推行市易法，是以政府充任投资公司，向城市商民放贷、批发商品；各州县施行的青苗法，则相当于无数个面向农村的小额贷款国营银行。

为激励农民贷款消费，有些地方政府在发放青苗钱的时候，居然"置酒肆于谯门；民持钱而出者，诱之使饮，十费其二三矣。又恐其不顾也，则命娼女坐肆作乐，以蛊惑之"[1]。政府在官衙发放"青苗钱"贷款，同时又在城门中设立酒肆，看到老百姓贷款后走出来，就引诱他们进去饮酒，通常那贷到的十贯钱要花掉二三贯。因担心老百姓不进来饮酒，还招了一批歌妓在酒肆中唱歌跳舞，以诱惑他们。这样的政府行为，放在其他王朝，显然是不可思议的。

王安石变法导致了很多恶果，如市易务垄断了市场，"凡商旅所有，必卖于市易"，结果"卖梳朴则梳朴贵，卖脂麻则脂麻贵"，以致"人皆怨谤"。但王安石的财政扩张思想、金融刺激政策，都具有前所未有的市场想象力，具有明显的现代色彩。这便引出一个问题：在社会从中古向近代转型的历史关节点（而不是在现代社会），到底是一个积极探索市场的政府，还是一个对

---

[1]　（宋）王栐：《燕翼诒谋录》卷三。

于商业与市场视而不见的政府，更有利于促进整个社会的大转型？

王安石变法的弊端，也不能说是"妒商贾之利而欲分之"，而在于他企图以政府这个超级大公司垄断市场，变"分利"为"独利"。宋代一批倾向于支持自由市场的士大夫，其实都反对"夺商之利，一归于公上而专之"。欧阳修说道："大商之善为术者，不惜其利而诱贩夫；大国之善为术者，不惜其利而诱大商。此与商贾共利，取少而致多之术也。若乃县官自为鬻市之事，此大商之不为，臣谓行之难久者也。"[1]

欧阳修提出的"共利"，是另一种国家与商贾的分利模式。其核心意思是说，国家应扮演"大商人"而非"小商人"的角色，尊重市场机制，对商贾放权让利，不需要干"自为鬻市之事"。正是基于这样的"共利"认识，宋朝放弃了汉唐以来对盐铁等禁榷物的直接专卖（国家直接控制盐铁的生产、流转、销售等所有环节，禁止商人进入），改为间接专卖，即国家只当一级市场的批发商，禁榷品的生产、运输与零售，都交给商人与市场。

最优秀的"共利"主张来自李觏的经济思想。李觏在《富国策》上说："今日之宜，亦莫如一切通商，官勿卖买，听其自为，而籍茶山之租，科商人之税。"他又说："今日之宜，莫如通商，商通则公利不减而盐无滞也。"[2] 显然，李觏反对政府对茶、盐等禁榷品实行国家专卖，而是完全交给商人，交给自由市场，政府只通过租税获利。这是宋代闪现的自由经济思想，可惜

---

[1] （宋）欧阳修：《居士集》卷四五。

[2] （宋）李觏：《李觏集》卷一六。

他的"富国策"似乎并未被朝廷采纳，宋政府实行的是欧阳修的"共利"模式，即间接专卖制。

食盐的间接专卖制一直延续至明清时期，但明清的立国精神，又退回到"恶商贾之利而欲抑之"，政府对商业与市场无所用心，无所作为。

物价信息

中晚唐之前的商业贸易，很像是计划经济体制下的形态，所有的市场交易必须在政府指点的地点（市）与时间（中午，击鼓三百声宣告开市；日落前，击钲三百声表示闭市）进行。你想在临街的自家门口摆个摊子开个小店，也是不允许的。没办法，大唐（及之前）实行的是"坊市制"。政府又设立市令"掌百族交易之事"，坊市上百货的价格均由市令设定：每旬市令要对各类商品的价格作出评估，根据商品质量的优劣定下上、中、下三等时价。这个定价机制叫作"三贾均市"，又叫作"时估"制度。

从晚唐入宋，坊市制解体，"时估"制度则为宋王朝继承下来——每旬的最后一天，开封府与天下各州县都要召集当地各行铺户，评估下一旬的商品销售价格，并登记成表格，然后逐级上报，最后汇总于三司存档。必须注意，宋代的"时估"制度跟唐代的已经出现了质的不同：评估物价的人不再是政府官员，而是各行业的商界领袖；更重要的是，各行铺户作出的估价并不等于商品交易的标准定价，而是一种预测价与参考价，"时估"之外，自有市价，市价如何，还是取决于市场。

那么宋政府为什么要每旬进行一次"时估"呢？这是因为，宋政府需要收集各个地方、各个时段的物价信息，建成一个价格反馈系统。这样，在政府采购的时候，或者征税过程中要将实物税折算成货币的时候，就可以用"时估"数据作为政府采购或征税折算的指导价与参照系。用宋人的话来说："州军县镇，旧来行户立定时旬价直，令在任官买物，盖使知物价低昂，以防亏损。"[1]

令我们惊奇的是，宋政府还将这套物价反馈系统应用于商业。我们知道，中国地域广阔，各地物价存在差异，比如在山东农村，一斤萝卜只要几毛钱，而到了广州的超市，一斤萝卜可能要卖几块钱。那么建立一个覆盖全国各州县的物价数据库，对于商人的重要性是不言而喻的。以今天的信息技术与物流网络，我们当然可以迅速得悉各地的物价数据，并根据价差计算利润空间，运用物流网络快速调拨商品，以此获利。不过我们用不着骄傲，因为这样的做法，宋人已经在尝试了。

宋神宗熙宁年间，朝廷在京师与各州设市易务，作为国营的物资公司，商人可以向市易务赊买货物，然后销售于市场。显然，商人卖出的价钱要高于赊买价，才有利可图。但一地之内，季节性差价并不大，"一州一县价所增减，相去亦必不甚远，则或积而难售"，所以商人就没有太大的兴趣赊买市易务的货物，市易务便出现了货积而难售的情况。如果想出一种办法，让商人遍知各地物价呢？天然存在的地区性差价肯定会吸引商人积极赊买货物，贩运于各地。

[1] （清）徐松辑：《宋会要辑稿·职官》卷六四之六六。

因此，一位官员向皇帝提建议："今若每旬令一路州军估定物价，报提举司，提举司报辖下州，州下所属，榜募人出抵当或见钱，市易司收息一分至二分，令商人自卖，则官已收二分之息，而又有余利以资贩者，则商贾流通，货无湮滞，税额敷羡，物价常平。"[1] 意思是说，政府运用原有的"时估"机制，将全国各地的"时估"数据下发至各州县，由各州县衙门定期（每旬）贴榜公布。这样，商人便可以预知未来十天各个地方的商品参考价，就会争先恐后向市易务赊买货物；市易务可以通过赊卖货物获得年利率20%的利息，商人也可以利用地区性差价获得利润；且"商贾流通，货无湮滞"。神宗皇帝批准了这一建议，"诏具为令"。我们不能不承认，宋政府对于市场经济仿佛具有一种天赋的领悟力。

后来的明王朝还沿用"时估"制度，但已流于形式，最后只是由各部大臣每年合议评估一次物价，完全脱离了市场现实。而且，明政府对于发展商业全无兴趣，已失去想象力，"时估"只是用于政府购买物资的定价而已。

海外贸易

清乾隆五十八年（1793），83岁的乾隆在承德避暑山庄接见了一群特殊的客人——"英夷"派来的马戛尔尼使团。英王派遣使团不远千里前来大清国，不是为了向乾隆祝寿，而是向清政府提出两国通商的要求。乾隆非常友好地接待了使团，却拒绝了英

---

[1] （宋）李焘：《续资治通鉴长编》卷三四五。

王的通商之请："天朝物产丰盈，无所不有，原不籍外夷货物以通有无。特因天朝所产茶叶、磁器、丝斤，为西洋各国及尔国必需之物，是以加恩体恤，在澳门开设洋行，俾得日用有资，并沾余润。"颟顸自大的清王朝自外于世界大势之外，给中国十九世纪的近代化转型奠定了悲怆的调子。

假如马戛尔尼使团到访的是大宋国，情况又会如何呢？还是来看一个事例：北宋雍熙四年（987），宋太宗"遣内侍八人赍敕书金帛分四纲，各往海南诸蕃国勾招进奉，博买香药、犀牙、真珠、龙脑；每纲赍空名诏书，于所至处赐之"。十世纪的宋朝皇帝跟十八世纪的英王一样，派遣特使分赴海外，招徕贸易。南宋时，宋高宗也说："市舶（海上贸易）之利颇助国用，宜循旧法，以招徕远人，阜通货贿。"[1]跟诸邦展开海上贸易，乃宋王朝的"旧法"。绍兴年间，有一位叫蒲亚里的阿拉伯商人娶了中国仕女为妻，在广州定居下来，高宗皇帝叫地方政府"劝诱亚里归国"。是宋朝不欢迎阿拉伯商人吗？不是的。而是因为，蒲亚里在中国定居后便不再从事外贸了，宋政府希望他回国去招揽蕃商，"往来于运香货"。不过当时的西欧正在"蛮族"的统治下，退回到以物易物的自然经济状态，要不然，中英贸易难说不会提前八百年展开。

这便是宋王朝对于海外贸易的态度。整个大宋国的海岸线，北至胶州湾，中经杭州湾和福州、漳州、泉州金三角，南至广州湾，再到琼州海峡，都对外开放，与西洋南洋诸国发展商贸。宋政府在沿海大港口设"市舶司"（相当于海关），在小一些的港口设二级机构"市舶务"，负责管理外贸市场秩序和抽税。市舶

---

[1]　均见（清）徐松辑《宋会要辑稿·职官》四四之二四。

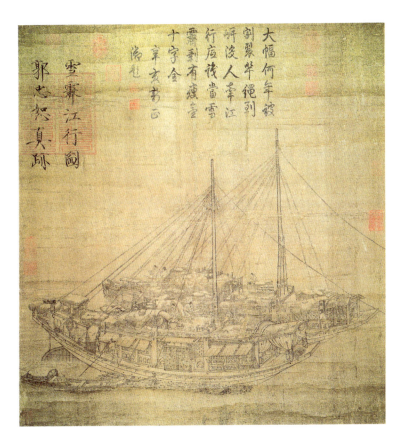

北宋郭忠恕《雪霁江行图》，描绘的是宋朝水运线上的商船。

司每年从海上贸易中抽税近二百万贯（明代在"隆庆开关"后，海关抽解每年不过区区几万两银），进出口贸易总额在北宋末超过2300万贯，在南宋绍兴晚年接近3800万贯。

历代中原王朝与海外诸邦的贸易关系，大体上被纳入两个系统中——朝贡系统与互市系统。朝贡是中原王朝安排天下秩序的机制，其中也包含了国际贸易的功能。从本质上说，朝贡贸易是一种具有"双重不平等"的商贸关系：诸邦向天朝纳贡，中国获得四夷宾服、万国来朝的政治荣耀，这是政治上的不平等：天朝高于诸邦。经济上的不平等则反过来：中原王朝给予诸邦的回赐，其价值远远大于朝廷收到的贡品，诸邦在政治象征意义上表示臣服，但在经济上则得到了巨大的实惠。换言之，朝贡贸易可以满足中国王朝的政治虚荣心，而在经济收益上则是得不偿失的，用苏轼的话来说，"朝廷无丝毫之益，而远人获不赀之财"[1]。

但这样的朝贡格局在宋朝悄然发生了变化。宋政府对海外贸易采取了实用主义的做法，严格限制朝贡贸易。如，宋高宗下令商船不得"擅载外国入贡者"，否则将处以"徒二年，财物没官"的惩罚；[2]宋孝宗也有回绝朝贡的诏令："比年以来，累有外国入贡，太上皇帝冲谦弗受，况朕凉菲，又何以堪？自今诸国有欲朝贡者，令所在州军以理谕遣，毋得以闻。"[3]

显然，如果海外诸国得以朝贡的名义来华贸易，势必会冲击民间互市的贸易总量，进而影响到朝廷的抽税。这是宋王朝不希望看到的。也因此，宋政府在限制朝贡贸易的同时，也积极鼓励

[1] （宋）李焘：《续资治通鉴长编》卷四三五。

[2] 参见（宋）谢深甫监修《庆元条法事类·蛮夷门》。

[3] （元）脱脱等：《宋史·礼志》。

民间的海外贸易，海商只要在政府机关登记，领取"公凭"，便可以贩运商货出海。政府也鼓励海商招徕蕃商来华贸易，"蕃商有愿随船来宋国者，听从便"[1]。对在海外招商作出巨大贡献的海商，宋政府还赐予官职。

在海外商贸的带动下，沿海一带出现了走私风气——显然，走私可以逃避宋政府的课税。有大臣建议政府出台措施、严厉取缔走私，但朝廷考虑再三，还是默许了走私活动的存在。因为走私不过是沿海小商贩的谋生之路，不如睁一只眼闭一只眼；如果严加打击的话，可能会损害整个海外贸易的环境、挫伤商人的积极性："取私路贩海者不过小商，以鱼干为货。其大商自苏、杭取海路，顺风至淮、楚间，物货既丰，收税复数倍。若设法禁小商，则大商亦不行矣。"[2]

而对危害海上贸易与商人安全的海盗，宋政府则严加打击，为此，政府在广州、泉州等港口设立"望舶巡检司"，在海面上置寨兵护航。这应该是世界上最早的保护商贸的海上护卫队吧。广东近海的溽洲岛，便有寨兵哨望、守卫，商船每次行使到溽洲岛附近的海域，"则相庆贺"。为什么？因为这意味着安全了，因为这时候"寨兵有酒肉之馈，并防护赴广州"[3]。每一年，当来华贸易的商船准备离港归国时，宋朝的市舶司都会拨一笔巨款（约三千贯），设宴相送，请他们明年继续来华贸易。宴会非常盛大，"蕃汉纲首（相当于船长）、作头、梢工等人，各令与坐，无不得其欢心"[4]。

---

[1] 〔日〕三善为康：《朝野群载》卷二〇。

[2] （清）徐松辑：《宋会要辑稿·职官》四四之三。

[3] （宋）朱彧：《萍洲可谈》卷二。

[4] （清）徐松辑：《宋会要辑稿·职官》四四之一四。

如果说，唐诗中的"九天阊阖开宫殿，万国衣冠拜冕旒"，描述了大唐朝贡体制下的荣耀，那么宋诗中的"苍官影里三州路，涨海声中万国商"，则是表现了宋朝通商体制下的繁华。我喜欢"万国商"，因为它更有近代气质。

经济制裁

宋代之前，中原王朝为实现对周边部族政权的软控制，通常采取"和亲"的手段。但从宋朝开始，和亲政策基本上被中原王朝抛弃。据学者的研究，西汉的和亲至少有16起，隋唐有45起，宋代以后的和亲共计有37起，但都发生在辽朝、金朝、元朝和清朝，与西夏、回鹘、吐蕃和蒙古之间，以及部族之间，中原王朝与边疆部族之间再无和亲。

和亲是一种具有中古色彩的民族政策，试图通过建立婚姻关系，构造出一个血缘化的共同体，以实现和平。用汉代刘敬劝汉高祖将长公主远嫁匈奴冒顿单于的话来说就是："冒顿在，固为子婿；死，则外孙为单于。岂尝闻外孙敢与大父抗礼者哉？"[1] 在纯朴的中古，人造血缘共同体是人们解决政治难题的常见方法，通常也比较有效；但到了近世，血缘已经不能够维系更加复杂化、理性化的政治体之间的关系；同时，随着商品经济的发展，中原王朝对周边部族的经济渗透越来越深入，周边部落对中原王朝的经济依赖越来越严重。赵宋政府发现，不需要和亲，也不需要打仗，运用经济手段可以更为有效地控制那些部族政权，

宋：现代的拂晓时辰

全民皆商

---

[1] （宋）司马光：《资治通鉴》卷一二。

用宋代的概念来说，叫作"互市"。

北宋司马光这么描述宋夏的经贸关系："西夏所居氐羌旧壤，地所产者不过羊马毡毯，其国中用之不尽，其势必推其余与他国贸易。其三面皆戎狄，鬻之不售。惟中国者，羊马毡毯之所输，而茶彩百货之所自来也。故其民如婴儿，而中国乳哺之矣。"[1]西夏虽然强悍，但经济上高度依赖宋朝。也因此，当西夏拒绝臣服于宋王朝或者挑衅宋王朝时，宋廷便对西夏实行经济制裁：关闭榷场、停止互市。

宋王朝的经济制裁可以重创西夏的国民经济，导致物资严重短缺，物价暴涨，财政也因此接近崩溃："尺布可直数百"，"民间升米百钱"，"国中困于点集，财用不给，牛羊悉卖契丹，饮无茶，一绢之直八九千钱，（民间）相为'十不如'谣怨之"。最后，西夏国主只好遣使求和。西夏的大臣也承认，"国家自青白两盐不通互市，膏腴诸壤，浸就式微，兵行无百日之粮，仓储无三年之蓄，而惟恃西北一区与契丹交易有无，岂所以裕国计乎？"[2]

在宋夏一百多年的对峙中，宋王朝军事上并不占绝对优势，但经济上的封锁通常能够迫使西夏就范。如宋仁宗宝元元年（1038），西夏元昊称帝。翌年，元昊露出不臣之意，宋廷诏"陕西、河东缘边旧与元昊界互市处，皆禁绝之"，六年后的庆历四年（1044），元昊上誓表臣服，宋王朝才"置榷场于保安军及高平寨"，恢复互市。嘉祐二年（1057），元昊之子谅祚扰边，宋朝"要以违约则罢和市"，随后罢去榷场，英宗治平初年

---

[1] （宋）赵汝愚：《宋名臣奏议》卷一三八。

[2] （清）吴广成编撰：《西夏书事》。

（1064），西夏"求复榷场"，宋廷不许，治平四年（1067），西夏上章谢罪，乞通和市，"乃复许之"。[1]

这应该是中国历史上最早的利用经济制裁来塑造国际关系的事例，显示了经济的力量开始尝试取代战争与政治婚姻的有效性。显然，跟建立在血缘上的和亲相比，互市无疑是更具近代意义的处理国际关系的方法论。

---

[1] 参见林文勋《宋王朝边疆民族政策的创新及其历史地位》，《中国边疆史地研究》，2008年第4期。

物权

黄仁宇先生认为，宋代的"法制只能以道德标榜，而不能在技术上进步，亦即无从固定私人财产权的绝对性，衙门无从判断如何获得财产为合法，何种方式的佃赁典当为有效，如何可以分析归并与遗传。这类情事在成文法里只有极简陋的原则，更谈不上商业习惯里对特殊风险中各人责任及破产的区处"。如果确如黄仁宇所言，那么宋代繁华的商品经济并不值得骄傲。但是，黄仁宇说错了，我们可以引述宋朝的民商事立法，一条一条证否黄氏之说。

中华法系没有像大陆法系那样制订出一部《民法典》（英伦的普通法也没有专门的《民法典》），但绝不能认为传统中国没有民法、没有物权法。事实上，宋代对物权的取得、买卖、赠予与继承，"对无主物的先占、遗失物的处理、漂流物的分割、宿藏物的处分、蓄息物的归属、添附物的处置等"，都有详备的立法。[1] 这如果不是立法技术的进步，那是什么？虽然宋人没有在法律上标明"私有产权神圣不可侵犯"，但宋朝立国，即标榜"不抑兼并""田制不立"，在政治上放弃了对土地私有制的干涉，并在法律上严禁官私侵占人民的私有财产。宋人的私有财产权受法律保护，是毫无疑义的。

宋朝的商事立法，也比其他任何王朝都活跃，宋人自己都说了，"官中条令，惟交易一事最为详备，盖欲以杜争端也"[2]。这类立法不仅对频繁的市场交易作出规范，也为各种形态的物权提供法律保护。

得益于私有制的确立、商品经济的发达，宋朝人拥有非常丰富、复杂的物权形态，比如一块田地的物权，可以分割出多个相互独立的层次：所有权、永佃权、占佃权、租佃权。占佃权是有时限的占有权，永佃权则是永久性的占有权，租佃权为使用权，这三者构成了宋代常见的三类用益物权。换言之，宋代的所有权、占有权、使用权是三个独立存在的民事权利，可以彼此分离，可以单独转让，并且受到明确的法律保护——如宋朝立法规定：获得永佃权的佃户"本人身故，许子孙接续承佃，并依人户承佃条法"，承认永佃权具有可继承、可典卖、可抵押的物权地位。又如法律对租佃权的保护，形成了"倒东不倒佃"的惯例，即田产所有权与占有权的转让，不影响使用权，有点接近现代民法中的"买卖不破租赁"原则。

出于融资的需要，宋朝市场上又出现了典权、抵当权、倚当

---

[1]　参见戴建国、郭东旭《南宋法制史》。

[2]　（宋）袁采：《袁氏世范》卷三。

权等形态的担保物权。它们之间的差别，今天的人也未必明了，这里我们需要略作解释。打比方说，假如你需要以一处不动产进行融资，你可以转让这处不动产的若干年使用权，并保留到期赎回典产的权利，以典产的收益充当利息，从而获得典权人的融资，这便是"典"。基于典的行为，形成典权；你也可以用这处不动产的契书作为抵押物，向私人或机构贷款并支付利息，这便是抵当；你还可以将不动产抵押给贷款方，约定不动产的部分收益为利息，超出部分的收益还归于你，这则是倚当。基于抵当和倚当，形成质权。

不管是出典，还是抵当、倚当，抑或是出卖，宋政府都立法加以规范，包括要求交易双方必须订立契约，约定双方的权利、义务，日后发生纠纷则以契约为凭，否则官不受理。宋朝也因此成了契约最为盛行的时代。

债权

在宋代，融资的需求也促使债权的广泛出现。宋政府制订有专门的"债权法"[1]，来规范债权—债务关系，其中有对债务人利益的照顾，比如限制高利贷，禁止以人身代偿债务——宋代之前，法律要求债务人若无力清偿债务，可以人身服役偿债。如《唐令》规定："诸公私以财物出举者，……（债务人）家资尽者，役身折酬，役通取户内男口"。《宋刑统》也照抄了这一条文，不过随着社会自身的演进，晋唐式的身份社会逐渐解体，近

---

[1] 见《宋刑统·公私债务门》《庆元条法事类·出举债负/理欠》。

代化的契约关系取而代之，宋政府因应时势之变迁，又立法禁止以役偿债："诸以债负质当人口（虚立人力、女使雇契同），杖一百，人放逐便，钱物不追。情重者奏裁。"[1]

此外，宋朝"债权法"也注重对债权人利益的保护，如《庆元条法事类》规定："诸负债违契不偿，官为理索。"即如果债务人违约不还钱，债权人可讼于官，由政府强制要求债务人履行清偿给付的义务。《包公墓志铭》上记有一件事：有市民到开封府状告一贵臣，称贵臣"逋物货久不偿"，即欠债不还。包拯"批状，俾亟还"，而那贵臣自恃权势，拒不偿还，包拯当即传贵臣到庭，与原告对质，"贵臣窘甚，立偿之"。

但同时，宋朝法律又规定：债务人"有已经估籍家产偿还不足，……可并与除放，毋致违戾"[2]，"欠人纳尽家资，已经官释放后别置到财产者，不在陈告之限"[3]。即债务进入法律上的清偿程序之后，如果债务人资不抵债，那么，他赔尽家产后的剩余债务将不再追偿，债务关系至此结束。今后，债务人得到新财产，原来的债权人也不可追索。这一立法，是不是有点接近"个人破产法"？

宋代的法律也没有规定"父债子偿"的义务——这一债务偿还惯例不知是什么时候形成的，宋人似乎并不需要"父债子偿"。北宋末南宋初，有一位叫钱衍的苏州人向"子钱家"（高利贷商人）借了3000贯钱，"晚岁资产耗，无以偿，忧见于色"。他的儿子钱观复悄悄找到"子钱家"，将债务合同的债务人换成自己的名字，然后回家告诉父亲，这笔债务由他来偿还，

[1] （宋）谢深甫监修：《庆元条法事类》卷八〇。

[2] （清）徐松辑：《宋会要辑稿·刑法》卷六之四一。

[3] （宋）谢深甫监修：《庆元条法事类》卷三二。

钱衍这才安下心来。[1] 如果宋代有"父债子偿"的法律义务，钱观复显然就不用跑到"子钱家"那里重订合同了。事实上，南宋光宗朝的一条立法说得更清楚："在法，违欠茶盐钱物，止合估欠人并牙保人物产折还，即无监系亲戚填还及妻已改嫁尚行追理之文。"[2] 依据法律，负有债务清偿义务的，只有债务人本人以及担保人，其他人无此义务。法律也禁止债权人向债务人的亲属索债。

更有意思的是，宋朝的君主经常会下诏赦免一些公私债务，以示恤民。但对于债权人来说，遇上这样的恩赦无疑是很吃亏的。为避免债权关系被皇帝的恩赦所影响，宋人在债务契约上特别设立了"恩赦担保"条款，约定"或有恩赦流行，亦不在论理之限"，预先排除了恩赦权对于本债务的有效性。问题是，政府承不承认"恩赦担保"条款的效力呢？《宋刑统·公私债务门》规定："公私以财物出举者，任依私契，官不为理"，即"恩赦担保"是可以对抗恩赦的。

宋朝商品经济活跃，市场交换频繁，由此催生了空前复杂的物权—债权关系。难得的是，宋朝的立法者并不因循守旧，而是因时制宜，进行广泛的民商事立法，为民间的产权交易提供详备的规范与法律保护。一些研究者因此相信，宋代已经产生了"法学近代化"的迹象。

---

[1] （宋）刘一止：《苕溪集》卷五一。

[2] （清）徐松辑：《宋会要辑稿·刑法》六之四一。

交易合同

在一个熟人小社会中，人与人之间的合作与交易，完全可以建立在人情与关系之上，不需要订立合约。这种熟人关系可以迅速形成信任关系，但它有一个缺陷：无法大范围扩展，一旦进入陌生人社会，信任便难以维持。我们知道宋代已经是一个人口流动与市场交换都非常频繁的近代社会，城市更是人烟浩森的陌生人世界，无数的交易与合作都必须在陌生人之间展开，相互之间的信任当然无法靠人情与关系来维持，因而需要订立合约，白纸黑字，明确约定各方（通常是卖方、中间人与买方三方）的义务、权利。

宋代的交易契约非常发达，出现了买卖契约、出典契约、合伙契约、委托契约、承揽契约、承包契约、雇佣契约、租佃契约、租赁契约、担保契约、运送契约、保管契约、借贷契约、居间契约等丰富的契约类型。

为了避免发生交易纠纷，或者发生纠纷之后能得到明晰的处理，宋政府要求交易关系的发生，必须订立契约。如宋太宗年间，朝廷下诏，要求佃户承佃耕地，须与田主"明立要契，……无致争讼官司"；宋真宗时，开封府发布法律文件，要求"应典卖倚当庄宅田土，并立合同契四本，一付钱主，一付业主，一纳商税院，一留本县"。[1]

非一手交钱一手交货的信用交易，更是非立合约不可，宋政

[1] （清）徐松辑：《宋会要辑稿·食货》六一之五七。

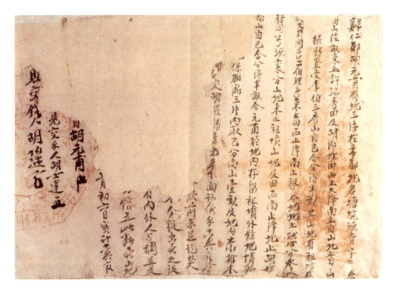

南宋土地买卖契约残片。

府规定："如有大段行货须至赊卖与人者，即买主量行货多少，召有家活物力人户三五人以上递相委保，写立期限文字交还。"根据这一商事立法，大宗的信用交易，须立契约，须有担保。如果不立契约呢？对不起，发生了纠纷就不要来找官府裁断，"官中今后更不行理会"。[1]

　　宋代契约之发达，可以从一个细节看出来：出现了标准化的合同。我们今天从文献中看宋代土地交易契约，会发现这些合同的格式、内容、条款具有高度程式化的特点。宋政府要求田宅交易合同的订立需要"如式"，即标准化。合同的格式标准是官府制定的，交易人需向官府购买官本契书填写合同。

[1]　参见（清）徐松辑《宋会要辑稿·食货》三七之九。

政府之所以要求交易人订立标准化的合同，首先是为了防止土地交易中的逃税。按照宋朝法律规定，田宅交易合同订立后，需要缴纳交易税，这是交易人的义务，而政府的义务，则是保证合同的执行。其次，标准化的合同可以减少发生交易纠纷。宋代有不少交易人为了逃税，在进行土地交易时往往只是"私立草契"。由于合同条款有瑕疵、纰漏，强势一方便钻空子侵占弱势一方的利益，双方出现争讼，官府又无法裁决，结果弱势一方的权益无法得到法律保护。

一份合格的合约正式订立之后，便产生了法律效力，大宋的法律将给予保护，包括政府与民间签订的合同，比如某个矿场的承包合同。一旦发生违约，当事人可申请政府强制执行。宋政府对于民商事诉讼，通常都是根据合同作出仲裁，所谓"交易有争，官司定夺，止凭契约"[1]。因此，契约在宋人的社会生活中非常重要。

可以说，"在宋代，不仅商品的流通依靠着契约关系，而且社会生产也日益依靠契约关系，宋代社会在很大程度上已经是一个由契约规则支撑的社会。正是由于契约规则的普遍化，宋代社会经济在制度上才有了一个非常有力的支撑点，农工商各行业因而才获得极其迅速的全面性进步"[2]。

时效

现在绝大多数国家的民法都采纳了时效制度，包括物权的取

---

[1] 《名公书判清明集》卷五。

[2] 牛杰：《论宋代契约关系和契约法》，《中州学刊》，2006年第2期。

得时效与消灭时效（中国现行民法并不承认"取得时效"），但如果说到时效制度的渊源，许多法学学者还是坚持相信"时效制度起源于古罗马，中国本来没有时效制度，因为它和中国传统的道德观念是不相容的"。殊不知，宋朝的民商法已经充分注意到物权的取得时效与消灭时效。

南宋初年，由于沿江抛荒的田地很多，宋政府便"募民承佃"，并立法约定："蠲三年租，满五年，田主无自陈者，给佃者为永业。"[1]意思是说，农人承佃这些荒田，可蠲免三年田租，如果五年内不见田主前来主张权利，那么承佃人便自动获得荒田的产权。这便是宋政府对于物权取得时效的一项立法。

绍兴三年（1133），宋政府又订立了一项涉及取得时效的立法："人户抛弃田产，已诏三年外许人请射，十年内虽已请射及拨充职田者，并听理认归业。官司占田不还，许越诉。"[2]换言之，如果一块抛荒田产的原业主在十年内不提出复业，那么承佃人便可以永久占有这块田产。占有十年，是宋代比较常见的不动产取得时效。

《宋刑统》中也有一条规定："诸公私竹木，为暴水漂失，有能接得者，并积于岸上，明立标榜，于随近官司申谍。……限三十日，无主认者，入所得人。"百姓捞到不知主的漂流物，需要报告政府，由政府贴出"失物招领"的公告，以三十日为限，若三十日后没人认领，则漂流物归所得人。"三十日"便是漂流物的取得时效。

宋朝还在民商法中详细规定了物权的消灭时效，即今日我们

---

[1] （元）脱脱等：《宋史·食货志》。

[2] （宋）马端临编撰：《文献通考·田赋考》。

常说的诉讼时效。《名公书判清明集》所收集的民事诉讼判词中，有好几位法官都援引了时效制度的立法条文来处理相关诉讼，如对一起田产纠纷的判决，法官引用法律称："准法：诸理诉田宅，而契要不明，过二十年，钱主或业主死者，不得受理。"这一法条列出了田产纠纷诉权消灭的三个条件：一、契要不明；二、过二十年；三、钱主或业主死亡。其中"二十年"与"钱主或业主死亡"均构成权利消灭的时效，两者居一即丧失了诉权。

计算诉讼时效的起始时间点，宋代法律也已有明晰的规定："诸典卖田宅……其理年限者，以印契之日始，或交业在印契日后者，以交业日为始。"[1] 诉讼时效以交易合同加盖官印之日起算（如果是加盖官印后才交割产业，则从交付日起算）。也就是说，在宋代，一份田宅交易的合约正式生效之后，从生效日计算起的二十年内，如果发生纠纷，可以提起诉讼。这二十年为诉讼时效。超出二十年，诉权消灭。随着土地交易的日益频繁，南宋的诉讼时效实际上又出现了逐渐缩短的趋势，这也有利于政府尽快确认土地占有者的产权，保持社会经济关系的稳定。

在南宋另一起涉及家产纷争的诉讼案中，法官引用法条作出"驳回诉状"的判决："分财产满三年而诉不平，又遗嘱满十年而诉者，不得受理。"[2] 根据这一立法，宋人在分析家产时，如果认为析产不公平，可以提起诉讼，但如果过了三年才起诉，则诉权消灭，而遗嘱继承的诉讼时效则放宽至十年。

宋代商业发达，交易繁多，宋政府在田宅买卖、钱物借贷、

---

[1] 《名公书判清明集》卷四。

[2] 《名公书判清明集》卷五。

典当取赎、亲邻权争端诸领域都设立了诉讼时效。有意思的是，宋朝的民商事立法还出现了类似今日民法中"时效中止"的规范。如《宋刑统》规定了收赎典当物的诉讼时效："经二十年以上不论"，即二十年为诉权消灭的时效。但同时《宋刑统》又规定："有故留滞在外者，即与出除在外之年。""留滞在外"的时间，不计入时效。

我们完全可以说，宋代的时效制度已相当发达，怎么可以轻率断言"中国本来没有时效制度，因为它和中国传统的道德观念是不相容的"？许多中国的法学学者言必称罗马法，却对本土的优良法律传统视而不见。如果这不是无知，那一定就是偏见。

高收入＋高消费

　　与后面的明朝相比，宋代社会的国民收入与消费表现出相对的"高收入＋高消费"色彩。富商的收入与消费难以统计，不过官员的俸禄、雇工的工价与小商贩的日收入，还是可以比较的。

　　许多人都知道，历史上宋朝官员的俸禄最为丰厚，以致清代的赵翼在《廿二史札记》中惊呼"宋制禄之厚！"北宋元丰改制之后，官员领双俸："本俸"与"职钱"，其中宰相的月薪为本俸400贯、职钱50贯，此外，还有各种补贴，如"餐钱"（餐饮补贴）、"薪炭钱"（燃料补贴）、"刍粟"（养马补贴）、"傔人衣粮"（保姆补贴），以及"养廉钱"（职田租金）等，加起来不会少于600贯。宋朝一名知府（知州）的月薪——本俸、职钱加上"公使钱"（特别办公费）、职田租金及各种补贴，大概也有500贯上下，相当于年薪40万美元，跟美国总统的年薪差不多。

朱元璋建立明王朝，则采取了极端的低薪制，并且官员的薪俸以实物（粮食）计算、发放正一品高官的月薪为87石大米，折成钱的话，大概只有34贯。正四品知府的月薪为24石大米，折钱则不到10贯。跟宋朝的差距之大，令人震惊。如果不是明前期的经济出现非常严重的大衰退，甚至可能退回到以物易物的自然经济状态，还真难以想象这样的"低薪制+实物制"能够长期执行下去。

抛开生活得比较体面的宋代官员不提，来看处于社会底层的那部分宋朝人，收入又几何呢？程民生先生的《宋代物价研究》提供了一些案例——北宋诗人张耒的一首诗写道："山民为生最易足，一身生计资山木。负薪入市得百钱，归守妻儿蒸斗粟。"山民卖柴每日可得100文；北宋淮西的佣工，"力能以所工，日致百钱，以给炊烹"，日收入100文；南宋长江渔民"卖鱼日不满百钱，妻儿三口穷相煎。朝飧已了夕不饱，空手归去芦湾眠"，日收入也是100文左右；都昌县一名农妇"为乡邻纺缉、浣濯、缝补、炊爨、扫除之役，日获数十百钱，悉以付姑"，也是日收入100文左右。这是农村人的日收入水平。

城市的情况：舒州官营酒务的杂工，"每名日支工食钱二百五十文省"，日工资有200多文；饶州市民鲁四公，开食品店"煮猪羊血为羹售人，以养妻子。日所得不能过二百钱，然安贫守分"，日收入100多文，不到200文；吴中也有两名市民，"同以鬻鳝为业，日赢三百钱"，每人每日也有100多文的收入；沧州有一妇人，"幼年母病卧床，家无父兄，日卖果于市，得赢钱数十以养母"，每日收入则不到100文；比较有意思的是一个湖北人："鄂之人有乐生者，任水鬻于市，得百钱即罢休。

以其傭屋饮食之余，遨嬉于邸戏中。既归，又鼓笛以歌，日以为常"，每天赚够100文，便不再做生意，回家吹笛唱歌。

说到这里，你大概已经发现了，不管是当佣工，还是在城市做点小生意，宋代底层人的日收入基本上在"100文"这个水平线上下浮动。

每日收入100文，一个月即有3贯，这个收入水平相当于明朝知县的月俸。另据黄冕堂《中国历代物价问题考述》的统计，明代城市佣工的日工价以30文为常价，农村佣工则以20多文为常价。到清代时，日工价才回升到50文至70文。换言之，一名宋代佣工的收入，相当于一名明代佣工加一名清代佣工的收入。

当然单纯比较收入，意义不大。还需要考虑货币的购买力。在宋代，维持一个人的基本温饱，每日需要20文。100文左右的日收入刚好能够养活一个五口人的家庭。而以这个收入水平，放在明朝的江南，则可以让一个五口之家的日子过得相当滋润，因为明代江南人家一年的生活开销也就30两银子（约30贯钱）光景。显然，宋代的物价普遍高于明代。

值得特别指出来的是，明前期几十年间，粮价竟跌至约300文每石，仅为南宋粮价的四分之一。表面上看，物价下降，意味着生活成本降低了。似乎是好事情。但实际上，粮价跌幅如此巨大，十分反常。若非经济发生大衰退，在经济学上是无法解释的。

上面这些统计数据显示了一个确凿的事实：明代前期是"低收入+低消费"的时代，市场经济之规模非常有限；宋朝是"高收入+高消费"的时代，市场经济之规模远远大于明代。历史地看，"低收入+低消费"正是中古社会的特征，"高收入+高消费"则是近代化展开的特征。从宋代的"高收入+高消费"转入明前期的"低收入+低消费"，历史发生了一次倒退。

富庶

    人们常说宋朝"积弱积贫"。是否"积弱"暂且不谈，单就"积贫"而言，绝对是后人的偏见。因为事实上，宋朝乃历代最为富庶的一个王朝。宋之富庶，宋人自己也感受得到，真宗朝宰相王旦说："国家承平岁久，兼并之民，徭役不及，坐取厚利。京城资产，百万（贯）者至多，十万而上，比比皆是。"[1] 往汴京的大街上随便扔一块石头，便能砸着一个腰缠十万贯的土豪。

    不妨将宋朝跟其他朝代比较一下。汉朝人说："百金，中人十家之产也。"[2] 再据《汉书·食货志》，"黄金重一斤，直钱万"，可知汉之"百金"（黄金一百斤），相当于一千贯钱。换言之，在汉代，1000贯钱是10户中产家庭的财产总量，即一户中产之家的财产，为100贯。

    那么宋代的中产，又有多少家产呢？一位北宋人说："万缗，中人十家之产也。"[3] 一户中产家庭的财产为1000贯。另一位南宋人说："三千缗，在今日亦中人之产也。"[4] 可见，家产3000贯才称得上中产。换言之，宋代一户中产的财产，是汉代中产家产的10倍乃至30倍。

    所以宋人对汉朝的富豪颇瞧不上眼。一位叫作吴箕的南宋人

376

377

---

[1]　（宋）李焘：《续资治通鉴长编》卷八五。

[2]　（汉）班固：《汉书·文帝纪》。

[3]　（宋）谢逸：《溪堂集》卷八。

[4]　（宋）程俱：《北山集》卷三九。

张择端《清明上河图》局部，从画家笔下，我们可以真
切感受到汴京的繁华与宋代社会的富庶。

说："（司马迁《史记·货殖列传》）所载富者，固曰甚盛，然
求之近代，似不足道。樊嘉以五千万为天下高资。五千万钱在今
日言之，才五万贯尔。中人之家，钱以五万缗计之者多甚，何足
传之于史？"[1] 汉代史书大书一笔的富翁，在宋朝不过是一不足
为道的中产而已。

　　同样，唐人眼中觉得惊艳的富贵之物，在宋人看来，则是稀
松寻常的东西。唐朝有个诗人贯休，写了一首《富贵曲》，说
"刻成筝柱雁相挨"，意思是唐人制作的古筝十分考究，筝柱上
都刻满雁纹。沈括对此很不以为然，说："贯休《富贵曲》云：
'刻成筝柱雁相挨。'此下里鬻弹者皆有之，何足道哉？"这样
的古筝，宋朝乡间卖唱的艺人都有，何足挂齿？又有一个叫韦楚

---

[1] （宋）吴箕：《常谈》。

老的唐朝诗人，也写了首炫富的诗："十幅红绡围夜玉。"沈括也嘲笑诗人没见过世面："十幅红绡为帐，方不及四五尺，不知如何伸脚？此所谓不曾近富儿家。"沈括的结论是，"唐人作富贵诗，多纪其奉养器服之盛，乃贫眼所惊耳"[1]。

唐德宗年间，由于朝廷长年与藩镇交兵，国库日渐空虚，政府决定向长安的商人"借钱"。说是"借"，其实跟抢差不多，"京师嚣然，如被盗贼"，哪个不乖乖掏钱，便抓起来拷打，有人因为"不胜鞭笞，乃至自缢"，一番搜刮下来，也才"借"到80万贯。[2] 可见唐代长安的商民并不富有。无独有偶，北宋庆历年间，因为与西夏打仗，宋廷也是"急于财用"，三司预算下来，尚有数十万贯的财政缺口，"议者请呼数十大姓计之，一日而足"[3]。政府只向京师数十位富商求助，一日之内便筹借到数十万贯钱。唐宋之间民间财富储量的巨大差距，由此可见一斑。

后世的人又如何评价宋人的生活？来看明人王鏊《震泽长语摘抄》中的说法："宋民间器物传至今者，皆极精巧。今人卤莽特甚，非特古今之性殊也。盖亦坐贫故耳。观宋人《梦华录》《武林旧事》，民间如此之奢，虽南渡犹然。近岁（指明朝）民间无隔宿之储，官府无经年之积，此其何故也？……古称天下之财不在官，则在民。今民之膏血已竭，官之府库皆空。"另一位明朝人郎瑛也感慨说："今读《梦华录》《梦粱录》《武林旧事》，则宋之富盛，过今远矣。今（明朝）天下一统，赋税尤繁，又无岁币之事，何一邑之间，千金之家，不过一二？是皆无

---

[1] （宋）沈括：《梦溪笔谈》。

[2] （后晋）刘昫等撰：《旧唐书》卷一二。

[3] （宋）李焘：《续资治通鉴长编》卷三九六。

储粮者也；及询官府，又无赢余之财，此则何也？"[1]

如果觉得时人的感受缺乏说服力，可以再来看一组数据：唐代的最高年铸币量为33万贯，通常年份只是维持10万贯左右；北宋的最高年铸币量则是570万贯，这还不包括铁币与纸币的发行，平常年份都维持100万贯至300万贯之间。从唐至宋，铸币量出现了一个飞跃。而从宋到明，则出现了一个大倒退，明代近300年的铸币总量，竟然不及宋神宗元丰年间一年所铸的货币量。虽然十六世纪开始从海外流入大量白银，但流入白银的总价值也不过相当于北宋的铸币量。有收藏古钱币经验的朋友一定知道，宋钱制作精良，却不甚值钱，因为存世量太大了。不过在宋代，则常年闹"钱荒"，货币不够用，由此也可以想见宋代的经济总量之巨。

另据香港科技大学教授刘光临先生的统计与推算，宋朝的人均国民收入位于历代最高峰，为7.5两白银，远远高于晚明的2.88两，要到十九世纪的晚清，才追上宋代的水平。英国经济史学家安格斯·麦迪森（Angus Maddison）则指出："在960—1280年间，尽管中国人口增加了80%，但人均国内生产总值却由450美元增加到600美元，增加了1/3；以后一直到1820年都保持着此水平。欧洲在960—1280年间，人口增加了70%，人均国内总值则从400美元增至500美元，只增加了1/4。"也就是说，宋代的经济与生活水平，不但在纵向上优于其他时代，而且在横向上遥遥领先于同时代的欧洲。

[1]　（明）郎瑛：《七修类稿》。

财税

　　一国之经济表现，可以从国家的财税结构与财政岁入数据上显示出来。唐代的最高岁入为天宝八年（749）的5230万（贯石匹屯），含钱、粟、绢、绵、布，其中货币性岁入为200万贯钱。也就是说，唐代的赋税以农业税为主体，而且主要征收实物税，只有一小部分征收货币，占税收总额不足4%。

　　那么宋代的财政岁入是多少呢？北宋治平二年（1065）的数字是11600万（贯石匹两）——这个数目并不是北宋岁入的最高额，却已是唐代最高岁入的一倍；其中货币性岁入为6000万贯以上，比重超过了50%，显示赋税货币化已成大势所趋。特别是王安石变法，将役也折成货币，用苏辙的话来说："三代之民，以力事上，不专以钱。近世（宋代）因其有无，各听其便：有力而无财使效其力，有财而无力者皆得雇人。人各致其所有，是以不劳而具。"[1] 这一役法变革，比张居正的"一条鞭法"早500年，比雍正的"摊丁入亩"早600年。尽管熙宁变法造成了一系列严重后果，受到苏辙等人的抨击，但今天我们得承认，王安石确实准确地把握到了历史发展的方向。

　　更具有历史标志意义的是，宋人发现，"州郡财计，除民租之外，全赖商税"[2]。从宋真宗朝开始，来自工商税与征榷的收入超过了农业税。北宋熙宁年间，农业税的比重降至30%；南

---

[1]　（宋）苏辙：《栾城集》卷三五。

[2]　（清）徐松辑：《宋会要辑稿·食货》一七之四一。

张择端《清明上河图》中的税务机关。

宋淳熙至绍熙年间，非农业税更是接近85%，农业税变得微不足道。显然，这是历代王朝从未有过的事情，若非宋代工商业发达、政府善用市场手段调动财富，不可能出现这样的财税结构。

宋代之后明清两朝的岁入情况又如何呢？明朝弘治十五年（1502），全国田赋正额约为2680万石，占全部税收的75%；隆庆朝与万历朝前期（1570—1590年），国家的杂色岁入（含商税、海外贸易抽解、盐课、轻赍银、役与土贡折色等）约370万两白银，这个数目只及宋代征榷收入的零头。明末在田赋中加派"三饷"，又派出税监矿使，四处搜刮工商税，搞得天怒人怨，岁入也不过增加了2000万两（其中税监搜刮的工商税每年只有四五十万两）。而两宋的岁入，基本上都保持在一亿（贯石匹两）以上。明代岁入不但总额不如宋代，而且农业税又恢复了统治地位。而更严重的倒退是，朱元璋继承了元朝的"诸色户计"制度，将全国户口划为民户、军户、匠户等籍，各色户籍世袭职业，并向官府提供不同的劳役。相对于宋代出现的徭役逐渐被财产税代替的趋势，"诸色户计"无疑是历史的逆转。

清代的岁入，从乾隆朝至道光朝，大体上都维持在4000万两左右的水平。道光之前，地丁银（农业税）占全部岁入的70%以上，关税与盐课的比重不足30%。换言之，在被吹捧为所谓"康雍乾盛世"的清代中前期，工商业的表现并不出色。洋务运动之后，工商业才逐渐崛起，表现在财税上，便是工商税比重扩大。到光绪时代的1885年，田赋的比重总算下降为48%，关税收入上升到22%，盐课为11%，晚清新设的厘金则贡献了19%的岁入。光绪三十四年（1908），清王朝的岁入总额开始突破两亿两白银，终于超过了宋代的纪录。

当然，单纯比较岁入总额，也可以看出宋代的税率应该是高于其他王朝的，这是一个事实。但这个事实的另一面是，宋朝建立了一种扩张型的财政系统。财政的扩张推动着政府必须积极去了解市场、开拓市场、创造市场，由此便可能建立起资本主义的生产体系。此外还有另一个事实：两宋立国三百余年，从未因为较高的税率而诱发全国性民变；而明末加征"三饷"，遍设税监，搜刮到多少钱且不论，却已导致民不聊生，民变蜂起，最终王朝被民变推翻。可见宋代的民间财富与市场活力大致还可以支撑起一个较高的税率。

从财税史的角度来看，任何国家从中古进入近代，其财税结构都必然发生质的变化：第一，完成从实物税、徭役向货币税的转型；第二，完成从人头税到财产税的转型；第三，完成从以农业税为主体向以工商税为主体的转型；第四，从低税率向高税率转化，出现扩张型财政，资本主义的发生，往往是以财政扩张为先导的。证之国史，完全符合这四点的历史时段只有两个：两宋和晚清。晚清是在西方压力下的被动近代化，两宋则是中国社会的自发性演进。（数据来源：全汉昇《中国经济史研究》、漆侠《宋代经济史》、黄仁宇《十六世纪明代中国之财政与税收》、申学锋《清代财政收入规模与结构变化述论》等）

共治天下

公天下

北宋名臣范仲淹未达之时，便立下大志：不为良相，便为良医，"夫不能利泽生民，非大丈夫平生之志"[1]。朱熹评曰："且如一个范文正公，自做秀才时便以天下为己任，无一事不理会过。一旦仁宗大用之，便做出许多事业。"[2] 其实"士当以天下为己任"这八个字，并不仅仅是范仲淹一人的抱负，而可以说是两宋士大夫的整体精神写照。那么我想探讨的问题是：为什么宋朝的士大夫会普遍生出"以天下为己任"的政治自觉？

南宋后期，宋理宗宠幸贵戚近臣，有一年蜀中地震，浙闽大水，御史洪天锡愤然上书，矛头直指皇帝："上下穷空，远近怨

---

[1] （宋）吴曾：《能改斋漫录》卷一三。

[2] （宋）黎清德编：《朱子语类》卷一二九。

疾，独贵戚巨阉享富贵耳。举天下穷且怨，陛下能独与数十人者共天下乎？"[1] 洪天锡如此质问皇帝，是在要求理宗回到"与士大夫共治天下"的传统中来。这个"共治天下"，当然也不是洪天锡一人的主张，而是两宋士大夫的普遍共识。那么我的另一个问题便是：为什么宋朝的士大夫群体会当仁不让地要求与君主"共治天下"呢？

两个问题，指向同一个政治学维度——"公天下"理想在宋代士大夫意识中的复苏。儒家念兹在兹的"尧舜三代之治"，如果要用一句话来概括，便是《礼记》所言的"天下为公，选贤与能"。宋人以"回向三代"为志，比任何时代的士人都更加自觉地强调"天下为公"。我们可以举出非常多的例子——

北宋学者王禹偁说："夫天下者，非一人之天下，乃天下人之天下也。理之得其道则民辅，失其道则民去之，民既去，又孰与同其天下乎？"[2]

南宋宰相杜范说："是以天下为天下，不以一己为天下，虽万世不易可也。"[3]

朱熹在注释《孟子》"天子不能以天下与人"章句时，也提出："天下者，天下之天下，非一人之私有故也。"[4]

南宋御史刘黻对宋度宗说："天下事当与天下共之，非人主所可得私也！"

另一位监察御史吴猎也警告宋宁宗："谓事不出中书，是谓乱政！……陛下毋谓天下为一人私有，而用舍之间，为是轻易快

[1]　（元）脱脱等：《宋史·本传》。

[2]　（宋）王禹偁：《小畜外集》卷一一。

[3]　（宋）杜范：《清献集》卷一三。

[4]　（宋）朱熹：《四书章句集注·孟子集注》。

意之举！"[1]

宋高宗也不得不承认："治天下，蔽以一言，曰公而已，朕亦安得而私！"[2]

而当宋高宗意欲与金国议和时，一名主张抗金到底的御史台检法官方廷实上疏向皇帝提出抗议："今使人以'江南诏谕'为名，或传陛下欲屈膝受诏，则臣下不知所谓也。呜呼！谁为陛下谋此也？天下者，中国之天下，祖宗之天下，群臣、万姓、三军之天下，非陛下之天下。"疏上，方廷实因敢言，升为监察御史。[3]

既然天下非天子独有，而为天下人共有，那么作为社会精英群体的士大夫便油然生出"士当以天下为己任"的政治抱负，如水到渠成，理所当然。他们以政治主体身份提出的"共治天下"诉求，也具备了皇帝亦不能否认的合法性，"虽万世不易可也"。宋代政治的魅力，正是基于此而散发开来。

大宪章

两宋三百余年，几乎从未诛杀上书言事之士民（偶有一二例外）。这是因为赵宋皇帝受到一项宪章性的约束——太祖立下的誓约。

据南宋笔记《避暑漫抄》记载："艺祖（宋太祖）受命之三年，密镌一碑，立于太庙寝殿之夹室，谓之'誓碑'，用销金黄

---

[1] （清）黄宗羲：《宋元学案》卷七一。

[2] （宋）李心传：《建炎以来系年要录》卷四六。

[3] （明）冯琦原、陈邦瞻：《宋史纪事本末》卷七二。

故宫"南熏殿图像"收录的宋朝开国君主——宋太祖像。

幔蔽之，门钥封闭甚严。因敕有司，自后时享及新天子即位，谒庙礼毕，奏请恭读誓词。独一小黄门不识字者从，余皆远立。上至碑前，再拜跪瞻默诵讫，复再拜出。群臣近侍，皆不知所誓何事。自后列圣相承，皆踵故事。靖康之变，门皆洞开，人得纵观。碑高七八尺，阔四尺余，誓词三行，一云：'柴氏子孙，有罪不得加刑，纵犯谋逆，止于狱内赐尽，不得市曹刑戮，亦不得连坐支属。'一云：'不得杀士大夫及上书言事人。'一云：'子孙有渝此誓者，天必殛之。'"这一誓碑，是宋朝的一个具有"大宪章"性质的文件。

有人怀疑"誓碑"是南宋人捏造出来的，毕竟那块石碑直到

今日也没有出土。不过证之其他史料，我们还是可以判断，即使
"誓碑"存疑，但"不得杀士大夫及上书言事人"的"誓约"应
该是存在无疑的。最有力的证据来自宋臣曹勋的自述。靖康末
年，徽宗、钦宗两帝被金人所掳，曹勋随徽宗北迁，受徽宗嘱托
国事。不久曹勋逃归南方，向高宗进了一道札子，里面就提到：
"（太上皇）又语臣曰：归可奏上，艺祖有约，藏于太庙，誓不
诛大臣、言官，违者不祥。故七祖相袭，未尝辄易。"《建炎以
来系年要录》也记载：徽宗"又言艺祖有誓约藏之太庙，誓不杀
大臣及言事官，违者不祥"。

　　还有人认为，即便真有"誓约"，也意义不大，不过是一份
秘密的遗诏而已。"誓约"确是太祖遗诏，但更准确地说，这其
实是宋皇室与上天之间的立约——只有从立约的视角来看誓约，
我们才能更准确把握这份文件的意义——赵宋的君主如果违背
"誓约"，则"天必殛之"。在天受到人间敬畏的时代，这样的
"誓约"具有比一般遗诏更大的约束力。现在受过理性启蒙的人
们似乎难以想象古人对于"天"的敬畏了，但在古代，天命、天
道确实对人间的君权产生了约束。从前的君主相信上天有一双眼
睛在盯着他，并通过灾异向失德的统治者提出警告。宋真宗咸平
六年（1003），"有星孛于井、鬼，大如杯，色青白，光芒四尺
余"。这一反常的天象让真宗诚惶诚恐，对宰相说："朕德薄，
致此谪见，大惧灾及吾民。密迩诞辰，宜罢称觞之会，以答天
谴。"[1] 连生日宴会也不敢举行了。

　　事实上，太祖留下的这一誓约，基本上得到赵氏子孙的遵
守。宋神宗曾因西北用兵失利，欲斩杀一名转运使，却受到大臣

---

[1]　（宋）杨仲良：《皇宋通鉴长编纪事本末》卷二一。

蔡确与章惇的坚决抵制："祖宗以来，未尝杀士人，臣等不欲自陛下始。"宋臣未必知道太庙中的誓碑，但经过一百年的运作，朝廷不得杀士大夫的誓约，显然已成了宋朝众所周知的习惯法。皇帝最后只好发了一句牢骚："快意事更做不得一件！"

后来哲宗朝的元符元年（1098），保守派阵营的元祐党人被逐，新党重新得势，宰相章惇欲穷治元祐党人，"将尽杀流人"（这回是章惇起了杀心了），但宋哲宗反对，说道："朕遵祖宗遗制，未尝杀戮大臣，其释勿治。"[1]假如哲宗没有这一意识呢？以宋朝的政治氛围，也必有大臣出来讽谏皇帝的。当时曾有人告发旧党的梁焘"包藏祸心"，欲置梁于死地，但同知枢密院事曾布跟哲宗说："祖宗以来，未尝诛杀大臣，令焘更有罪恶，亦不过徙海外。"哲宗表示同意："祖宗未尝诛杀大臣，今岂有此？"[2]请注意，曾布可是新党中人，并非梁焘的同情者。可见不诛士大夫乃是宋朝君臣都知道不能突破的一条底线。

只有宋高宗破过例，开过杀戒，于建炎元年（1127）杀了"伏阙上书，力诋和议"的太学生陈东、布衣欧阳澈，这可能是因为当时处于战时状态，而且仓促建立南宋政权的赵构本人或许尚不知道太庙誓碑一事。但不管怎样，赵构弑士之举，无疑严重践踏了太祖立下的宪章。所幸陈东事件之后，赵宋王朝再未发生诛杀上书言事士民的事情。如果我们对比其他王朝，不管是汉唐，还是明清，都有士大夫因为言论罪而受戮，就会相信宋朝的这项立约多么难能可贵。

---

[1] （明）冯琦原、陈邦瞻：《宋史纪事本末》卷四六。

[2] （宋）李焘：《续资治通鉴长编》卷四九五。

祖宗法

历代，当以宋明二朝最重"祖宗法"。宋朝每有新君登基，几乎都要强调一遍对"祖宗成规"的忠诚，真宗即皇帝位。下诏说："先朝庶政，尽有成规，务在遵行，不敢失坠。"仁宗即位诏说："夙侍圣颜，备承宝训，凡百机务，尽有成规，谨当奉行，不敢失坠。"英宗即位诏说："夙奉圣颜，备闻圣训，在于庶政，悉有成规，惟谨奉行，罔敢废失。"

不过，宋明二朝祖宗法的形成机制又有很大差别，明朝的祖宗法是由开国皇帝朱元璋亲手订立、颁行的成文法，要求子孙永世遵守："今令翰林编辑成书，礼部刊印以传永久。凡我子孙，钦承朕命，无作聪明，乱我已成之法，一字不可改易。非但不负朕垂法之意，而天地、祖宗亦将孚佑于无穷矣！"[1] 宋代的祖宗法，却不是哪一个皇帝制定的，而是由一系列先帝故事、习惯法、惯例、故典所组成。特别需要指出的是，这些故典与惯例的整理，通常都是由士大夫群体来完成，士大夫在筛选、阐释祖宗法的过程中，毫无疑问融入了儒家的治理理想。因而，宋朝的祖宗法甚至不能说是哪一位皇帝本人的意思，而是士大夫集体塑造出来，经过漫长时间形成的非成文宪度。

"祖宗之法"作为一个政治概念，正式提出来是在宋仁宗朝。仁宗在位之时，是一位资质平庸的仁厚之君，逝世之后，则被士大夫塑造成垂范后世的仁圣君主，仁宗朝的一部分惯例也

---

[1] （明）朱元璋：《皇明祖训·序》。

被整理成祖宗法的典范。宋人说："仁宗在位最久，德泽最深，宜专法仁宗。盖汉唐而下，言家法者，莫如我朝，我朝家法之粹者，莫如仁宗。"[1] 宋朝士大夫将一位已经去世的君主树立为圣君，当然不是为了歌颂皇帝，而是想给在位的君主立一个标准，以此来规范皇帝的行为（这与清代理学家将在位之君吹捧为圣君，完全是两码事）。

北宋诗人秦观曾向宋哲宗进言："臣闻仁祖时，天下之事，一切委之执政，群臣无得预者。除授或不当，虽贵戚近属，旨从中出，辄为固执不行。一旦谏官列其罪，御史数其失，虽元老名儒上所眷礼者，亦称病而赐罢。政事之臣得以举其职，议论之臣得以行其言，两者之势适平。是以治功之隆，过越汉唐，与成康相先后，盖由此也。"这里说的是仁宗朝的一项宪则惯例：君主地位超然，不亲细务，国家的治理权委托给宰相领导的政府，对政府的监察权则委托给台谏，形成"二权分立"之势。这显然是一种优良的治理结构。因此，秦观希望哲宗皇帝好好继承仁宗留下的祖宗法："专取法于仁祖，常使两者（政府、台谏）之势适平，足以相制，而不足以相胜。则陛下可以弁冕端委而无事矣"。[2]

说到这里，可以发现，虽然宋朝的祖宗法内容庞杂，外延模糊，也缺乏系统性的成文解释，但我们化繁为简，还是可以对其做一个界定——祖宗法乃宋王朝的宪法性惯例与文件，旨在约束君主行为、规范政治构架，这一点跟限制士民的一般性法律有着本质性的差异。当现任君主作出不符合儒家理想的行为时，士大

---

[1] （宋）吕中：《宋大事记讲义》卷一九。

[2] （宋）秦观：《淮海集》。

夫集团往往就会搬出祖宗法，令君主不得不作出让步。宋真宗曾经想给他宠信的内臣刘承规讨个节度使的名衔，宰相王旦即以"陛下所守者，祖宗典故。典故所无，不可听也"为由，断然拒绝了真宗皇帝的要求。[1]

驯服皇权

在许多人的想象中，既然君主处于权力金字塔之顶尖，那皇权一定是不受任何限制与约束的，皇帝一定是口含天宪、出口为敕的。也许在帝王"独制于天下而无所制"的秦始皇时代，以及"天下大小事务皆朕一人亲理"的清王朝，皇权确实是独裁的。但在其他政治修明之世，特别是在宋代，君主几乎是不可能搞皇权专制的。说几个故事——

北宋初的乾德二年（964），范质等三位宰相同日辞职，宋太祖随后任命赵普为相。但在颁发任命诏书时碰上了一个程序上的大麻烦：诏书没有宰相副署，不具备法律效力；而范质等宰相又已经辞职。太祖想从权（采用权宜变通的办法），对赵普说："朕为卿署之可乎？"赵普回答皇上："此有司职尔，非帝王事也。"最后，还是由领有"同平章事"（即宰相官衔）衔的开封府尹赵匡义副署，才签发了这道诏书。[2]

宋真宗朝，有个叫作刘承规的内臣（宦官）"以忠谨得幸"，人也很能干，曾领衔编修《册府元龟》。大中祥符六年

---

[1]　（宋）李焘：《续资治通鉴长编》卷八一。

[2]　（元）脱脱等：《宋史·赵普传》。

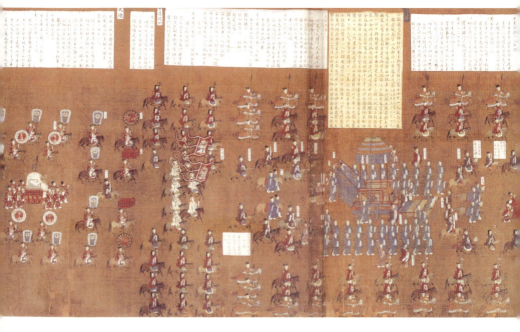

北宋佚名《大驾卤簿图书》，描绘了北宋时皇帝出行的仪仗。

（1013），刘承规病危，向真宗说了人生最后一个心愿："求为节度使"。其实就是得到虚衔过把瘾就死。真宗找宰相王旦商量："将这官儿给他吧，承规待此以瞑目。"王旦坚决不同意，说："此例一开，他日若有别的内臣求当枢密使，奈何？"真宗只好打消了念头。[1]

　　宋仁宗想提拔张贵妃的伯父张尧佐当宣徽使（一个别级很高但无多少实权的闲职），但廷议（类似于内阁部长会议）时候未能通过，所以只好作罢。过了一段时间，仁宗因为受了张贵妃的枕边风，又想将这项人事动议提出来。这日临上朝，张贵妃送皇

───────

[1]　（元）脱脱等：《宋史·王旦传》。

上到殿门，抚着他的背说："官家，今日不要忘了宣徽使！"皇上说："得，得。"果然下了圣旨任命张尧佐为宣徽使，谁知半路跑出一个包拯来，极力反对，"反复数百言，音吐愤激，唾溅帝面"。最后仁宗只得收回成命。回到内廷，张贵妃过来拜谢，皇帝举袖拭面，埋怨她说："汝只管要宣徽使、宣徽使，汝不知包拯是御史中丞乎？"[1]

　　神宗朝，一次因为陕西用兵失利，神宗震怒，批示将一名漕臣（转运使）斩了。次日，宰相蔡确奏事，神宗问："昨日批出斩某人，今已行否？"蔡确说："方欲奏知，皇上要杀他，臣以

[1]　（宋）朱弁：《曲洧旧闻》。

为不妥。"神宗说："此人何疑？"蔡确说："祖宗以来，未尝杀士人，臣等不欲自陛下始。"神宗沉吟半晌，说："那就刺面配远恶处吧。"这时，门下侍郎（副宰相）章惇说："如此，不若杀之。"神宗问："何故？"章惇说："士可杀，不可辱！"神宗声色俱厉地说："快意事更做不得一件！"章惇毫不客气地回敬了皇上一句："如此快意事，不做得也好！"[1]

宋孝宗是个围棋爱好者，"万机余暇，留神棋局"。内廷中供养着一名叫作赵鄂的国手。赵鄂自恃得宠，向皇帝跑来要官，孝宗说："降旨不妨，恐外廷不肯放行。"大概孝宗也不忍心拒绝老棋友的请托，又给赵鄂出了个主意："卿与外廷官员有相识否？"赵鄂说："葛中书臣之恩家，我找他说说看。"便前往拜见葛中书，但葛中书毫不客气地说："技术官无奏荐之理。纵降旨来，定当缴了。"赵鄂又跑去向孝宗诉苦："臣去见了葛中书，他坚执不从。"孝宗也不敢私自给他封官，只好安慰这位老棋友："秀才难与他说话，莫要引他。"[2]

南宋光宗朝，皇帝左右的近臣、私臣每每向光宗请求"恩泽"（即请皇帝恩赐个大一点的官做），光宗总是说："朕倒好说，只恐谢给事有不可耳！"谢给事是时任给事中的谢深甫，曾多次抵制过光宗提拔请托的私旨。楼钥当中书舍人时，也直接告诉光宗：对不合法度的私旨，"缴奏无所回避"。光宗很是顾忌，遇到禁中私请，只能推掉："楼舍人朕也惮也，不如且已。"宋光宗并不是一个具有优良君主品质的皇帝，却不能不尊重给事中与中书舍人封驳皇帝私旨的权力。[3]

---

[1] （宋）侯延庆：《退斋笔录》。

[2] （宋）张端义：《贵耳集》。

[3] （元）脱脱等：《宋史·谢深甫传》《宋史·楼钥传》。

我们列举的几名赵宋君主，既有明君也有昏君，可见在宋朝，无论君主贤明还是昏庸，恐怕都无法由着性子"做快意事"，皇帝一旦露出滥权、专断的苗头，立即就会受到文官集团的抗议与抵制。从一定意义上说，宋朝皇权是被关进笼子里的。

虚君

今人大概多以为"虚君"的观念产生于英伦，其实"虚君"是典型的儒家理想，儒家所说的"无为""端拱""垂拱而治""垂衣裳而天下治""恭己正南面而已""不下席而天下治"等，都含有"虚君"的意思。宋朝以儒立国，儒道大振，"虚君"更成为宋代士大夫的重叠共识。

北宋大理学家程颐解《周易》，提出："进居其位者，舜、禹也；进行其道者，伊（伊尹）、傅（傅说）也。"[1] 意思是说，天子（舜禹）只是天下的主权者（进居其位），宰相（伊傅）才是天下的治理者（进行其道）。余英时先生认为："程颐理想中的君主只是一个以德居位而任贤的象征性元首；通过'无

---

[1] （宋）程颐：《伊川易传》卷一。

故宫"南熏殿图像"收录的宋仁宗像。仁宗皇帝是"虚君"的楷模，宋人说"仁宗皇帝百事不会，却会做官家"。

为而治'的观念，他所向往的其实是重建一种虚君制度，一切'行道'之事都在贤士大夫之手。我们还可以肯定地说，这不是他一个人的想法，而代表了理学家的一种共识。"确实如此。我

这里再引证几条宋代士大夫的言论，以支持余先生的立论。

北宋名臣富弼告诫宋神宗：现在政务"多出亲批，若事事皆中，亦非为君之道。脱十中七八，积日累月，所失亦多"[1]。显然，富弼反对君主"亲批"政务，即便是皇帝天纵英明，"事事皆中，亦非为君之道"。

南宋大理学家陆九渊说："人主高拱于上，不参以己意，不

---

[1] （元）脱脱等：《宋史·富弼传》。

间以小人，不维制之以区区之绳约，使其臣无掣肘之患，然后可以责其成功。故既已任之，则不苟察其所为，但责其成耳。"[1]表达的也是"虚君共治"的意思。

另一位大理学家朱熹曾当面指斥宋宁宗："今者陛下即位，未能旬月，而进退宰执，移易台谏，甚者方骤进而忽退之，皆出于陛下之独断，而大臣不与谋，给舍不及议。正使实出于陛下之独断而其事悉当于理，亦非为治之体，以启将来之弊。"[2]朱熹的看法跟富弼差不多，也认为君主不应当"独断"政事，否则，即使"其事悉当于理"，也绝不是"为治之体"，而是有"启将来之弊"的危险。

好了，现在我还想特别指出："虚君"不仅是宋代士大夫的重叠共识，即便是君主本人，也不敢公然与士大夫的共识唱反调。强势的宋太宗也不能不承认："无为之道，朕当力行之"；太宗之子真宗皇帝对辅臣说："军国之事，无巨细必与卿等议之，朕未尝专断，卿等固亦无隐，以副朕意也。"真宗之子宋仁宗更是"虚君"的典范，"事无大小，悉付外廷议"，当时有人评论说，"仁宗皇帝百事不会，却会做官家"。在"虚君"体制中，君主"百事不会"并不是缺陷，而是美德，因为君主高拱在上，处于超然的地位而不亲细务，具体治理国家的权责归于政府。

当然，儒家主张的"虚君"，并非将君主当成摆设。君主在宋代政体中很重要，既是主权的象征、道德的楷模、礼仪的代表，也具有最尊贵的地位、最大的世俗权威、最终的裁决大权。但君主不亲细务，不需要具体执政，而是一切责成宰相领导的政府。

[1] （宋）陆九渊：《陆九渊集》卷一一。

[2] （宋）朱熹：《朱文公文集》卷一四。

到清代时，皇帝才以君主独裁为荣，如康熙自诩："今天下大小事务，皆朕一人亲理，无可旁贷。若将要务分任于他人，则断不可行。所以无论巨细，朕必躬自断制。"[1] 他的儿子雍正也说："国家设官分职，各有专司，而总揽万机，全在一人之裁决。但云委诸有司，则六部之事付之六部，天子者惟有端然高拱而已，岂不为逸？但天下之事可以如此料理乎？"[2] 雍正的儿子乾隆干脆宣称："乾纲独断，乃本朝家法。自皇祖（康熙）皇考（雍正）以来，一切用人听言大权，从未旁假。"[3] 与宋人追求的政治理念，完全背道而驰。

实相

与宋代士大夫的"虚君"思想互为表里的是"实相"的政体结构——君主既然"垂拱而治"，那么国家应该由谁来治理呢？宋人认为，宰相。用程颐的话来说，"天下治乱系宰相"。六百年后，程子的这句话还引来乾隆的猛烈批判："夫用宰相者，非人君其谁乎？使为人君者，但深居高处，自修其德，惟以天下之治乱付之宰相，己不过问，幸而所用若韩（韩琦）、范（范仲淹），犹不免有上殿之相争；设不幸而所用若王（王安石）、吕（吕惠卿），天下岂有不乱者？此不可也。且使为宰相者，居然以天下之治乱为己任，而目无其君，此尤大不可也。"[4]

---

[1] （清）蒋良骐：《康熙朝东华录》卷九一。

[2] （清）允禄：《世宗宪皇帝上谕内阁》。

[3] （清）蒋良骐：《乾隆朝东华录》卷二八。

[4] （清）乾隆：《御制文集》。

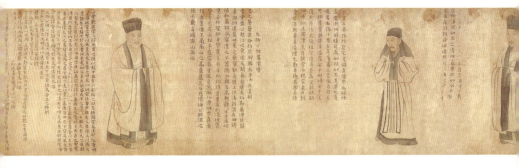

南宋佚名《八相图》，画的是宋人心目中的八位贤相。

不过在宋代，"天下治乱系宰相"则是士大夫的共识。试举几例：

苏辙说："臣闻宰相之任，所以镇抚中外，安靖朝廷，使百官皆得任职，赏罚各当其实，人主垂拱无为，以享承平之福，此真宰相职也。"[1]

罗从彦说：君主"除礼乐征伐大事之外，其余细务，责成左右"[2]。

胡安国说："人主之职在论相而已。"[3]

陈傅良说："人主之职论一相，一相之职论百官。"[4]

在宋代士大夫心目中，一个优良的政体结构应该是这样的：政权归于君主，治理权归于宰相，用宋人的话来说："权归人主，政

[1] （宋）李焘：《续资治通鉴长编》卷四四三。

[2] （宋）罗从彦：《罗豫章集》卷三。

[3] （宋）胡安国：《春秋传》卷五。

[4] （宋）陈傅良：《永嘉先生八面锋》卷一二。

出中书，天下未有不治。"[1] 君主的权责是任命宰相（论一相），宰相的权责是组阁（论百官），治理天下。君主与宰相"各有职业，不可相侵"，君主若是侵夺宰相之职权，则属违制，将受到群臣抗议："今百司各得守其职，而陛下奈何侵之乎？"[2]

当然在宋朝，所有的诏书都以君主的名义发出。那么宰相的执政权力体现在哪里呢？首先，诏书的起草，原则上都需经宰相所辖的中书舍人之手，诏书表达的通常就是政府的意见，皇帝只是照例批准而已。更重要的是，一道以皇帝名义发出的诏书，必须有宰相的副署，才得以成为朝廷的正式政令。诏书若无宰相之副署，则不具备法律效力，用宋人的话来说："凡不由三省施行者，名曰斜封、墨敕，不足效也。"[3] 北宋初，曾因为找不到宰相副署，太祖皇帝差点连个任命状都签发不了。

我觉得，"虚君实相"应该是宋人所能设想得到的最优政体

---

[1] （元）脱脱等：《宋史·洪咨夔传》。

[2] （宋）王辟之：《渑水燕谈录》卷一。

[3] （元）脱脱等：《宋史·刘黻传》。

了。前面我们说过，宋人比任何时代的士人都更加自觉地强调
"天下为公，选贤与（举）能"。"公天下"是尧舜禹时代的政
制，那时候天子是由选举产生的（禅让也是一种选举），此即所
谓"选贤与能"。可是大禹之子破坏了禅让制，天子从此世袭。
在这种情况下，还可以保持"天下为公"的政权性质吗？还能
够维持"选贤与能"的治理格局吗？儒家想出来的替代方案便是
"虚君实相"。君主作为主权象征，不妨世袭罔替；宰相负责国
家治理，则当选贤与（举）能。这里的"选举"，自然并非现代
的票选，但宰相毕竟由开放性的选举产生（科举也是选举）。

　　宋人确实是从"公天下"的角度去理解"虚君实相"的。南
宋末，刘黻上疏度宗："政事由中书则治，不由中书则乱。天下
事当与天下共之，非人主所可得私也。"[1]

　　后世朱元璋废相，皇帝兼任政府首脑，开创君主独裁的制度
性基础。"权归人主，政出中书"的治理结构不复存在。明末
黄宗羲目睹皇权专制之祸乱，心有戚戚焉，在他的《明夷待访
录·置相篇》中，一开头便宣布："有明之无善治，自高皇帝罢
丞相始也。"

合谏

　　根据"天下治乱系宰相"的原则，宰相之责任不可谓不重，
宰相之权力不可谓不大。那么问题来了，如何防范宰相擅权、滥
权？谁来制衡宰相的执政大权？

---

[1]　（元）脱脱等：《宋史·刘黻传》。

台谏。

宋代是历代最重台谏的一个王朝，甚至"以立国之纪纲"寄于台谏。宋人说："祖宗以来，尤以台谏为重，虽所言者未必尽善，所用者未必皆贤，然而借以弹击之权，养其敢言之气者。"[1]与其他王朝的监察系统相比，宋代台谏的权力更大，独立性更强。

台谏掌握着行政监察、弹劾、司法审查等权力，但凡"诏令不允、官曹涉私、措置失宜、刑赏逾制、诛求无节、冤滥未伸，并仰谏官奏论，宪臣弹举"[2]。君主与宰相颁行的诏书、法令，台谏有权追缴回来。宋廷又有意强化台谏之权，将"风闻言事"确立为台谏的一项特权。所谓"风闻言事"，即台谏弹劾政府，君主"不问其言所从来，又不责言之必实。若他人言不实，即得诬告及上书诈不实之罪。谏官、御史则虽失实，亦不加罪"[3]，有点类似于现代议员的言论豁免权。君主也不可以追究风闻出处，台谏有权拒绝君主的诘问。宋神宗时，御史彭汝砺弹劾官员俞充，神宗要求彭汝砺讲出"所言充事得于何人"，彭汝砺即明言拒诏："臣宁自劾，不敢奉明诏。"最后，"神宗用汝砺言，故罢充"[4]。

同时，宋代台谏具有完全独立于政府系统的地位。汉唐时，台谏只是宰相的属官，宋代的台谏系统与政府系统则是平行的结构，不归宰相统率。宋朝宰相有组阁之大权，可以"进退百官"，却没有权力任免台谏；台谏原则上一概由天子亲擢；现任

[1]（宋）李焘：《续资治通鉴长编》卷四〇八。

[2]（清）徐松辑：《宋会要辑稿·职官》三之五一。

[3]（宋）李焘：《续资治通鉴长编》卷二一〇。

[4]（宋）李焘：《续资治通鉴长编》卷二八五。

南宋佚名《孝经图卷》局部，表现诤臣向君主进谏的情景。

宰执的亲戚、门生都不可以担任台谏官。如果有现任台谏官的亲近之人获任宰执呢？按惯例，该台谏官要辞职。仁宗庆历六年（1046），御史唐询外任湖州知州，便是"以宰相亲嫌罢也"。宋朝还禁止台谏官跟执政系统的官员有人情往来，这叫作"禁谒"。总之，宋朝的立法者试图将台谏与政府两个系统彻底分立。这样，台谏才可以在最大程度上摆脱宰执的影响，独立行使监察、审查、弹劾之权，"弹击之际，无所顾避而得尽公议也"[1]。

事实上，宋代的台谏对宰相领导的政府确实构成了强有力的制衡。苏轼说，台谏"许以风闻，而无官长。风采所系，不问尊卑。

---

[1] （宋）李焘：《续资治通鉴长编》卷四一五。

言及乘舆，则天子改容；事关廊庙，则宰相待罪"[1]。按照宋朝的惯例，宰相一旦受到台谏弹劾，即应暂停职权，"待罪"家中，等候裁决。而裁决的结果，很可能便是宰相辞职。北宋侍御史刘挚对此也有描述："伏见祖宗以来，执政臣僚苟犯公议，一有台谏论列，则未有得安其位而不去者。其所弹击，又不过一二小事，或发其阴私隐昧之故，然章疏入，即日施行。盖去留大臣，一切付之公议，虽人主不得以私意加也。"[2] 此论虽然略有夸张，但在台谏系统运转正常的时期，如宋仁宗朝，宰相因为被台谏弹劾而去职的情况十分常见。据学者统计，从明道初至嘉祐末20余年间，因台谏论列而罢免的宰执，即有23人之多。

说到这里，我们便明白过来了，原来宋朝的政体实际上包含了双重的"二权分立"：除了君权与相权分立，还有另一层"二权分立"，即政府与台谏的分立。宋人经常将"执政"与"台谏"对举，可以看出他们有着非常明确的分权意识："天下之事，一切委之执政"；"一旦谏官列其罪，御史数其失，虽元老名儒上所眷礼者，亦称病而赐罢"；君主则居于超然地位，"常使两者（执政与台谏）之势适平，足以相制，而不足以相胜"，如是，"人主可以弁冕端委而无所事"。[3] 不能不承认，这是一个精妙的政体结构，体现了中国式的分权与制衡之美，——谁说传统政治中没有优良制度呢？

---

[1] （宋）苏轼：《苏轼集》卷五一。

[2] （宋）李焘：《续资治通鉴长编》卷三六四。

[3] （宋）秦观：《淮海集》。

封驳权

宋代的一切制度设计，均遵循一个原则："事为之防，曲为之制"，换成现在的说法，便是分权与制衡。这一权力制衡的精神在制诏过程中体现得淋漓尽致。

君主制下，最大的权力莫过于"皇帝诏曰"。宋代的诏书大致有两种，一是宰执进呈、君主认可的意见，一是君主直接的授意。不管是哪一种旨意，负责起草诏书的一般都是中书省的中书舍人（元丰改制前为"知制诰"）。宋代的中书舍人有一项特权，即如果他觉得"词头"不合法度，无论这词头是出自皇帝的意思，还是宰相的意思，他都可以拒绝草诏。这叫作"封还词头"，乃是法律明确赋予中书舍人的权力："事有失当及除授非其人，则论奏封还词头"[1]。依照惯例，中书舍人若"封还词头"，而皇帝又固执地非要下诏不可，那么可以由次舍人草诏，但次舍人同样可以"封还词头"。理论上，只要中书舍人达成"拒不草诏"的一致意见，便可以将一道不适宜的诏书"扼杀于萌芽状态"。

如果中书舍人认为词头并无什么失当，或者他懒得多事，总之将诏书起草好了，也写得很漂亮，但这不代表诏书就能够顺利地颁发下去，它还需要经过门下省的给事中（元丰改制前为"封驳司"）审核。给事中有封驳之权，"若政令有失当、除授非其

---

[1] （元）脱脱等：《宋史·职官志》。

人，则论奏而驳正之"[1]，即将诏书驳回去，不予通过。

中书舍人与给事中的缴驳之权，对君主和宰相的权力构成了有力的制衡。我说两个例子：宋神宗熙宁三年（1070），参知政事王安石欲将自己的亲信、新法的支持者李定破格提拔进中央政府，皇帝也同意了。但李定人品很坏，声名很臭，知制诰宋敏求即拒绝起草任命李定的诏书，封还词头，并于三天后辞职；接替他的另外两名知制诰苏颂、李大临，也以"爱惜朝廷之法制"为由，再次封还词头。为让李定顺利通过任命，神宗与王安石免去苏颂与李大临之职，任命听话的人当知制诰，总算将李定弄到中央来当官。不过别高兴得太早，御史陈荐、林旦等人又展开对李定的弹劾，最后迫使李定狼狈解职。

南宋初，有个叫作王继先的御医，因为治好了高宗之病，高宗想封他为"武功大夫"，旨下，被给事中富直柔封驳，因为这种破例的人事任命不合宋代的"技术官法"。高宗说："这是特例，继先诊视之功实非他人比，可特令书牒行下，仍谕以朕意。"富直柔不屈不挠，再次封驳。最后高宗不得不"屈意从之"，收回成命，说之前"所有已降指挥（诏书），可更不施行"。[2]

当然，理论上君主也可以绕过中书舍人草诏、给事中审核等法定程序，直接下诏，称为"手诏""内降""内批"。但这样的诏书缺乏合法性，宰相可以拒不签署，拒不执行，这叫作"执奏"。仁宗朝时，宰相杜衍对皇帝私自发下的"手诏"，一概不予放行，"每积至十数，则连封而面还之"[3]，皇帝也拿他没办

---

[1]（元）脱脱等：《宋史·职官志》。

[2]（清）徐松辑：《宋会要辑稿·职官》五九之二。

[3]（宋）欧阳修：《欧阳文忠公集》卷三一《太子太师致仕杜祁公（衍）墓志铭》。

法，只好称赞他"助我多矣"。

如此严密防范，宋朝的立法者还不放心，"犹恐未惬舆议，则又许侍从论思，台谏奏劾"[1]，意思是说，对于已经生效了的诏书，侍从官（翰林学士）可以提出检讨，台谏官还有权力给予弹劾。

共治

宋代的政体，如果我们想用一个儒家概念来描述，那最合适的词当为"共治"。"共治"一词，最早见于《尚书·皋陶谟》，是舜帝开创的国家治理典范："通贤共治，示不独专"。它的近义词是"共和"，反义词则是"专制"。宋朝政治家追求的政体，便是舜帝开创的"共治政体"，完全不同于明清时期出现的皇权专制。

让我先来引述四位宋朝人的原话吧：

宋仁宗："屡有人言朕少断。非不欲处分，盖缘国家动有祖宗故事，苟或出令，未合宪度，便成过失。以此须经大臣论议而行，台谏官见有未便，但言来，不惮追改也。"[2]

杜范："凡废置予夺，一切以宰执熟议其可否，而后见之施行；如有未当，给（给事中）、舍（中书舍人）得以缴驳，台（御史）、谏（谏官）得以论奏。是以天下为天下，不以一己为天下，虽万世不易可也。"[3]

————————

[1]（宋）曾敏行：《独醒杂志》卷八。

[2]（宋）朱熹：《三朝名臣言行录》。

[3]（宋）杜范：《清献集》卷一三。

明代刘俊《雪夜访普图》，讲述宋太祖雪夜拜访大臣赵普的故事。

朱熹："上自人主，以下至于百执事，各有职业，不可相侵。盖君虽以制命为职，然必谋之大臣，参之给舍，使之熟议，以求公议之所在，然后扬于王庭，明出命令而公行之。是以朝廷尊严，命令详审，虽有不当，天下亦皆晓然，知其谬之出于某人，而人主不至独任其责。臣下欲议之者，亦得以极意尽言而无所惮。此古今之常理，亦祖宗之家法也。"[1]

陈亮："自祖宗以来，军国大事，三省议定，面奏获旨。差除（人事任命）即以熟状（宰相意见书）进入，获可，始下中书造命，门下审读。有未当者，在中书则舍人封驳之，在门下则给事封驳之，始过尚书奉行。有未当者，侍从论思之，台谏劾举之。此所以立政之大体，总权之大纲。端拱于上而天下自治，用此道也。"[2]

上面四人，仁宗是大宋君主，杜范是南宋的宰相；朱熹与陈亮分别为宋代理学与事功学派的代表性人物，二人既是朋友，也是论敌，在政治哲学上存在非常大的分歧，曾各执己见，争论不休。有意思的是，此四人对于"共治"政体的陈述，不论君主，还是官僚，抑或是不同学派之间，都表现出惊人的一致。

他们都反对"乾纲独断"，虽然君主"以制命为职"，但诏令不可出自君主之独裁，而是必须"经大臣论议而行"，"一切以宰执熟议其可否，而后见之施行"，即由宰相执掌具体的国家治理权。如果政令"有未当者"，则由"台谏劾举之"，"台谏官见有未便，但言来，不惮追改也"，即台谏掌握着监察、审查、司法之权，以制衡宰执的执政大权。执政—台谏，再加上端

[1]（宋）朱熹：《朱文公文集》卷一四。

[2]（宋）陈亮：《陈亮集》卷二。

拱在上，"常使两者之势适平，足以相制"的君主，形成君主—宰执—台谏"三权共治"的结构，三权相对独立，"各有职业，不可相侵"。

需要特别指出的一个细节是，在他们陈述这样一种"共治"政体的时候，宋仁宗承认此为"祖宗故事"，陈亮指出那是"自祖宗以来"的制度惯例，杜范则强调"虽万世不易可也"，朱熹也说"此古今之常理，亦祖宗之家法也"。换言之，"共治"并不仅是宋代君臣的理想共识，而且被认为是合乎"古今之常理"（自然法），并以非成文宪则（习惯法）确立下来、有宋一代大体上一直在运行的政体。

【地方权力结构】

【责任政府】

【文官制】

地方权力结构

　　宋代最重要的地方行政层级是州府，州上面的路只是大监察区，州下面的县则政务相对简单。州务最繁重。宋王朝在州政府的权力分配上，也讲求二权分立与制衡，这是其他王朝所看不到的。

　　宋代州的行政长官为知州（府的行政长官为知府），"掌总理郡政，……其赋役、钱谷、狱讼之事，兵民之政皆总焉"。同时，各州要设通判一至二员，辅佐郡政，"凡兵民、钱谷、户口、赋役、狱讼听断之事，可否裁决，与守臣（即知州）通签书施行"[1]。

　　明清时期的通判，只是知府的副职，分掌粮运、水利、屯

---

[1] （元）脱脱等：《宋史·职官志》。

田、牧马、江海防务等事，相当于副市长。但宋代的通判却不是知州的副手，更不是知州的属官，而是与知州平行的监察官（兼行政），所以通判又称"监州"。打个不是很准确的比方，宋代的州通判就相当于州议长吧。知州的政令，须有通判副署同意，方能生效，"知府公事并须长吏、通判签议连书，方许行下"[1]；州政府的所有官员包括知州大人若被发现不法事，通判有权提出弹劾，"知州有不法者，得举奏之"，"所部官有善否及职事修废，（通判）得刺举以闻"[2]。

由于宋代通判具有"监州"的地位与权力，所以他们尽管品秩低于知州，但气势完全不输知州；他们也用不着唯知州马首是瞻，而是敢与知州一争短长。知州说：我是一州一把手，我说了算，这事你得听我的。通判说：一把手算个屁，我是监州，代表朝廷来监察你的，你不能独断专擅。如此这般的争执被欧阳修记录进他的《归田录》中：州通判"既非副贰，又非属官，故常与知州争权，每云'我是监郡，朝廷使我监汝'，举动为其所制"。

这样一来，知州与通判便形成了"二权分立"的分权制衡之势，知州虽然是一州行政长官，却无法权力独大。欧阳修说："至今州郡，往往与通判不和。"所谓"不和"，其实就是二权构成实实在在的掣肘。

也因此，当时有一些知州，对通判避之唯恐不及。欧阳修讲了一则轶事：有一位叫作钱昆的少卿，是余杭人，很喜欢吃螃蟹。他曾请求外任，想到外州当个知州。有人问他希望到哪个州

---

[1]　（元）脱脱等：《宋史·职官志》。

[2]　（元）脱脱等：《宋史·职官志》；（宋）孙逢吉：《职官分纪》卷四一。

上任，他说："但得有螃蟹、无通判处，则可矣。"[1] 成为一时之笑谈。但"有螃蟹、无通判"的州，恐怕找不到了。宋代人口达到万户以上的州，都得设通判一员至二员，个别人口万户以下的小州才未设通判，但如果以较高职位出任知州的，虽不满万户，也必须配备通判。宋朝权力运行的通例是，权力越大，受到的制衡与监察就越严密。

责任政府

在十九世纪出现的所谓"二千年未有之大变局"中，建立虚君制度下的"责任内阁"，应该说是晚清政府的一个新政目标，但我们都知道，清政府失败了。对于清政权来说，"责任内阁"是完全异质的事物，清廷实行皇权专制，原来的军机处并不是中央政府，而是皇室的传宣、承旨机构。梁启超将它比喻为"写字机器"："军机大臣之奉上谕，则如写字机器将留声机器所传之声，按字誊出耳。"距离近代责任内阁何止一万八千里？假如在十九世纪主导中国转型的是赵宋政府，责任内阁制度的建立将会容易得多，甚至我敢说那将是水到渠成的事情。宋代当然不会有"责任内阁"的概念，但宋人显然已在尝试建立一个由宰相领导的、可以问责的政府。

让我们先从政治学原理说起。儒学中有一个观念，叫"君不名恶，臣不名善；善皆归于君，恶皆归于臣"[2]。如果望文生

[1] （宋）欧阳修：《归田录》。

[2] （汉）董仲舒：《春秋繁露》。

义，我们一定会以为这是在为绝对皇权张目。但如果从"虚君宪政"的逻辑去理解，便会明白"君不名恶"恰恰正是建立责任内阁制的逻辑起点。英国普通法中有所谓"君主不容有错（The king can do no wrong）"之原则，正是这一原则构成了英国君主立宪的法理基础。君主如何不为错？合乎逻辑的推论便是——君主只作为尊贵之国家象征，不过问实际行政，不负行政责任，如是，政府有错，由宰相担责，君主超然事外。那么宋人是不是也有这样的认识呢？有的。如富弼反对"内外事多陛下亲批"的理由便是："虽事事皆中，亦非为君之道。况事有不中，咎将谁执？"[1] 为什么君主不可亲批政务？因为君主不可负责任。总不能经常更换皇帝吧？

宰相副署权则是责任内阁的制度起点。这其中的道理，正如梁启超所说：西方君主立宪国家因"君主不能为恶"，不能负行政责任，而创立国务大臣副署之制，副署者，即证明"此诏敕已得大臣之同意也，故以有副署而大臣之责任缘之而生，同时亦以有副署而君主之责任缘之而卸"，"大臣认为不当发布之诏敕，可以拒不副署"，"争之不得，则辞职耳"。[2]

但梁启超对唐宋的宰相副署制又颇不以为然，认为那不同于西方政制，只是"证明诏敕之真，防宦官之滥传中旨而已"。任公说错了。宋代宰相副署诏书，同样是表示负责任，朱熹已经说得很明白了："是以朝廷尊严，命令详审，虽有不当，天下亦皆晓然，知其谬出于某人，而人主不至独任其责。……此古今之常理，亦祖宗之家法也。"在朱熹看来，君权应当象征化，故君主

---

[1]　（宋）晁说之：《嵩山集》卷一七。

[2]　梁启超：《新中国建设问题》。

不负责任，但治理有过失必问责，责任即由副署之宰执承担，这是通过非成文法（祖宗法）确立下来的宪法惯例——这样的治理形式，离虚君立宪制下的"责任内阁"已经不远了。

从实际上的运作来看，宋朝政府确实是可问责、可更替的。按照惯例，宰相一受台谏弹劾，即待罪在家，甚至引咎辞职，以示负责任。皇祐元年（1049），宰相陈执中请辞，原因是当时发生洪涝之患，"灾异数见"，陈执中身为宰相，却"无所建明，但延接卜相术士"，于是台谏官接连弹劾，最后陈执中被"罢为兵部尚书，出知陈州"。[1]宝元元年（1038）出现"冬雷地震"，而政府官员尸位素餐，谏官韩琦连上数疏，弹劾宰相王随、陈尧佐，参知政事（副宰相）韩亿、石中立庸碌无能，迫使四名宰执同日被罢。有意思的是，后来宋神宗朝时，韩琦任宰相，御史中丞王陶上疏弹劾韩琦专权跋扈，虽然神宗皇帝并不相信王陶所言，但韩琦自己还是坚持辞去宰相之职。

文官制

从秦汉的三公九卿，到隋唐的三省六部，中国很早就告别了封闭的贵族统治，建立了一套开放的文官制度。文官制的核心就是权力运行的理性化，公务员的分类、职能、考试录用、考核、奖惩、培训、晋升、调动、解职，权力命令的发起、传递、审查、执行、反馈、问责，都有完备的制度与程序可遵循，从而最大限度地隔离私人因素的影响。显然，对于皇权来说，文官制起

[1] 《皇宋通鉴长编纪事本末》卷三八。

到了束缚的作用。

也因此，那些不欲受到约束的帝王，都会产生突破文官制的冲动。他们的惯常做法是在文官编制之外，另行成立一个非正式的班子来执行皇权，借以架空文官机构的权力。如西汉武帝启用了一个由宦官、侍从、外戚、尚书（皇帝的私人秘书）等亲信、近臣组成的"内朝"，将"三公"领导的"外朝"撇在一边；明朝干脆废掉宰相，另立"内阁"，内阁实际上就是皇帝的秘书班子。几乎每一个王朝都有"内朝"预政，权力的运行出现严重的非理性化，唯独宋朝三百余年，没有形成破坏文官制的"内朝"，文官制的运作非常稳定。

宋人的国家治理思路，可以用两位文官上奏给皇帝的意见来概括：一、北宋吕公著对神宗说："自古亡国乱家，不过亲小人、任宦官、通女谒、宠外戚等数事而已。"[1] 二、南宋洪咨夔跟理宗说："臣历考往古治乱之原，权归人主，政出中书，天下未有不治。"[2] 换言之，宋朝文官集团清醒地认识到宦官、女谒、外戚这些非理性势力的破坏性，要求公权力在文官制框架下行使（政出中书）。

宋朝不立"内朝"，对宦官、女谒、外戚这三类最容易借皇帝之势破坏文官制的"皇室身边人"的防范甚严。对待外戚，宋室一方面"养之以丰禄高爵"，另一方面又"不令预政，不令管军，不许通宫禁，不许接宾客"，所以两宋也没有出现招权擅事的外戚集团。

宋人对宦官势力的遏制也远比汉、唐、明三代严格而有效。

---

[1] （清）毕沅：《续资治通鉴》卷三〇三。

[2] （元）脱脱等：《宋史·洪咨夔传》。

宋人自认为本朝"宦寺供扫洒而已",当然不够实事求是,因为宋代宦官实际上是允许参与政务的,包括率军作战。但我们又不得不承认,宋代确实没有出现宦官窃权乱政的情况。原因何在?《宋史·宦者传序》说得很清楚:"祖宗之法严,宰相之权重。"也就是说,宋朝的法度与文官制,是有力量节制宦官势力的非理性生长的。

最后来看看宋代对后妃权力的约束。宋代多次出现过太后"垂帘听政",但从总体上判断,垂帘的太后都谈不上专权、乱政,反倒留下贤名,宋孝宗就曾夸耀说:"本朝后妃却是多贤。"[1]不过宋朝后妃临朝而不擅权,我觉得最重要的原因并不在于她们"多贤",而是因为,后妃只是特殊情况下的暂时代行皇权,更不可能侵夺宰相、百官之权,宋政府基本上还是按照"权归人主,政出中书"的原则运转。而且,一旦女主出现权力膨胀的苗头,还会受到文官集团的抗议和抵制。宋代在先后出现多位太后垂帘听政的情况下,居然做到无女主祸国,不能不说是一个奇迹。从中也可以看出宋代权力运行的理性化程度。

---

[1] (宋)李心传:《建炎以来朝野杂记》卷一。

道理最大

在宋人的观念中，皇权是不是至高无上的呢？这个问题，我们知道答案：不是。赵宋立国未久，"太祖皇帝尝问赵普曰："天下何物最大？'普熟思未答间。再问如前，普对曰：'道理最大。'上屡称善"[1]。

开国皇帝认同"道理最大"，即意味着：承认权力不是最大，皇权不是最大，皇权之上，还有"道理"更大；皇帝的话并不是"一句顶一万句""永远正确"的，也不是不可违背的。这确实是宋人的看法——宋人说："天下惟道理最大，故有以万乘之尊而屈于匹夫之一言。"[2]只要道理在"匹夫"这一边，那么

[1] （宋）沈括：《续笔谈》。
[2] 《皇宋中兴两朝圣政》卷四七。

南宋佚名《迎銮图卷》，图中右侧为身着官服的宋朝官员。

即便是"万乘之尊"（皇帝），也应当屈服之。

从"道理最大"的故典，南宋的理学家又推演出一个完整的宋代"道统谱系"："天开我朝，道统复续。艺祖皇帝问赵普曰：'天下何物最大？'普对曰：'道理最大。'此言一立，气感类从；五星聚奎，异人间出：有濂溪周敦颐倡其始，有河南程颢程颐衍其流，有关西张载翼其派。南渡以来，有朱熹以推广之，有张栻以讲明之。于是天下之士亦略闻古圣人之所谓道矣。"[1]

"道统"是宋人率先提出来的一个政治学概念，与君权所代表的"治统"相对。宋人相信，远古时代的"三代之治"，是"道统"与"治统"合一的理想形态，"三代"之后，"道统"与"治统"彼此分离，势不再合。朱熹宣告：秦汉以降，"千五百年之间……尧、舜、三王、周公、孔子所传之道，未尝

[1]　（宋）姚勉：《雪坡集》卷七。

一日得行于天地之间！"根据朱熹的界定：不管是秦皇汉武，还是唐宗宋祖，他们只是获得了统治权的传承（治统），并不能自动继承"尧、舜、三王、周公、孔子所传之道"（道统）。"道统"与"治统"从此分离了，"上帝的归上帝，恺撒的归恺撒"。只得到"治统"的皇权不再是整全性的，而是有了一个大缺口，这个大缺口便是缺席的"道统"；而"道统"虽不行于世，却由儒家艰难地传承了下来。

经过宋代儒家的一系列解释，代表道理的"道统"不但高于代表君权的"治统"，而且独立于"治统"。皇帝再厉害，也不能争夺"道统"，不能以势夺理；"道统"的继承权归于儒家。这是宋代政治的隐秘分权：政与教分离，"治统"与"道统"分立。借由"道统"的力量，宋朝的士大夫也获得了对抗皇权的合法性。

后来的明朝政治严酷，但士风依然坚挺，理学家吕坤称：

"天地间惟理与势为最尊。虽然，理又尊之尊者也。庙堂之上言理，则天子不得以势相夺。即夺焉，而理则常伸于天下万世。故势者，帝王之权；理者，圣人之权也。帝王无圣人之理，则其权有时而屈。"此论与宋代的"道理最大"说一脉相承，只是明朝时"势"与"理"的紧张关系已经显露出来。

清代的理学家焦循却大骂吕坤："真邪说也。孔子自言事君尽理，未闻持理以要君者。吕氏此言，乱臣贼子之萌也。"不奇怪，清王朝是历代唯一鼓吹"道统与治统合一"、皇帝集君师于一体的王朝。理学家李光地曾大拍康熙的马屁："伏惟皇上乘天之命，任斯道之统，以升于大猷。"[1] 另一名经筵官也露骨地吹捧康熙："（我皇）治统、道统之要兼备无遗矣。"[2] 在宋人构建的理学谱系中，从未将"三代"之后的君主列入其中，而清代士大夫却将康熙捧为"道统"的接班人。"道统"的独立性与高贵性从此丧失殆尽。

公开性

李沆是宋真宗朝的宰相，为人内敛忠厚。不过他也有他的脾气。话说这一日，宋真宗问李沆："人皆有密启，卿独无，何也？"李沆说："臣待罪宰相，公事则公言之，何用密启？夫人臣有密启者，非谗即佞，臣常恶之，岂可效尤？"[3]

真宗说的"密启"，即密奏，向皇帝打小报告的意思。李沆

---

[1]　（清）李光地：《榕村全集》卷一〇。

[2]　（清）王澍：《康熙十九年南书房记注》。

[3]　（元）脱脱等：《宋史·李沆传》。

不屑于对皇帝打小报告，因为政治姓"公"，不但要向天下人开放进入的管道（宋代的科举制便是政治开放的管道），而且权力运行的过程也应该公开，摊在阳光下。宋朝是一个比较强调政治之公共性的时代，因而宋人很注意行政的公开性。

按照中国的史官传统与惯例，宋朝君主与大臣议事的任何场合，都需要有史官在场。我认为这跟现代政治中的电视直播有着类似的功能，均是政治透明度的体现，只不过一个是即时公开，一个是留给历史与后人。宋哲宗时，"大臣上殿，有乞屏左右及史官者"，即这个大臣若想跟皇帝秘密商议事情，要屏退左右与史官。但起居舍人吕陶坚决抵制，他说君臣议事，"屏左右已不可，况史官乎？大臣奏事而史官不得闻，是所言私也"[1]。哲宗最后只好下诏，确立了今后议事时史官必须与闻的原则。

显然，在吕陶看来，议政不避史官，是政治之公共属性决定的。假如"史官不得闻"，那只能说明"政治"已经失去"公"的品质，而沦为"私也"。

认同政治姓"公"不姓"私"的士大夫，当然也耻于密室耳语，而是坚持打开天窗说亮话，"公事则公言之"。在宋代，如果臣僚奏章所言事关重大，需要众臣周知或讨论，朝廷还会在朝堂张榜公布。那时候并不是没有爱向皇帝打小报告之人，但他们的形象很差，"非谗即佞"，有操守的士大夫不屑为也。

制度性的"秘密政治"是到了清代才出现的——康熙率先鼓励臣僚密折奏事，打小报告；到雍正时，终于形成一套严密的密折制度。有意思的是，清王朝的臣僚也以获得密折权自豪，整个价值观仿佛跟宋代士大夫的颠倒了过来。当宋真宗问宰相李沆为

---

[1]　（元）脱脱等：《宋史·吕陶传》。

何无密启时，李沆直言："人臣有密启者，非谗即佞，臣常恶之，岂可效尤？"而雍正年间，浙江布政使孔毓璞却主动请求皇帝赐予他密折权："蒙圣谕，藩臬皆赐折奏。用敢渎请，仰恳圣恩，赐臣一例用折。"

既然有臣对君的密折，当然也有君对臣的密谕。又是康熙创造性地以密谕指示臣僚行事，密谕的内容，只有你知我知，整个朝廷均不知。康熙五十五年（1716），新任山东巡抚李树德向皇帝报告了他接到密旨的情景，用词极为猥琐："奴才叨荷主子破格隆恩，简授山东巡抚，于十月初二日到省，蒙升任抚臣蒋陈锡亲捧密旨一道至奴才署中，奴才恭设香案跪展捧阅。"[1] 康熙的做法又为雍正所继承，并发展成一套叫作"廷寄上谕"的密谕制度。若以宋人的传统，皇帝的诏令，当公布于天下，哪有秘密授受的道理？

不同的制度也产生了不同的价值判断，清人以圣上一人拍板的"秘密政治"为良法："列圣天纵聪明，凡诏谕外吏，剀切机宜，辄中窾要。恐传抄后有所泄漏，反使干臣难以施为，故一时机密事件，皆命军机大臣封缄严密，由驿传递，名曰'廷寄'。……实一代之良法。"[2] 宋人则以充分论证的"政治公开"为良法："国家法度森严，讲若画一。凡成命之出，必先录黄（由中书省起草文件）；其过两省，则给、舍得以封驳（颁发前经给事中、中书舍人审核）；其下所属，则台谏得以论列（颁行后台谏还有可以批评、奏缴）；已而传之邸报，虽遐方僻邑，莫不如家至户晓；此万世良法也。"[3]

————

[1]　《康熙朝汉文朱批奏折汇编》。

[2]　（清）昭梿：《啸亭续录》。

[3]　（清）毕沅：《续资治通鉴》卷一一四。

公议

宋人说："本朝治天下，尚法令、议论。"[1] 非常精准地概括了宋代的治理特点。我们先来说"尚议论"。宋朝以"异论相搅"为施政原则，主张各种意见展开交锋，"大事则廷辩，小事则奏弹"[2]，君主居中裁决，择善而从。在宋代的朝堂中，针锋相对的辩论很常见。宋代有一个惯例："国朝以来，凡政事有大更革，必集百官议之，不然犹使各条具利害，所以尽人谋而通下情也。"[3] 朝廷政令的出台，要经过充分的议论，并遵从多数意见。这多数意见，宋人称之为"公议"。真宗朝时，皇帝在与宰相李沆的一次谈话中提到："朝廷命令尤宜谨重，每出一令，舆人不免谤议，或稍抑之，又塞言路。"李沆说："人之多言，固可畏也。"[4] 提醒皇帝要敬畏人言、公议。

宋人认为："人君者，天下公议之主也。"所以，君主的美德乃是"舍己而从众，众之所是，我则与之，众之所非，我则去之"[5]。也因此，当宋宁宗出现威福自擅的时候，朱熹便毫不客气地上书质问皇帝：陛下所作所为能"尽允于公议乎"[6]？宋人又认为，宰相应该拥有"专任独决"的治理权，但同时，宰相必

[1] （宋）张端义：《贵耳集》。

[2] （元）脱脱等：《宋史·职官志》。

[3] （宋）徐度：《却扫编》。

[4] （宋）李焘：《续资治通鉴长编》卷五六。

[5] （宋）苏轼：《苏轼集》卷六六。

[6] （宋）朱熹：《朱文公文集》卷一四。

须服从公议，若一项政策"中外人情交谓不可"，那么政府就要停止执行，而不是"沮废公议"，一意孤行。[1]

程颢甚至设想过将"公议"建制化，成立一个以议政为职能的机构："乞朝廷设延英院以待四方之贤……凡公论推荐及岩穴之贤，必招致优礼……凡有政治，则委之详定；凡有典礼，则委之讨论。经画得以奏陈，而治乱得以讲究也。"[2] 这个"延英院"，已经相当接近于近代议院了。

"延英院"似乎最终没有成立。不过宋代已经有建制化的代表公议的机构，那就是强大的台谏系统。在宋代士大夫眼里，"公议"与"台谏"几乎是一对同义词：

"道天下之公议者，谏官御史也"；

"台谏，公论之所系也"；

"台谏者，所以主持公道者也"；

"今御史敢言大臣者，天下之公议"；

"公议所发，常自台谏"；

"任用台谏官，以求天下公议"；

"谏官者，天下之得失，一时之公议系焉"。[3]

北宋谏官刘安世即以"天下公议"的代言人自任："台谏之论，每以天下公议为主，公议之所是，台谏必是之。公议之所非，台谏必非之。"刘氏以直谏闻名，有"殿上虎"之称。苏轼也说："臣闻长老之谈，皆谓台谏之言，常随天下之公议。公议所与，台谏亦与之；公议所击，台谏亦击之。"宋代的台谏，实在是已经有了几分议员色彩。

[1] 参见（元）脱脱等《宋史·程颢传》。

[2] （宋）程颢：《论养贤札子》。

[3] （宋）李焘：《续资治通鉴长编》卷三九九、三七二、一九四等。

在常态政治下，公议的机制可以避免产生严重的施政错误。不过在特殊状态下，比如改革时刻，公议机制则容易导致行政效率的低下。宋代的政治确实产生了效率低下的问题，很多时候，一个决策，宰相说可行，台谏说不可行，双方各执一端，争执不下，争论多日，还是无法付诸实施。因此，王安石要雷厉风行地推行他的变法，就不得不压制公议："若朝廷人人异论相搅，即治道何由成？"[1] 他宣扬"人言不足恤"，也是想鼓动宋神宗不要受制于公议的约束。但王安石变法，恰恰因为无视反对派的异论，导致恶法横行，使宋朝政治受到重创。

法治

今人囿于意识形态偏见，多以为中国传统政治尚"人治"，不过宋人并不这么认为，宋人称他们"尚法令"。南宋的思想家陈亮与叶适总结说："汉，任人者也；唐，人法并行者也；本朝，任法者也"；"吾祖宗之治天下也，事无大小，一听于法"。[2] 所谓"任法""一听于法"，套用现代的术语，就是"以法治国"的意思。

宋代的统治者有着自觉的法治意识，认为"法制立，然后万事有经，而治道可必"。所以太祖立国，"革五代之弊，创立法度"[3]，之后列朝修订法律，到仁宗朝时，已是"法严令具，无

---

[1] （宋）李焘：《续资治通鉴长编》卷二一三。

[2] （宋）陈亮：《陈亮集》；（宋）叶适：《叶适集》。

[3] （宋）李焘：《续资治通鉴长编》卷一四三。

所不有"[1]。

宋朝法制体系之繁密，可能要超出许多人的想象。宋人叶适这么描述道："今内外上下，一事之小，一罪之微，皆先有法以待之。极一世之人志虑之所周浃，忽得一智，自以为甚奇，而法固已备之矣，是法之密也。"一个聪明人，穷尽一生的智慧，想出一项立法，自以为新奇，但查一下法律汇编，却发现类似的法条早已制订出来了。如此周密的立法，甚至产生了副作用，"人之才不获尽，人之志不获伸，昏然俯首，一听于法度"[2]。

尽管"任法"带来了这样那样的问题，但宋人还是清醒地认识到，"法治"毕竟要比"人治"更优良。用陈亮的话来说，"举天下一听于法，而贤者（虽然）不足以展布四体，奸宄亦不得以自肆其所欲为"；"人心之多私，而以法为公，此天下之大势所以日趋于法而不可御也"。今日许多人不也认为，西方社会正是以"人性自私"为预设，从"防恶"的初衷出发，才发展出一套法治制度的吗？

陈亮相信，法治已是大势所趋，而人治不可恢复："天下之大势一趋于法，而欲一切反之于任人，此虽天地鬼神不能易，而人固亦不能易矣。"因为，"法令之密，而天下既已久行而习安之，一旦患贤智之不得以展布四体，而思不恃法以为治，吾恐奸宄得以肆其所欲为，而其忧反甚于今日也"[3]。

如果仅仅是崇尚法制、法条严密，那还不能说是"法治"，法治的要旨在于权力（包括皇权）也要接受法的约束，君权不能成为违法的挡箭牌。宋人有一个法制观念："法者，天子所与天

[1] （宋）王安石：《临川先生文集》卷三九。

[2] （宋）叶适：《叶适集》。

[3] （宋）陈亮：《陈亮集》。

下共也。……故王者不辨亲疏，不异贵贱，一致于法。"[1] 这才是法治的精义。宋太宗时，任开封府尹的许王赵元僖因为犯了过错，被御史中丞弹劾。元僖心中不平，诉于太宗跟前："臣天子儿，以犯中丞故被鞫，愿赐宽宥。"太宗说："此朝廷仪制，孰敢违之！朕若有过，臣下尚加纠摘；汝为开封府尹，可不奉法邪？"最后，贵为皇子的赵元僖"论罚如式"[2]。

其实宋太宗也曾经想庇护犯法的亲信，只是受大臣抗议，只得作罢——话说陈州团练使陈利用自恃受太宗宠爱，"恣横无复畏惮"，杀人枉法，被朝臣弹劾，本应处死刑，但太宗有意袒护他，说："岂有万乘之主不能庇一人乎？"赵普抗议道："此巨蠹犯死罪十数。陛下不诛，则乱天下法。法可惜，此一竖子，何足惜哉。"太宗最后不得不同意判陈利用死刑。[3]

法家也讲究任法，但法家认为君主是绝对的立法者，如汉代酷吏杜周干脆宣称："前主所是著为律，后主所是疏为令。"[4] 什么是法律，由皇帝说了算。宋朝的士大夫显然不可能有这样的思想。在陈亮看来，人间法之上，还有自然法（天）。立法即是则天，执法则是奉天："礼者，天则也。……夫赏、天命，罚、天讨也。天子，奉天而行者也。赏罚而一毫，不得其当，是慢天也；慢而至于颠倒错乱，则天道灭矣。灭天道则为自绝于天。"[5] 显然，天高于皇权，天子应当服从于天，换言之，即服从于则天的礼法。——这便是宋代儒家的法治观。

[1] （宋）李觏：《直讲李先生文集》。

[2] （清）毕沅：《续资治通鉴》卷一四。

[3] （清）毕沅：《续资治通鉴》卷一四。

[4] （汉）司马迁：《史记·酷吏列传》。

[5] （宋）陈亮：《陈亮集》。

朋党

王禹偁、范仲淹、欧阳修、司马光、苏轼、秦观等宋代名臣都发表过"朋党论"。"朋党论"在宋代密集出现，并非无缘无故，那自然是宋朝党争频仍的折射。不过更值得注意的是，在宋人的"朋党论"中，不乏为朋党正名的观点——这是前所未有的现象，在官方话语体系中，"朋党"一直是一个贬义词，跟"朋比为奸"几乎同义。现在，宋代的士大夫开始从正面来解释朋党的政治意义了。

庆历年间，仁宗皇帝与执政团队论及朋党之事，参知政事范仲淹说："方以类聚，物以群分。自古以来，邪正在朝，未尝不各为一党，不可禁也，在圣鉴辨之耳。诚使君子相朋为善，其于国家何害？"[1] 明确提出朋党既不可禁，也不为害。

范仲淹的同僚欧阳修还特别写了一篇《朋党论》："大凡君子与君子以同道为朋，小人与小人以同利为朋，此自然之理也。"志同道合的君子结成一个团体，是天经地义的。治理天下，也离不开君子之党，"舜自为天子，而皋、夔、稷、契等二十二人并列于朝，更相称美，更相推让，凡二十二人为一朋，而舜皆用之，天下亦大治"。"后世不诮舜为二十二人朋党所欺，而称舜为聪明之圣者"。

欧阳修的观点，在宋代得到宽容对待，皇帝也没有反驳他。在几百年后，却惹恼了清朝的雍正，这名专制君主说：如果欧阳修今日发表朋党论，朕必狠狠治他个惑世之罪！

对欧阳修来说，他应庆幸生在大宋。而对雍正来说，更无法理解的事情还在后头——宋代的朋党居然演化出了"政党"的雏形。所谓政党，核心的涵义就在于，政党乃是以共同的政治主张为纽带结成的政治派别。在中国历史上，朋党政治很常见，如汉代的"党锢之祸"，唐代的"牛李党争"，明代的"东林党"。但他们都不是政党，因为不管是汉代的清流与宦官，还是唐代的牛党与李党，还是明代的东林士子与太监集团，都不是以明确的政见差异进行区分，而是基于私人感情、私人利益形成朋党。

宋神宗朝出现的新党与旧党，跟传统的朋党不一样：他们的分化与私人恩怨毫无关系，许多分属新旧党的士大夫，在朝堂上是争执不休的政敌，但私下里却是很好的朋友。台湾学者蒋勋先生说："王安石跟苏轼、司马光可以有那么多不同的意见争论，形成党争，可是政权本身不插手，不会用调查局或者什么情报单

---

[1] （宋）司马光：《涑水记闻》。

新党领袖王安石与旧党领袖司马光，二人既是政治对手，也是老朋友。

位去搞，去让他们中间产生斗争。他们上朝意见不和，下来还是好朋友，王安石跟苏东坡常常在一起写诗，一起下棋，可是上朝的时候你是新党，我是旧党，清清楚楚。我想这在世界历史上大概也是非常少有的开明的状况。"蒋先生的描述有点理想化，不过新党的王安石与旧党的司马光、苏轼，旧党的苏轼与新党的章惇，确实曾经建立了深厚的友谊。即使后来闹翻，也不是因为感情不和而分成两派，而是因为分成了两派才导致感情不和。

让北宋士大夫分化为两个阵营的因素，是政见上的巨大差异。一方的政治主张保守一些，另一方则激进一些，因此形成了保守派与变法派。这符合我们对政党的定义。虽然新旧党都还没有发展出近代政党的组织结构，只是非常松散的联结，但两党都有领袖人物，旧党以司马光为首，新党以王安石为首，俨如党魁。

从熙宁年间到北宋覆灭的五六十年间，新旧二党各执一见，展开激烈的政治竞争，都在争取将本党的政策主张确立为"国是"（国策）。这需要说服君主。不过朝廷究竟以何派主张为"国是"，却不是由君主单方面取舍的（虽然君主的态度非常重要），而必须"与士大夫共定国是"。在定"国是"的过程中，士大夫并非只有被动接受的份，而是可以主动争取。一旦哪一派的政策主张被确立为"国是"，那么理所当然，这一派便获得了执政权和组阁权，另一派的人则通常下野、退隐（他们不必担心会因为政见不同而被诛杀），或者转任台谏官（类似于在野党议员）。直到他们说服君主变更"国是"，他们才回到朝廷组阁、执政，而原来的执政团队则集体下野。——看起来，北宋确实有几分"政党政治"的意思了。

至少唐德刚先生就是这么看的。他说："北宋朝廷中新旧两派，都不致因政争杀头。中央政府中的政治斗争，只是胜者当国，败者下放，……当时朝士也就各以己见，在新旧左右之间，分别作其拥护与反对的选择，则朝政便有其现代化的政党轮替的意味了。吾人如大胆地说一句：北宋的朝政，是近古中国政治现代化的起步，亦不为过。可惜的是，传统中国这种有高度现代化和民主意味的开明文官制，在宋亡之后，就再次复古回潮了。"

最后我还想补充一点："国是"变更下的人事轮替，甚至连君主也难以干预。如绍圣二年（1095），宋哲宗亲政，有意恢复其父神宗的变法，乃起用新党的章惇执政。"专以绍述为国是"，原来的宰相吕大防被贬至外州，皇帝的诏书称："吕大防等永不得引用期数及赦恩叙复。"但实际上贬谪吕大防并非哲宗的本意，两年后吕大防在虔州逝世，哲宗还很惊讶："大防何至虔州？" "议者由是知痛贬元祐党人，皆非上本意也"[1]。显然，将旧党人贬出朝廷，是重获执政权的新党人的主意。君主即使有心挽留吕大防，也无法这么做。——很残酷，但确实是"政党政治"的逻辑。

左右派

有人群的地方，就会有左中右。人分左右派，不必奇怪。宋朝朋党，也有左右派之分呢。且先听我说个小故事——

建中靖国元年（1101），宋徽宗欲调和新旧党争，乃以"建中靖国"为年号。"建中"二字，就含有"平衡左右"的意思。但这年十一月，有一个叫作邓洵武的起居注官，鼓动宋徽宗重用新党，接续父兄（神宗、哲宗）的变法大业："陛下乃先帝之子，今宰相韩忠彦乃韩琦之子。先帝行新法以利民，琦尝论其非；今忠彦为相，将先帝之法更张之，是忠彦为韩琦子，能继父志；陛下为先帝子，不能继父志也。陛下必欲继志述事，非用蔡京不可。"[2] 这个邓洵武的父亲邓绾，也是神宗朝的新党中人。如果徽宗有意变法，他邓洵武自然也可发扬父志。

为了说服徽宗，邓洵武又献上一幅《爱莫助之图》。此图画的是自宋神宗朝以来的新旧党任职统计表，有宰相、执政、侍从、台谏、郎官、馆阁、学校七个类别，分为左右两栏：左栏为新党中人，右栏为旧党中人。只见右栏密密麻麻写满了名字；左

[1] （宋）李焘：《续资治通鉴长编》卷四九九。
[2] （清）黄以周等辑注：《续资治通鉴长编拾补》卷十八。

故宫"南熏殿图像"收录的宋神宗像。宋神宗是一位年轻有为、支持新党推行变法的君主。

栏的名字则寥寥无几。邓洵武想告诉徽宗,这几十年间,朝政基本上都被保守派占据了,皇上您若要完成先帝未竟的事业,就应当起用变法派,任命蔡京为宰相。

　　这里有个细节特别有意思:邓洵武将旧党名单列于右边,将新党名单列于左边。这应是邓洵武无意之为,但我们运用政治学光谱的知识,马上便会发现,这个左右之分,居然非常符合今日人们对于左派、右派的界定。宋神宗年间,新党与旧党在朝堂上发生过多次政策辩论,这些政策辩论,看起来就像是现代国家议会上左右派之间的争辩。

　　你若不信,请听我细说。新党力主变法,认为"祖宗不足法",就如美国左翼领袖奥巴马喊着"change! change!

change！"上台，王安石也是以一揽子改革方案获神宗赏识，而成为执政。而旧党则与今日欧美的保守派一样，更希望传统与惯例得到尊重，他们倒不是反对改良，只是不赞同激进的变革，就如司马光说："治天下譬如居室，弊则修之，非大坏不更造也。"[1]

新党追求国民财富分配的平等，变法的目标之一便是"振乏绝，抑兼并"。意思是说，运用国家的强制力与财政资源，救济贫困人口，抑制兼并，阻止贫富悬殊。这一主张，跟欧美左翼政党并无二致。而旧党显然更注意对富民阶层的财产权保护，如苏辙认为："州县之间，随其大小皆有富民，此理势之所必至。所谓'物之不齐，物之情也'。"贫富分化，乃天经地义，你王安石凭什么打着救济贫民的旗号剥夺富民的财产？所以小苏痛骂王氏："王介甫（王安石），小丈夫也。不忍贫民而深疾富民，志欲破富民以惠平民，不知其不可也。"[2] 观点与今日右翼政党如出一辙。

新党又主张强化国家财政的汲取能力，希望政府更多地干预市场，介入市场。熙宁变法中的"市易法"，乃国家设市易司于城市，通过"贵买贱卖"的方式控制市场、干预物价，同时也向商户发放二分息的贷款；"均输法"则是设立国营贸易公司，"从便变易蓄买，以待上令"；"青苗法"是国家成立农村小额扶贫银行，向农民放贷收息。新党的这些"国有化"经济政策受到旧党的猛烈抨击。苏轼批评"青苗法"："今陛下使农民举息，与商贾争利，岂理也哉？"[3] 国家当了放贷商，那是与商人

---

[1] （元）脱脱等：《宋史·司马光传》。

[2] （宋）苏辙：《栾城集》卷八。

[3] （宋）苏轼：《苏轼集》卷四五。

发生角色错位了。市场的应当归市场，用同情旧党的南宋人叶适之话来说："开阖、敛散、轻重之权不一出于上，而富人大贾分而有之，不知其几千百年也，而遽夺之可乎？"[1] 显然，旧党更加赞同自由经济。

同所有的保守主义一样，旧党更强调道德秩序，也更愿意服从道德的约束，他们每每以"君子"自任，而以"小人"攻击新党。新党中的王安石本人固然品行无可挑剔，但他看起来就跟左翼自由派一样不太关心个人品德，因为在他的阵营中，确实集合了一班品行低劣之人，如李定、舒亶、吕惠卿、邓绾、曾布。

更能体现宋代新党之左派色彩者，是他们的"国家福利"政策。我们现在都知道蔡京是奸臣，但未必知道蔡京执政之时，曾力推"国家福利"。《宋史·食货志》载："崇宁初，蔡京当国，置居养院、安济坊。给常平米，厚至数倍。差官卒充使令，置火头，具饮膳，给以衲衣絮被。……三年，又置漏泽园。"居养院是福利养老院，安济坊是福利医院，漏泽园是福利公墓，贫民的生老病老，由政府给予救济。北宋福利制度非蔡京首创，却是在蔡京执政期间达至鼎盛。而当蔡相罢相前后，福利制度也随之收缩。南宋时，尊崇旧党的朱熹则对"国家福利"表现出不信任的态度，他宁愿以地方社会的力量建立公益救济机构——社仓，并一再申明社仓的管理不可交托于官府之手。

我们回过头去看新旧党的这些争论，真的会觉得有点像近代议会上左派与右派的大辩论。好了，现在我们是不是可以说，宋朝的新党好比是一个左翼党派，旧党好比是一个右翼党派？

---

[1]　（宋）叶适：《水心别集》卷二。

党争

　　历代党争最盛者，当算两宋，从北宋仁宗朝到南宋覆灭二百余年，党争此起彼伏。我们知道党争给两宋政治带来了很多恶果，发生在宋朝的几宗诗案，如"乌台诗案""车盖亭诗案""江湖诗案"，都由党争所引发。不过也应承认，那是党争恶化的衍生品。良性的党争，可以保持政治的竞争性，从而创造一种政治压力，让执政团队保持警醒，以免被反对派抓住把柄。

　　我们还是来讲两个故事吧。第一个故事：庆历四年（1044），为了庆贺秋季赛神会，提举进奏院的苏舜钦将进奏院的旧报纸卖了换钱，然后召集了一帮同僚与文友，到酒楼吃喝玩乐。因为预计卖报纸所得的公款不足消费，大家又凑份子补足，苏舜钦自己掏了十贯钱助席，其他"预会之客，亦醵金有差"[1]，换成现在的话，即AA制。酒酣之际，还叫了几名优伶、官妓陪饮助兴。这事儿很快就让御史中丞王拱辰知道了。王拱辰马上便联合几个御史，以苏舜钦滥用公款、召妓宴乐为由，对苏舜钦等人提出弹劾案，指控苏舜钦已经构成"监主自盗"罪。结果，苏舜钦被"削籍为民"，一个大有前途的政治新秀从此结束了政治生命；参与进奏院聚饮的其他人，也"皆斥逐"。

　　苏舜钦与同僚用了一点点小公款喝一次花酒，似乎是芝麻大的事情，为什么王拱辰要揪着不放，非将对方整下台不可？首先当然因为，王拱辰是御史中丞啊，相当于议长，他的工作就是找

---

[1]　〔宋〕魏泰：《东轩笔录》卷四。

官员的碴儿。还有一个原因，便是党争了。原来，苏舜钦的岳父乃是宰相杜衍，又深受副宰相范仲淹的赏识。当时范仲淹主持的庆历新政正全面展开，前宰相吕夷简、枢密使章得象与御史中丞则是新政的反对者。朝中隐然分成两个派系，明着暗着角力。现在新政阵营中的苏舜钦闹出"预妓乐宴会"的丑闻，正好给王拱辰抓到了把柄。据说王拱辰在扳倒苏舜钦等人之后，曾向反对派领袖邀功："聊为相公一网打尽！"不过平心而论，苏舜钦也谈不上受冤枉。若不是有王拱辰这个专找碴儿的"反对派议员"，以小苏的背景，恐怕啥事也没有。

另一故事：元丰元年（1078），前宰相陈执中的儿子陈世儒涉嫌与妻子李氏合谋，杀害庶母。这宗逆伦大案足够骇人听闻，但凶手能否伏法，可能还是一个未知数。因为陈妻李氏的家世显赫，她父亲是龙图阁直学士李中师，母亲吕氏是仁宗朝宰相吕夷简的孙女，吕夷简的儿子吕公著现在又是同知枢密院，属于副宰相级别的人物。案发之后，李氏便去央求她母亲吕氏，请吕公著出面保她一命。吕公著是一个有操守之人，立即拒绝了亲属的请托，但他的侄子吕希亚还是过问了案情。

恰好大理寺丞（分管审讯的法官）贾种民是支持新党的人，这个陈世儒案，正好可以用来狠狠打击旧党（吕公著是旧党领袖），因此，贾种民便以"陈氏姻党干求府政"为由，"欲蔓其狱"，将吕希亚以及吕公著的女婿都逮捕了。最后，陈案从重判处：陈家夫妇以及参与谋杀案的婢女，共十九人均被判死刑；吕希亚因交涉司法被贬官。宋神宗倒是感念陈世儒之父陈执中，想要留世儒一命，说："（陈执中）止一子，留以存祭祀何如？"但新党的御史中丞蔡确坚决不答应，反问道：陈世儒大逆不道之罪，"可赦邪？"

在陈世儒案的审判过程中，一直闪动着党争的阴影。但也正因为存在党争，吕氏家族才不敢干预司法，即使干预了也难以得逞。当时紧紧盯着陈世案审理经过、防止司法官徇私的，除了台谏官，还有新党中人。在富有竞争性与权力制衡的政治构架中，假如吕公著插手了他不该插手的司法，马上就会被政治对手（或台谏官）抓住把柄，最终身败名裂的还是他自己。——这便是宋朝党争的正面功能。

政治宽容

宋仁宗时，蜀地有一个读书人，给成都知府献了一首诗，其中两句写道："把断剑门烧栈道，西川别是一乾坤。"这是劝成都府脱离赵宋王朝，割据独立。在过去，这毫无疑问属于谋逆的大罪，更何况残唐五代藩镇割据的历史阴影尤在。成都知府给吓出了一身冷汗，赶紧将那读书人抓起来，又快马上报朝廷。仁宗接到报告，很淡定，说："此老秀才急于仕宦而为之，不足治也。可授以司户参军，不厘事务，处于远小郡。"[1] 那老秀才当了一年官，就带着羞愧之心老死了。此事若发生在明清两朝，必是诛九族的重刑，不知有多少人头落地。宋朝之宽仁，由此可窥一斑。

---

[1]　（宋）朱弁：《曲洧旧闻》。

明代张路的《苏轼回翰林院图》。

宋神宗时，党争大兴。苏轼因写诗讥讽变法，被执政的新党指定地点、指定时间交代清楚问题。神宗本无意深罪苏轼，但宰相王珪却欲置苏轼于死地，他向皇帝告黑状："苏轼于陛下有不臣意。"神宗改容说："苏轼固有罪，然于朕不应至是，卿何以知之？"王珪说："苏轼写过一首《桧诗》，有'根到九泉无曲处，世间惟有蛰龙知'之句。陛下飞龙在天，苏轼以为不知己，而求知地下之蛰龙，非不臣而何？"神宗说："诗人之词，安可如此论？彼自咏桧，何预朕事？"王珪语塞。[1] 这是"乌台诗案"中的一个小插曲。后苏轼被贬往黄州，充团练副使，算是薄惩。若放在清代的所谓"康雍乾盛世"，必掀起一场腥风血雨的"文字狱"。宋代虽然也发生过数起诗案，不过性质跟清代"文字狱"完全不同。清廷以"文字罪"杀人，目的是为钳制人言，

---

[1] （宋）叶梦得：《石林诗话》。

强化思想控制，维持皇权专制；宋代诗案则是党争的衍生品，是执政一派用来打击反对派的工具，手段虽卑鄙，却非出于维持皇权专制之用意。

宋孝宗时，南宋的大思想家陈亮落魄民间，一日与狂士甲在寺院饮酒，又叫了一名妓女陪酒。狂士甲乘着醉意，封妓女为妃。这时寺中有客人乙，故意问甲："既已册封贵妃，那谁为宰相？"甲说：

"封陈亮为左丞相，你为右丞相。吾用二相，大事其济矣。"乙便将甲拉到高座坐下，又扯着那妓女与陈亮跪下，"以次呼万岁"。[1] 谁知乙这个人险毒，转身就到官府告密，称陈亮大逆犯上。陈亮虽是醉中无状，但以帝制时代的标准，说他犯上倒也不冤。又恰好陈亮以前还得罪过刑部侍郎何澹，所以立即就被逮入狱中用刑，"诬服为不轨"，上报皇帝。孝宗说："秀才醉后妄言，何罪之有？"将陈亮

---

[1] （宋）叶绍翁：《四朝闻见录》。

案的卷宗扔到地上。陈亮无罪释放。

宋光宗时，一年因"雷雪交作"，天有异象，皇帝下诏求言。有一位叫作俞古的太学生，便上书皇帝，以非常严厉的语气斥骂宋光宗自即位以来，"宴游无度，声乐无绝，昼日不足，继之以夜"。光宗是一个不成器的皇帝，私生活不检点，气度也远远不如北宋的仁宗，"览书震怒"，下了一道特旨，说将此人抓起来，谪远方州郡，由地方官吏加以管束——这一刑罚，当时叫作"编管"。但众臣坚决不同意将俞古"编管"，因为"言事无罪"乃朝廷的"事体"，不可破坏。光宗只好将对俞古的处罚改为"送秀州听读"，即送到秀州的学校，在官方监护下继续读书。但中书舍人莫叔光拒不起草处分俞古的诏书，说"弭灾异不宜有罪言者之名"。最后，"事竟寝"，对俞古不再有任何处罚。[1] 这一事件也成为一条具有法律效力的先例，被后来的士大夫援引来证明"言者无罪"，以对抗压制言论的权势。

必须承认，在历代王朝中，以宋代的政治最为宽容，士大夫与平民享有最大限度的言论自由。朝廷也比较注意言路之通畅与否，如元丰八年（1085），神宗逝世，司马光上书哲宗：在京城的尚书省大门口及马行街、各州县的要闹处，贴出公告，不管有官无官之人，只要对"朝政阙失及民间疾苦"有话要说，都可以"进实封状言事"。此建议得到采纳。[2]

陈寅恪先生曾说："华夏民族之文化，历数千载之演进，造极于赵宋之世。后渐衰微，终必复振。"华夏文明之所以"造极于赵宋之世"，既是文明积累与演进的结果，亦是由两宋比较开

---

[1] （宋）施宿：《嘉泰会稽志》。

[2] （宋）李焘：《续资治通鉴长编》卷三五七。

明、宽容的制度环境所培育。华夏文明之"复振",也必将有赖于重塑宽松、包容的制度与风气。

骂皇帝

写《海瑞罢官》的吴晗说过:"在封建时代,皇帝是不可侵犯的,连皇帝的名字都要避讳。……至于骂皇帝,那是没有听说过的,……真正骂过皇帝,而又骂得非常之痛快的是海瑞。"这个说法影响了太多人,以至"海瑞骂皇帝"差不多成为一个成语。现在我们说到"骂皇帝",恐怕许多人都会想到海瑞。海瑞确实骂得痛快淋漓,直接说嘉靖皇帝"薄于父子""薄于君臣""薄于夫妇",有刺激性的是这一句:"盖天下之人不直陛下久矣!"[1]

不过,若我们受吴晗先生所误导,以为历史上只有明代的海瑞才敢这么痛骂皇帝,那就错了。事实上,宋人骂起皇帝来,可比海瑞凶得多。宋理宗时,由于在一次禋祀中遇到雷雨,理宗大惊,下诏求言,以答天谴。漳州通判王迈应诏上书:"天与宁考之怒久矣!"[2]"宁考"指理宗的皇考宁宗,王迈这是借"天怒"表达他对宋宁宗的强烈不满,说宁宗荒废乾纲、逾旬不视事,朝中小人当道,老天爷都震怒了,所以天降种种灾难来惩罚宁宗。王迈对着皇帝直骂他的皇考,结果被台谏官弹劾"妄论伦纪",贬到吉州当通判。

---

[1] (清)张廷玉:《明史·海瑞传》。

[2] (元)脱脱等:《宋史·王迈传》。

宋理宗本人，也被士大夫当面痛骂过。一位叫王伯大的士大夫对理宗说："今天下大势如江河之决，日趋日下而不可挽。……陛下亲政，五年于兹，盛德大业未能著见于天下，而招天下之谤议者，何其籍籍而未已也？议逸欲之害德，则天下将以陛下为商纣、周幽之人主。"[1] 就差直接说宋理宗是商纣、周幽那样的荒淫之君、亡国之君了。请注意，这不是书面上的奏疏，而是王伯大在"进对"时候，当面痛责皇帝的。我不知道理宗听后是不是心头大怒，但他却不能因此将王伯大治罪，只能承认爱卿所言有理。

相比之下，明代的士大夫骂皇帝，就要冒着被杀头的风险了。海瑞上疏骂嘉靖之前，自知必死，便买了一口棺材，与妻儿告别，又遣散了仆人，就等着皇帝来抓他。嘉靖看了海瑞之疏，果然暴怒，将奏疏掷于地，大呼左右：快快，将海瑞抓起来，别让他跑了。左右侍卫告诉皇帝，此人不会跑的，他已经买好了棺材。嘉靖将海瑞关入大牢，但迟迟犹豫要不要杀了他。未久，嘉靖驾崩，海瑞这才出了狱。不过明代政治虽然严酷，但士风挺立，敢骂皇帝者绝不止海瑞一人，如田大益痛责万历："陛下中岁以来，所以掩聪明之质，而甘蹈贪愚暴乱之行者，止为家计耳。不知家之盈者国必丧。"[2]

入清之后，才不复闻"骂皇帝"之声。修《明史》的清人张廷玉甚至对敢骂皇帝的明代士大夫颇不以为然，说"绞讦摩上，君子弗为"。当然问题的实质并不是清代士子更"君子"，而是时代的风气已变，士子的脊梁骨已断。直到清末，士人才略恢复

---

[1]　（元）脱脱等：《宋史·王伯大传》。

[2]　（清）张廷玉：《明史·田大益传》。

宋明士大夫之精神，并重新评价明人的"绞讦摩上"行为："明人则一人言之，咻咻然群起而和之，学士大夫采其一疏，互相标榜曰，是真敢言者也。"[1]

大臣气性

读宋朝士大夫轶事，可以非常明显地感觉出他们的精神气质与清朝人完全不一样。简单地说，宋代士大夫是一群有脾气的人——当然不是对老婆发脾气，也不是对下属发脾气，更不是对平民发脾气，而是在皇帝面前有脾气。

宋真宗朝的翰林学士杨亿，恃才傲物，与宰相王钦若不相得，王钦若一进办公室，杨亿就扬长而去，根本就不理这宰相。后来王钦若罢相离京，百官都写诗相赠——这是当时的官场礼节，唯独杨亿不送诗。宋真宗对杨亿说：你就赠他一首诗吧，不要这么意气用事，要讲大局，讲团结嘛。杨亿对皇帝的话也是不听，"竟不肯送"，不写就是不写，皇帝老子也勉强不得。[2]

按宋制，翰林学士有草诏之职。一日由杨亿起草《答契丹书》，杨用了一句"邻壤交欢"，宋真宗可能是出于对契丹之恨，在文稿上注了"朽壤、鼠壤、粪壤"等语嘲笑之。次日，杨亿提出辞呈，说"皇上既然不满意我的文字，我辞职吧"。宋真宗只好挽留这位大才子，又对宰相说："杨亿不通商量，真有气性。"[3]

宋朝"有气性"的士大夫又何止杨亿一人？仁宗朝时，张知

450

451

---

[1] （清）郭嵩焘：《郭嵩焘日记》。

[2] （宋）孔平仲：《孔氏谈苑》。

[3] （宋）欧阳修：《归田录》。

白（一说是张昪）担任台谏官，"言事无所避"。一日仁宗皇帝找他谈话，大概是说他"孤寒"（孤单），没有朋友，要注意说话的方寸之类。张知白一听，回敬了皇帝一句："臣非孤寒，陛下才孤寒。"仁宗问道："何也？"张知白说："臣家有妻孥，外有亲戚，何来孤寒？陛下只有宫女相伴，岂非孤寒？"[1]说得仁宗神情黯淡，回到内宫，与皇后说起这事，忍不住流泪。为什么？因为仁宗年事渐高，而他所生育的儿子都夭折了，膝下确实孤单。张知白那番话，戳中了皇帝内心最痛苦的地方。但宋仁宗不能因此怪罪张知白，张知白还是继续当他的台谏官。

仁宗皇帝的授业老师夏竦去世，礼部拟谥"文献"，皇帝随手改谥为"文正"。旧时谥号乃是对一个人的盖棺定论，"文正"是对文臣的最高评价，北宋一百六十年，谥为"文正"的，只有德高望重的三四位。宋仁宗感念老师，要给最高评价，但士大夫不干了，负责考功的刘敞提出抗议："谥者，有司之事，且竦行不应法，今百司各得守其职，而陛下奈何侵之乎？"拟定谥号之权属于礼部，君主也不可越俎代庖，侵政府之权。何况夏竦这个人人品不行，哪里配得上"文正"之谥？最后，夏竦改谥为"文庄"。[2]

宋理宗时，台谏官李伯玉因为发表过激言论，受到降官处分。但降官的制书，舍人院一直不肯起草，以此抵制皇帝的决定。过了一年，降官制书仍未能颁布。后来牟子才兼直舍人院，觉得拖下去也不是方法，终于将降官制书草拟出来，但牟子才却用他的生花妙笔对李伯玉大加褒奖，看起来哪里是一份谪词，

[1]　（宋）张舜民：《画墁录》。
[2]　（宋）王辟之：《渑水燕谈录》。

宋徽宗所绘《听琴图》中的宋朝士大夫形象。

分明是表扬信。宋理宗找牟子才商量："谪词皆褒语，卿且改改如何？"宰相也过来说情："小牟，给皇上一个面子，修改修改。"牟子才强硬地说："腕可断，词不可改！丞相欲改则自改之！"[1]这么有脾性的士大夫，宋后不多见了。

再来看一个比较没骨气的士大夫。神宗朝的王珪，擅长阿谀圣意，"上殿进呈，云'取圣旨'；上可否讫，又云'领圣旨'；退谕禀事者，云'已得圣旨'"。人称"三旨相公"[2]。此公大概可以算是宋代最窝囊的宰相了，但比起清朝"宰相"来，还是小巫见大巫。清代大学士曹振镛的为官秘诀，是"多磕头少说话"，比"三旨"更卑贱。可即便是这么一个"三旨相公"，也有他的脾性。王珪曾向神宗三次推荐张璪，神宗都不用。王珪便提出辞职："臣为宰相，三荐贤三不用，臣失职，请罢。"我们知道，宰相有任百官之权，在这一权力不获君主尊重的情况下，王珪以辞职要挟，也算是表现出了一个宋朝士大夫的气性。

中国的士风是在清代才遭到严重摧抑的，经过"扬州十日""嘉定三屠"之后，江南士风出现了严重的奴化。一位清初的读书人观察到："迩来士大夫日贱，官长日尊，于是曲意承奉，备极卑污，甚至生子遗女，厚礼献媚，立碑造祠，仆仆跪拜，此辈风气愈盛，视为当然，彼此效尤，恬不为怪。"[3]时代的风气已变，士子的脊梁骨已断。直到清末，士人才略恢复宋朝士大夫的气性。

---

[1]（元）脱脱等：《宋史·牟子才传》。

[2]（元）脱脱等：《宋史·王珪传》。

[3]（清）董含：《三冈识略》卷一〇。

审计

清代光绪三十二年（1906），新政中的清廷取法于西方国家的现代审计制度，设立"审计院"，但由于几年后辛亥革命爆发，审计院尚未运作，清王朝已经先完蛋。而实际上，早在十二世纪，南宋人已经建立了审计院。从审计史的角度来看，宋朝的审计制度可以说是历代最繁密的，宋人对审计的重视程度，远远超出了其他任何王朝。这应该跟宋代商品经济的发达、财政规模的庞大以及政府对市场的深切介入有关。

如果要总结宋代审计制度的特点，我觉得有三个方面是不能不提的。

第一，审计的专业性。宋代前后设立了多个专职的审计部门，北宋前期的勾院、都磨勘司、勾凿司、三司会计司，后期的比部、审计司以及成立于南宋的审计院，都是审计机关。"审计"一词，也最早出现于宋代，其涵义跟今天没有什么差别。宋人是这么解释"审计"的："自宫禁朝廷，下至斗食佐吏，凡赋禄者，以法式审其名数，而稽其辟名者。"[1] 意思是说，审计的对象是"赋禄"，即国家的财税收支；审计的方式是审核财税收支是否合乎"法式"；而审计的重点则是"稽其辟名者"，即核查是否隐匿财物。

第二，审计的独立性。宋代在元丰改制之前，国家的财税机关是三司，财税审计部门也隶属于三司，有"财审合一"的特点。元丰改制之后，撤销三司，财税大权归于户部，作为国家审计机关的比部，隶属司法部（刑部），恢复了唐代的"财审分离"制，由司法部审计财政部，独立性是不言而喻的。南宋时成立审计院，隶属太府寺（宋代掌财税出纳的部门），对户部的审计也能保持相对的独立性。

第三，审计的严密性。在宋代，每一笔财政支出，都要经过层层把关：先由一个部门（如三司）开具支取凭证，由另一个部门（都凭由司）审核，审核无误后盖印签发，送出纳部门（如粮料院）领取钱物，支讫，出纳部门填写开支报表，送回审计部门核销，事后所有的账簿还要交另一个部门（如都磨勘司）审计。为应对如此复杂的审计程序，宋政府同时设立了多个审计部门，这些部门职能交叉、重叠，形成一个十分严密的复式审计体系，包括内部审计、外部审计、专项审计、事前审计、事后审计、初审、复审，如南宋时磨勘司与审计院互审"官物纳给"。在专职的审计机构之外，台谏的外部监察也包含了审计的功能。

宋代之后，审计制度出现萎缩，元明清三代均取消了专职的

[1]　（宋）潜说友：《咸淳临安志》。

审计机构，审计由监察官兼职，审计的专业水平大大降低。这也许是因为元明清三朝的财税体系过于简陋、粗糙，根本不需要复杂的审计。在明代，甚至发生过对一项水利工程的预算都审计不清楚的怪事：万历年间，水利部门提出疏通黄河河道，预算为二十三万两银，都察院御史与工科给事中（都是兼职审计员）审计通过了。开工之后，具体负责工程的官员称原来的预算远远不够，提出追加八十万两，审计居然也通过了。更讽刺的是，这笔追加预算刚刚拨出，水利工程已经顺利完工，实际上并未超支。[1]换言之，前面的预算审计如同儿戏。而那些审计员也没有舞弊的迹象，只能解释为他们的审计水平实在太业余，财会知识是体育老师教的。

GDP考核

历朝政府都有官员考核制度，这叫作"考课"。与其他王朝不同的是，宋政府对官员的考课，非常注重经济方面的政绩，GDP指标在考核清单上占了很大的比重。现代政府以GDP指标考核地方官员成绩，可能容易产生一些问题，但在一千年前，在近代化的大转型期，将GDP指标纳入官员考课清单，则意义重大，意味着政府对于财税扩张、市场拓展与经济发展产生了前所未有的热情，这是推动社会迈入近代的庞大动力。

当然宋朝人不可能有"GDP（国内生产总值）"的概念，不过我们在宋代官员的年度考核表上，确实可以找到一系列与GDP

---

[1]　（清）陈廷玉：《明史·河渠志》。

紧密相关的指标。比如，一年内的垦田亩数，粮食与经济作物种植数目，公共工程修建数目，新增户口数目（人口是最主要的生产力），农业税与工商税的征收细目，货币发行量，官营坊场的经营性收入，扑卖酒库、河渡、茶盐、公租房、坑冶、官田的租额等等。

更有意思的是，宋人为了准确考查官员的经济政绩，居然发展出一套量化、标准化的考核指标。比如对场务课利情况的考核，相关官员要填写一份报表，注明此场务的"祖额"多少，"递年"收钱多少，本年收钱多少，政府投资多少，本年收入比"祖额"增长或亏短若干"分厘"，比"递年"又增长或亏短若干"分厘"，然后送审计部门复核、审计。这里要说明一下，所谓"祖额"，是指此次场务的营业旧额，通常取过去五年营业额的中位数作为"祖额"；"递年"则指上一年，递年比较相当于今天的同比；"分厘"是宋人使用的百分比，一分即10%，一厘即1%。通过使用这些统计工具，可以非常容易地量化评估出一个场务的年度经营业绩。

这些量化的评估指标又有相应的奖罚措施相对应。比如北宋康定元年（1040）的一条法令规定："天下州县课利场务，自今逐处总计，大数十分亏五厘以下，知州、通判、幕职、知县各罚一月俸；一分以下，两月俸；二分以上，降差遣。其增二分以上，升陟之。"[1]翻译成大白话的话，即是说，将各州县场务的课利统计纳入地方政府官员的考核指标，亏损5%（十分亏五厘）以下的，知州、通判、幕职、知县各罚薪一个月；亏损10%以下的，相关官员罚薪两个月；亏损20%以上的，给予降职的处

[1] （宋）李焘：《续资治通鉴长编》卷一二七。

宋代佚名《韩熙载夜宴图》，图中为大臣宴请朋友、同僚的情景。

分。场务课利实现增长20%的，则给予升职。你不能不承认，这
个考核与赏罚的操作性很强。

　　黄仁宇曾经提出一个观点：传统中国之所以在近代化转型中
失败，无关道德和个人因素，而是在技术上不能实现"数目字管
理"。如果黄仁宇愿意去了解宋代政府的运作，可能会修正他的
看法。至少宋政府对官员的经济成绩考核，是完全可以说已经实
现了"数目字管理"的。

"公用钱"与"券食制"

　　历代政府都限制官员公款吃喝，以制度论，应该说，宋朝对
公款吃喝的管理，是最为完善、合理的。首先，宋朝创立"公用

钱"制度，由财政拨给地方官一笔"公用钱"，类似用于公务接待的特别费。换言之，宋朝承认公务接待的合法性与合理性。公用钱"用尽续给，不限年月"，但长官也不能乱花这笔钱，需用于公务接待，公款招待必须按照法定的规格、标准，使用时也需要副职副署，且计入公账。若公务接待或馈赠违反了法定的标准，即追究官员责任。

北宋有个叫滕子京的官员，在泾州当知州，"费公钱十六万贯"，除了用于宴乐，还"犒赉诸部属羌，又间以馈遗游士故人"[1]。平心而论，滕子京并不是贪官，也没有以公用钱中饱私囊，但他涉嫌"挪用公款"是没有疑问的。所以，他毫不意外地被御史弹劾了，罪名之一便是"盗用公用钱"。如何处理滕子京案，朝中出现两种意见。宰相杜衍主张严查，"欲深罪滕宗谅"；范仲淹则"力救之"，说："如宗谅显有欺隐入己及乖违大过，臣甘与宗谅同行贬黜"。大概是范仲淹的辩护起了作用吧，滕氏"止降一官，知虢州"。不过，御史中丞王拱辰认为这个处理太轻了，"论奏不已"，甚至以辞官相挟：如果不严加处罚，我就辞职不干了。最后，滕子京"复徙岳州"，即贬到荆楚南蛮之处。在岳州任上，滕子京集资修建了岳阳楼，范仲淹给他写了一篇《岳阳楼记》，千古传诵。

宋朝又设立了周密的"券食"制。凡官员出差公干、下基层考察，均由政府发给"券食"，凭券供给饮食，"依条计日支给人吏券食"[2]。什么职务的官员，在什么情况下可以发给"券食"，按什么标准发放，政府都有非常细致的立法规定。"券

[1]（元）脱脱等：《宋史·滕子京传》。

[2]（宋）谢深甫监修：《庆元条法事类》卷七。

食"的费用到年终由各州的常平主管官统一结算，上报户部审计，如果发现"有过数取予及违戾者，并重置典宪"，即超标、违规的公费接待，以重典处置。

　　同时，宋政府严格限制官员参加公私宴会。我们若以为宋朝的官员可以随便赴宴作乐、饮酒召妓，那就错了。按宋代的立法，官员如果在公务性接待之外"预妓乐宴会"，要处以"杖八十"乃至"徒二年"的刑责。"发运（官）、转运（官）、提刑（官）预妓乐宴会，徒二年"；"诸州主管常平官，预属县镇寨官妓乐及家妓宴会，依监司法，即赴非公使酒食者，杖八十，不以失减"，官员参加有私妓作陪的私宴，也要打八十大板。[1]应该说，在宋朝的政治清明时期，官员如果违规或超标搞公款吃喝，一旦被台谏官发觉，立即就会受到弹劾，罪轻者降职丢官，罪重者领受刑责。如，知静江府的张孝祥曾因为"专事游宴"，被台谏弹劾而罢官，知嘉州的陆游也因"燕饮颓放"而受到撤职处分。

官邸制

　　官邸制，指的是国家为重要官员在任期之内提供住房的制度。今日西方国家普遍实行高官住房制度，我们耳熟能详的"白宫"即为美国总统官邸，"唐宁街10号"为英国首相官邸，"爱丽舍宫"为法国总统官邸。国外官邸制虽有千差万别，但总的原则却是一致的：一、国家只为少数高级别的官僚提供官邸；二、

---

[1]　（元）脱脱等：《宋史》；（宋）谢深甫监修：《庆元条法事类》。

官员对官邸只有居住权，没有产权，任期内入住，卸任后搬出；三、官邸的费用由国家财政承担。按照这三条标准，中国古代也推行类似的官邸制，尤以唐宋时期为典型。

宋朝立国后，中央政府在很长时间内都未建设官邸，京朝官只能自己租房子。仁宗朝的宰相韩琦说："自来政府臣僚，在京僦官私舍宇居止，比比皆是。"[1] 连宰相都是租房居住，有朱熹的话为证："且如祖宗朝，百官都无屋住，虽宰执亦是赁屋。"[2]

高官无专门的官邸，各自租房居住，虽然可以减轻财政压力，但也会给政府带来某些不便。宋笔记《石林诗话》记载："京师职事官，旧皆无公廨，虽宰相执政，亦僦舍而居，每遇出省或有中批外奏急速文字，则省吏遍持于私第呈押，既稽缓，又多漏泄。"意思是说，宰相僦舍而居，有时下班之后，宰相回家了，却有紧急的文件需要他审阅、批示，那只能由"省吏"送到宰相私第呈押，这样既耽搁了事情，也容易漏泄机密。

因此，到宋神宗熙宁至元丰年间，朝廷便拨款在皇城右掖门之前修建了一批官邸："诏建东西二府各四位，东府第一位凡一百五十六间，余各一百五十三间。东府命宰臣、参知政事居之；西府命枢密使、副使居之。……始迁也，三司副使、知杂御史以上皆预。"[3] 这批官邸，民间称为"八位"，大概是有八套的意思吧。从史料记载可以看出：有资格入住"八位"官邸的都是副国级以上的宰相、参知政事、枢密使、枢密副使、三司使、三司副使、御史中丞（相当于议长）、知杂御史（相当于副议长）。至于部长以下的官员，不安排官邸，还是"僦舍而居"，

---

[1]（宋）韩琦：《安阳集》卷六。

[2]（宋）黎清德编：《朱子语类》卷一二七。

[3]（宋）李焘：《续资治通鉴长编》卷二二六。

张择端《清明上河图》中的一户人家，从其气派的门面看，应该是官邸。

或者自购房。

　　官邸配备齐全，生活用品一应俱全，但入住的官员对官邸及生活配套只有使用权，没有所有权，一旦离任即必须搬走，官邸内一切物件也必须交公。北宋时王安石罢相，"乞归私第，有官藤床假用未还"，即有一张公家配给他使用的藤床没有及时归还，政府便派人来索取，"郡吏来索，左右莫敢言"[1]，也不给王荆公一点面子。南宋咸淳年间，宰相马廷鸾因为有"翻胃之疾"（呕血），上书请辞，尽管当时病情很重，无法长途跋涉回乡，但他辞职后还是立即从官邸中搬走，"遂出寓于六和塔"，

[1]　（宋）朱彧：《萍洲可谈》。

在杭州六和塔租房暂住养病。[1]

当然，如果有钱，官员也可以自己购置住宅，不过宋朝官员俸禄虽高，但京师寸土寸金，宋人说："重城之中，双阙之下，尺地寸土，与金同价……非勋戚世家，居无隙地。"[2]许多官员在京城是买不起房子的，即便官员有钱购房，宋政府对此也有限制。宋仁宗天圣七年，朝廷出台了一道"限购令"，"现任近臣除所居外，无得于京师置屋"[3]，限制现任京官在首都购买第二套房。禁令只针对官员，平民不受限制。

在地方一级，宋代的州县衙门通常都包含了居住区与办公区，"或以衙为廨舍，早晚声鼓，谓之衙鼓，报牌谓之衙牌，儿子谓之衙内"[4]。廨即官署，指政府办公区；舍即官舍，指官员居住区。州县的长官一般都会配备官舍，但并不是所有的地方官都有这个待遇。苏辙被贬谪到雷州，即"不许占官舍"，"遂僦民屋"，但苏辙的政敌——宰相章惇认为他有"强夺民居"之嫌疑，命令雷州政府"究治"，苏辙最后拿出了租赁合同，才未被治罪，"以僦券甚明，乃止"。"廨舍合一"的地方衙门制度，一直延续到明清时期。

官不修衙

北宋城市风情画长卷《清明上河图》画了一百余栋楼宇房

[1]　（宋）周密：《癸辛杂识·后集》。

[2]　（宋）王禹偁：《李氏园亭记》。

[3]　（清）徐松辑：《宋会要辑稿·刑法》二之一六。

[4]　（宋）孔平仲：《孔氏杂说》。

屋，包括酒店、商店、茶坊、旅店、寺院、医馆、民宅等等，最气派的建筑非"孙羊正店"莫属。虽然这么多建筑物，却找不到一栋可以确认为官署的豪华建设，画中城门口有一个三开间的平房，算是《清明上河图》长卷唯一画到的一处政府机关——税务所。但这个税务所看起来也很简朴，跟普通民居差不多，比起临街的酒楼商铺来，逊色多了。如果我们有机会到宋代城市逛逛，恐怕很难找到一座豪华的衙门。倒是破烂的衙门，在许多地方都可以见到。

宋神宗熙宁四年（1071），苏轼到杭州担任通判，便发现州衙屋宇"例皆倾斜，日有覆压之惧"。十八年后的宋哲宗元祐四年（1089），苏轼再到杭州当知州，官衙仍未整修，更加破烂，"见使宅楼庑，欹仄罅缝，但用小木横斜撑住，每过其下，栗然寒心，未尝敢安步徐行"[1]。

那么苏轼可不可以自作主张挪用公款，将官衙修得漂漂亮亮呢？不行。因为宋代之前，地方官似乎有自主修衙的权力，但到了宋朝，地方官要修建衙门，就必须先经中央政府审核、批准了。如果地方官私自修建官衙，是会受到弹劾的。还是在杭州，宋真宗景德三年（1006），知州薛映被人告发"部内女口，鬻铅器多取其直，广市绫罗不输税，占留州胥，在司擅增修廨宇"[2]。杭州知州薛映的亲属经商牟取暴利，又逃税漏税，还占用公职人员，而薛映本人又擅自修建官衙。朝廷马上派遣御史调查，一查，果然如此，经大理寺议罪，薛知州被贬为"连州文学"，一个小地方的闲职。

[1] （宋）苏轼：《乞赐度牒修廨宇状》。
[2] （宋）李焘：《续资治通鉴长编》卷六四。

而且在政府预算中，修衙通常被列为"不急之务"，远远排在其他公共工程的后面。如宋神宗熙宁八年（1075），宋廷"诏京城内外除修造仓场、库务、店务、课利舍屋外，自宫殿、园苑以至百司廨舍、寺观等，并权停。过七年取旨"[1]。即暂停京城一切官廨的修建，七年后再说，因为政府要优先建设仓场（贮存粮食的仓库）、库务（国库）、店务（公租房）、课利舍屋（税所）等公共项目。

当然也不是说所有的官衙都不修缮。宋人修衙之事，还是见诸史志。但总的来说，宋代官员对修衙极不热心，即便非要修衙，也是小心翼翼，如履薄冰，再三强调原来的官廨破败不堪，非修不可，又申明在修建过程中并无扰民之事。

宋王朝为什么要严格限制地方官府修缮官廨呢？主要原因是，传统社会的政府一直是一个"小政府"，财政规模非常有限，通常不设专门的修衙经费，修衙难免要劳民伤财，招募或征调民力，给地方百姓造成沉重负担，而这恰恰与"恤民"的传统执政理念相违背。

宋：现代的拂晓时辰

共治天下

---

[1]　（宋）李焘：《续资治通鉴长编》卷二六〇。

新闻发布

定期举行例行记者招待会，或者就某事件举行新闻发布会，是现代政府的通行做法。而在古代，似乎没有要求政府发布新闻的政治伦理与立法规定，也缺乏互联网、电视直播、新闻发言人等技术手段，那么古代政府有没有新闻发布的做法呢？至少在宋代，当时政府是比较注意新闻发布的。

宋代政府的新闻发布方式叫作"出榜"。宋政府的榜文内容丰富，除了晓谕百姓遵守的法令，还有大量向天下士民发布的政府信息。按照惯例，大凡朝廷有重大的人事任免，需要及时公告，朝堂有专门张贴榜文的粉壁。乾兴元年（1022），丁谓罢相，便发公告榜于朝堂，"布谕天下"[1]。咸平六年，一名通判

---

[1] （元）脱脱等：《宋史·丁谓传》。

受到弹劾，被罢免职务，"仍令御史台榜朝堂告谕"[1]。当发生紧急事故时，比如出现严重的流行病，政府也要"出榜晓示百姓通知"[2]，让百姓及时了解疫情、症状以及处方。

对北宋人来说，最严重的一次事故无疑是发生于北宋末的"靖康之变"。当时金国入侵，国难当头。可以想象，每一个生活在汴京的市民都迫切想了解战争的进展。从靖康元年（1126）一月到次年四月，宋政府几乎每天都会在开封城内发布榜文，向市民通报最新消息，以安抚人心、澄清流言。

靖康元年（1126）十一月十七日，开封坊间纷纷传言金兵已渡过黄河，人心惶惶，"近城居民流离迁徙者，不绝于道"。宋政府准备戒严，并执行清野之策，指挥城外居民搬入城内。第三天，即十一月十九日，政府已探知"北兵临城"为讹传，原来是抗金将领折彦质部下的一部分溃兵撤退至开封。开封府便贴出榜文："前日北兵来，系折彦质溃兵，已招安讫，城外居民，各仰归业。"清野的警报也随之解除。

十一月二十五日，战事突然告急。宋政府又出黄榜，告谕士庶："金人游骑已及郊畿。"尽管"士庶读之，莫不惊惧"，但政府显然并没有打算隐瞒这个严重影响市民情绪稳定的坏消息。

之后金兵果然团团围住汴京。宋廷无力御敌，只能屈辱地与金人和谈。金人要求宋徽宗到金营谈判。其时徽宗已退位内禅，宋钦宗决定自己亲赴敌营。闰十一月二十八日，宋政府贴出皇榜，通报了钦宗皇帝将往金营谈判的消息："大金坚欲上皇出郊（乃上皇非皇帝也），朕以宗庙生灵之故，义当亲往，咨尔众

[1] （清）毕沅：《续资治通鉴》卷二三。

[2] （宋）潜说友：《咸淳临安志》卷四〇。

庶，各务安静，无使惊扰，却误大事。"不消说，士庶睹榜，又怀疑虑。

闰十一月三十日黎明，宋钦宗与金人的谈判似乎有了进展。宋政府立即又出榜向市民通报："大金已许和议，事未了，朕留宿，只候事了归内，仰军民安业，无致疑虑。"开封士庶看了消息，心中忧虑，通夕不寐，担心皇帝会不会被金人扣留，回不来了。

十二月初二日，宋钦宗才从金营回城。然而，刚刚过完春节，靖康二年（1127）的正月初十，金人又要求宋钦宗到金营议事。朝廷又出榜通告士庶："朕出城议徽号事，为诸国未集，来日定回，仰居民安乐。"

正月二十七日，宋政府出榜文，公告第二次和谈的进展："两国通和，各敦信誓，车驾（指宋钦宗）与两元帅（指金兵统帅）议事渐已了毕，只候旦夕回。"二月初七日，朝廷再出榜告知军民，太上皇宋徽宗"领宫嫔出城，亲诣大金军前求驾回，仰士庶安业"。但宋廷显然低估了敌人的狡诈与贪婪，金人其实并无和谈之意，只是想拿徽宗、钦宗父子当人质，勒索宋人。

最后和谈破裂，战事又起。四月十三日，开封府四厢都巡检使贴出榜文："据探报，金人尚有后军见留滑州界上，四方客旅未得轻出"。提醒军民注意出行安全。[1]

不必讳言，靖康年间，面对兵临城下的金人，宋钦宗与宋王朝的表现可谓懦弱无能，不免让后人"哀其不幸，怒其不争"。不过从政府新闻通报的角度来看，我们又不能不承认，宋政府确实已建立了一套新闻发布机制，在危急时候，能够及时向市民通报最新消息。

469

---

[1] 以上榜文见宋笔记《靖康纪闻》。

我不知道其他王朝的政府是否也有这样的新闻通报机制，但可以确认，宋王朝对"出榜"极为重视，当时的穷乡僻壤，都要求设置粉壁。设粉壁干什么？就是专门用于张贴榜文。宋政府建造粉壁之多，甚至出现"纷然劳民"的情况。从京城到州县，再到乡里，无数面粉壁，构成了宋政府发达的信息发布网络，在现代通信技术出现之前，宋朝的官方新闻发布机制是无与伦比的。

平等外交

"中国"作为一个政治共同体，在宋代之前，并没有一条非常清晰的国境线。长城并不是国境线，而是中原王朝的军事防御线。在中国的西北边境，是一条带状的由若干个臣服于中原王朝之草原部落组成的拱卫带。这条拱卫带的横截面宽阔，而且边界模糊不清，也经常伸缩。入宋之后，由于辽国早已雄踞北国，宋王朝无法以传统的朝贡制度与其维持关系，于是转而跟北朝建立起平等的外交关系。这个时候，"中国"开始出现了近代民族国家的涵义，在宋辽交往中开始出现清晰的疆界、领土、国使等概念。

宋辽两国的谈判，领土是一个敏感问题。宋王朝的谈判底线是，可以给予经济上的补偿，但寸土不能让。和谈的成果是达成"澶渊之盟"。根据盟书及之后形成的约定，宋辽约为"兄弟之国"，地位平等；宋朝每年给予辽国岁币十万两银、二十万匹绢，"以风土之宜，助军旅之费"，类似于经济援助的性质（今人以为岁币是纳贡，不确）；双方划清领土边界，在国境线上立下"石峰"（相当于今天的界碑），"沿边州军，各守疆界，两地人户，不得交侵"；约定两国互不增加边防设施，"所有两朝

宋代佚名《景德四图》之"契丹使朝聘"图，描绘契丹使者入
宋朝拜见真宗皇帝的情形。

城池，并可依旧存守，淘濠完葺，一切如常，即不得创筑城隍，开拔河道"；又约定司法上的合作，"或有盗贼逋逃，彼此无令停匿"；双方在边境开设榷场，开展贸易。由于宋国对辽国的贸易长期处于"出超"地位，每年的岁币基本上又流回宋人手里，据日本汉学家斯波义信的估算，宋朝通过对辽贸易，每年可获八十万贯的顺差，数额超过送出去的岁币。

"澶渊之盟"的订立，给宋辽两国带来了一百年的和平。期间尽管发生过一些冲突与纠纷，但基本上都能够通过和谈解决，不至于诱发战争。在与辽朝的交往过程中，宋朝形成了一套很具有现代性的外交机制：设立国信所，类似于外交部，负责选派外交使团，接待外国使节，保管外交文书与礼物。每逢重大节日，宋辽两国均要遣使前往祝贺；遇上国丧，也会派人吊慰；不管是庆贺还是祭吊，双方通常都要互赠礼物；一方若要征讨第三国，也需要遣使照会对方，以期达成"谅解备忘录"。这一套礼仪性的安排，是制度化的，甚至不受两国临时发生的军事冲突的影响。十九世纪西方民族国家主导建立起来的近代国际关系，其文明含量不会超出"澶渊之盟"的框架。

至于南宋与金国的和议，南宋初的"绍兴和约"显然是屈辱性的，如宋高宗向金称臣，表示"世世子孙，谨守臣节"，岁币称"岁贡"，让人在情感上难以接受。后来金国海陵王发兵侵宋失败，南宋获得与金国重订和约，改变屈辱称臣局面的机会，是为"隆兴和议"。大体来说，"隆兴和约"拷贝了"澶渊之盟"的模式，确立宋金二国为平等的外交关系，用宋人的话说，叫作"变昔日之君臣而为敌国"[1]。"敌国"，即指地位相等的国家。

[1]　（宋）叶适：《叶适集》卷一。

从历史的目光来看，由于汉唐时代所维持的是朝贡外交，明清时代实际上又恢复了朝贡体制，宋朝的和约外交便显得独树一帜，它无疑更加接近现代的外交形式。与晚清的条约外交相比，两宋和约外交也有不同（尽管它们在形式上都比较接近现代外交）：条约外交是清政府被动接受的"他者"，显示了清王朝应对近代化的无能；和约外交则是宋政府主动创设的产物，表现了宋朝外交近代化的自发性。

雇佣兵

从秦建立帝制始，平民即有服兵役的义务。如汉代，每一个身体健康的男性平民，必须服两年的"正卒"役。唯独两宋的平民，不用服兵役——因为宋代实行的是募兵制，相当于今天西方国家实行的雇佣兵制。入伍不再是宋朝人必须履行的义务，而是一种自愿选择的职业。

既是募兵制，国家当然有权力对应征者提出体格要求，按照宋代的《军防令》，宋政府要求入伍士兵的身高最低须达到五尺二寸，相当于一米六以上。被录取之后，成为一名职业军人，便可按月领取薪水了——这是募兵制的特点。而在北魏—隋唐的征兵制之下，一名男丁如果被政府挑中为府兵，那么他不但不可以逃役，而且需要自备上战场的兵器、马匹与衣粮。著名的北朝民歌《木兰辞》便有这方面的描述："昨夜见军帖，可汗大点兵。军书十二卷，卷卷有爷名。阿爷无大儿，木兰无长兄。愿为市鞍马，从此替爷征。东市买骏马，西市买鞍鞯，南市买辔头，北市买长鞭。旦辞爷娘去，暮宿黄河边。"花木兰的老父亲被点为府

南宋刘松年《中兴四将图卷》，绘有刘光世、韩世忠、张俊、岳飞四名将。

兵，不能逃役，最后只能由花木兰女扮男装顶替；报到之前，木兰需要先去市场买骏马、鞍鞯、辔头和长鞭。

那么宋代将士的薪水是多少呢？大致而言，一名普通士兵，每月可领钱三百文至一千文不等，大米二石左右（相当于一个成年人半年的口粮），以及若干春冬衣物。俸钱、粮食与衣物都是定期发放的，此外又有各种名目的补助，如："招刺利物"，即新兵入伍刺字之后领到的第一笔"衣屦缗钱"；郊祀赏赐；特支钱，类似节日补贴；银鞋钱，是戍边士卒获得特别补助；口券，出戍时计口发放的钱粮补助；柴炭钱，冬季发放的薪炭补贴；等等。

毫无疑问，这样的募兵制只能建立在庞大的军费开销之上，也唯有宋朝发达的商品经济与扩张的财税制度，才能支撑得起。但军费开销还是给宋政府带来沉重的负担，宋人说："天下六分之物，五分养兵，一分给郊庙之奉、国家之费，国何得不穷？民何得不困？"[1] 此说虽然有些夸大，不过养兵的成本确实给宋朝财政制造了巨大的压力。

尽管如此，我觉得还是要承认，募兵制更具现代性——以致放在一千年前的宋代，可能显得有些超前了——它使平民摆脱了服兵役的义务，使军队职业化。宋朝大臣有过"议养兵之弊"的

---

[1] （宋）蔡襄：《蔡忠惠公集》卷一八。

讨论，韩琦不同意废掉募兵制，他说："养兵虽非古，然积习已久，势不可废。非但不可废，然自有利民处不少。古者（强行征兵制）发百姓戍边无虚岁，父子、兄弟、夫妇常有生死离别之忧。论者但云（募兵制）不如汉、唐调兵于民，独不见杜甫诗中《石壕吏》一首，读之殆可悲泣，调兵之害乃至此。"[1] 韩琦的说法是中允的。

宋后的元明清三朝，都未能推动募兵制的发展，反而倒退，回到北魏—隋唐的府兵制。以明代为例，朱元璋继承元绪，延用"军户"制度，一批平民被划为军户，世代承担起服兵役的义务，子子孙孙都必须入伍当兵。每一家军户的男丁，都要分好正丁、次丁、余丁、继丁等名次，正丁必须到政府指定的卫所（通常很遥远）服兵役，如果死亡，则由次丁、余丁、继丁依次递补。军饷则由军户屯种自给，不取于赋税。朱元璋曾因此而自夸："吾养兵百万，不费民间一粒。"[2] 其实，天下没有免费的午餐，朱元璋养兵的经济成本只是被嫁接到军户身上了。他也不可能知道，军户制的社会成本更加巨大——它只能依靠那些非常落后的中世纪因素来维持：身份社会、人身与户籍控制、强制服役、实物征调与自给自足的供给系统。它不需要市场，不需要货币化，更不允许有人身自由。

[1] （宋）马端临编撰：《文献通考·兵制》。

[2] （清）顾炎武：《亭林文集》卷六。

立法民主化

　　前面我们说到宋朝极重法治，立法频繁。中国古代还没有出现一个诸如议会那样的民选立法机构，不过宋朝有专门负责修订、汇编法律的机关，叫作"详定编敕所"（又称"修敕局""编修敕令所""详定重修敕令所"）。编敕所由提举、同提举、详定官、删定官及若干文吏组成，在编敕过程中，每个立法官都可以对草案提出意见，但提举与详定官拥有对法律草案定稿的权力。所有的敕条均以皇帝的名义颁行天下，但修敕的实际权力毫无疑问掌握在通晓法学的士大夫手里。我们以为皇帝"出口成敕"，说出来的话就能成为法律，其实当然不是这么回事儿。

　　我们这里要讨论的是，宋朝的民众有没有机会参与到国家的立法过程中？

答案是，有的。也许您想不到，宋人已经建立了一套比较完善的"立法民主"机制。宋人认为："自来先置局（修敕局），然后许众人建言，而删定须待众人议论。"[1] 这里的"众人"，包括朝中百官，也包括一般平民。立法不是由皇帝出口成敕，也不是由士大夫闭门造车，而是要经过"众人"的充分辩论，择其善者而从之。"自来"二字，则表明立法须走"众人议论"之程序乃宋代一直实行的惯例。

那么平民如何参与立法呢？主要有三个途径：

首先，任何人在任何时间都可以向州政府投状，以书面形式提出立法的建议，再由州政府将意见书"缴申中书"，上报中央。当来自各地的立法意见书积累到一定程度时，即交给修敕局"删定编修"。凡立法建议被采纳之人，"量事酬赏，或随材录用"[2]。在这种激励下，我相信宋代的民间一定产生了一批"立法爱好者"，叶适所说的"极一世之人志虑之所周浃，忽得一智，自以为甚奇，而法固已备之矣"，我觉得便是那类"立法爱好者"。

其次，修敕局启动立法程序之后，朝廷会利用遍布各州县的粉壁，出榜公告天下，征集立法建议。如南宋建炎四年（1130），朝廷决定修敕，便命令各州县政府"出榜晓示"，征求意见，"诸色人等陈言编敕利害"，均可到州县衙门投书，州县政府收集后用"急脚递"（宋代的加急快递系统）送达京师进奏院，再由进奏院交给"详定重修敕令所"。凡建议得到采用者，"即保明申朝廷，乞与推恩"[3]。神宗朝修订《熙宁编

---

[1] （清）徐松辑：《宋会要辑稿·刑法》。

[2] （清）徐松辑：《宋会要辑稿·刑法》。

[3] （清）徐松辑：《宋会要辑稿·刑法》。

敕》，也是"诏中外集议，择其可采者用之，有未便于事理而应修改者，上之尚书省议奏"。《熙宁编敕》修订了十年，到元丰年间，才汇编成书，颁行天下。[1]

真宗朝时修订茶法，时任三司使（相当于国家发改委主任）的陈恕，还干脆邀请"茶商数十人，俾各条利害"。当时的争论很激烈，茶商提出的方案，是茶的商业利益尽归商人，商人"取利太深"；官方的方案是国家专营茶叶，利归官府，商人"灭裂无取"。最后陈恕采纳了折中的方案，"公私皆济"，换言之，即吸收了商人的意见。[2]

立法草案制订出来了，还不能立即生效刊行，需要再向"在京刑法司、律学官吏"征求修改意见，因为"尚虑事理未尽"。这些法律专业人士的意见，"送提举详定官看详。如当改正，即改正刊印颁行"[3]。

最后，法典经皇帝批准，颁布生效之后，如果民众发现其中的缺陷，还可以向朝廷奏陈立法得失，并建议修订。如宋哲宗元祐元年（1086），朝廷批准了详定编敕所提出的一项动议："官吏民庶等，如见得见行条贯有未尽未便，合行更改，或别有利害未经条约者，并许陈述。"[4] 当时尽管没有立法议员，但如果一项立法受到的非议很多，是可以促使朝廷重新修法的。

宋朝这一制度化的"立法民主"机制，在中国历史上是独一无二的。我们从其他王朝中找不到类似的制度。

[1] 〔宋〕马端临编撰：《文献通考·刑制》。

[2] 〔宋〕魏泰：《东轩笔录》卷一二。

[3] 〔宋〕李焘：《续资治通鉴长编》卷二四七。

[4] 〔宋〕李焘：《续资治通鉴长编》卷三七八。

司法专业化

曾在网上讨论宋代司法制度，有网友挑衅地反问："宋朝有法院吗？有法官吗？"我知道他的意思，他想说传统中国的司法其实是跟行政合二为一的，除了设于中央的大理寺，地方并没有专门的法院，也不设专职的法官，而由行政官兼理审判事务。但这位朋友的看法，肯定不符合宋代的司法制度，因为宋朝司法的专业化、职业化可能超乎今人刻板的臆想。

宋代从中央到地方，都设立了专门的司法机关。中央一级，大理寺为最高审判机关，分"左断刑"与"右治狱"两个法院，"左断刑"负责详断天下疑案及命官、将校犯罪案，"右治狱"掌审理发生在京师的刑案及诏狱。按宋朝司法制度，各州有疑狱，要奏报朝廷，交大理寺复审。复审之后，再交刑部复核。刑部为最高司法行政机关，分左右二厅，左厅负责复核狱刑，右厅负责官员的行政处分。刑部还有权派员监察大理寺与京师衙门的刑事审判。此外，京师还设有登闻鼓院、登闻检院、理检院，是隶属于谏院的直诉法院，接受士民向皇帝申诉的诉状。

在地方，路一级的大监察区设置有提点刑狱司，相当于是中央派驻地方的高级巡回法院。提刑司负责审核州府上报的刑案，对没有疑难的死刑案拥有终审权与核准权，但疑案须奏报大理寺复审，"在法，大辟情法相当之人，合申提刑司详复，依法断遣。其有'刑名疑虑、情理可悯、尸不经验、杀人无证'，见四者，皆许奏裁"[1]。这叫作"疑狱奏谳"。提刑司也有权力组织临时法庭，开庭审理州法院的上诉刑案。

宋代最发达的司法机构设置在州府一级。人口最多、府事繁剧的开封府，至少设有使院、府院、左右厅、左右军巡院六个法院。诸州一般均置三个法院：当置司、州院与司理院；有些大州的州院、司理院又分设左右院，即有五个法院；当然一些小州则将州院与司理院合并，只置一个法院。每一个法院都配置若干法官，叫作"录事参军""司录参军""司理参军""司法参军"。主管当置司的推官、判官，他们的主要工作也是司法。录事参军、司理参军、司法参军都是专职的法官，除司法审案之外，不得接受其他差遣，即便是来自朝廷的派遣，也可以拒绝，"虽朝旨令选亦不得差"[2]。州府法院既接受县级法院初审案的上诉，本身也受理诉状，审理刑案，所以讼务最为繁忙。我们现在看电视剧，以为开封府所有的案子都是包青天亲自审断，其实这是不切实际的——你让包青天变成三头六臂，他也忙不过来啊！在开封府审案的通常是左右军巡院的职业法官。

480

宋代的县一级，司法力量的配置最弱，未设专门的法院，由行政长官——知县及其佐官兼领司法。不过县衙门只有权限判决词讼（民事诉讼）及杖刑以下的轻微刑案，对司法配置的要求不高。而且，即使是县，也设有专职的法吏。一是推吏："诸路万户县以下，置刑案推吏两名；五千户县以下，置一名，专一承勘公事，不许差出及兼他案，与免诸色科敷事件。月给视州推吏减三之一，……请领重禄。"推吏专务勘鞫，不得兼差，薪水也比

481

---

[1] （元）脱脱等：《宋史·刑法志》。

[2] （宋）谢深甫监修：《庆元条法事类》卷六。

较优厚（重禄）。一是编录司："诸县编录司请给断罪，……推行重禄施行。"[1] 编录司负责检法，比照推吏法，给予优厚待遇。可见宋政府对县级司法还是比较重视的。

　　还有一点也可以说明宋代司法的专业化趋势：宋人非常明确地意识到，法官群体不同于一般官僚。因此，宋朝法官在获得任命之前，必须经过司法考试（后面我们将详细介绍，别以为司法考试是今天才出现的）；曾犯过"出入人罪"过失的官员，也不得担任法官，"法司人吏失出入徒罪二人以上，或两次失出入徒罪一人，不许再差充法司"[2]；朝廷严格限制法官的社交活动，其他官员可以相约喝酒宴乐，但法官不可以，"大理寺官自卿（最高法院首席大法官）、少（少卿，次席大法官），至司直、评事（法官），虽假日亦不得出谒及接见宾客"[3]；同时给予法官尊崇的地位、优厚的待遇，"法官之任，人命所悬。太宗尝降诏书，诸州司理、司法，峻其秩，益其俸"[4]。

　　可惜宋人开创的高度发达的司法体系，以及司法专业化的历史方向，并未为后面的朝代所继承，元明清三朝的司法制度，退回到非常简陋、粗糙的状态，如明代的府一级（相当于宋代的州），只设一名推官助理讼狱，而清代则连推官都不设置，府县的司法完全由行政长官兼理。

[1]　〔宋〕谢深甫监修：《庆元条法事类》卷五二。

[2]　〔清〕徐松辑：《宋会要辑稿·刑法》四之七四。

[3]　〔清〕徐松辑：《宋会要辑稿·刑法》二之一一三。

[4]　〔宋〕李焘：《续资治通鉴长编》卷四七。

司法考试

那个著名的德国社会学者韦伯，有一个论断，大意是：传统中国的官吏是非专业性的，是士大夫出任的政府官员，是受过古典人文教育的文人；他们接受俸禄，但没有任何行政与法律的知识，只能舞文弄墨，诠释经典；他们不亲自治事，行政工作是掌握在幕僚（师爷、胥吏）之手。

一直以来，我们受到韦伯式历史叙述的误导，以为中国古代法官都缺乏法律专业的训练。真的是这样吗？也许明清时期确如韦伯所言，但在宋代，士大夫绝对不是"没有任何行政与法律的知识"，而是"争诵法令"。宋人自己曾说："昔者（士大夫）以诗书为本，法律为末；而近世以法律为实，诗书为名。"[1] 宋朝君主也要求入仕者须接受法律训练，太宗曾下诏："应朝臣、京官及幕职县官等，今后并须习读法令。"[2] 宋代的国子监系统设有律学，相当于法学院，优秀的律学生可以直接授予官职；江南一带，还出现了大量传授讼学的法律专业私立学校（参见社会卷的"民风好讼"条），虽然不受官方的欢迎，但官府却未能阻止它们的涌现。

在崇尚法律人才之时代精神的滋润下，宋代形成了一套多层次的法律考试制度。第一个层次，宋朝在科举系统中设置了一个"明法科"，主要测试考生对于法理、断案、经义的理解。

---

[1] （宋）秦观：《淮海集》卷一四。

[2] 《宋大诏令集》卷二〇〇。

明法科出身的进士，通常可获授法官之职。宋人认为，"自今司理、司法，并择明法出身者授之"[1]。王安石时代创设"新明法科"，考中者更是尊贵，"新科明法中者，吏部即注司法，叙名在及第进士之上"[2]。

第二个层次，"出官试"。考中进士，只是获得了入仕的资格而已，在授官之前，新科进士们还需要通过一次法律考试，叫作"出官试"。宋朝规定："今后进士及第，并试律令大义、断案，据等第注官。"这种"出官试"对于明法科进士来言，无疑具有"专业对口"的优势。宋人相信，"非中铨试不许出官，此近世之至良法"[3]。

宋朝第三个层次的法律考试最接近于今日的司法考试，叫作"试法官"。"试法官"是为了选拔合格的中高级法官，不仅大理寺的高级法官必须过"试法官"这一关，州府的录事参军、司理参军、司法参军也需要通过"试法官"。但不是所有的官员都有资质参加"试法官"，报考者的人生履历上要求不能有严重犯罪的记录。

"试法官"由大理寺与刑部主持，两部相互监督，以防止作弊，并接受御史台的监察。每年举行一次或两次，以神宗朝的考试制度最为详密："每日试一场，每场试案一道，每道刑名约十件以上，十五件以下，……至五场止。仍更问刑统大义五道。其所断案，具补陈合用条贯。如刑名疑虑，即于所断案内声说。所试人断案内刑名有失，令试官逐场具录，晓示错误；亦许试人再经试官投状理诉，改正其断罪。通数及八分以上，须重罪刑名不

[1]　（宋）李焘：《续资治通鉴长编》卷四七。

[2]　（元）脱脱等：《宋史·选举志》。

[3]　（清）徐松辑：《宋会要辑稿·选举》二六之一五。

失，方为合格。"[1]

翻译一下：宋朝的司法考试每次考六场（一天一场），其中五场考案例判决（每场试10—15个案例），一场考法理。案例判决必须写明令人信服的法理依据、当援引的法律条文，如果发现案情有疑，就必须在试卷上标明。考官逐场评卷。也允许应试人在发现自己答题有误后，通过向考官投状，改正错误。考试的分数必须达到8分（不知总分是不是10分），且对重罪案例的判决没有出现失误，才算合格。我们必须承认，这个司法考试的制度已经非常严密、详备了。

后来"试法官"又增加了考查经义的内容，如南宋时的司法考试改为考五场，其中第一、二、三场考案例判决，第四场试大经义一道题、小经义两道题，第五场考法理。之所以加试经义，是因为法官如果只掌握法律知识与断案技艺，而缺乏人文精神的滋养，不具备领悟天理人情的能力，便很容易沦为"法匠"，"必流于刻"。[2] "试经义"就是为了培育法官的人文素养。

宋代的法吏，也必须通过司法考试，通常是每三年举行一次法吏考试，"州县吏及衙前不犯徒若赃罪，能通法律，听三岁一试断案"[3]。考试的方式跟"试法官"差不多。考试合格的吏人才可担任法吏，成绩优秀者还有机会转官，或者提拔进中央法院当法吏。

我们今日读南宋的判词辑录《名公书判清明集》，会由衷觉得宋朝的士大夫们，不但精通儒家义理，也通晓律法，对于法理有着十分通透的理解。不过用不着奇怪，他们都是接受过法学训

---

[1] （宋）袁枢：《资治通鉴纪事本末》卷七五。

[2] 《宋会要辑稿·选举》。

[3] （宋）李焘：《续资治通鉴长编》卷二六四。

练，从一重重的法律考试中闯过来的。遗憾的是，宋代建立起来的多层次的司法考试制度，在南宋亡于元兵之后，便不复存在了。

越诉

所谓"越诉"，就是越级起诉的意思，比如你想起诉某人，按规定是要先到县级法院递状的，但你却越过县衙，跑到州里控告了，这便是越诉。历代王朝都立法禁止越诉，如《唐律疏议》规定："诸越诉及受者，各笞四十。"《大明律》规定："凡军民词讼，皆须自下而上陈告。若越本管官司，辄赴上司称诉者，笞五十。"越级上诉的草民，不管有理无理，先打几十大板再说。北宋初也限制越诉，《宋刑统》即规定："其有蓦越词讼者，所由司不得与理，本犯人准律文科罪。"

但到了北宋后期，越诉的禁令已逐渐松弛，南宋政府更是制订了"越诉法"，以一系列法令"广开越诉之门"。我们知道，宋代民风好讼，甚至不惮于"民告官"，如果要从司法制度上找原因，那我们应该注意到，宋人"民告官"的权利，是受到"越诉法"保护的。

老百姓要越级起诉的对象，当然未必都是官员，但越诉案的出现，通常都与当地政府官员的不法行为有关（如果官员守法，人民又何必越诉呢？），所以许多越诉案的被告人都是官员，"越诉法"也对"民告官"的权利提出了明确的保护。从这个意义上说，宋朝的"越诉法"已经有点像今天的"行政诉讼法"了。

宋人在什么情况下可以越诉呢?

一、发现官员枉法滥权的时候,如徽宗朝的一条立法,审案时,若法官"辄紊常宪,置杖不如法,决罚多过数,伤肌肤,害钦恤之政",受害人可以越诉推勘官及行杖人。

二、司法不公的时候,如高宗朝的一条立法,"民间词诉,……苟情理大有屈抑,官司敢为容隐",当事人可越诉。

三、司法不合程序的时候,宋朝要求诉讼结案后,法院必须给两造出具"断由","如元官司不肯出给断由,许令人户径诣上司陈理"。

四、官府侵占人民私产的时候,如高宗朝的一条立法,"官司占田不还,许越诉"。

五、官府横征暴敛的时候,如孝宗朝的一条立法,征税时,"州县却于数外妄有科折,……以加耗为名,大秤斤两,如有违戾,许民越诉"。

六、官府有乱收费的时候,如孝宗朝的一条立法,"累降指挥约束州县,不辄得因公事科罚百姓钱物。(违者)许人越诉"。

七、官吏勒索商贾的时候,如宁宗朝的一条立法,"现任官收买饮食服用之物,并随市直,各用见钱。不得于价之外更立官价,违者,许人户越诉"。

八、发现官员贪污腐败的时候,如南宋初的一条立法,"命官犯人已赃,许人越诉。其监司不即按治者,重行黜责"。[1]

南宋"越诉法"的这些规定,实际上就是鼓励"民告官"。"越诉法"还对"告官"之民的权益提出保护,"人户于条许越

---

[1]　以上参见《宋大诏令集》;(清)徐松辑《宋会要辑稿·刑法》。

诉，而被诉官司辄以他故掎摭者，随其所诉轻重，以'故入人罪'坐之"[1]。禁止被民众控告的官府另立名目、罗织罪名打击报复。古代诬告要"反坐"，但"民告官"即使是诬告也不用坐罪，宋人说："天下未闻有因诉吏而坐罪者，明知其带虚而不坐，明知其健讼亦不坐，盖诉吏犹诉贼失物，终无反坐也。"[2]

宋：
现代的拂晓时辰

共
治
天
下

[1] （清）徐松辑：《宋会要辑稿·刑法》三之二五。

[2] 《名公书判清明集》卷一二。

司法程序

假设有这样一种刑事司法制度——

一件刑事案进入了庭审程序，主审法官的责任是审查事实，根据证人证言、证物、法医检验、嫌犯供词，将犯罪事实审讯清楚，能够排除合理怀疑。至于犯人触犯的是什么法，依法该判什么刑，他是不用管的。被告人画押之后，便没有审讯法官什么事了。但如果审讯出错，则由他负责任。

第一道程序走完，进入第二道程序。由另一位不需要避嫌的法官，向被告人复核案情，询问被告人供词是否属实，有没有冤情。如果被告人喊冤，前面的庭审程序就会推倒重来，更换法庭重新审讯。如果被告人未喊冤，那就进入下一道程序。

案子的卷宗移交给另外一位法官，这名法官将核查卷宗是否有疑点。如发现疑点，退回重审；如没有疑点，则由他根据卷宗

《明刻历代帝贤像》中
的包拯像。人称"包青
天"的包拯无疑是中国
历史上最著名的法官。

记录的犯罪事实，检出嫌犯触犯的法律条文。然后，将案子移交给一个判决委员会。

　　判决委员会负责起草判决书，交委员会全体法官讨论。若对判决没有异议，则集体签署，将来若发现错案，所有署名的法官均追究责任。对判决持异议的法官，可以拒不签字，或者附上自己的不同意见，呈请上司另审。判决书获得全体法官签署之后，才可以进入下一道程序：送法院的首席法官做正式定判。

　　首席法官定判后，还需要对被告人宣读判词，询问是否服判。这时被告人若称不服判，有冤要伸，那么将自动启动申诉程序——原审法官一概回避，由上级法院组织新的法庭复审，将前面的所有程序再走一遍。原则上刑案被告人有三次翻供申诉的机会。

如果被告人在听判之后，表示服法，便呈报中央派驻各地的巡回法院复核，那么整个案子此时也就告一段落。巡回法院若发现疑点，案子复审。若未发现疑点，便可以执行判决了。但如果是死刑判决，且案情有疑，则必须奏报中央法司复审。

——这样的刑事司法制度，你会如何评价呢？你是觉得它非常优良，还是很糟糕？不管你怎么看，我想先说明，我上面所述的，其实并不是什么假设，而是在宋代一直实行的州级法院的刑事审判程序（当然我的描述使用了现代的语言）。

我们看电视剧《包青天》，会发现那剧中包公审案，明察秋毫，一桩案子，当庭就问个清清楚楚，然后大喝一声"堂下听判"，词严义正地宣判后，又大喝一声"虎头铡伺候"。但实际上，在宋朝，绝对不可能出现这样的审讯与判决情景。包拯果真如此断案，则严重违犯司法程序，将受到责罚。宋代刑事司法程序之繁复、严密，为历代之冠，即使在今日看来，也会觉得过于"繁琐"。但正是这一套繁琐的程序，最大限度防止了冤案、错案的发生。

民国的法学家徐道邻先生说，"中国传统法律，到了宋朝，才发展到最高峰"；"就制度来讲，这一段时期，确实是举世无双的"。宋史学者王云海先生说，宋代司法制度"达到我国封建社会司法制度的顶峰"，其"周密的判决制度在中国古代实在是首屈一指的"。法律史学者张晋藩也说："在中华法制文明史上，两宋是继唐之后成就最辉煌的时代。"为什么这些研究者都持宋代司法制度"顶峰说"？是他们信口开河吗？当然不是。

鞫谳分司

宋代实行中国历史上独一无二的"鞫谳分司"司法制度。鞫,即鞫狱,审讯的意思;谳,即定谳,检法定罪的意思;鞫谳分司,就是"事实审"与"法律审"分离。其原理有点像英美普通法体制下,陪审团负责确认犯罪是否属实,法官负责法律的适用。在宋朝法院内,负责审清犯罪事实的是一个法官,叫作推司、狱司、推勘官;负责检出适用之法律的是另一个法官,叫作法司、检法官。两者不可为同一人。这便是"鞫谳分司"的基本精神。

宋朝的司法体系,从中央到地方,都设置了推司、法司两套平行的系统。我们前面说了,中央的大理寺分设"左断刑"与"右治狱"两个法院,为贯彻"鞫谳分司"的司法原则。"左断刑"又切分为断司(推司)与议司(法司);"右治狱"也分为左右推(推司)与检法案(法司)。

在地方,州府法院的左右推官、左右军巡使、左右军巡判官、录事参军、司理参军都属于推司系统,司法参军则属谳司系统。有些小州没有分司理参军与司法参军,但对任何一起刑案的审判,同样必须执行"鞫谳分司"的原则,推勘官与检法官由不同的法官提任。宋代县一级的司法人员配置不是那么完备,但还是设了推吏协助鞫狱、编录司协助检法。

在一起刑案的审判过程中,推勘官唯一的责任就是将被告人的犯罪事实审讯清楚。按照宋朝的立法,"诸鞫狱者,皆须依所

南宋佚名《孝经图卷》局部，描绘法官审讯的情景。我们注意到，诉讼当事人在法庭上并不需要下跪。

告状鞫之。若于本状之外别求他罪者，以故入人罪论"[1]。意思是说，推勘官鞫问的罪情，必须限制在起诉书所列举的控罪范围内，起诉书没有控罪的，法官不得自行问罪，否则，法官以"故入人罪"论处。这叫作"据状鞫狱"。确立"据状鞫狱"的司法原则，自然是为了限制推勘官的权力，防止法官罗织罪名、陷害无辜。唯盗贼杀人重案不受"据状鞫狱"的限制，允许穷究。

推勘官审清了案情，有证人证言、物证与法官检验报告支撑，能够排除合理怀疑，被告人服押，那么他的工作便结束了。至于被告人触犯了哪些法条，当判什么刑罚，则是另一个法官——检法官的工作。

---

[1] （宋）窦仪等：《宋刑统》卷二九。

检法官的责任是根据卷宗记录的犯罪事实，将一切适用的法律条文检出来。从司法专业化的角度来说，宋代立法频繁，法律条文浩如烟海，一般的士大夫不可能"遍观而详览"法条，只有设置专业的检法官，才可能准确地援法定罪。

从权力制衡的角度来看，独立的检法官设置也可以防止推勘官滥用权力，因为检法官如果发现卷宗有疑点，可以提出驳正。如果检法官能够驳正错案，他将获得奖赏；反过来，如果案情有疑，而检法官未能驳正，则将与推勘官一起受到处分。宋人相信，"鞫谳分司"可以形成权力制衡，防范权力滥用，"狱司推鞫，法司检断，各有司存，所以防奸也"[1]。

在司法实践中，独立的检法官设置，确实为维系司法公正增加了一道防线。宋真宗年间，莱州捕获两个盗贼，州太守用法严酷，指使人故意高估了盗贼所盗赃物的价值，以图置其于死罪。莱州司法参军西门允在检法时，发现赃物估价过高，提出驳正，要求按盗贼盗抢之时的物价重新估值，"公（即西门允）阅卷，请估依犯时，持议甚坚"[2]，终使二犯免被判处死刑。

"鞫谳分司"的司法程序，宋亡之后即被遗弃。

录问

按照宋朝的司法制度，凡徒刑以上的刑案，在庭审结束之后，都必须启动"录问"的程序，即由一位未参加庭审、依法不

---

[1]　（明）杨士奇、黄淮等编纂：《历代名臣奏议》卷二一七。

[2]　《西门允墓志铭》。

必回避的法官核查案状，再提审被告人，读示罪状，核对供词，询问被告人所供是否属实，"令实则书实，虚则陈冤"[1]。必要时，还可以提审证人。被告人如果自认为无冤无滥，即签写"属实"，转入检法定刑程序；如果想喊冤，则可以翻供。一旦被告人翻供，案子即自动进入申诉程序：移交给本州的另一个法院，重新开庭审讯。

录问，用意在防范冤案、错案，因为在庭审中，推勘官完全可能会锻炼成狱，被告人屈打成招。所以宋人坚持在庭审之后、检法之前插入了一道"录问"的程序。刑案未经录问，便不可以判决；即使作出了判决，也不能生效；如果生效，即以司法官枉法论处。宋哲宗年间，开封府右军巡院审理一起涉及侮辱宋神宗的案子，案子审结后上奏哲宗，哲宗"诏特处死"。因为结案时未经录问程序，所以有大臣提出抗议："不惟中有疑惑，兼恐异时挟情鞫狱，以逃省寺讥察，非钦恤用刑之意。请今后狱具，并须依条差官审录。"[2] 最后，哲宗只好下诏，重申录问的程序不可省略，今后司法机关如审判不走录问程序，以违制论。

以宋代的惯例，对犯下死罪的重案犯，还必须是"聚录"，即多名法官一起录问，以防作弊。有些重案实在是事关重大，在聚录一次之后，往往还要从邻州选官，再录问一次。如真宗朝的一条"刑事诉讼法"规定："诸州大辟罪及五人以上，狱具，请邻州通判、幕职官一人再录问讫。"[3]

在录问的时候，若发现案情存在疑点，被告人可能含冤，录问官有责任驳正，否则要负连带责任："诸置司鞫狱不当，案

---

[1] （宋）李焘：《续资治通鉴长编》卷二八九。

[2] （宋）李焘：《续资治通鉴长编》卷五〇九。

[3] （宋）李焘：《续资治通鉴长编》卷七三。

有当驳之情，而录问官司不能驳正，致罪有出入者，减推司罪一等。"即出现错案之后，录问官按比推勘官罪减一等的原则问责。如果录问官能够及时驳正错案，则可获得奖励："录问官如能驳正死罪一人者，命官减磨勘二年（免两年考核），吏人转一资（升职）；二人者，命官转一官（升官），吏人转二资；……如驳正徒流罪者，七人比死罪一人给赏。"[1] 古人相信人命关天，因而驳正死刑判决，获得的奖赏最厚。

不论古今中外，在刑事审判中，多设一道把关的程序，嫌疑人便减少几分受冤屈的危险。我们无法统计宋代到底有多少刑案被告人因为录问程序而免于冤死，但我们可以举出一个例子来说明录问的意义：北宋前期曾于京师设"纠察在京刑狱司"。作为专门监察司法的机构，李宥担任纠察官时，有一次录问开封府审讯的一个死刑犯，发现"因有疑罪，法不当死"，却被开封府尹往死里整。李宥即给予驳正，并对开封府尹提出弹劾，迫使府尹被坐罪免职。[2]

同"鞫谳分司"制度一样，录问的司法程序，在宋亡后也被遗弃了。

判决

一宗刑案如果录问时没有发现问题，检法时也没有发现问题，那么就转入下一个程序：拟判。我们以州法院为观察样本，

[1] （宋）谢深甫监修：《庆元条法事类》卷七三。

[2] 参见（宋）张方平《张方平集》卷三九。

判决书通常是由推官或签判起草的，他们根据推勘官审讯清楚的犯罪事实，以及检法官检出的法律，"以事实为依据，以法律为准绳"，拟出判决书草稿。然后，这份判决书交给本州政府的法官集体讨论。宋朝实行连署判决制度，连署的法官类似于是一个"判决委员会"，州的行政长官——州太守则是委员会的当然首席法官。

法官们如果对判决书没有什么异议，就可以签署了。然而，签名意味着负责任，日后若是发现这个案子判错了，那么所有签字的法官都将追究责任。用宋人的话说，"众官详断者，悉令着名，若刑名失错，一例勘罚"[1]，这叫作"同职犯公坐"。当然，如果你觉得判决不合理，也可以拒绝签字；倘若有法官拒绝签署，那么判决便不能生效。

这样的"同职犯公坐"机制，可以促使每一个负有连署责任的法官谨慎对待他经手的判决，从而最大可能地减少出现错判。宋太宗时，蓬州良民张道丰等三人被官府误当成劫盗，给抓了起来，知州杨全生性"悍率蒙昧"，欲判张道丰三人死罪，基本上就要定案了。但录事参军邵晔发现案子有疑点，硬是不肯在判决书上签字，要求杨知州核实。杨全不以为然，不过录事参军不签字，判决书便不能生效。这时张道丰等人也"呼号不服"，州法院只好将他们"系狱按验"。不久，真正的劫盗落网，张道丰三人无罪释放，知州杨全因"入人罪"，被削籍为民。邵晔则受到朝廷嘉奖，宋太宗赞许他："尔能活吾平民，深可嘉也。"赐给邵晔五万贯钱，同时下诏要求各州县法官以杨全为戒。[2]

---

[1] （清）徐松辑：《宋会要辑稿·职官》二四之四。

[2] 参见（元）脱脱等《宋史·邵晔传》。

对判决持有异议的法官，还可以采取比较消极的做法——在判决书上附上自己的不同意见，这叫作"议状"。日后若证实判决确实出错了，"议状"的法官可免于问责。

在所有负连署责任的法官们都签字画押之后，这份判决书终于可以送到州太守手上了，太守如果没有什么意见，便可以定判结案了。定判是州太守的权力——所以我们称他是州法院判决委员会的"当然首席法官"。不过司法程序走到这里还未结束。定判后，法院还需要向犯人宣读判决书，问犯人是否服判。犯人若称服判，案子才算结绝，可以上报提刑司，等候提刑司的复核。

宋代实行"断由"制度，所有刑事诉讼与民事诉讼在结案宣判之后，法院要给原告与被告两造出具结案文书，结案文书中必须包含"断由"。"断由"是什么呢？就是法官作出判决的理由，是基于哪些法律条文、什么法理依据而作出该判决的。如果法院只给出一个简单的判决而拒绝出具"断由"，那么当事人可以越诉，到上级法司控告原审法院。

如果犯人声称不服判决呢？这时将自动启动申诉程序，前面走过的庭审、录问、检法诸程序，全部推倒重来，案子回到起点，由上级法司组织另一批法官（原审法官回避）或者移交给另一个法院重新开庭审理。这叫作"翻异别勘"——又是一个随着宋亡而消失的优良司法制度。

翻异别勘

"翻异别勘"是实行于两宋时代的一项司法制度。翻异，即翻供；别勘，即另外审理。宋代的刑案被告人在录问、宣判与临刑之际，都可以喊冤翻异。一旦翻异，案子便自动进入别勘的申诉程序。

宋朝的"翻异别勘"一般有两种形式：被告人在录问环节翻异，即移交本州的另一个法院重审（宋人在诸州均设置两三个法院的意义，这时候便显示出来了），这叫作"移司别勘"；被告人在录问之后翻异，则由本路的提刑司选派法官组成临时法庭，或委托其他州的法院复审，这叫作"差官别勘"。不管是哪一种别勘，原审法官都必须回避。

从本质上来说，"翻异别勘"其实就是一种自动申诉的司法机制。刑事被告人每一次翻异，就必须安排另外的法官重审，为此支付了巨大的司法资源，并不得不忍受缓慢的司法效率。——这正是宋政府令人钦佩的地方，是宋人"恤刑"思想的制度表现。

当然会有一些犯人利用"翻异别勘"的机制，一次次服押，又一次次翻异，于是一次次重审，没完没了。为避免出现这种浪费司法资源的状况，在司法公正与司法效率之间必须达成一种平衡。宋人想到的办法就是，对"翻异别勘"作出次数限制，北宋实行的是"三推之限"，即被告人有三次"翻异别勘"的机会，别勘三次之后，犯人若再喊冤，将不再受理。南宋时又改为"五推制"，即被告人可以五次"翻异别勘"。

但是，如果被告人控告本案法官受贿枉法而枉断其罪的，或者声称其冤可以立验的，不在"三推"或"五推"之限。又由于宋朝对大辟案的判决持慎之又慎的态度，也有一部分案子突破了法定次数的限制，一次次翻异，一次次别勘。孝宗淳熙年间，南康军民妇阿梁，被控与他人合奸谋杀亲夫，判处斩刑，但阿梁"节次翻异，凡十差官勘鞫"，翻异近十次，前后审理了九年，阿梁仍不服判，最后，法官据"罪疑惟轻"原则，从轻发落，免于阿梁一死。

——说到这里，我想补充一句：中华文明在很早时候就发育出"疑罪从无"的司法思想，《尚书》说，"与其杀不辜，宁失不经"。宋人蔡沈对这个古老的司法原则作了一番解释："辜，罪。经，常也。谓法可以杀，可以无杀。杀之，则恐陷于非辜；不杀之，恐失于轻纵。二者皆非圣人至公至平之意。而杀不辜者，尤圣人之所不忍也。故与其杀之而害彼之生，宁姑全之而自受失刑之责。"[1]我们今日的司法讲究"既不放过一个坏人，也不冤枉一个好人"，但有时候两者是有冲突的，不可两全其美，只能在"可能枉"与"可能纵"中二选一，而宋朝人与现代文明国家，都毫不犹豫地选择了"宁纵不枉"。

如果被告人没有在录问、宣判与临刑时喊冤翻异呢？是不是就此失去了申诉的机会？不是的。被告人或其亲属还可以在判决后的法定时效之内，向上级司法机关提起上诉。上诉后，即由上级司法机关组织法庭复审，严禁原审法院插手。如果司法机关没有按照制度要求受理上诉，而是将案子踢回原审法院呢？人民可以越诉，监察部门可以提出弹劾："帅臣诸司州郡，自今受理词诉，辄委送所讼官司，许人户越诉，违法官吏并取旨重行黜责，在内令御史台弹纠，外路监司互察以闻。"[2]

即便犯人没有翻异或上诉，复审的机制还是会自动开启——按照宋朝的司法制度，县法院对徒刑以上的刑案，其判决是不能直接生效的，必须在审结拟判之后申解州法院复审；州府法院受理的

[1] （宋）蔡沈：《书集传》。

[2] （清）徐松辑：《宋会要辑稿·刑法》三之二六。

刑案，也需要定期申报提刑司复核，提刑司若发现问题，有权将州府审结的案子推倒重审；最后，疑案还须奏报中央大理寺裁决。

我们只要比较一下历代司法制度，就会发现，宋人的申诉与上诉机会毫无疑问是最多的。

回避制

　　宋代在司法审判的各个环节，都设置了非常严格而周密的回避制。

　　首先是法官与诉讼当事人之间的回避。法院受理了一起诉讼案，那些被委任为推勘官、录问官、检法官、拟判官的法官人等，一旦发现与诉讼的原告或被告有亲戚、师生、上下级、仇怨关系，或者曾经有过荐举关系者，则必须回避。宋代非常重视检验，检验官也有回避要求，"诸检复之类应差官者，差无亲嫌干碍之人"[1]。不用说，这自然是为了避免法官的裁断受到私人关系、私人情感的影响，出现假公济私、公报私仇的情况。

　　同样道理，案子在进入申诉程序之后，不管是"移司别

---

[1]　（宋）宋慈：《洗冤集录》卷一。

勘"，还是"差官别勘"，负责复审的法官也必须是"不干碍官"，与诉讼当事人不存在私人关系。宋代的司法回避实行"申报制"，开庭之前，各位在回避范围之内的法官自行申报，再由当地政府核实，"自陈改差，所属勘会，诣实保明"[1]。那如果有回避责任的法官不申报呢？许人检举、控告。

对人命关天的要案，宋人更是特别强调回避的，北宋末的一条立法说："今后大辟，已经提刑司详复，临赴刑时翻异，令本路不干碍监司别推。如本路监司尽有妨碍，即令邻路提刑司别推。"[2]大辟重罪，即使已经复核过，若临刑时犯人喊冤，也要立即停止行刑，由本路提刑官委派法官重新审理。请注意，负责别勘的法官必须是"不干碍"之人，包括跟犯人没有亲嫌、仇怨，未曾审理过本案，与前审法官不存在利益相关。如果本路找不到符合"不干碍"条件的法官，就从邻路中找。

其次是法官与法官之间的回避。在一起案子的审判过程中，推勘官、录问官、检法官的作用无疑是最重要的，这三者之间，绝不能有亲嫌关系，否则必须回避，即便是同年关系，也应当回避。如果是复审的案子，复审法官或与原审法官有亲嫌关系，也需要回避，法院"移勘公事，须先次契勘后来承勘司狱（复审官）与前来司狱（原审官）有无亲戚，令自陈回避。不自陈者，许人告，赏钱三百贯，犯人决配"[3]。对隐瞒回避义务的法官，处罚非常严厉，"决配"。

宋代司法回避制中还有一项回避非常有意思：按发官回避。即由官方按发的案件，按发官本人不得参与审理，必避回避；案

[1]　（宋）谢深甫监修：《庆元条法事类》卷八。

[2]　（清）徐松辑：《宋会要辑稿·刑法》。

[3]　（清）徐松辑：《宋会要辑稿·刑法》。

子需要申报上级法司，由上级法司组织不干碍的法官组成法庭进行审理。"如系本州按发，须申提刑司，差别州官；本路按发，须申朝廷，差邻路官前来推勘。"[1] 宋人所说的"按发"，有点像今天的"公诉"，"按发官"则相当于"公诉人"。今天我们会觉得"公诉人回避"很不可思议，但如果我们回到历史现场，马上就会发现这一回避机制的设置很合理。传统中国实行的是审问式诉讼，公诉人如果参与审判，就相当于是既当原告又当仲裁官，这对被告人是很不公平的。宋朝未能发展出抗辩式诉讼，这是事实，但宋人显然已认识到，公诉人不可同时当仲裁官。那么在审问式诉讼的模式下，让按发官回避便是最优的选择了。

此外，缉捕官在司法审判过程中也需要回避，因为犯罪嫌疑人通常是他们抓捕的，出于立功的心理，他们会倾向于认定嫌犯有罪，容易锻炼成狱。宋代的缉捕、刑侦机构为隶属于州、路衙门的巡检司，以及隶属于县衙门的县尉司，合称"巡尉"，相当于今天的警察局。其职责是缉拿、追捕犯罪嫌疑人，搜集犯罪证据、主持检验等，但按照宋朝的司法制度，他们不可以参与推勘，更不能够给嫌犯定罪。宋初的一道立法规定："诸道巡检捕盗使臣，凡获寇盗，不得先行拷讯，即送所属州府。"[2] 宋真宗时，曾有犯人临刑称冤，法院吩咐县尉司复审，刑部即上言："县尉是元捕盗官，事正干碍，望颁制以防枉滥故也"[3]，要求明确立法禁止县尉推勘案件。

甚至上下级法官之间也要回避——有亲嫌关系的法官不能成为上下级，宋代立法规定："提点刑狱司检法官于知州、通判、

---

[1]（清）徐松辑：《宋会要辑稿·职官》五之五三。

[2]（宋）李焘：《续资治通鉴长编》卷一六。

[3]（清）徐松辑：《宋会要辑稿·刑法》三之五五。

签判、幕职官、司理、司法参军（录事、司户兼鞫狱、检法者同），亦回避。"[1]

这样的司法回避制度，可以说已经严密得无以复加了。

独立审判

我们当然不能说宋代已经出现近代意义的"司法独立"，但说宋人建立了"独立审判"的司法制度，则是没有问题的。宋朝的"独立审判"制度，可以用一句话来概括：外力可以监察，可以弹劾，但不能干预审判。

宋朝的法律明确规定：

一、州县法院独立进行审判，不得请示、征求上级法司的看法，"州县鞫狱，在法不得具情节申监司，及不得听候指挥结断"；

二、提刑司如果发出批示干预州县法院的司法审判，州县法院可以不必理睬，一概依照法律办事，"如监司指挥具情节及令听候指挥结断者，州县不得承受，一面依条施行"；

三、干涉下级独立审判的上级法司，以违制追究责任，"监司指挥具情节及令听候指挥结断者，以违制论"；

四、御史接受皇帝的委派，组成特别法庭审理案件，不受宰相与君主的干预，"受诏推劾，不得求升殿取旨及诣中书咨禀"。

而且，一名有抱负的宋朝法官，也会自觉追求司法过程中的

---

[1]　（宋）谢深甫监修：《庆元条法事类》卷八。

独立性，而拒绝外界的影响，包括来自皇帝的影响。北宋的大理寺卿韩晋卿曾受皇帝委派，前往宁州按治狱事。依照惯例，韩晋卿赴任之前，应当入对，即入宫面圣，请皇上做工作指示。但韩晋卿拒不入对，说："奉使有指，三尺法具在，岂应刺候主意，轻重其心乎？"[1] 他的意思是说，我奉命办案，以法律为准，国法摆在那里，就不必征求皇帝的意见了，免得干扰了司法。所以韩晋卿不入对便走马上任去了。时人也没有觉得韩晋卿的做法有什么不妥。

但是，宋朝的法律也指出："如监司见得（州县法院）果有情弊及情理未尽，即别行按劾。"上级法司与监察部门可以紧紧盯着司法，发现法官有不法情事或错判，可以弹劾，但就是不可以指挥法官如何审判。[2]

宋代的"独立审判"，还体现在其内部机制中。

我们知道宋朝司法程序异常繁复，一宗诉讼案往往有多名法官参与进来，他们被安排在不同的环节；而宋代的司法制度强调各个环节之间的独立性，不管是推勘、录问、检法的法官，还是参与判决书连署的法官，都是独立负责的，必须独立作出自己的选择，然后为自己的选择承担责任。法律严禁推勘官、录问官与检法官在结案之前会面、商讨案情，"诸被差鞫狱、录问、检法官吏，事未毕与监司及置司所在官吏相见，或录问、检法与鞫狱官吏相见者，各杖八十"[3]。

在拟判环节，法官也是完全独立判断，不必理会他人的意见。这种内部环节的独立性，保障了法官敢于跟首长或同僚据理

---

[1]　（元）脱脱等：《宋史·韩晋卿传》。

[2]　参见（清）徐松辑《宋会要辑稿·刑法》。

[3]　（宋）谢深甫监修：《庆元条法事类》卷九。

力争的权力，比如一名法官在他认为判决有问题的时候，可以拒绝签署。

宋人创设的司法程序与司法机制，跟他们的政体构造一样，都非常鲜明地体现了"事为之防，曲为之制"的分权与制衡之美。"防"什么？防止在司法审判过程中出现独大的权力，防止独大的权力制造冤案错案。如何"制"？宋人将审判过程切分为无数个环节，推勘、录问、检法、拟判、连署判决书、宣判、翻异别勘、上诉复审、复核、疑狱奏谳……环节环环相扣，又彼此独立，相互制衡。其设计之精巧，足以令人叹为观止。用南宋时期的一位大理寺官员的话来说："国家累圣相授，民之犯于有司者，常恐不得其情。故特致详于听断之初；罚之施于有罪者，常恐未当于理，故复加察于赦宥之际。是以参酌古义，并建官师，上下相维，内外相制。所以防闲考核者，纤悉委曲，无所不至也。"[1] "上下相维，内外相制，纤悉委曲，无所不至"这十六字，非常精准地概括了宋代司法制度有别于其他王朝的特点。

问责法官

司法程序再繁密，也不可能完全杜绝错判。因此，对于错判的责任追究是必不可少的。我们先来看一个故事：

南宋孝宗淳熙年间，一份自边关发往朝廷的军事密函在传递过程中被人私自拆封，并塞入一封匿名信，朝廷彻查下来，获悉是池州的"递卒"（传递军事信函的士兵）汪青"私启递筒"

---

[1]　（明）杨士奇、黄淮等编纂：《历代名臣奏议》卷二一七。

（密函装于竹筒内再密封，称为递筒）。当时宋朝与金国在边境对峙，汪青触犯军纪，"事关边徼"，后果很严重，所以被判了斩刑。谁知几年后，"他卒事觉"，即发现原来是其他递卒所为，朝廷这才知道汪青是冤枉的，被冤杀了。

冤案铸成，真相大白，当然必须进行补救。宋朝的做法，跟现代司法制度并无二致。补救分为两部分，一是给予"国家赔偿"，孝宗"诏给青家衣粮十五年"（《宋史·孝宗本纪》。另一处史料则说"青家支给五年"，这里采用《宋史》的记载），即由政府赡养汪青的妻小十五年。

二是追究法官的责任。在古代，法官错判被称为"出入人罪"，包括"故出人罪"（故意轻判或脱罪）、"失出人罪"（因过失而轻判或脱罪）、"故入人罪"（故意重判或捏罪）、"失入人罪"（因过失而轻罪重判或将无罪者入罪）。宋人的司法理念是"与其杀不辜，宁失不经"，换成现代的说法，即"疑罪从无"，体现在法官问责上，宋代对"失出人罪"的处罚很轻，几乎没有惩罚，对"失入人罪"的处罚则很严厉，"失入一人有罚，失出百人无罪"。因为这一做法具有激励法官轻判之弊，不利于"出公心为朝廷正法"，后来在臣僚的建议下，便改为"失出死罪五人比失入一人""失出徒、流罪三人比失入一人"[1]。但对"失入"的惩罚重于"失出"的倾向性，还是保留着，体现了宋朝对"与其杀不辜，宁失不经"司法理念的坚持。

所谓"人命关天"，宋代对"失入人死罪"尤为重视，创设了中国法律史上第一个"失入人死罪法"，可惜这一立法并未为后来的元明清继承。按宋神宗年间的立法，凡失入人死罪者，如

---

[1]　（清）徐松辑：《宋会要辑稿·刑法》四之七八。

误决三人，则负首要责任的法吏"刺配千里外牢城"；如误决二人，负首要责任的法吏押赴"远恶处编管"；如误决一人，则送"千里外编管"；其他负有责任的法官，也要受撤职、降职等处罚；如果犯人未处决，则法官的责任可减轻一等。当然处罚最严厉的是"故入人罪"，以"全罪"论处，即以含冤者所受到的罪罚还论法官。

此外，宋代的法律又规定，"狱官有失入人死罪者，终身不复进用"，"法司人吏失出入徒罪二人以上，或两次失出入徒罪一人，不许再差充法司"，意思是说，曾犯有"出入人罪"过失的官员，不得再担任法官。宋仁宗时，刑部推荐一人当"详覆官"（负责复核刑案的法官），仁宗记得他的姓名，说：此人曾因"失入人罪"，不得再迁官（升官），岂可任法吏？推荐者皆处罚金。

回到前面的汪青案，当年的主审法官是池州太守赵粹中。冤案被发现时，他已经离任，调到他处为官了。说起来，这个赵粹中倒不是个糊涂官，他曾雪岳飞之冤，主政池州时，"郡政修举，实惠及民"，可见虽不是"无懈可击的神探"，却也是一名好官，他对汪青案应该属于误判，是"失入人罪"。但按宋代的司法制度，即便是好官，即便是"失入"，也是要问责的，所以赵粹中因为这个案子"落职"。其他有牵连的官员也都受到程度不一的处分，"余责罚有差"。

诉讼证据

中华传统司法极重口供，视口供为"证据之王"，法官审判一起刑案，如果没有犯人的认供，一般不能定罪。口供主义的逻辑结果，还是无可避免地出现了刑讯逼供。宋代跟中国的其他王朝一样，刑讯是合法的，但刑讯有非常严格的限定，法律要求推勘官"须别设法取情，多方辩听，不得便行鞭拷"[1]；只有在反复的被告人其嫌疑重大又坚决不招供的时候可以刑讯。宋代刑讯的法定刑具是杖，杖的尺寸（"常行官杖，长三尺五寸，大头阔不过二寸，厚及小头径不得过九分"，约一米长，比成人大拇指略粗）、拷打的部位（背、臀、腿三个非要害部位），都有严格规定，以不伤及人命为主旨；拷打不得超过三次，每次要相隔

---

[1]　《宋刑统》卷二九。

宋慈和他的《洗冤录》。

二十天，总数不得超过二百下；老人、未成年人、残疾人以及孕妇、产妇，不得拷讯。这是法律的规定，法外用刑的情况肯定也是存在的。

宋代司法的进步之处其实不在于对刑讯的严格控制，而是突破了"口供为王"的惯性，口供作为判决依据的重要性已经大大降低，而证人证言、书证、物证、司法检验报告的法律效力开始超过供词。如《宋刑统》规定："若赃状露验，理不可疑，虽不承引，即据状断之。"意思是说，如果证据确凿，可以排除合理怀疑，即使被告人不认供，也可以直接援引证据断罪（在这里，刑讯逼供便成为不必要）。

反之，如果被告人招认不讳，但缺乏必要的证据，则不可匆忙结案，必须找到合理的证据。如宋仁宗时，洪州发生一起纵火案，一直抓不到纵火犯。三年后，官府抓获一盗贼，供认纵火案是他所做，但法官不敢仓促结案，而是讯问用什么纵火的。盗贼说：用瓦盆藏火种至其家，然后用彗竹引火。法官又追问纵火工具如今藏在哪里。盗贼说，埋在某个地方。官府果然在某地挖出瓦盆、彗竹。但州推官反对据此定罪，因为挖出来的瓦盆、彗竹"视之犹新"，根本不像是三年前所埋的东西。案子驳正重审，果然发现这盗贼是冤枉的。

由于证据在审判过程获得前所未有的重视，宋朝发展出一套非常完备的诉讼证据制度，其中包括出现了鉴定文书证据的公证机构，建立了空前发达的司法检验制度。宋代的"书铺"负有公证契约文书真伪的职能，是中国历史上最早的公证机构。宋人相信，对于民商事诉讼，"法当以契书为主，而所执契书又当明辨其真伪，则无遁情"，如果契书有疑，则请书铺鉴定、公证，"唤上书铺，当厅辨验"[1]。

宋人还认为，在刑事判决中，司法检验报告是最重要的证据。宋朝最伟大的法官之一宋慈在他的《洗冤集录》序言中说："狱事莫重于大辟，大辟莫重于初情，初情莫重于检验。"宋代的检验分为初检与复检，县法院一般以县尉兼检验官，州法院一般以司理参军兼检验官。接到命案的报案之后，检验官必须第一时间率领吏人、仵作赶往现场检验。这是初检。

在检验的过程中，检验官需要当众填写三个报告：一、《检尸格目》，即检验的程序报告，包括报检、到达现场、开始检验、报告上司的时间以及工作人员（须签名）等等。之所以要填

---

[1] 《名公书判清明集》卷九。

写格目，是为了防范检验走过场或作弊。二、《验状》，即检验所发现的伤痕报告。三、《正背人形图》，即用朱笔在人体正反面图形上画出受伤的地方，古人尚未发明摄影技术，图画可以发挥照相的功能。

这三个报告都是一式三份，一份给死者的血亲，一份官府存档，还有一份急递上司，上司接报后，必须立即组织法官复检。那份呈报给上司的检验报告，只可以填报检验所见的伤痕，而"不得具致死之因"[1]，这是因为要避免给复检的法医造成先入为主的印象；复检时，禁止复检人员与初检人员见面，以防止串通。

后世元、明、清三朝的司法检验，不管是技术上，还是机制上，基本未能超出宋代立下的框架。并且就整个刑事司法证据制度而言，甚至发生了倒退，因为在刑事审判过程中，证据的法律效力比宋代有所下降，口供重新获得统治地位，如清代律法规定，"断罪必取输服供词。"[2]

缓刑

缓刑，乃是指一个人触犯了刑律，经法院判定有罪，应依法接受刑罚，但法院只先宣告定罪，却暂时不执行刑罚，然后根据人犯在考验期间内的表现，再决定是否适用刑罚。以这样一种定义相衡量，古代中国有没有缓刑制度呢？显然，古代的"秋后处

---

[1]　（宋）谢深甫监修：《庆元条法事类》卷七五。

[2]　（清）赵尔巽等撰：《清史稿·刑法志》。

斩"并不合缓刑的定义，那只是国家对死刑执行日期的统一安排。

中国从北魏到清末一直实行的"存留养亲"制度，倒是有点像缓刑：人犯若有直系尊亲年老无依，而且所犯非"十恶"之罪，那么允许具状上请法外容情，流刑可免发遣，徒刑可以缓期，将人犯留在家中照顾老人，待老人去世后再执行刑罚。但"存留养亲"的涵义，还是跟现代缓刑制度不一样。

所以，国内法学界的主流意见都认为传统的中华法系不曾产生过缓刑制度，缓刑是西方司法制度的产物，最早出现于19世纪的美国，中国要到晚清修律时才从西方引入缓刑制。我还看到有人大发宏论："古代中国，适用刑罚重在强调报应和通过惩罚犯罪人已达到威吓的效果，这就注定了在中国古代不可能存在现代意义上的缓刑。"真的是这样吗？恐怕又要让那些轻薄中国法制传统的"西化派"失望了——宋代恰恰出现了非常接近于现代意义的缓刑制度。

我们现在读南宋司法判词辑录《名公书判清明集》，往往可以看到诸如这样的判词：

"张达善勘杖八十，且与封案，再犯拆断"；

"许文通勘杖八十，封案，如敢更干预王氏家事，即行拆断"；

"吴君文勘杖八十，封案，再词拆断"；

"赵端本合照条勘断，且以其年老，封案"；

"先将黄仲举勘杖八十，断讫，并入匣"；

"郑八娘不义，凶于而家，是陈子牧之罪人也，勘杖八十，封案"；

"王齐敬合照前判，且更与从杖一百，封案一次"；

"吴师渊合照条勘断，但勘下杖一百，押下县，交领寄库钱、会退赎。如能悔过，却与免决"……

这些判词宣布的其实都是缓刑。宋朝法官在审理一些轻微罪（杖以下）的案子时，通常在对犯罪人作出刑罚判决（比如杖八十）之后，基于情理法的衡平考虑，先将判决书入匣，暂不执行判决的刑罚。这叫作"封案"，有时也叫做"寄杖""勘杖""勘下杖"。如果犯罪人能够悔改前非，则刑罚不再执行；如果犯罪人不思悔改，则开匣取出判决书，执行刑罚，这叫作"拆断"。"封案—拆断"，就是宋朝的缓刑制度。

不管是从"封案—拆断"的形式来看，还是从这一司法惯例的出发点来看，都跟现代意义上的缓刑非常接近。宋朝"封案"制适用于杖以下的轻微犯罪，今天各国实行的缓刑制，一般也是只对轻微罪行适用，而不能适用于重罪重刑。现代缓刑制度的构成要件是有罪判决，但暂时不执行，再根据犯罪人表现决定是否执行刑罚，宋朝的"封案—拆断"同样包含了这些要素。现代国家设立缓刑制度的初衷，乃是以刑罚为威慑，又给予当事人悔过的机会，宋朝的"封案"亦基于同样的考虑。

可惜"封案—拆断"制度似乎为宋朝所独立，宋朝覆灭后，这一古典的缓刑制度便湮灭了，以致今日许多专业的法律工作者都未必知道"封案—拆断"制度为何物。

人道主义

宋理宗宝庆二年（1226），苏州设立了一所"安养院"，占地约三顷，有房屋百来间，是专门收治病囚的医院。南宋士大夫陈耆卿的《安养院记》记载了这所安养院的修建过程：当时有一些人反对建立病囚医院："囚有罪者也；固死，死有罪者也。医有罪，使不死，岂过欤？"主持修建安养院的政府官员解释说："不然。均是民也，均是耳目肢体也。其罪至死者，法也；欲生之者，吾心也。纵不可生，当死于法，而不当死于病也。"这一充满人道主义与法治精神的说法，放在今天也丝毫不过时。

华夏刑狱制度中有很古老的"悯囚"传统，比如犯人在狱中得病，当由官府派医生诊断、救治，不能因为是犯人就可以不管不顾。到残唐五代时，还为病囚设立了专门的医院——病囚院，宋朝延续这一制度，将病囚院纳为监狱的一个配套设施。咸平四年（1001），大宋"诸路置病囚院，徒、流以上有疾者处之，余责保于外"[1]，轻刑者允许保外就医。如果监狱内有囚犯病死，追究监狱责任，"勘会在狱病囚，官给药物医治，病重责出，自有成宪。深虑州县循习苟简，不与救疗，及不照条责出，因致死亡，仰监司、知、通常切觉察"[2]。

为避免冬季有犯人冻死于监内，宋政府要求监狱中配置取暖设备。孝宗隆兴元年（1163），宰相发布了一道法令："勘会大理寺、临安府狱囚，近缘雪寒，已降指挥，除破粮食外，更给柴炭，贫者假以袄裤、手衣之类。其外州军亦合一体施行。"[3]我们看《水浒传》，发现小说将宋朝的监狱描绘成地狱一样的黑暗世界，也许这确实反映了历史的局部真实，但如果将《水浒传》的描写理解成宋代监狱制度的全貌，那一定是误会了历史。

即便是罪大恶极的死囚，在他们终刑之际，也能得到基于人

[1] （元）脱脱等：《宋史·刑法志》。

[2] （清）徐松辑：《宋会要辑稿·刑法》。

[3] （清）徐松辑：《宋会要辑稿·刑法》。

道主义的临终关怀。北宋有一位叫作宋祁的法官，每次在死囚即将被处决之前，必拿着判决书告诉囚犯："尔罪应死，尽召家人，使之相见。"这是宋朝的"刑前会见权"。然后，宋祁又给死囚安排了比较丰盛的最后一餐，让他们饱餐一顿后再上路。临刑之际，"囚皆叩颡感泣"。待犯人伏法后，宋祁还替他们请来僧人"诵经忏罪"。常州的死囚都很感念宋祁的恩德，对宋祁说，"若物化有知，当为宋府君作狗马偿厚德"。

我们当然可以说，宋祁是一位很有同情心的法官。不过我这里不准备过多强调个人的美德，因为宋祁所执行的，并不是他本人的独创，而是一套宋人已在法律上确定下来的死囚"临刑关怀"制度。

根据宋朝的立法，这套"临刑关怀"制度包括七个层面：

一、死囚被处决之前，"仍先给酒食"，允许犯人的最后一餐吃好喝好；

二、"听亲戚辞诀"，犯人享有在临刑前会见亲人、进行人生告别的权利；

三、"示以犯状"，即当众宣读犯人的罪状、判决、断由（法律依据），不搞秘密宣判；

四、"不得掩塞其口"，即禁止用东西塞住临刑死囚之口，要允许他说话；

五、若死囚"翻异（翻供喊冤），或其家属称冤"，必须中止行刑程序，快马"递申提点刑狱司审察"；[1]

六、死囚一般在未申时分（黄昏）行决，"经宿乃许收瘗"，尸首第二天由亲属领回收葬，官府不得阻挠；

---

[1] 以上均见《元丰令》。

七、没有亲属、家人的死囚，由官府给予体面的安葬，"诸囚死，无亲戚者，皆给棺，于官地内权殡，其棺并用官物造给……置砖铭于圹内，立牌于上，书其姓名"[1]。

就算以今天的挑剔目光来看，这依然是一项焕发出人道主义光芒的先进制度。

情·理·法

如果我们要概括宋代司法的特色，那么有两点是不可以忽略的：

第一，对于刑事司法，宋人设置了非常复杂、繁琐、周密的司法程序，以分权与制衡之术来提防法官滥权、枉法。这一点我们上面已经有详细的介绍，那些认为中国传统司法缺乏制衡的朋友，需要再虚心去了解宋人的司法体制。

第二，对于微小刑事案与民事案，宋代司法特别强调情、理、法三者的衡平。所谓情，即风俗人情，其中包含了"习惯法"的精髓；理，即天理，类似于"自然法"的概念；法，即国法、国家订立的"成文法"。一名出色的宋朝法官在仲裁任何一起争讼的时候，都需要周全地考虑到情、理、法三重因素，而不可僵硬、机械地套用法条。因为宋人相信，"祖宗立法，参之情理，无不曲尽。倘拂乎情，违乎理，不可以为法于后世矣"，立法要尊重天理人情，司法也一样，人民到法院诉讼，"事到本

---

[1] 《天圣令》。

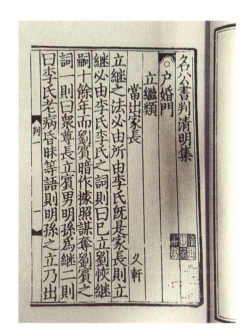

收录南宋法官判词的《名公书
判清明集》。

司，三尺具在，只得明其是非，合于人情而后已"。[1]

我们看《名公书判清明集》收录的南宋判词，可以发现宋朝
法官（名公）频频使用的一个词便是"在法"，翻译过来，就是
"根据法律规定"的意思。这当然说明了名公们对于法律的熟
稔。但宋朝法官的角色并不是充当"法律的自动售货机"，在他
们作出的判词上，同时也强调"据条任理""据理据法""酌以
人情，参以法意""揆之条法，酌之人情"。著名的南宋法官胡
颖说："殊不知法意、人情，实同一体，徇人情而违法意，不可
也；守法意而拂人情，亦不可也。权衡于二者之间，使上不违于

[1] 参见《名公书判清明集》卷一二、卷七。

法意，下不拂于人情，则通行而无弊矣！"[1] 优良的判决，必是讲求"理法两平""情法均衡"的。

胡颖审判过一起财产纠纷案：有李五三兄弟，借了别人家一笔钱，但因为"素无生业"，穷得连饭都吃不饱，债务也就一直未能偿还。债主讨不回债务，便将李五三兄弟告上法庭。按照宋代的债法，只要债权人告到了法院，并提供确凿的证据指证债务人欠债，官府便可以强制要求债务人清偿，并处"杖一百"的处罚。官府即勒令李五三兄弟限期还钱。这在法理上是没有问题，欠债还钱，天经地义。但李五三兄弟实在太穷，"更无一钱以偿之，啼饥号寒，死已无日，纵使有欠负，亦已无可责偿"。

最后，法官胡颖作出判决："债负违契不偿，官为追理，罪止杖一百"，但李五三兄弟"形容憔悴如此"，如何有可能还钱？官府"合免监理"，即终止执行清偿债务的强制措施。法律规定的杖责"亦岂可复施"？只能赦免，并"仍各于济贫米内支米一斗发遣"[2]，让李五三兄弟分别领了一斗救济粮，打发回家了。

胡颖的判决可以说是"屈公法而徇人情"，但没有人觉得判决不当、不公，而是被当成"情法均衡"的典范判例。显然，胡颖并没有严格按照现行成文法条进行机械性的判决，而是根据他对"法意"的理解、对"人情"的参酌，提出了更加合乎情理的裁断，从而弥补了立法的不近人情之处。不独胡颖如此，许多宋代名公都是像胡颖这样处理微小刑事案与民事诉讼的。

南宋名公天水审理的一起"子与继母争业案"，更展示了宋

[1] 《名公书判清明集》卷九。
[2] 《名公书判清明集》卷九。

代法官衡平情、理、法的高超技艺。这起民事诉讼案说的是，有一位家境殷实的吴贡士，在夫人去世之后娶了继室王氏。老夫少妻，吴贡士自然很疼惜王氏，依着王氏的主意，购置了不少田产、房产，都以王氏奁产的名义立契。后来吴贡士去世，年轻的王氏便带着她的财产改嫁。吴贡士与前妻生有一子，叫吴汝求，可能因为母亲早逝，缺乏管教，吴汝求长大后便成了一名浪荡哥儿，"为非淫佚，狂荡弗检"，父亲去世方三年，他就败尽了家产，"倾资产妄费，贫不自支"。

这时吴汝求想起父亲吴贡士生前宠爱继室王氏，用她的名义购置了不少财产，如今这些财产都被王氏一股脑儿带走了。想到这里，吴汝求实在不甘心，便将继母王氏告上法庭（放在其他王朝，起诉继母是大逆不道的事情）。法官天水受理了这起诉讼案，并很快查明：王氏自带的奁产有二十三种，吴贡士以她的名义购置的田产有四十七种，这四十七种为争议财产，吴汝求认为，"系其故夫己财置到"，不应该全部归王氏所有。法官天水根据日常经验，也判断王氏怂恿丈夫以她的名义"自立町畦，私置物业"，实在不合常理。

那么法官天水将如何判决这起争讼案呢？他虽然怀疑王氏很可能早有私吞吴家财产的预谋，但司法的判决还得以证据为准，"然官凭文书，索出契照，既作王氏名成契，尚复何说？"既然那四十七种田产、房产的契书均立王氏之名，只能判处财产归王氏所有，换言之，吴汝求败诉了。天水的判决以法律为准绳，在法理上是无可挑剔的。然而，大宋法官还需要衡平考虑情理。因此，天水同时又补充了判决："王氏改适既得所，吴汝求一身无归，亦为可念"；"请王氏以前夫为念，将所置到刘县尉屋子业与吴汝求居住，仍仰吴汝求不得典卖，庶几夫妇、子母之间不至断绝，生者既得相安，死者亦有以自慰于地下矣"。[1] 法官请求王氏将吴贡士生前给她购置的其中一份物业给予吴汝求居住，但所有权仍归王氏，吴汝求不得典卖物业。如此，王氏的财产权依法得到保护，而子母的情分也得以兼顾。大宋名公的司法理念与仲裁技艺，纵是千载之下，也未过时。

我们读《名公书判清明集》记载的判例，完全有理由说，宋朝法官更像是英伦普通法体系中的法官。他们在审判微小刑事案与民事诉讼的时候，掌握有充分的自由裁量权，可以根据自己的良心与法学知识，以及对于习惯法、自然法、成文法的衡平考虑，作出有说服力的判决。宋朝尽管没有系统性的民事立法（普遍法法系也是如此），但这些分散的无数判例，以及它们背后共同遵守的情理法衡平原则，已经凸显出宋代的民事司法制度明显有别于刑事司法制度的鲜明特点。称华夏传统法系"民刑不分"的论调，可以休矣。

大法官

宋代一部分士大夫对司法奥旨的深刻理解，我觉得可以让今天的一些律师也自叹不如。为了说明这一点，我先卖个关子，讲一个汉代的故事——

张释之，汉朝名臣，受文帝赏识，拜为廷尉，即首席大法官。一日，汉文帝出行，经过长安城北的中渭桥时，有一个人突然从桥下跑出来，导致拉皇舆的马受惊，文帝也差点受了伤。

---

[1] 《名公书判清明集》卷一〇。

于是皇帝命令侍卫将那人擒住，交给张释之审讯。经讯问，原来那人是长安县的乡下人，因为听到开路禁行的喝道声，便躲到桥下，过了许多，以为皇帝的乘舆车骑已过，便跑了出来，谁知就冲撞了皇舆（在当时，这叫作"犯跸"）。

张释之向文帝报告了案情，然后提出处罚意见："依大汉朝的法律，一人犯跸，当课罚金。"文帝听后大怒，说："此人惊了我的马，幸亏这马儿驯良，要是换了别的马，说不定就将我摔伤了。廷尉你竟然只判处他罚金？"张释之告诉文帝："法者，天子所与天下公共也。今法律如此规定，当依法执行。陛下如欲加重惩罚，则法不信于民也。那人犯跸之时，陛下你若将他杀了也就罢了，但现在已交到我廷尉这里；廷尉，自当公正执法，若有偏差，则天下的法官都会任意轻重，那老百姓岂不是要手足无措？望陛下明察。"文帝思之良久，说道："廷尉当是也。"承认张释之是正确的。[1]

显然，法官张释之所秉持的司法理念是：一项法律确定下来之后，天子当与天下人共同遵守；一个案子进入司法程序后，应由法官依法裁决，皇帝也不可干预。他对"犯跸案"的审理，也堪称司法公正、独立审判的典范。

然而——现在我们绕回宋朝——宋朝的学者提起这个案例时，还是对张释之很不满意。为什么？宋人洪迈说，张释之的判决"可谓善矣，然张云'上使使诛之则已'，无乃启人主径杀人之端乎！斯一节未为至当也"[2]。他认为作为负责司法的廷尉，实在不应该说出"上使使诛之则已"（那人犯跸之时，陛下你若

522

523

[1]　（汉）司马迁：《史记·张释之列传》。

[2]　（宋）洪迈：《容斋随笔》。

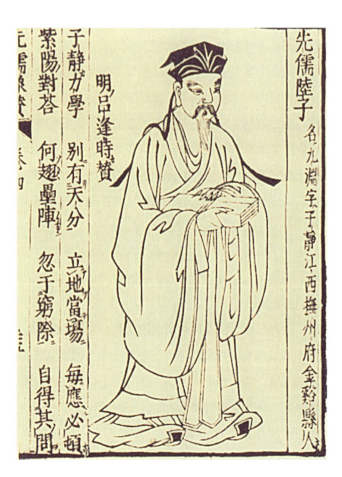

先儒陸子

名九淵字子靜江西撫州府金谿縣人

明呂逢時贊

子靜力學　別有天分　立地當場　每應必頓
紫陽對荅　何趣壘陣　忽于窈際　自得其間

南宋士大夫陆九渊立像，取自明代吕维祺编著、
崇祯刻本《圣贤像赞》。

将他杀了也就罢了）这样的昏话，因为这种昏话会启发皇帝的杀心。

南宋理学家陆九渊对张释之的批评更加深刻。他从一个很刁钻的角度发出诘问：假设汉朝的法律规定"犯跸者杀无赦"，那廷尉是不是也应该坚定地按照法条办案，将那个倒霉而无辜的乡下人处死呢？

陆九渊的答案当然是"不可处死"。因此，陆九渊说，张释之不应该只是以"今法如是"（今法律如此规定）来塞皇帝的嘴，更应当向皇帝阐明"不可杀"的法理所在。这个法理，陆九渊追溯到《尚书》记载的一项古老的司法原则："乃有大罪，非终，乃惟眚灾，适尔，既道极厥辜，时乃不可杀。"这段话，需要逐字翻译一下："非终"，指偶犯；"眚灾"，指因过失造成灾害；"适尔"，指偶尔；"道极厥辜"，指坦白自己的罪行。整句话的意思是，如果有人犯了大罪，但属偶犯、出于过失而非故意，而且坦白了自己的罪行，那么他就不可被判死刑。

根据这项古老的司法原则，陆九渊认为，"犯跸案"中的那个乡下人，只是偶然的过失，不存在犯罪故意，即使他使汉文帝受了伤，也应该从轻发落，何况文帝并未受伤。如果当时的法律条文违背了这样的司法原则，"苟法有不善"，张释之身为廷尉，则有义务提请皇上修订法律，使法条合乎正义。但张释之不能阐述清楚法理，"以去文帝之惑"，而只知道说"今法如是"，这个廷尉当得可不合格，难怪后世出现了"任法之弊"。[1]

陆九渊在这里表达了他对于司法的非凡见解——法官，不仅

---

[1] 《陆九渊集》卷二二。

要据法决断，也当依照古老而永恒的法理审查法条。这些法理蕴含于永恒的天道人情（自然法）中，记录于古老的法典中，由饱学的士大夫给予发现、阐述。显然，皇帝应当接受这些先于他存在的法理；以皇帝名义制订出来的法条，也要符合永恒法理，方为"善法"。这样，既能够保持司法之独立，也可以避免法家式的"任法之弊"。说到这里，您也许会发现，这种儒家式的法官，已经相当接近普通法系下的大法官了。

后　记

　　我十多年前读黄仁宇的书，看到黄氏说："公元960年宋代兴起，中国好像进入了现代，一种物质文化由此展开。货币之流通，较前普及。火药之发明，火焰器之使用，航海用之指南针，天文时钟，鼓风炉，水力纺织机，船只使用不漏水舱壁等，都于宋代出现。"当时并无特别的感触，一翻而过。

　　后来检阅宋代史料与关于宋史的研究著作渐多，才突然想起黄仁宇的这段话，油然感慨宋朝"好像进入了现代"。也因为心中有了这感触，我忍不住在微博上发了一系列介绍宋朝"现代性"的历史细节。比如宋代开封的城市白领不在家中做饭，而是"叫外卖"；比如《清明上河图》展示的酒店业"灯箱广告"；比如南宋杭州出现的"猫粮专卖店"；比如宋代大城市的"证券交易所"；比如诞生于宋代的纸币；比如宋朝高度发达的契约；比如宋代立法的"民主审议程序"；比如非常缜密的宋代司法程序；比如十分讲求分权制衡的权力构造……这些历史细节组合起来，便展现出一种非常"现代化"的宋朝社会景象，让生活于现代社会的我们有一种"似曾相识"的感觉。

微博发出后，许多朋友都觉得有意思，说与他们想象中的"宋朝"不一样。其实我所说的宋朝细节，对于宋史研究者来说，不过是平淡无奇的常识。只是大众未必阅读过多少宋史研究的专著，又囿于宋代"积贫积弱""封建专制"的成见，所以无法想象宋朝历史的丰富性。

也有一些朋友对我说，你不如写一本重新评介宋代的书吧，也好扭转现在人们对宋朝的成见。"扭转成见"云云，我不敢妄想，但换一个视角来重新观察宋朝，发现宋朝，并与朋友们分享"重新发现"的一点个人心得，倒是我所愿。

于是便有了这本书。

我以前出的书，基本上都是由报章杂志发表过的文章整理集合而成。唯这一本，是专门为展现宋朝社会的"现代性"而用了两年时间系统地"梳爬"出来的。文字分为四卷，分别从生活、社会、经济与法政四个角度展示宋代的文明成就。我又从宋画中精心挑选了近百幅（包括宋画局部）作为插图，以让我们可以更加真切地感受宋朝文明。

"文明"，这是宋朝最令我着迷的地方。曾有朋友问道，你为什么总是这么喜爱宋朝？这个问题我思考了很久。我想我的答案应该就是"文明"二字。宋朝武功显然不如汉唐之盛时，但文明却达至历朝历代之顶峰。陈寅恪先生说："华夏民族之文化，历数千载之演进，而造极于赵宋之世，后渐衰微，终必复振。"宋代文明中，已经呈现出丰富的"现代性"，并深刻影响了欧洲的文明发展。现在流传颇广的所谓"中国历史停滞论""冲击—回应论"，不过是基于"西方中心论"的偏见。希望有机会读到这本书的朋友，能够抛却这种偏见，发现"宋朝—中国历史—传统文化"的另一面。

写这本书，我不敢说批阅了多么巨量的史料，但自认为参考了非常多的学界专家的研究成果。我想写的并不是顾影自怜的学术文章——宋朝的文明需要让更多的人看到；但我也不希望将文章写成"×朝那些事儿"这样的文化快餐。我更愿意以做学问的态度，来写更有可读性的文字。书中或有"惊人之论"，但这些论点，都有史料支持，而非"故作惊人语"。当然，最后呈现在读者面前的成品，是否达到"做学问"的要求，评判权在读者。因学识所限，书中难免有大量错漏，还望读者诸君不吝于指正。

写《大宋帝国三百年》的学者金纲先生曾经评说他的大著："期待能有朋友挑出硬伤！哥必公开致谢致歉，并自纠正。但书中所有史识、史见、史论，即使有自认入木三分之批评，哥也不改！盖哥之治史自有根脉，不容移易是也！"我想将金先生的这句话抄下来，以作自我表白。

这本书能够这么快摆到读者面前，要感谢广西师范大学出版社的玉成，感谢范新先生与"新民说"诸位编辑的辛苦劳动，也感谢所有在学识上给了我有益启迪的前辈学人、同道师友，感谢微博上一直关注我言论的粉丝与网友。

我写作这本小书，有我太太与孩子欢乐相陪，并得到她们的鼓励与支持。本书献给她们。

附　录
主要参考文献

史料、古籍

［西汉］司马迁：《史记》，［宋］裴骃集解，［唐］司马贞索引，［唐］张守节正义，中华书局，2014。

［东汉］班固：《汉书》，［唐］颜师古校注，中华书局，1962。

［东汉］赵晔：《吴越春秋》，江苏古籍出版社，1999。

［后晋］刘昫等：《旧唐书》，中华书局，1975。

［唐］长孙无忌等：《唐律疏议》，岳纯之点校，上海古籍出版社，2013。

［唐］李林甫等：《唐六典》，陈仲夫点校，中华书局，2014。

［宋］陈亮：《陈亮集》，中华书局，1974。

［宋］成寻：《参天台五台山记》，花山文艺出版社，2008。

［宋］邓椿、［元］庄肃：《画继 画继补遗》，人民美术出版社，1963。

［宋］窦仪等：《宋刑统》，中华书局，1984。

［宋］罗濬等：《宝庆四明志》，国家图书馆出版社，2003。

［宋］曹勋、蔡絛、李纲、丁特起：《北狩见闻录 北狩行录 靖康传信录 靖康纪闻》，商务印书馆补印本，1959。

［宋］蔡沈：《书集传》，四库全书本。

［宋］陈鹄等：《师友谈记 曲洧旧闻 西塘集 耆旧续闻》，孔凡礼点校，中华书局，2002。

［宋］蔡襄：《宋端明殿学士蔡忠惠公文集》，《宋集珍本丛刊》，线装书局，2004。

［宋］程颢、程颐：《二程集》，王孝鱼点校，中华书局，2004。

［宋］杜范：《杜清献公集》（即《清献集》），清光绪六年九峰书院重刊本。

［宋］范仲淹：《范文正公文集》，影北京图书馆藏元祐四年序刊本。

［宋］洪迈：《容斋随笔》，孔凡礼点校，中华书局，2005。

［宋］洪迈：《夷坚志》，中华书局，1981。

［宋］江少虞编纂：《宋朝事实类苑》，上海古籍出版社，1981。

［宋］胡安国：《春秋传》，岳麓书社，2011。

［宋］胡仔：《苕溪渔隐丛话》，人民文学出版社，1962。

［宋］李觏：《李觏集》，王国轩校点，中华书局，1981。

［宋］李焘：《续资治通鉴长编》，中华书局，2004。

［宋］李心传：《建炎以来系年要录》，上海古籍出版社，2008。

［宋］李心传：《建炎以来朝野杂记》，徐规点校，中华书局，2000。

［宋］黎靖德：《朱子语类》，王星贤注解，中华书局，1986。

［宋］刘克庄：《后村先生大全集》，四川大学出版社，2008。

［宋］楼钥：《攻媿集》，中华书局，1985。

［宋］罗从彦：《罗豫章集》，商务印书馆，1936。

［宋］罗大经：《鹤林玉露》，王瑞来校注，中华书局，1983。

［宋］吕希哲、张舜民：《吕氏杂记 画墁录》，中华书局，1991。

［宋］吕祖谦编：《宋文鉴》，齐治平校点，中华书局，1992。

［宋］陆九渊：《陆九渊集》，钟哲点校，中华书局，2008。

［宋］陆游：《老学庵笔记》，中华书局，1979。

［宋］马端临：《文献通考》，上海师范大学古籍研究所、华东师范大学古籍研究所点校，中华书局，2011。

［宋］孟元老：《东京梦华录笺注》，伊永文笺注，中华书局，2006。

［宋］孟元老等：《东京梦华录（外四种）》，古典文学出版社，1957。

［宋］欧阳修：《欧阳修全集》，中华书局，2001。

［宋］欧阳修：《欧阳文忠公全集》（即《文忠集》），

北京图书馆出版社，2005。

［宋］欧阳修等：《归田录（外五种）》，韩谷等校点，上海古籍出版社，2012。

［宋］王辟之、欧阳修：《渑水燕谈录 归田录》，吕友仁、李伟国点校，中华书局，1997。

［宋］潜说友：《咸淳临安志》，浙江古籍出版社，2012。

［宋］秦观：《淮海集笺注》，徐培均校注，上海古籍出版社，2000。

［宋］司马光编著：《资治通鉴》，中华书局，2009。

［宋］司马光：《涑水记闻》，邓广铭、张希清点校，中华书局，1989。

［宋］邵伯温：《邵氏闻见录》，李剑雄、刘德权点校，中华书局，1983。

［宋］沈括：《梦溪笔谈》，上海书店出版社，2003。

［宋］文莹：《湘山野录 续录 玉壶清话》，杨立扬、郑世刚点校，中华书局，1997。

［宋］苏敬：《新修本草》，上海古籍出版社，1985。

［宋］苏轼：《苏轼全集》，上海古籍出版社，2000。

［宋］苏辙：《栾城集》，曾枣庄、马德富校点，上海古籍出版社，2009。

［宋］陶毂、吴淑：《清异录 江淮异人录》，孔一校点，上海古籍出版社，2012。

［宋］王安石：《王文公文集》，唐武标注，上海人民出版社，1974。

［宋］王楙：《野客丛书》，王文锦点校，中华书局，1987。

［宋］王铚、王栐：《默记 燕翼诒谋录》，朱杰人、诚刚

点校，中华书局，1981。

［宋］王禹偁：《王黄州小畜集 王黄州小畜外集》，《四部丛刊初编》，上海书店，1989。

［宋］魏泰：《东轩笔录》，李裕民点校，中华书局，1997。

［宋］文同：《文同全集编年校注》，胡问涛、罗琴校注，巴蜀书社，1999。

［宋］吴曾：《能改斋漫录》，上海古籍出版社，1979。

［宋］杨万里：《诚斋集》，吉林出版集团，2005。

［宋］杨仲良：《皇宋通鉴长编纪事本末》，黑龙江人民出版社，2006。

［宋］叶梦得：《石林燕语》，中华书局，1984。

［宋］叶梦得：《石林诗话校注》，逯铭昕校注，人民文学出版社，2012。

［宋］叶绍翁：《四朝闻见录》，沈锡麟、冯惠民点校，中华书局，1997。

［宋］叶适：《叶适集》，刘公纯、王孝鱼、李哲夫校注，中华书局，2010。

［宋］叶适：《习学记言序目》，中华书局，2009。

［宋］袁枢：《通鉴纪事本末》，中华书局，1964。

［宋］岳珂、王铚：《桯史 默记》，上海古籍出版社，2012。

［宋］曾巩：《曾巩集》，中华书局，1984。

［宋］曾敏行：《独醒杂志》，朱杰人标注，上海古籍出版社，1986。

［宋］张邦基、范仲：《墨庄漫录 过庭录 可书》，孔凡礼点校，中华书局，2002。

［宋］张世南、李心传：《游宦纪闻 旧闻证误》，中华书局，1981。

［宋］赵明诚：《宋本金石录》，中华书局，1991。

［宋］赵令时、彭乘：《侯鲭录 墨客挥犀 续墨客挥犀》，孔凡礼点校，中华书局，2002。

［宋］赵汝适：《诸蕃志校释 职方外纪校释》，杨博文校释、谢方校释，中华书局，2000。

［宋］赵彦卫：《云麓漫钞》，傅根清点校，中华书局，1996。

［宋］赵与时、徐度：《宾退录 却扫编》，上海古籍出版社，2012。

［宋］郑樵：《通志》，浙江古籍出版社，2007。

［宋］周辉：《清波杂志校注》，刘永翔校注，中华书局，1997。

［宋］周密：《癸辛杂识》，吴企明点校，中华书局，1997。

［宋］周去非：《岭外代答校注》，杨武泉注解，中华书局，1999。

［宋］周应合：《景定建康志》，南京出版社，2009。

［宋］朱熹：《晦庵先生朱文公文集》，国家图书馆出版社，2006。

［宋］朱熹：《四书章句集注》，中华书局，1983。

［宋］朱翌：《猗觉寮杂记》，《钦定四库全书》本。

［宋］朱彧：《萍洲可谈》，李伟国校点，上海古籍出版社，1989。

［宋］庄绰：《鸡肋编》，王瑞来校笺，中华书局，1997。

［金］元好问、无名氏：《续夷坚志 湖海新闻夷坚续

志》，中华书局，1986。

〔元〕戴表元：《剡源集》，《艺风堂读书志》本。

〔元〕李东有：《古杭杂记》，《武林掌故丛编》本。

〔元〕脱脱等：《宋史》，中华书局，1985。

〔元〕佚名编：《宋史全文》，黑龙江人民出版社，2005。

〔元〕周达观、耶律楚材、周致中：《真腊风土记 西游录 异域志》，夏鼐、向达、陆峻岭校注，中华书局，2000。

〔明〕陈邦瞻：《宋史纪事本末》，中华书局，2015。

〔明〕黄淮、杨士奇编：《历代名臣奏议》，上海古籍出版社，2012。

〔明〕黄宗羲：《宋元学案》，〔清〕全祖望补修，陈金生、梁运华点校，中华书局，1986。

〔明〕郎瑛：《七修类稿》，上海书店出版社，2001。

〔明〕李东阳等：《大明会典》，〔明〕申时行等重修，广陵书社，2007。

〔明〕陶宗仪等编：《说郛三种》，上海古籍出版社，1998。

〔明〕田汝成：《西湖游览志余》，上海古籍出版社，1980。

〔明〕叶盛：《水东日记》，中华书局，1980。

〔明〕解缙等编：《永乐大典》，北京图书馆出版社，2004。

〔清〕毕沅：《续资治通鉴》，中华书局，1999。

〔清〕董含：《三冈识略》，辽宁教育出版社，2000。

〔清〕顾嗣立编：《元诗选》，中华书局，1987。

〔清〕郭嵩焘：《郭嵩焘日记》，湖南人民出版社，1982。

〔清〕黄以周等辑注：《续资治通鉴长编拾补》，顾吉辰点校，中华书局，2004。

　　［清］潘永因：《宋稗类钞》，书目文献出版社，1985。

　　［清］昭梿：《啸亭杂录 续录》，冬青点校，上海古籍出版社，2012。

　　［清］徐松辑：《宋会要辑稿》，刘琳、刁忠民、舒大刚、尹波等点校，上海古籍出版社，2014。

　　［清］薛允升：《唐明律合编 庆元条法事类 宋刑统》，中国书店，1990。

　　［清］叶德辉：《书林清话》，上海古籍出版社，2008。

　　［清］张廷玉等：《明史》，中华书局，1974。

　　［清］赵尔巽等：《清史稿》，中华书局，1998。

　　［清］纪昀等：《钦定四库全书》。

论著

　　唐圭璋编：《全宋词》，中华书局，1965。

　　中国社会科学院历史研究所宋辽金元史研究室点校：《名公书判清明集》，中华书局，2002。

　　丁传靖辑：《宋人轶事汇编》，中华书局，2003。

　　方龄贵校注：《通制条格校注》，中华书局，2001。

　　缪坤和：《宋代信用票据研究》，云南大学出版社，2002。

　　高聪明：《宋代货币与货币流通研究》，河北大学出版社，2000。

　　李华瑞：《宋代酒的生产与征榷》，河北大学出版社，2001。

　　李华瑞：《"唐宋变革"论的由来与发展》，天津古籍出版社，2010。

［日］斯波义信：《宋代商业史研究》，庄景辉译，（台湾）稻香出版社，1997。

王菱菱：《宋代矿冶业研究》，河北大学出版社，2005。

叶坦：《富国富民论》，北京出版社，1991。

汪圣泽：《两宋财政史》，中华书局，1995。

汪圣铎：《宋代社会生活研究》，人民出版社，2007。

汪圣铎：《两宋货币史》，社会科学文献出版社，2003。

杨永兵：《宋代买扑制度研究》，人民出版社，2012。

徐吉军：《南宋临安工商业》，人民出版社，2009。

程民生：《宋代物价研究》，人民出版社，2008。

漆侠：《宋代经济史》，中华书局，2009。

魏华仙：《宋代四类物品的生产和消费研究》，四川科学技术出版社，2006。

黄纯艳：《宋代海外贸易》，社会科学文献出版社，2003。

李晓：《宋朝政府购买制度研究》，上海人民出版社，2007。

陈志英：《宋代物权关系研究》，中国社会科学出版社，2006。

姜锡安：《宋代商人与商业资本》，中华书局，2002。

何辉：《宋代消费史：消费与一个王朝的盛衰》，中华书局，2010。

魏天安：《宋代官营经济史》，人民出版社，2011。

葛金芳：《南宋手工业史》，上海古籍出版社，2008。

孟宪实：《敦煌：民间结社研究》，北京大学出版社，2009。

［意］雅各·德安科纳：《光明之城》，杨民等译，上海人民出版社，1999。

　　［意］马可·波罗：《马可波罗行纪》，冯承钧译，上海书店出版社，2006。

　　陈国灿、王国平：《南宋城镇史》，人民出版社，2009。

　　周宝珠：《宋代东京研究》，河南大学出版社，1992。

　　［日］久保田和男：《宋代开封研究》，郭万平译，上海古籍出版社，2010。

　　尚光一：《宋代文化市场与文学审美俗趣》，中国书籍出版社，2013。

　　伊永文：《行走在宋代的城市》，中华书局，2005。

　　梁志宾：《汴梁如梦正繁华》，华中师范大学出版社，2012。

　　徐吉军主编：《南宋临安社会生活》，杭州出版社，2011。

　　［法］谢和耐：《蒙元入侵前夜的中国日常生活》，刘东译，北京大学出版社，2008。

　　王雪莉：《宋代服饰制度研究》，杭州出版社，2007。

　　苏升乾：《清明上河读宋朝》，商务印书馆，2012。

　　王福鑫：《宋代旅游研究》，河北大学出版社，2007。

　　沈冬梅：《茶与宋代社会生活》，中国社会科学出版社，2007。

　　张文：《宋朝社会救济研究》，西南师范大学出版社，2001。

　　郭文佳：《宋代社会保障研究》，新华出版社，2005。

　　周扬波：《宋代士绅结社研究》，中华书局，2008。

　　谭景玉：《宋代乡村组织研究》，山东大学出版社，2010。

　　张邦炜：《婚姻与社会：宋代》，四川人民出版社，1989。

　　包伟民：《传统国家与社会》，商务印书馆，2009。

　　邓广铭、漆侠：《宋史专题课》，北京大学出版社，2008。

〔美〕伊沛霞：《内闱：宋代的婚姻和妇女生活》，胡志宏译，江苏人民出版社，2004。

张邦炜：《宋代婚姻家族史论》，人民出版社，2003。

张邦炜：《宋代政治文化史论》，人民出版社，2005。

朱传誉：《宋代新闻史》，（台湾）商务印书馆，1967。

林申清：《宋元书刻牌记图录》，北京图书馆出版社，1999。

姜鹏：《北宋经筵与宋学的兴起》，上海古籍出版社，2013。

周宝荣：《走向大众：宋代的出版转型》，中国书籍出版社，2012。

〔美〕包弼德：《历史上的理学》，〔新加坡〕王昌伟译，浙江大学出版社，2010。

康瑞军：《宋代宫廷音乐制度研究》，上海音乐学院出版社，2009。

徐道麟：《中国法制史论集》，（台湾）志文出版社，1975。

王云海：《宋代司法制度》，河南大学出版社，1992。

戴建国：《宋代刑法史研究》，上海人民出版社，2008。

戴建国、郭东旭：《南宋法制史》，人民出版社，2011。

郭东旭等：《宋代民间法律生活研究》，人民出版社，2012。

柳立言：《宋代的家庭与法律》，上海古籍出版社，2008。

魏殿金：《宋代刑罚制度研究》，齐鲁书社，2009。

魏文超：《宋代证据制度研究》，中国政法大学出版社，2013。

诸葛忆兵：《宋代宰辅制度研究》，中国社会科学出版社，2000。

王瑞来：《宰相故事》，中华书局，2010。

邓小南：《祖宗之法》，生活·读书·新知三联书店，
2006。

虞云国：《宋代台谏制度研究》，上海书店出版社，2009。

余英时：《朱熹的历史世界》，生活·读书·新知三联书
店，2011。

沈松勤：《北宋文人与党争》，人民出版社，1998。

沈松勤：《南宋文人与党争》，人民出版社，2005。

［日］平田茂树：《宋代政治结构研究》，林松涛、朱刚
译，上海古籍出版社，2010。

张希清等主编：《澶渊之盟新论》，上海人民出版社，
2007。

陶晋生：《宋辽关系史研究》，中华书局，2008。

吴晓萍：《宋代外交制度研究》，安徽人民出版社，2007。

姚大力：《蒙元制度与政治文化》，北京大学出版社，
2011。

周良宵、顾菊英：《元代史》，上海人民出版社，1993。

林文勋：《唐宋社会变革论纲》，人民出版社，2011。

论文，2007年。

　　毛现华：《宋代节日生活研究》，四川师范大学硕士学位论文，2010年。

　　彭恒礼：《狂欢的元宵——宋代元宵节的文化研究》，《开封大学学报》2006年9月。

　　彭进专：《宋代个人卫生文化的研究》，东吴大学硕士论文，2009年。

　　施惠康：《宋代的球鞠之戏》，《西安体育学院学报》1989年第4期。

　　刘鹏：《宋代蹴鞠运动研究》，河北大学硕士学位论文，2010年。

　　任慧一：《宋代蹴鞠组织研究》，杭州师范大学硕士学位论文，2011年。

　　王劲韬：《中国古代园林的公共性特征及其对城市生活的影响》，《中国园林》2011年第5期。

　　陈燕菁：《宋代妇女服饰研究》，（台湾）佛光大学硕士论文，1998年。

　　包伟民：《试论宋代城市发展中的新问题》，《中央研究院近代史研究所集刊》第50期，《明清社会与生活》专号，2005年2月。

　　李伟峰：《宋代城市管理制度研究》，山东大学硕士学位论文，2013年。

　　李合群：《论中国古代里坊制的崩溃——以唐长安与宋东京为例》，《社会科学》2007年第12期。

　　曾雄生：《宋代的城市与农业》，《宋史研究论丛》2005年第00期。

　　吴松弟：《南宋人口的发展过程》，《中国史研究》2001年第4期。

张凤阁：《宋代城市环境卫生初探》，河南大学硕士学位论文，2011年。

苏洪济、何英德：《〈静江府城图〉与宋代桂林城》，《自然科学史研究》1993年第12卷第3期。

许惠民、黄淳：《北宋时期开封的燃料问题》，《云南社会科学》1988年第6期。

潘春燕：《宋代消防制度研究》，广西师范大学硕士学位论文，2008年。

陈鸿彝：《宋辽金元警事规范化的文本见证》，陈鸿彝新浪博客，2010年11月11日。

戴建国：《"主仆名分"与宋代奴婢的法律地位》，《历史研究》2004年第4期。

张文晶：《试论中国中古良贱制度的衰亡》，南京师范大学硕士学位论文，2005年。

刘子健：《刘宰和赈饥——申论南宋儒家的阶级性限制社团发展》，《北京大学学报》（哲学社会科学版）1979年第3期。

程民生：《论宋代的流动人口问题》，《学术月刊》2006年第7期。

杜芝明：《长者与宋朝地方社会》，《云南社会科学》2011年第2期。

何扬鸣：《试论南宋临安的新闻事业》，《新闻与传播研究》2009年第3期。

任燕：《论宋代的版权保护》，《法学评论》2011年第5期。

巴永贵：《论宋代家训对家庭道德教育的影响》，《当代教育论坛》（管理研究版）2010年第5期。

张邦炜：《宋代文化的相对普及》，收入张邦炜作品《宋代政治文化史论》，人民出版社，2005。

邓乔彬、夏令伟：《宋代滑稽戏与宰相》，《齐鲁学刊》2008年第6期。

葛兆光：《宋代"中国"意识的凸显》，《文史哲》2004年第1期。

张邦炜：《宋代妇女再嫁问题探讨》，收入邓广铭等主编《宋史研究论文集》，浙江人民出版社，1987。

郑丽萍：《宋代妇女婚姻生活研究：以（〈全宋文〉所涉4802篇墓志为例）》，华东师范大学博士学位论文，2010年。

陈大为：《从社会道德层面看唐宋女子再嫁问题》，《中华女子学院学报》2006年第6期。

初春英：《宋代妇女再嫁问题研究》，湖南师范大学硕士学位论文，2003年。

杜桂荣：《宋代女子离婚、再嫁与社会地位》，《湖北大学学报》（哲学社会科学版）2000年第3期。

黄晋君：《宋代婚姻法规研究》，山东师范大学硕士学位论文，2008年。

苗玉勤：《试论宋代妇女的地位及其社会作用》，郑州大学硕士学位论文，2005年。

东方飞龙：《略谈宋代怕老婆现象》，豆瓣网文章，2014年4月15日。

王琳祥：《解读苏东坡诗中的河东狮子吼——兼评王文诰为陈季常畏内鸣冤的得失》，《鄂州大学学报》2005年第4期。

王兆鹏：《宋代的"互联网"——从题壁诗词看宋代题壁传播的特点》，《文学遗产》2010年第1期。

王晓骊：《论宋代商业文化的崛起及影响》，《社会科学辑刊》2002年第5期。

葛金芳：《宋代经济：从传统向现代转变的首次启动》，《中国经济史研究》2005第1期。

康瑞军：《和雇制度及其在宋代宫廷音乐中的作用》，《音乐艺术》2007年第2期。

包伟民：《试论宋代纸币的性质及其历史地位》，《中国经济史研究》1995年第9期。

仝鲁闽：《宋元时期有关货币本质问题的认识及其深化》，《文史哲》2003年第1期。

范自青：《宋代租赁业研究》，河南大学硕士学位论文，2011年。

杨学富：《宋代的"全民经商"》，《文史杂志》1993年第4期。

柳雨春、杨果：《宋代商业中女性境况分析》，《北京理工大学学报》（社会科学版）2011年第1期。

全汉昇：《宋代寺院所经营的工商业》，收入全汉昇《中国经济史研究》，中华书局，2011年1月。

郭学信：《宋代士大夫货殖经营之风探源》，《天津社会科学》2008年第3期。

程民生：《宋代的"公债"》，《中国史研究》2006年第3期。

张金花：《论宋代商人的广告自觉》，《浙江社会科学》2004年第4期。

张崟、任仲书：《宋代商标及其使用研究》，《兵团教育学院学报》2010年第1期。

张焕裕：《宋代造船业研究》，台湾文化大学硕士论文，2010年。

任仲书、于海生：《宋代"牙人"的经济活动及影响》，《史学集刊》2003年第3期。

李小萍：《南宋金银交引铺探究》，《中国钱币》1999年第4期。

王菱菱、王文书：《论宋政府对遗孤财产的检校与放贷》，《中国经济史研究》2008年第4期。

李国锋：《宋代债法的渊源及宋代债法发展的历史动因》，《河南师范大学学报》（哲学社会科学版）2006年第3期。

李晓：《宋朝的政府购买制度》，《文史哲》2002年第3期。

刘光临：《市场、战争和财政国家——对南宋赋税问题的再思考》，《台大历史学报》第42期，2008年12月。

刘光临：《宋明间国民收入长期变动之蠡测》，《清华大学学报》（哲学社会科学版）2009第3期。

张域：《宋代赊买卖制度研究》，吉林大学硕士论文，2004年。

王文书：《对宋朝官营借贷几个问题的考察》，河北大学硕士论文，2007年。

徐琳琳：《宋代交子的若干问题研究》，山东大学硕士论文，2010年。

郑定、柴荣：《两宋土地交易中的若干法律问题》，《江海学刊》2002年第6期。

张其凡、熊鸣琴：《辽道宗"愿后世生中国"诸说考辨》，《文史哲》2010年第5期。

李清章：《宋仁宗朝台谏政治之研究》，河北大学硕士论文，2009年。

王福鑫：《对宋代官员俸禄水平的再认识》，《长沙理工大学学报》（社会科学版）2007年第2期。

江天健：《宋代地方官廨的修建》，（台湾）新竹师范学院《社会科教育学报》2000年第3期。

程民生：《论宋代士大夫政治对皇权的限制》，《河南大学学报》（社会科学版）1999年第3期。

焕力：《宋代君权强相权盛》，《人文杂志》2005年第6期。

王瑞来：《皇权再论》，《史学集刊》2010年第1期。

宋靖：《封还词头与北宋的封驳制度》，《史学月刊》2007年第11期。

肖建新：《宋朝审计机构的演变》，《中国史研究》2000年第2期。

杨世利：《北宋官员政治型贬降与叙复研究——以中央官员为中心的考察》，河南大学博士学位论文，2008年。

何非：《宋代给事中封驳制度的变革研究》，苏州大学硕士学位论文，2012年。

张林：《从平庸到仁圣——两宋政治迭变中的仁宗形象》，中山大学博士学位论文，2011年。

胡月明：《从〈名公书判清明集〉看南宋的情理法》，吉林大学硕士学位论文，2007年。

魏磊：《宋代法律教育研究》，河北大学硕士学位论文，2009年。

刘念：《宋代的法律考试》，山东大学硕士学位论文，2008年。

李冬冬：《宋代法律人才选拔制度研究》，华东政法大学硕士学位论文，2008年。

陈冰玉：《论宋代地方司法分权制度》，西南政法大学硕士学位论文，2012年。

张德英：《宋代法律在民间的传播》，《济南大学学报》（社会科学版）2003年第6期。

陈景良：《讼师与律师：中西司法传统的差异及其意义》，《中国法学》2001年第3期。

陈景良：《讼学、讼师与士大夫——宋代司法传统的转型及其意义》，《河南省政法管理干部学院学报》2002年第1期。

陈景良：《宋代"法官"、"司法"和"法理"考略——兼论宋代司法传统及其历史转型》，《法商研究》2006年第1期。

李云龙：《宋代封案制度考》，《研究生法学》2013年第4期。

贾文龙：《宋朝州级属官司法职能研究》，河北大学博士学位论文，2010年。

杨爱民：《宋代大理寺制度研究》，河南大学硕士学位论文，2007年。

郭学信：《国外学者对宋代历史的描述》，《聊城大学学报》（社会科学版）2010年第6期。

李裕民：《宋代"积贫积弱"说商榷》，《陕西师范大学学报》（哲学社会科学版）2004年第3期。

李治安：《元和明前期南北差异的博弈与整合发展》，《历史研究》2011年第5期。

李治安：《元代及明前期社会变动初探》，《史学集刊》2006年第1期。

萧启庆：《中国近世前期南北发展的歧异与统合——以南宋金元时期的经济社会文化为中心》，收入清华大学历史系、三联书店编辑部主编《清华历史讲堂初编》，生活·读书·新知三联书店，2007。

张帆：《论蒙元王朝的"家天下"政治特征》，《北大史学》2001年第00期。